文書記録編 1 親鸞と吉水教団

大系真宗史料

真宗史料刊行会編

法藏館

親鸞聖人

七百五十回御遠忌記念出版

真宗史料刊行会

［編纂委員］

大桑　斉

早島有毅

平　雅行

平田厚志

草野顕之

［本巻担当編集委員］

平　雅行

大系真宗史料　文書記録編1　親鸞と吉水教団＊目次

凡例 …… vi

第一部　鎌倉期編年史料 …… 3

承安五年（一一七五） …… 5
治承五年（一一八一） …… 6
文治三年（一一八七）〜 …… 8
建久元年（一一九〇）〜 …… 12
正治二年（一二〇〇） …… 23
建仁元年（一二〇一）〜 …… 24
元久元年（一二〇四）〜 …… 27
建永元年（一二〇六）〜 …… 47
承元元年（一二〇七）〜 …… 61
建暦元年（一二一一）〜 …… 72
建保二年（一二一四）〜 …… 80
承久三年（一二二一） …… 85
貞応三年（一二二四） …… 86

元仁元年（一二二四）〜 …… 91
嘉禄二年（一二二六）〜 …… 93
安貞元年（一二二七）〜 …… 111
寛喜二年（一二三〇）〜 …… 120
天福元年（一二三三）〜 …… 126
文暦二年（一二三五） …… 129
嘉禎三年（一二三七）〜 …… 130
暦仁元年（一二三八） …… 133
延応二年（一二四〇） …… 135
仁治三年（一二四二）〜 …… 137
寛元二年（一二四四）〜 …… 140
宝治元年（一二四七） …… 144
建長四年（一二五二）〜 …… 151
正嘉二年（一二五八） …… 160
正元元年（一二五九）〜 …… 161
弘長元年（一二六一）〜 …… 165

文永三年（一二六六）〜 169
建治三年（一二七七） 172
弘安二年（一二七九）〜 173
正応元年（一二八八）〜 183
永仁三年（一二九五）〜 190
正安元年（一二九九）〜 197
嘉元元年（一三〇三）〜 203
徳治三年（一三〇八）〜 206
延慶元年（一三〇八）〜 207
応長元年（一三一一） 211
正和元年（一三一二）〜 212
文保元年（一三一七） 219
元応元年（一三一九）〜 223
元亨元年（一三二一）〜 228
正中二年（一三二五）〜 244
元徳二年（一三三〇） 247

元弘二年（一三三二）〜…… 251

第二部　親鸞・恵信尼消息…… 253

親鸞消息・法語・譲状…… 255

一　真蹟史料…… 255

二　古写消息…… 267

三　末燈鈔…… 272

四　親鸞聖人御消息集（広本）…… 286

五　御消息集（善性本）…… 298

六　親鸞聖人血脈文集…… 299

恵信尼消息…… 305

解　題……平　雅行 317

解　説　専修念仏の弾圧と法然教団……平　雅行 341

一、翻刻にあたり、漢字は原則として常用漢字を用いた。変体仮名は通用に改めた。また、読みやすさを配慮して、私見により句読点・並列点を付すとともに適宜改行した。煩雑を避けるため、振り仮名は原則として掲載しなかった。
一、当該史料に関連する重要な史料を〈参考史料〉として付載した。
一、史料内容および史料の性格などについては、史料本文の後ろに＊印を付して注記した。
一、欠損文字などは、□や［　］で示し、抹消文字は左傍に「〻」を付した。挿入は「○」を付して右横に挿入句を記した。
一、「第一部　鎌倉期編年資料」は平安末より鎌倉時代末にいたるまでの、親鸞および吉水教団に関わる史料を、既刊の日記・著作や記録類などから抜粋し編年で配列した。送り仮名および返点は、煩雑を避けるため適宜省略したものもある。当該記事と関わりのない記事は「(中略)」「(後略)」とした。読みやすさを配慮して、史料の人物名や西暦年号などを本文横に「(　)」で記した。
一、「第二部　親鸞・恵信尼消息」では、底本の文章に問題のある場合は、本文文字の左に傍点を付し、右傍に「(　)」で、もしくは本文末尾に関連情報を記した。

附　記

一、本巻を含む『大系真宗史料』の編纂・刊行に関して、真宗大谷派からは親鸞聖人七百五十回御遠忌記念事業の一環として協賛をいただき、助成金の交付を受けた。記して深謝の意を表します。
一、本巻第一部は、既刊史料集などから採録した史料で編纂した。それらの所収書名を記載することで御礼に替えることを了とされたい。
一、本巻第二部は、既刊の影印本をもとにした。それぞれの所蔵者である本派本願寺、大谷派本願寺、専修寺、慈敬寺、願得寺、永福寺、上宮寺からは掲載の許可をいただいた。記して感謝の意を表したい。
一、本巻は早島有毅氏との協議によって構成を考え、それにもとづいて平が担当して編纂した。校正に際しては、大山靖子氏、長朗文庫の長谷川小四郎氏のお世話になった。御礼を申し述べたい。

真宗史料刊行会
文書記録編1担当　平　雅行

大系真宗史料

文書記録編 1

親鸞と吉水教団

第一部　鎌倉期編年史料

鎌倉期編年史料

承安五年（一一七五）

春　法然が浄土教に回心し、やがて比叡山黒谷を出て洛西の広谷、さらに東山吉水へと居を移した。

『法然上人行状絵図』巻六（日本絵巻物全集一三）

上人聖道諸宗の教門にあきらかなりしかは、法相三論の碩徳、面々にその義解を感し、天台花厳の明匠、一々にかの宏才をほむ。しかれともなほ出離の道にわつらひて、身心やすからす、順次解脱の要路をしらんために、一切経を、ひらき見給こと五遍なり。一代の教跡につきて、つら〳〵思惟し給に、かれもかたく、これもかたし。しかるに恵心の往生要集、もはら善導和尚の釈義をもて指南とせり。これにつきてひらき見給に、かの釈には、乱相の凡夫、称名の行によりて、順次に浄土に、生すへきむねを判して、凡夫の出離を、たやすくすゝめられたり。蔵経披覧のたひに、これをうかゝふといへとも、とりわき見給こと三遍、つゐに一心専念弥陀名号、行住坐臥不問時節久近念々不捨者、是名正定之業、順彼仏願故の文にいたりて、末世の凡夫、弥陀の名号を称せは、かの仏の願に乗して、たしかに往生を、うへかりけりといふ、ことはりを、おもひさため給ぬ。これによりて、承安五年の春、生年四十三、たちところに余行をすてゝ、一向に念仏に帰し給にけり。（中略）

上人一向専修の身となり給にしかは、つゐに四明の巌洞をいてゝ、西山の広谷といふところに、居をしめ給き。いくほとなくて、東山吉水のほとりに、しつかなる地ありけるに、かの広谷のいほりを、わたして、うつりすみ給。たつねいたるものあれは、浄土の法をのへ、念仏の行をすゝめらる。化導日にしたかひて、さかりに、念仏に帰するもの、雲霞のことし。そのゝち、賀茂の河原屋、小松殿、勝尾寺、大谷など、その居あらたまるといへとも、勧化をこたることなし。

『一期物語』（『昭和新修法然上人全集』）

爰煩出離道、身心不安、抑恵心先徳造往生要集、勧濁世末代道俗、就之欲尋出離之趣、先序云、「往生極楽之教行、濁世末代之目足也、道俗貴賤誰不帰者、但顕密教法其文非一、事理業因其行多、利智精進之人未難、如予頑魯之者豈敢矣、是故依念仏一門、聊集経論要文、披之修之、易覚易行云々」、序者略言述一部奥旨、此集已依念仏云事顕然也、但念仏相貌未委者、入文採之、此集立十門、（中略）第八是念仏証拠也、本意在念仏云事又顕然也、但付正修念仏、有種々念仏、初心観行不堪深奥者、教色相観、々々々中有別相観、有惣相観、有雑略観、有極略観、又有称名、其中慇懃勧進之言、唯在称名之段、於五念門雖名正修念仏、作願廻向是非行体、礼拝讃嘆又不如観察、々々中於称名、丁寧勧之為本意云事顕然也、但於百即百生行相者、已譲道綽善導釈、委不述之、是故往生要集為先達、而入浄土門、闚此宗奥旨、於善導二反見之、思往生難、第三反度、得乱想凡夫、依称名行、可往生之道理、但於自身出離、已思定畢、

治承五年（一一八一）

閏二月　藤原邦綱が病によって出家し、やがて死没。黒谷聖人が出家戒師および臨終善知識をつとめた。

『玉葉』治承五年閏二月条（国書刊行会）

四日庚戌　天晴、雨降、伝聞、邦綱卿、去夜渡六条之辺青侍家出家云々、為素懐之上、依所労危急也、以基輔朝臣訪之、有恐悦之報、疾之体、非無恐云々（後略）、

十八日甲子　天晴、（中略）法性寺座主(慈円)被来、為訪邦綱卿所悩、密々、自是可行向云々、晩頭、前施薬院使(丹波)憲基来、召前、問邦綱入道所悩事、申云、去十四日加針、同十五日、筑紫医師法師出来、攪出濃汁悪血等了、其

後、苦痛頗減気、然而更無其憑、殆依此療治、大事可出来云々、

廿二日戊辰　陰晴不定、邦綱入道、不覚成了云々、（中略）今日、頼輔（藤原）入道出京、自勝尾寺自去月廿九日参籠、即向大納言入道之許了

廿三日己巳　雨下、申刻、人告云、邦綱卿入道、已入没畢者、即遣使弔之、棟範出逢云、此未刻許一定了、臨終殊神妙、悦思不少、以黒谷聖人、為善知識云々、件上人、出家戒師也、邦綱卿者、雖出自卑賤、其心広大也、天下諸人、不論貴賤、以其経営、偏為身之大事、因茲、衆人莫不惜、但平禅門（清盛）滅亡藤氏、此人頗与其事歟、故有蒙神罰之疑、可恐々々、

廿四日庚午　朝間雨下、午後天晴、（中略）邦綱入道、今夜葬送云々、（後略）

＊法然の師である慈眼房叡空は仁平四年（一一五四）五月二十八日に右大臣源雅定の出家戒師をつとめたりしているが（『台記』）、治承三年（一一七九）に死没（『円光大師行状絵図翼賛』）。本史料の黒谷聖人が法然であった可能性が高い。藤原邦綱は平清盛とつながりの深い有力貴族。

春　親鸞が慈円のもとで出家し、範宴と名のったという。

『善信聖人絵』上（西本願寺蔵、日本絵巻物全集二〇）

夫聖人の俗姓は藤原氏、大織冠諱鎌子内大臣、天児屋根尊二十一孫也の後胤、弼宰相有国卿五世の孫、皇太后宮大進有範息也、朝廷に仕て霜雪をも戴、射山に趍て栄花をも発へかりし人なれとも、興法の因うちに萌し、利生の縁ほかに催しによりて、九歳の春の比、阿伯従三位範綱卿于時従四位下、前若狭守、後白川上皇近臣也、上人養父　前大僧正慈円、法性寺殿御息、月輪殿長兄、慈鎮和尚是也の貴房へ相具したてまつりて、鬢髪を剃除せられき、範宴少納言公と号す、自爾以来、しはしは南岳天台の玄風を訪て、ひろく三観仏乗の理を達し、とこしなへに楞厳横川の余流を湛て、ふかく四教円融の義に明なり、

＊親鸞の養父である伯父日野範綱は、文治四年（一一八八）正月に正五位下に叙されており（『山槐記』）、本文史料の記載と齟齬する。若狭国はこの時期は平家知行国であり、範綱が若狭守に任じられたのは寿永二年（一一八三）七月の平家西走後と思われ、「于時従四位下、前若狭守」との記事には難がある。従三位への叙位も他史料で確認できない。また、慈円は当時、道快法眼と名のっており、法性寺座主、二十七歳、未入壇である。遁世を企てて、前年十一月より洛西善峯寺辺

に籠居していた（『玉葉』治承四年十一月七日条、治承五年二月十七日条）。その点で、この記事内容は取り扱いに注意を要する。

文治二年（一一八六）

秋　顕真の招請により法然が大原勝林院で念仏往生について講じた。

『法然上人行状絵図』巻一四（日本絵巻物全集一三）

法印（顕真）おはしまし（坂本に）あひて対面し、「このたひいかゝして生死をはなれ侍るへき」との給に、上人（法然）「いかにも御はからひにはすく（過）へからす」と。法印申されけるは、「先達にましませは、さためて思さため給へるむね（旨）あるらむ。しめし給へとなり」との給へは、上人「自身のためには、いさゝかおもひ（思）さため（定）たるむね（旨）候。たゝはやく極楽の往生を遂候へし」と申されけれは、法印「順次の往生とけかたきゆへ（故）に、このたつね（尋）をいたす。いかゝしてこのたひ、たやすく往生をとく（遂）へきや」との給ふとき、上人答給はく「成仏はかた（難）しといへとも、往生は得やすし。道綽善導の心によれは、仏の願力を強縁として、乱想の凡夫、浄土に往生す」と。其後たかひに言説なくして、上人かへり給てのち、法印の給けるは、「法然房は智恵深遠なれとも、いさゝか偏執の失あり」と。上人この事をかへりき（聞）ゝ給て、「わか知さる事には、かならす疑心をおこす事なり」との給けるを、法印又かへりきゝ給て、「まことに然なり。われ顕密教文に稽古をつむ（積）といへとも、しかしなから、名利のためにして、浄土を心ささゝるゆへに、道綽善導の尺義（釈）をうかかはす。法然房にあらすは、たれかゝくのことくのことは（言葉）をいたすへきや」とて、このことは（言葉）にはち（恥）て、百日のあいた大原に籠居して、浄土の章疏を披閲し給てのち、「すてに浄土の法門をこそ見立侍にたれ。来臨して談せしめ給へ」と仰られたりけれは、文治二年秋のころ、上人大原へわたり給ふ。

東大寺の大勧進俊乗房重源、いまた出離の道をおもひさため（定）さりけるをあはれみ（憐）給て、このよしをつけ（告）仰られたりけれは、弟子三十余人を相具して大原にむかふ。勝林院の丈六堂に会合す。上人の方には、重源以下の弟子とも、そのかす（数）あつまれり。法印の方には、門徒以下の碩学、ならひに大原の聖たち坐しつらなれり。山門の衆徒をはしめて、見聞の人おほかりけり。論談往復する事、一日一夜なり。上人、法相・三論・花厳・法華・真言・仏心等の諸宗にわたりて、凡夫の初心より仏果の極位にいたるまて、修行の方軌、得度の相皃（貌）つふさにのへ（述）給て、「これらの法、みな義理ふかく利益すくれたり。機法相応せは、得脱くひす（踵）をめくらす（廻）へからす。たゝし源空ことき の頑愚のたくひは、更にその器にあらさるゆへに、さとりかたくまと（惑）ひやすし。しかるあいた、源空発心の後、聖道門の諸宗につきて、ひろく出離の道をとふらふ（訪）に、かれもかたく（難）、これもかたし。是則世くたり人をろ（愚）かにして、機教あひそむく（背）ゆへなり。しかるを善導の尺（釈）義、三部の妙典のこゝろ、弥陀の願力を強縁とするゆへに、有智無智を論せす、持戒破戒をゑらは（撰）す。無漏無生の国にむ（生）まれて、なかく不退を証する事、たゝこれ浄土の一門、念仏の一行なり」とて、法蔵の因行より、弥陀の果徳にいたるまて、理をきはめ詞をつくしをはり（終）て、「たゝしこれ涯分の自証をのふる（述）はかりなり。またく上機の解行をさまたけん（妨）とにはあらす」との給けれは、法印よりはしめて満座の衆、みな信伏しにけり。かたちをみれは、源空上人、まことには弥陀如来の応現かとそ、感歎しあへりける。法印、香爐をとり高声念仏をはしめ、行導したまふ（給）に、大衆みな同音に念仏を修する事、三日三夜、こゑ山谷にみち、ひゝき（響）林野をうこか（動）す。信をおこし縁をむす（結）ふ人おほかりき。

『一期物語』（『昭和新修法然上人全集』）

或時物語云、従顕真座主御許、遣使者云、「登山次、必遂見参、有可申承之事、必令音信給」、仍到坂本、申此由、座主下、令対面問云、「今度何可解脱生死」、答云、「如何様不可過御計」、又云、「実然也、但先達者、若有思定旨者、示給其体」、「為自身者、聊有思定旨、只早遂往生極楽也」、又云、「依順次往生難遂、致此尋、如何輒遂往生耶」、答、「成仏雖難、往生易得也、依道綽善導意者、仰仏願力、為強縁故、凡夫生浄土云々」、其後無言説而還、後座主御言云、「法然房雖智恵深遠、聊有偏執失」、云(ママ)人来語此事、「予云於不知之事者、必起疑心也」、座主聞此事、誠然云、「我於顕密教、雖積稽古、併為名利、不忘(志カ)浄土故、不闕道綽善導釈、非法然房者、誰人如此言」、恥此言、隠居大原、百日見浄土章疏給、然後、「我已見立法門、令来臨給」請之云々、此時、東大寺上人南無阿弥陀仏、未思定出離道故、告此由、即具弟子三十余人而来、具此衆、参大原、源空之方、東大寺上人居流、座主御房方、大原上人居流、述浄土法門、座主一々領解、談義畢、座主発一大願給、此寺立五坊、相続一向専念行、称名之外更不交余行、其行一始已来、于今不退転、尋入此門後、為勧妹尼御前、被書念仏勧進之消息、流布世間、顕真消息云是也、

＊園城寺公顕が天台座主を辞任した混乱を収拾すべく、文治六年三月七日、後白河院は顕真法印(一一三一～九二)をその後任の座主とし権僧正に任じた。『校訂増補天台座主記』によれば「此座主、去承安三年辞退官職、籠居大原、其後寿永二年九月十五日御幸日吉之時、譲座主明雲賞、推被叙法印、而仍堅閉山居、敢不従事」とある。また『玉葉』文治六年三月六日条によれば「顕真、遁世年久、偏入念仏之一門、棄真言之万行、三千貫首、更無希望之由、書起請事数度」とある。

『一期物語』の記事は法然が昔を回顧して語ったものであるため、顕真を法印ではなく、座主と呼んでいる。

文治五年（一一八九）

八月一日　九条兼実が法然を招請し往生業について問答した。

『玉葉』（国書刊行会）

一日戊子　晴、右衛門権佐長房、補年預之後申吉書、余依所労不出客亭、以人伝覧之加賀国御封解文、及晩左大弁基親朝臣来申拝賀申余及女房、即申吉書以人伝之、今日請法然房之聖人、談法文、語及往生業、

八月八日　九条兼実が法然から受戒し、ついで九条堂で恒例念仏を始行した。

『玉葉』文治五年八月条（国書刊行会）

七日甲午　陰雨下、入夜向九条堂先是洗頭、自明旦、可始恒例念仏之故也（後略）

八日乙未　雨下、辰刻、法然聖人来授戒、其後始念仏（後略）

文治六年（一一九〇）

二月　法然が重源の請により、東大寺で浄土三部経を講じた。

「観無量寿経釈」奥書（『昭和新修法然上人全集』）

本云、文治六年庚戌二月二日、於東大寺講之畢、所請源空上人、能請重賢(重源)上人、

「阿弥陀経釈」奥書（『昭和新修法然上人全集』）

本云、文治六年二月一日、於東大寺講之畢、所請源空上人、能請重賢(重源)上人、

『法然上人行状絵図』巻三〇（日本絵巻物全集一三）

寿永・元暦のころ、源平のみたれによりて、命を都鄙にうしなふもの、其数をしらす。こゝに俊乗房、無縁の慈悲をたれて、かの後世のくるしみを救はんために、興福寺・東大寺より始て、道俗貴賤をすゝめて、七日の大念仏を修しけるに、そのころまては、人いまた念仏のいみしき事をしら(知)すして、すゝめ(勧)にかなふ(叶)ものすくな(少)かりけれは、俊乗房このことを歎て、人の信をすゝめ(勧)むかために、建久二年のころ、上人(法然)を請したてまつりて、大仏殿のいまた半作なりける軒のしたにて、入唐の時わたしたてまつれる観経の曼陀羅、ならひに浄土五祖の影を供養し、又浄土の三部経を講せさせたてまつりけるに、南都三論・法相の碩学おほくあつま(集)りけるなかに、大衆二百余人をの々々(各々)はた(膚)に腹巻を着して、高座のきは(際)になみ(並)ゐ(居)て、自宗の義を問かけて、訛謬(紕)あらは恥辱をあたへむと支度したりけるか、上人まつ三論・法相の深義をのへ、次に浄土一宗の秘賾をこまやかに尺(釈)し給て、末代の凡夫出離の要法は、口称念仏にしく(如)はなし、もし念仏をそしら(誹)んともから(輩)は、無間地獄におちて、八万大劫、苦を受へきよし、観仏経の説にまかせて説給けれは、二百余人の大衆よりはしめて、随喜渇仰きは(極)まりなし。東大寺の一和尚観明房の已講理真、ことに涙にむせひて、「八旬のよはひ(齢)まてたもてる事は、ひとへに此事をきかむためなり」とそよろこ(喜)ひ申ける。

＊東大寺講説で法然の選択本願念仏説が初めて登場する。『四十八巻伝』『九巻伝』は東大寺講説を建久二年とする。『弘願本』『琳阿本』『拾遺古徳伝』もこの記事を載せるが、年紀を

記していない。今しばらく三部経釈奥書に従う。なお建久六年三月の東大寺供養によって、東大寺の理真已講が権律師に補任されているので（『大日本史料』四—四—八一九頁）、「已講理真」との記事は官位については正確である。

建久元年（一一九〇）

七月二十三日　九条兼実が法然から受戒し、九条堂で恒例念仏を始行した。

『玉葉』建久元年七月条（国書刊行会）

廿一日甲戌　今日向九条、自明日可始恒例念仏之故也、

廿三日乙亥　午刻、先請法然坊源空上人受戒、次始恒例念仏、今日、先沐浴、（後略）、

建久二年（一一九一）

七月二十八日　九条兼実が九条堂で法然から受戒した。

『玉葉』建久元年八月条（国書刊行会）

廿八日甲戌　天晴、早旦向九条堂、為受戒也、請源空上人受之、

廿九日乙亥　天晴、少雨降、今旦、又請印西上人受戒、及晩帰大炊亭、

八月二十一日　九条兼実が九条堂で懺法を修し、法然から受戒した。

『玉葉』建久二年八月条（国書刊行会）

十九日乙未　晴、早旦、女房相具、向九条堂、女房自今日、始如法読誦之加行之故也、今日、例講論義如例、自今日、至来廿九日、所経廻、余自廿一日、可始恒例毎年念仏之故也、入夜、女房始加行懺法、行宗阿闍梨幷余、同読此懺法、余且存念仏之加行由也、今日読三時也、

廿日丙申　天晴、内府（九条良通）月忌如例、懺法三時如昨、

廿一日丁酉　懺法三時了之後、請法然房源空上人、受戒了、入夜、又読懺法、即余始念仏、女房始読誦也、其法如如法経行儀也、又女房一人為同行師房、

九月二十九日　中宮宜秋門院が病悩。顕密御祈をつくし法然からも受戒した。

『玉葉』建久二年九月条（国書刊行会）

廿三日己巳 天晴、此日、中宮依不例、退出里亭、重日雖可憚、事火急之故也、（中略）即此夜、始修不動法智詮権法橋、又渡邪気也、病体、邪気無其疑之故也、物怪渡云、今夜又以行暁法印三井寺知法人也、始修北斗法削死簡付生簡、寿命之祈、不如此等、又以晴光（安倍）修如法泰山府君祭、又奉神馬幣帛於春日余行啓以前退出云云者、使者頼有、告文自作之、即帰参也、又於八幡、始行仁王八講也、

廿四日庚午 此日、於日吉、始修大般若御読経、今日御有様、只同前也、

廿五日辛未 祭主能隆（伊勢）（大中臣）、今日下向、賜宮御衣御表着小袿等也、能可祈念申之由仰也、

廿六日壬申 始熒惑星供、珍賀修之、於住吉社、始大般若転読、是旧願也、

廿七日癸酉 天晴、此日、中宮御祈、始修普賢延命大法、大阿闍梨法印大和尚位慈円、護摩壇阿闍梨晴暹也、（中略）先是、請澄憲法印、奉供養画像薬師仏在十二神将、幷薬師経十二巻、其後修大法也、凡堂荘厳之体、実厳重殊勝也、雖末世、争無効験乎、伴僧廿口、小壇七護摩壇、聖天、十二天、四天王、各一壇等也、此日又始修祈等、春日御社唯識十講、賀茂社三ヶ夜奉幣、羅睺星供経円已講、広隆寺薬師経御読経、泰山府君祭七座宣憲朝臣、季能朝臣、宣平朝臣、広元朝臣、資元朝臣、晴光朝臣、業弘朝臣、焔魔天供三壇宗厳律師、証遍律師、親厳已講、属星祭清光イ晴光、又此外、於春日社宝前、大明神本地一鋪五体、不空羂索、薬師、地蔵、十一面二体幷五尊図鋪也、同経六巻等、以大僧正奉供養之、此日、奉加少灸、余奉指検、医師等不能参入、又簾下ニ不能出御之故也、大椎、身柱、巨穴、三ヶ所也、

廿八日甲戌 早旦、円阿注送云、去夜夢想云、此大法必可有法験、大阿闍梨法印壇上、画図仏像云々、此事不可説也、此法秘事、壇上画作本尊云々、仰而可信者歟、今日、大土公祭業弘、泰山府君祭宣平、春日御神楽権大進宗方参入、行之、吉田社百座仁王講、大原野社大般若御読経、御悩同前、地体温気不醒之上、午後殊有更発之気歟、

廿九日乙亥 今日、於梅宮、転読百部仁王講、於法成寺、修最勝講金堂僧三口、又於同五大堂、有念誦事僧三口、於総社修仁王講、泰覚有夢想事云々、御悩必可平減歟、件夢去廿一二日之間事云々、此日、請法然房上人源空、

中宮有御受戒事、先例如此上人、強不参貴所之由、有傾輩云々、是不知案内也、受戒者、是事不聊爾、以伝受人可為師、而近代名僧等、一切不知戒律事、禅仁・忠尋等之時までは、名僧等、皆好授戒、自其以後、都無此事、近代上人皆学此道、又有効験、仍不顧傍難、所請用也、司天等云、熒惑已入軒轅中、猶女主星云々、弥驚恐不少、昨今、地体御温気、聊薄ク令成給也、是灸験歟、

＊宜秋門院の受戒に法然を招請したことが非難されたのは、九条兼実の娘とはいえ、宜秋門院が後鳥羽天皇中宮であり、天皇家一族とみなされたためである。天皇のほか、院・女院・中宮・東宮には昇殿の制があり、殿上にあがることは容易に認められなかった。

十月六日　中宮宜秋門院が病悩のため、法然から受戒した。

『玉葉』建久二年十月条（国書刊行会）

一日丙子　晴、入夜雨降、（中略）此夜以晴暹阿闍梨、令修冥道供、在茂（菅原）朝臣草進祭文、依雨於侍廊行之、又修火星供七壇（最寛、法眼練性、豪源、増覚、成円、行秀、寛意、）、於祇園始大般若読経、此日平座也、

二日丁丑　今日始修祈等、羅睺星祭（三ケ夜、）宣平（賀茂）朝臣、使権少弁（イ少進）業家、天曹地府祭（業弘、）又始星供等（日曜、金曜、計都星、）薬師護摩（尊忠、法印、）愛染王護摩（頼真阿闍梨、）

四日己卯　賀茂御神楽、少進兼時（源）参行之、以覚成僧正、始修不空羂索供、又修如法鬼気祭（宣平朝臣、）

五日庚辰　今日、始修法二壇、仏眼法宗厳律師（本尊新図絵之、）六字法晴暹阿闍梨、貴布禰社供養御正体幷法華経一部、

六日辛巳　於多武峰供三経（法花経、唯摩経、金剛般若経、）、今日又有受戒事法然房、

建久三年（一一九二）

八月八日　九条兼実が九条堂で法然から受戒し恒例念仏を始行した。

『玉葉』建久三年八月条（国書刊行会）

七日□□　参内也、入夜向九条堂、自明日、為修恒例念仏也、

八日□□　早旦洗髪、午刻、請源空上人受戒、即始念仏、

建久五年（一一九四）

七月五日　朝廷は延暦寺の要請を容れて、栄西・能忍らによる達磨宗の立宗を禁止した。

『百錬抄』建久五年七月条（新訂増補国史大系）

五日甲子　入唐上人栄西、在京上人能忍等、令建立達磨宗之由風聞、可被停止之旨、天台宗僧徒奏聞云々、可従停止之趣、被宣下云々、

『康永四年山門申状』（大日本史料六―九）

康永四年（一三四五）七月廿日山門衆徒院参申詞

可早被停止天龍寺供養勅願儀并御幸以下由、経奏聞子細事

右、王道之盛衰者、依仏法之邪正、国家之安全者、在山門之護持、（中略）爰頃年禅法之興行喧世、顕密之弘通如無、亡国之先兆、法滅之瑞相、誰人不思之、吾山殊所驚歎也、而今天龍寺供養儀、整勅願之軌則、可及臨幸之壮観之由、就有風聞、殊驚天聴、先禅法興行之段、中古以来連々貽山門之欝訴、後鳥羽院御宇建久年中、栄西・能忍等、弘此宗於洛中、南都北嶺共及騒動、至建仁寺者、被置遮那止観等諸宗之上、可為山門末寺之由、依申請令免許畢、近則後宇多院御代、召横岳明（南浦紹明）長老、欲被草創嘉元寺、然而山門依申子細、速被止其儀畢、凡吾山之故実、不限仏法之一事、百王理乱、四海安危、不処之耳外、必令啓未萌、治承之往代、福原京遷都者、一人既廻鸞輿、百司悉従羽駕、平相国（清盛）執天下権柄、万邦皆雖随其命、山門独捧奏状、群訴及再三之刻、遂以還幸、至于今之美談、其不在茲乎、次又土御門院御宇元久三年、沙門源空専修念仏張行之時、山門訟而退之、後堀川院御代嘉禄三年、猶誡専修之余殃、破却法然法師墳墓、彼遺弟隆寛・幸西・空阿等、悉令処遠流畢、此等之先蹤、代々綸旨院宣、所被下諸国七道官符宣等、鳳文未朽、亀鏡何疑、（中略）関東先代之滅亡、前鑑不遠、後車蓋誡、就中後嵯峨院皇統両御流之間、亀山院・後宇多院・先朝（後醍醐）此三代、禅法御帰依異于他、如今者、其御子孫之継体如何、而後深草院・伏見院・後伏見院両三代間、禅法御帰依段、曽以不承及、偏若稽嚢聖明王之嘉躅、専敬礼大師先徳之誓約、

崇顕密之仏法、備朝家之護持御之間、聖運自昌、徳化弥新之処、近年俄棄古風、粗有禅法御帰重之形、冥慮難測、衆訴無私、為君為国、武家殊被廻賢慮、可有謹慎者歟、（中略）不日任申請、被停止勅願幷御幸之趣、被仰出者、天台之仏法、増威光、而潜衛自帰本願之往好、日吉之神徳、施感応、而報酬忽現掲焉之嘉祥、以此等之趣、急速可有御奏達之旨、欲申入矣、

『興禅護国論』（日本思想大系一六）

問、何故強望宣下耶、答曰、仏法必応依国王施行、令流通也、是故仏慇懃付嘱国王、又王益復莫大也、大法炬陀羅尼経、説頂上肉髻光明業因云、過去放光仏自説言、有三善根、一遠離嫉妬、随喜教示、二為他作時、不求果報、三不壊損他、以成己善、復有二法、一護法、二善説、護法者、所謂法欲滅時、菩薩於中、方便護持、令法久住、以此因縁、後得頂相、善説者、菩薩為四衆説法時、若一念忘失者、随順重説等文、大涅槃経云、我護法故、得金剛身等文、覚徳比丘有徳王之因縁、此中応具説矣、（中略）

問曰、或人云、念仏三昧、雖無勅流行天下、禅宗何必望勅耶、答曰、仏法皆付嘱国王、故必応依勅流通也、又念仏宗者、先皇勅置天王寺云云、今尊卑念仏、是其余薫也、禅宗争不蒙施行詔矣、

『正法眼蔵』「弁道話」（大正新脩大蔵経八二）

ソレ仏法ヲ国中ニ弘通スルコト、王勅ヲマツ（待）ヘシトイヘトモ（雖）、フタタヒ霊山ノ遺嘱ヲオモヘハ、イマ百万億刹ニ現出セル、王公相将、ミナトモニ（共）カタシケナク（忝）仏勅ヲウケテ、夙生ニ仏法ヲ護持スル素懐ヲワスレス（忘）、生来セルモノナリ、ソノ化ヲシクサカヒ（堺）、イツレノトコロカ仏国土ニアラサラン、コノユヱニ仏祖ノ道ヲ流通セン、カナラスシモ、トコロ（所）ヲエラヒ（選）、縁ヲマツ（待）ヘキニアラス、タタケフ（今日）ヲハシメトオモ（思）ハンヤ、

シカアレハスナハチ（即）、コレヲアツメ（集）テ、仏法ヲネカ（願）ハン哲匠、アハセテ道ヲトフラヒ雲遊萍寄セン参学ノ真流ニノコ（残）ス、トキニ

寛喜辛卯中秋日　　入宋伝法沙門道元記

＊興福寺奏状に代表されるように、勅許なき立宗が専修念仏へ

の非難としてあがるようになるが、その先蹤がこの時の達磨宗の弾圧であった可能性が高い。『百錬抄』は達磨宗の「建立」が指弾されたと記しているし、栄西は『興禅護国論』で禅宗弘通の勅許を求めている。一方、道元は霊山での付属を根拠に、日本での勅許を不要と主張した。また、この時の禅宗弾圧が法然に与えた影響も大きいと考えられる。

十一月十七日　隆寛の兄の藤原知資が祇園の法然のもとで出家した。

『明月記』建久五年十一月条（冷泉家時雨亭叢書別巻二）

十七日　天晴、早旦参殷富門院、謁女房、即退出、夕参八条院、明後日密儀日吉御幸、□□□（御精進ヵ）始有御祓、陪膳也、人云、前民部権少輔知資（藤原）、昨日終日祇候、夜前夜深退出、於祇園法然房許、出家云々、

建久六年（一一九五）

七月十三日　妊娠中の宜秋門院に対し印西・法然・湛豪が五十ケ日ずつ結番して授戒した。

『三長記』建久六年七月条（増補史料大成）

十三日　晴、御戒自今日、印西上人参仕云々、源空・湛豪三上人、各五十ケ日被結番、至御産期、可参仕云々、

＊宜秋門院は後鳥羽天皇の中宮。八月十三日に皇女（昇子内親王）が誕生。

建久八年（一一九七）

三月二十日　九条兼実が法然より受戒した。

『玉葉』建久八年三月条（国書刊行会）

廿日甲午　例講了、入夜帰南家、亥刻、女房自宮退出、自今日、為始湯治也、余今日加灸点、一所一壮灸始了、医師時成（和気）也、今日請法然房受戒（後略）、

建久九年（一一九八）

四月八日　法然が体調をくずし、没後の遺誡を定める。諍論を避けるため弟子が一処に群会しないことを命ずるとともに、入室弟子の信空・感西・円親・長尊に遺財を分け与えた。

「法然没後遺誡」（『昭和新修法然上人全集』）

起請　没後二箇条事

一　葬家追善事

右、葬家之次第、頗有其存旨、有籠居之志遺弟同法等、全不可群会一処者也、其故何者、雖復似和合、集則起闘諍、此言誠哉、甚可謹慎、若然者我同法等、於我没後、各住各居、不如不会、闘諍之基、由集会之故也、羨我弟子同法等、各閑住本在之草庵、苦可祈我新生之蓮台、努々莫群居一所、致諍論起忿怨、有知恩志之人、毫末不可違者也、兼又追善之次第、亦深有存旨、図仏写経等善、浴室檀施等行、一向不可修之、若有報恩志之人、唯一向可修念仏之行、平生之時、既就自行化他、唯局念仏之一行、歿没之後、豈寧為報恩追修、雑自余之衆善哉、但於念仏行、尚可有用心、或眼閉之後、一昼夜自即時始之、或気絶之後、七昼夜自即日始之、標誠至誠、各可念仏、中陰之間、不断念仏、動生懈倦之咎、還闕勇進之行、凡没後之次第、皆用真実心、可棄虚仮行、有志之倫、勿乖遺言而已、

一　不可諍論房舎資具衣鉢遺物等事

右、聞古見今、於人没後、多有喧嘩之事、抑是由諍遺塵也、然間、或在家之兄弟、忽忘六親之昵、或釈門之法孫、俄変一器之志、毎見聞此事、敢不勝安忍、然則我弟子同法、有志之倫、明察此趣、於我没後、莫起諍論、但弟子雖多、入室者僅七人也、所謂信空・感西・証空・円親・長尊・感聖・良清也、此等諸人、於彼世出世間之恩深、於我至順至孝之志篤者也、誰人忘二世之恩徳、致一旦之諍論乎、此中信空大徳者、是多年入室之弟子也、其志互而有誠、為表懇志、聊有遺属、謂黒谷本坊（寝殿、雑舎）、白川本坊（寝殿、雑舎）、坂下薗一所、洛中地一所、此外本尊（三尺弥陀立像、定朝）聖教（摺写六十巻等）付属之了（其状在、別紙）、感西大徳、亦是年来常随給仕之弟子也、其思相共而不浅、為酬給仕之恩、又聊有所付属、謂吉水中房（本在西、山広谷）、高畠地一所（但売買之時、半直与之）、付属之了、吉水東新房、是円親大徳所領也、是本主故、六条尼御前、為其養子付属、幷六条敷地、手自書付属状、与之了、雖然源空一期之間、可進止之由、被載彼状、仍今重所付属也（其状在、別紙）、長尊大徳者、故如行死去之刻、覚悟房幷付帳一口沙汰与之了、又於白川辺、買儲一屋之刻（価直与之了）、又此吉水西旧坊、其本主顕然也、人皆所知也、不能分配者也、持仏

大谷本在堂西坊尼御前、自西尊成乗房之手、乞之所壊渡也、此外雑舎一両、雖加潤色、皆附西本房了、先例非一、経回白川房之時、雖於廊并門等加修造、付亭主而去了、経回嵯峨辺之時、雖新添荘厳新構築垣、亦付家主而去了、此吉水西坊亦復如是、雖治旧構新、皆付西房本主了、不能左右者也、此外無房舎、亦無領地、不能付属自余諸人者也、凡倩按事情、此等諸人者、皆是年来同室、能知其心性、或内蓄道心、外行忍辱、或内懐道理、外忘僻見、生前既有至順之心、没後豈有反逆之事哉、然則縦無如此遺誡之詞、向後之事、不審更以不可有者哉、雖然人心随時而不定、好悪亦以叵量者也、未来法暗以難知、因之今鑑此等事、注委曲之状、慥以所遺誡也、（中略）此外雖非年来、当時同法者三人、所謂尊西・直念・欣西也、為其証人、故所註列也、又西来東来有問法門、西去東去不知行方、朝来暮往之人甚多、誠以不足言者也、尚々於我没後、有報恩之志人、固守此遺誡之旨、雖云毫末、不可違失矣、

以前二箇条起請如右、若夫不忘累劫之縁者、可不忘此遺誡、亦厚半偈之功者、頗可厚此遺言、以此可為報恩、不可有他事者也、羨我同法遺弟等、於我没後、互如水与水、共不可如石与石者也、穴賢々々、努々敢莫違失、仍故以遺言而已、

建久九年四月八日　　　　釈源空在御判

＊諸本による異同甚だし。検討の余地あり。

是歳　九条兼実の要請により法然が『選択本願念仏集』を撰述した。

『選択本願念仏集』（『昭和新修法然上人全集』）

静以、善導観経疏者、是西方指南、行者目足也、然則西方行人必須珍敬矣、就中毎夜夢中有僧、指授玄義、僧者恐是弥陀応現、爾者可謂、此疏者是弥陀伝説、何況大唐相伝云、善導是弥陀化身也、爾者可謂、又此文是弥陀直説、既云欲写者一如経法、此言誠乎、仰討本地者、四十八願之法王也、十劫正覚之唱、有憑于念仏、俯訪垂迹者、専修念仏之導師也、三昧正受之語、無疑于往生、本迹雖異、化道是一也、於是貧道昔披閲茲典、粗識素意、立舎

余行、云帰念仏、自其已来至于今日、自行化他唯縡念仏、然間希問津者、示以西方通津、適尋行者、誨以念仏別行、信之者多、不信者尠、当知、浄土之教、叩時機而当行運也、念仏之行、感水月而得昇降也、而今不図蒙仰、辞謝無地、仍今憖集念仏要文、剰述念仏要義、唯顧命旨不顧不敏、是即無愧之甚也、庶幾一経高覧之後、埋于壁底、莫遺窓前、恐為不令破法之人堕於悪道也、

『選択密要決』（『浄土宗全書』八）

選択本願念仏集者、（中略）月輪禅定殿下（九条兼実）毎月御授戒、令参上人、然六十有余之時、申暇籠居、以於証空、令進于代官、依之従殿下禅閤有仰云、面謁事希、願心有疑、為令増進往生信心、可抄物記賜、依之上人六十六之春、建久九年三月、被撰此文之時、簡人不在座、有真観談法門義、有証空引経釈要文、有安楽而執筆書之、此外簡人不被在座（後略）、

『浄土法門源流章』（『浄土宗全書』一五）

人王八十二代後鳥羽天皇御宇、建久九年歳次戊午、于時源空年六十六、録選択本願念仏集一巻（開為二巻）、立浄土宗、大顕義理、自此已後、浄教甚昌、貴賤倶修、都鄙咸遵、

『法然上人行状絵図』巻一一（日本絵巻物全集一三）

建久八年、上人いさゝかなやみ（悩）給事有けり。殿下（九条兼実）ふかく御歎ありける程に、いく程なくて、平癒し給にけり。上人、同九年正月一日より草庵にとちこもりて、別請におもむき給はさりけれは、藤右衛門尉重経を御使として、「浄土の法門、年来教誡を承るといへとも、心府におさめかたし。要文をしるし給はりて、かつは面談になすら（準）へ、かつはのちの御かたみにもそなへ侍らん」と仰られけれは、安楽房（外記入道師秀子）を執筆として、選択集を選せられけるに、第三の章書写のとき、「予もし筆作の器にた（足）らすは、かくのことくの会座に参せさらまし」と申けるをきゝ（聞）給て、「此僧、憍慢の心ふかくして悪道に堕しなむ」とて、これをしりそ（退）けられにけり。その後は真観房感西にそ、かゝ（書）せられける。この書を選進せられてのち、同年五月一日、上人の夢の中に、善導和尚来応して、「汝、専修念仏を弘通するゆへに、ことさらにきた（来）れるなり」としめしたまふ。此書、冥盧にかな（叶）へる事しりぬ

へし。ふかく信受するにたれり(足)。

＊藤原重経は九条兼実に近侍した侍であり、『玉葉』文治二年（一一八六）正月三十日条や建久二年（一一九一）六月二十五日条に「侍兵衛尉重経」や右衛門少尉「藤重経」とみえる。

『教行信証』後序（日本思想大系一一）

選択本願念仏集者、依二禅定博陸月輪殿兼実、法名円照之教命一、所三令二撰集一也、真宗簡要、念仏奥義、摂三在于二斯一、見者易二諭一、誠是希有最勝之華文、無上甚深之宝典也、

＊法然が『選択集』を非公開としたことに関わり、みずからの消息を読了後、破棄するよう信徒に命じたものを参考として掲げておく。

〈参考史料〉

「大胡太郎実秀へつかはす御返事」（『昭和新修法然上人全集』）

上野ノクニ(国)ノ住人、オホコノ太郎ト申モノ、京へマカリノホリ(上)タルツイテニ、法然聖人ニアヒ(会)タテマツリ(奉)テ、念仏ノシサイ(子細)、トヒ(問)タテマツリ(奉)テ、本国へクタリ(下)テ念仏ヲツトムルニ、アル(或)人申テイハク、イカナル罪ヲツクレ(造)トモ、念仏ヲ申セハ往生ス、一向専修ナルヘシトイフトモ、トキトキ(時々)ハ法華経オモヨミ(読)タテマツリ(奉)、マタ念仏申サムモ、ナニカハクルシ(苦)カラムト申ケレハ、マコト(真)ニサルカタモアリトテ、法然聖人ノ御モトへ、消息ニテコノヨシ(由)ヲ、イカカト申タリケル御返事カクノコトシ(如)。件ノ太郎ハ、コノスヽメ(勧)ニヨリテ、メオトコ(妻・男)トモニ往生シテケリ。

サキノ便ニサシアフ事候テ、御フミ(文)ヲタニ、ミトキ候サリシカハ、御返事コマカニ申サス、サタメ(定)テオホツカナク(覚束)、オホシメシ(思)候覧ト、オソレ(恐)オモフ(思)タマへ候、（中略）マタ、ツミ(罪)ヲツクリ(造)タル人タニモ、念仏シテ往生ス、マシテ法華経ナトヨミ(読)テ、マタ念仏申サムハ、ナトカハアシ(悪)カルヘキト、人人ノ申候ラムコトハ、京へムニモ、サヤウニ申候人人オホク(多)候へハ、マコト(誠)ニサソ候ラム、コレハ余ノ宗ノココロ(心)ニテコソハ候ハメ、ヨシ(善)アシ(悪)ヲ、サタ(定)メ申候へキコトニ候ハス、ヒカコト(僻事)ト申候ハハ、オソレ(恐)アルカタ(方)モオホク(多)候、タタシ浄土宗ノココロ(心)、善導ノ御釈ニハ、往生ノ行ヲ、オホキ(大)ニワカチ(分)テ二トス、一ニハ正行、二ニハ雑行也、（中略）善導和尚ヲフカク(深)信シテ、浄土宗ニイラム(入)人ハ、一向ニ正行ヲ修スヘシト申事ニテコソ候へ、ソノウへニ、善導ノオシエ(教)ヲソムキ(背)テ、ヨ(余)ノ行ヲ修セムト、オモハ(思)ム人ハ、オノオノ(各)ナラヒ(習)タルヤウ(様)トモコソ候ラメ、ソレヲヨシ(善)アシ(悪)トハ、イカカ

中候ヘキ、善導ノ御ココロ(心)ニテ、ススメ(勧)タマ(給)ヘル行トモヲ、オキナカラ、ススメ(勧)タマ(給)ハサル行ヲ、スコシ(少)ニテモ、クハ(加)フヘキヤウナシト、申スコトニテ候ナリ、ススメ(勧)タマ(給)ヒツル正行ハカリヲタニモ、ナホモノウキ(物憂)ミ(身)ニ、イマタススメ(勧)タマ(給)ハヌ雑行ヲクハ(加)ヘム事ハ、マコトシカラヌカタ(方)モ候ソカシ、マタ、ツミ(罪)ヲツク(造)リタル人タニモ往生スレハ、マシテ善ナレハ、ナニカクルシ(苦)カラムト申候ラムコソ、ムケ(無下)ニケキタナクオホエ(覚)候ヘ、往生オモタス(助)ケ候ハハコソハ、イミシクモ候ハメ、サマタケ(妨)ニ、ナリナラヌハカリヲ、イミシキ事ニテ、クハ(加)エオコナ(行)ハムコト、ナニカセム(詮)ニテ候ヘキ、悪ヲハ、サレハ仏ノ御ココロ(心)ニ、コノツミツク(罪造)レトヤハ、ススメ(勧)サセタマ(給)フ、カマ(構)エテトト(止)メヨトコソハ、イマシ(誡)メタマ(給)ヘトモ、凡夫ノナラ(習)ヒ、当時ノマトヒ(迷)ニヒ(引)カレテ悪ヲツク(造)ル、チカラ(力)オヨハヌ事ニテコソ候ヘ、マコトニ悪ヲツク(造)ル人ノヤウニ、シカルヘクテ、経ヲヨ(読)ミタク、余ノ行オモクハ(加)ヘタカラムハ、チカラ(力)オヨハス候、タタ(但)シ法華経ナトヨ(読)マムコトヲ、一言モ悪ヲツク(造)ラムコトニ、イヒクラ(比)ヘテ、ソレモクル(苦)シカラネハ、マシテコレモナト申候ハムコソ、不便ノコトニテ候ヘ、フカ(深)キミノリモ、アシ(悪)クココロ(心)ウル人ニアヒ(遇)ヌレハ、カヘリテ、モノナラスキコ(聞)エ候コソ、アサマシク候ヘ、コレヲカヤウニ申候オハ、余行ノ人人、ハラタツ(腹)コトニテ候ニ、御ココロ(心)ヒトツニ、ココロ(心)エテ、ヒロ(広)クチラ(散)サセタマ(給)フマシク候、アラヌサトリ(悟)ノ人人ノ、トモカクモ申候ハム事オハ、キキ(聞)イレサセタマ(給)ハテ、タタヒトスチ(一筋)ニ、善導ノ御ススメ(勧)ニシタカ(従)ヒテ、イマスコ(少)シモ、一定往生スル念仏ノカス(数)ヲ申アハムト、オホ(思)シメスヘク候、タトヒ往生ノサワ(障)リトコソ、ナラストモ、不定往生トハ、キコエテ候メレハ、一定往生ノ行ヲ修スヘキイトマ(暇)ヲイレテ、不定往生ノ業ヲクワ(加)エム事ハ、損ニテ候ハスヤ、ヨクヨクココロ(心)ウ(得)ヘキ事ニテ候ナリ、タタシ、カク申候ヘハ、難(雑カ)行ヲクワ(加)エム人、ナカク往生スマシト申ニテハ候ハス、イカサマニモ余ノ行人ナリトモ、スヘテ人ヲクタ(下)シ、人ヲソシル事ハ、ユユシキトカ(咎)、オモ(重)キコトニテ候ナリ、ヨクヨク御ツツシ(慎)ミ候テ、雑行ノ人ナレハトテ、アナツル御ココロ(心)候マシ、ヨカ(善)レアシ(悪)

カレ、人ノウエノ善悪ヲ、オモヒ(思)イレヌカ、ヨキコトニテ候也、マタモトヨリ、ココロサシ(心)、コノ門ニアリテ、ススム(勧)ヘカラム人オハ、コシラヘススメ(勧)タマフ(給)ヘク候、サトリ(悟)タカヒ(違)、アラヌサマ(様)ナラム人ナトニ、論シアフ事ハ、ユメユメ、アルマシキ事ニテ候ナリ、ヨクヨクナラ(習)ヒシリタマヒ(給)タルヒシリ(聖)タニモ、サヤウノ事オハ、ツツ(慎)シミテ、オハシマシアヒテ候ソ、マシテトノハラ(殿原)ナトノ御身ニテハ、一定ヒカ事ニテ候ハムスルニ候、タタ御身ヒトツニ、マツヨクヨク往生ヲモネカヒ(願)、念仏オモハケ(励)マセタマヒテ、クラヰ(位)タカク往生シテ、イソキ(急)カヘリキ(来)タリテ、人オモミチヒ(導)カムト、オホシメス(思)ヘク候、カヤウニ、コマカ(細)ニカキ(書)ツツケ(続)テ申候ヘトモ、返返ハハカリ(憚)オモヒ(思)テ候ナリ、アナカシコ、アナカシコ、

御ヒロフ(披露)アルマシク候、御ラム(覧)シココロ(心)エ(得)サセタマヒテノチ(後)ニハ、トクトク(疾)ヒキ(引)ヤラ(破)セタマフ(給)ヘク候、アナカシコ、アナカシコ、

三月十四日　源空

＊大胡太郎実秀は上野国勢多郡大胡郷（群馬県前橋市）を知行した御家人。建久元年（一一九〇）十一月七日に源頼朝が入洛した時、および建久六年三月十日に頼朝が再度上洛して東大寺供養に臨んだ折りの随兵に、それぞれ「大胡太郎」の名がみえる（『吾妻鏡』）。『法然上人行状絵図』巻二五によれば、実秀は寛元四年（一二四六）に往生したという。

正治二年（一二〇〇）

五月十二日　将軍源頼家が黒衣を嫌って称名念仏の僧を禁じる。

『吾妻鏡』正治二年五月条（新訂増補国史大系）

十二日丙寅　羽林(源頼家)令禁断念仏名僧等給、是令悪黒衣給之故云々、仍今日召聚件僧等十四人、応恩喚云々、然間、比企弥四郎(時員)奉仰相具之、行向政所橋辺、剝取袈裟被焼之、見者如堵、皆莫不弾指、僧之中有伊勢称念者、進于御使之前、申云、俗之束帯、僧之黒衣、各為同色、所用来也、何可令禁之給哉、凡当時案御鬘務之体、仏法世法、共以可謂滅亡之期、於称念衣者、更不可焼云々、而至彼分衣、其火自消不焼、則取之如元着、逐電云々、

＊同年四月十二日、将軍頼家を宿老一三名の合議が支える体制

に移行。『吾妻鏡』は本史料をはじめ、将軍頼家とその側近による非道のエピソードを多く掲げ、頼家の追放・幽閉・殺害の伏線としている。ここでの念仏僧への抑圧を、鎌倉幕府の方針とは考えない方がよく、慎重な取り扱いが必要。

九月三十日　九条兼実の北政所（藤原季行女）が病悩のため九条堂で法然より受戒した。

『玉葉』正治二年九月、十月条（国書刊行会）

九月廿七日庚辰　自夜半、女房病悩、及危急云々、仍修諷誦、

廿八日辛巳　依女房病重、迎取堂郎、及晩頗宜、

廿九日壬午　女房同前、

卅日癸未　女房、今日殊大事発、仍請法然房、令授戒、有其験、尤可貴々々、又渡邪気之後、聊落居、成円祈之、

十月一日甲申　及晩、女房温気散畢、為悦、今日猶受戒、

自今日、修不動法伴僧六口、法印良尋修之、

二日乙酉　今日、又更発、太以重悩、今日猶受戒、

三日丙戌　及晩温気頗宜、猶不醒、自今日、始薬師経読経、燃卅九燈、限以七ヶ日、僧六口、不断読之、

四日丁亥　女房今日不発、

五日戊子　女房温気今日散了、（後略）

『明月記』正治二年九月、十月条（冷泉家時雨亭叢書別巻二）

九月卅日　天陰雨灑、夜天晴、鶏鳴自六条殿退下、未一寝人々周章、北政所又重令発給、火急之由云々、仍驚馳参上、但別事不聞出、遅明女院（宜秋門院）渡御、参上退下往反窮屈、請法然房有御戒云々、又以成円僧都護身御物付、被召、雖似火急、当時又無為、（後略）

十月一日　天晴、巳時許参御堂、北政所、夜前今朝頗宜御（後略）、・

二日　天晴、風病連夜更発、無為方、仍沐浴、午終許参御堂、北政所自暁又令発給云々、（後略）

建仁元年（一二〇一）

春　親鸞が六角堂に参籠し、夢告により法然のもとに入室。

『教行信証』後序（日本思想大系一一）

愚禿釈鸞、建仁辛酉暦、棄二雑行一兮帰二本願一、（後略）

『善信聖人絵』上（西本願寺蔵、日本絵巻物全集二〇）

建仁第一の暦、春の比上人二十九歳、隠遁のこゝろさしにひかれて、源空聖人の吉水の禅房に尋参給き。

「弘長三年恵信尼書状」（西本願寺文書）

このもんそ、殿(親鸞)ゝひへ(比叡)のやま(山)に、たうそう(堂僧)つとめておはしましけるか、やまをいてゝ、六かくたうに百日こもらせ給て、こせ(後世)の事いのり申させ給ける、九十五日のあか月の御しけん(示現)のもんなり、こらん候へとて、かきしるしてまいらせ候、

こそ(去年)の十二月一日の御ふみ、同はつか(廿日)あまりに、たしかにみ候ぬ、なによりも、殿ゝ御わうしやう(往生)、中〳〵はしめて申におよはす候、やま(山)をいてゝ、六かくたう(角堂)に、百日こもらせ給て、こせ(後世)をいのら(祈)せ給けるに、九十五日のあか月、しやうとくたいし(聖徳太子)のもんをむすひて、しけん(示現)にあつからせ給て候けれは、やかてそのあか月いて(出)させ給て、こせ(後世)のたすからんする上人にあい(会)まいらせんと、たつねまいらせて、ほうねん(法然)上人にあい(会)まいらせて、又六かくたう(角堂)に百日こもらせ給て候けるやうに、又百か日ふるにもてるにも、いかなるたい事にもまいり(参)てありしに、たゝこせ(後世)の事は、よき(善)人にもあしき(悪)にも、おなし(同)やうにしやうし(生死)いつ(出)へきみち(道)をは、たゝ一すちにおほせ(仰)られ候しを、うけ給はりさため(定)て候しかは、しやうにん(上人)のわたらせ給はんところには、人はいかにも申せ、たとひあく(悪)道にわたらせ給へしと申とも、せゝしやう〳〵(世々生々)にもまよい(迷)けれはこそありけめとまて、思まいらするみ(身)なれはと、やう〳〵に人の申候し時もおほせ(仰)候しなり、（後略）

「親鸞夢記」（「経釈文聞書断片」専修寺所蔵真仏写本、『定本親鸞聖人全集』四）

親鸞夢記云、

六角堂ノ救世大菩薩、示二現シテ顔容端政之僧形一ヲ、令三シ服二著白キ納(衲)ノ御袈裟一、端二座シテ広大ノ白蓮一ニ、告二命シテ善信一ニ言ク、

行者宿報ニテ設ヒ女犯ストモ
我成リテ玉女ノ身被レム犯セ
一生之間能ク荘厳シテ

臨終ニ引導シテ生セシム極楽ニ文

救世菩薩、誦シテ此ノ文ヲ言ク、此ノ文ハ吾カ誓願ナリ、一切群生ニ可シト説キ聞カス告命シタマヘリ、因リテ斯ノ告命ニ、数千万ノ有情ニ令ムト聞カ之ヲ覚エテ、夢悟メ了ヌ、

＊高田専修寺蔵「三夢記」は、この夢告のほかに建久二年九月十四日の夢告、正治二年十二月の夢告を収める。ただし「三夢記」は江戸時代中後期の偽作説が有力であるため、本書には収載しなかった。

十月十七日　後鳥羽院の中宮であった宜秋門院任子が二十九歳で出家。法然が戒師をつとめた。

『明月記』建仁元年十月条（冷泉家時雨亭叢書別巻二）

廿七日　天晴、巳時許参□殿去十七日女院御出家云々、於此御堂有此事、法然房参勤云々、但殿下頻令難渋申給、不被剃御髪、云々、此□□儀也、□□　□参□

＊本文「巳時」の右横に「女院宜秋御出家間事」の頭書あり。

『皇帝紀抄』（『群書類従』三）

宜秋門院　正治二年六月廿八日院号、元中宮、建仁元年十月十七日出家年廿九、

建仁二年（一二〇二）

正月二十七日　北政所（藤原季行女）の死没により九条兼実が法性寺月輪殿で出家。法然が戒師をつとめた。

『明月記』建仁二年正月条（冷泉家時雨亭叢書別巻二）

廿八日　天晴、入道殿渡御、

午時許隆信（藤原）朝臣使者来云、夜前九条殿（九条兼実）於法性寺御出家、未聞及歟者、入道殿還御之後、申始許、参入法性寺月輪殿新御堂、夜前御仏事等訖、子時許、御此御堂、法然房参入、被遂御本意奈良法印（良円）奉剃給云々、三位中将殿（九条良輔）以前参給、僧達可被召仕其料、盛房（藤原）・国基（源）子小法師共参候云々、此等事皆以似物忩、貴賤妻室四十九日遁世事、頗不聞其例、去年秋此事天下謳歌、無実而殆招世嘲、今度如此、頗不可然者也、法師等祗候事、又始終被守此儀者可宜、若御病等発之時、看病如何、又可有後嘲歟、即退出、

参九条殿女院（宜秋門院）、夜部渡御新御所、猶又可御々堂之由、有評定、未定云々、院中偏以流涕、荒廃已以如無

人、眼前盛衰誠可悲、入夜三位中将殿退出給、仍参八条殿、又参左大臣殿（九条良経）烏丸、不見参退出、帰高倉、

＊本文「午時許」の右横に「九条殿出家事」、「参九条殿」の右横に「女院渡御新御所事」の頭書あり。

『愚管抄』巻六（日本古典文学大系）

九条殿ハ又北政所ニヲクレテ出家セラレニケリ。（中略）サテ九条殿ハ、念仏ノ事ヲ法然上人ススメ申シヲバ信ジテ、ソレヲ戒師ニテ出家ナドセラレニシカバ、（後略）

＊建仁元年十二月九日に北政所藤原季行女が没。兼実と北政所との間には、九条良通・良経・宜秋門院や僧侶の良尋などの子女がいる。

元久元年（一二〇四）

冬　延暦寺大衆が専修念仏の禁止を決議し、天台座主真性に訴えた。法然は七箇条の制誡を弟子に連署させ、それを座主に提出した。

「源空七箇条制誡」（山城二尊院文書、『鎌倉遺文』一四九〇号）

普告号予門人念仏上人等

一　可停止未窺一句文、奉破真言止観、謗余仏菩薩事、

右、至立破道者、学生之所経也、非愚人之境界、加之誹謗正法、既除弥陀願、其報当堕那落、豈非癡闇之至哉、

一　可停止以無智身対有智人、遇別行輩好致諍論事、

右、論議者、是智者之有也、更非愚人之分、又諍論之処、諸煩悩起、智者遠離之百由旬也、況於一向念仏行人乎、

一　可停止対別解別行人、以愚癡偏執心、称当棄置本業、強嫌嗤之事、

右、修道之習、只各勤自行、敢不遮余行、西方要決云、別解別行者、惣起敬心、若生軽慢、得罪無窮云々、何背此制哉、加之善導和尚大呵之、未知祖師之誡、愚闇之弥甚也、

一　可停止於念仏門号無戒行、専勧婬酒食肉、適守律儀者名雑行人、憑弥陀本願者、説勿恐造悪事、

右、戒是仏法大地也、衆行雖区同専之、是以善導和尚挙目不見女人、此行状之趣、過本律制、浄業之類、不順之者、惣失如来之遺教、別背祖師之旧跡、旁無拠者

歟、

一　可停止未弁是非癡人、離聖教非師説、恣述私義、妄企諍論、被咲智者、迷乱愚人事、

右、無智大天（狗脱）此朝再誕、猥述邪義、既同九十六（五イ）種異道、尤可悲之、

一　可停止以癡鈍身殊好唱導、不知正法説種々邪法、教化無智道俗事、

右、無解作師、是梵網之制戒也、黒闇之類欲顕己才、以浄土教為芸能、貪名利望檀越、恣成自由之妄説、誑惑世間人、誑法之過殊重、是輩寧非国賊乎、

一　可停止自説非仏教、邪法為正法、偽号師範説事、

右、各雖一人説、所積為予一身衆悪、汚弥陀教文、揚師匠之悪名、不善之甚、無過之者也、

以前七箇条、甄録如斯、一分学教文弟子等者、頗知旨趣、年来之間、雖修念仏、随順聖教、敢不逆人心、無驚世聴、因茲、于今三十箇年、無為渉日月、而至近来此十个年以後、無智不善輩時々到来、非啻失弥陀浄業、又汚穢釈迦遺法、何不加炳誡乎、此七个条之内、不当之間巨細事等、多具難注述、物如此等之無方、慎不可犯、此上猶背制法輩者、是非予門人、魔眷属也、更不可来草庵、自今以後、各随聞及、必可被触之、余人勿相伴、若不然者、是同意人也、彼過如作者、不能嗔同法恨師匠、自業自得之理、只在己心而已、是故今日催四方行人、集一室告命、僅雖有風聞、慥不知誰人、失拠于沙汰、愁歎送年序、非可黙止、先随力及所、廻禁遏之計也、仍録其趣、示門葉等之状如件、

元久元年十一月七日

沙門源空（花押）

信空（法蓮房）　感聖（定生房）
尊西（導イ）（相縁房）　証空（善恵房）
源智（勢観房）　行西
聖蓮　見仏（大和入道）
導亘（玄教房）　導西（敬光房）
寂西（真阿弥陀仏）　宗慶
西縁（兵衛入道）　親蓮（性善房）
幸西（成覚房）　住蓮

西意（善綽房）
源蓮〔裏〕「信願房」
欣蓮
欣西（唯願房）
安照
導空
導也
義蓮
導源
念西
行西（首イ）
帰西
導感
覚成（尊イ）
学西
澄西
西住
覚妙

仏心
源雲廿
生阿弥陀仏
西縁
如進
昌西
遵西（安楽房）卅
安蓮（如願房）
証阿弥陀仏
行西
尊浄
行空（法本房）四十
西観
禅忍
玄曜
大阿
実光五十
西入

円智
尊仏
源海
安西
念西
詣西
弁西
示蓮
尊忍
仰善
好阿弥陀仏（住イ）
昌西
好西
戒心
同八日追加人々、
僧尊蓮八十
僧顕願
僧西尊

導衆（心性房）
蓮恵（ママ）
蓮恵（証法房）
教芳六十
安西
神円（祥イ）
空仁
念生
参西（業イ）七十
忍西
鏡西
惟西
禅寂（祥イ）
了西
僧仙雲
僧仏真
僧良信

僧綽空　僧善蓮
蓮生（熊谷直実）　度阿弥陀仏
阿日九十　静西
成願　自阿弥陀仏
覚信（尊性房）　念空
正蓮　向西
観西　実蓮〔裏〕「大夫属入道本名定綱」
観然百人　蓮智
実念　長西
信西　寂明
行西　恵忍
円空　観阿弥陀仏
蓮慶百十人　浄阿弥陀仏
観尊　具慶
蓮慶　蓮仏
進西　正念
持乗　覚弁
蓮定百二十人　導匠

深心　往西
観尊　一円
実蓮　白毫
正観〔裏〕「正観房北野」　有西〔裏〕「伊予国喜多郡蓮観房」
上信百卅人　定阿弥陀仏
念仏　観阿弥陀仏
蓮仁　蓮西
徳阿弥陀仏　自阿弥陀仏
持阿弥陀仏　西仏
空阿弥陀仏百四十人

九日

覚勝　西仏
慶俊　信西
進西　源也
雲西　実念
心光　西源百五十人
応念　惟阿
源西　行願

信恵　忍西
寂因　安西
仏心　心蓮百六十人
観源　聖西
蓮寂　智円
参西　永尊
空寂　願蓮
証西　西念百七十人
戒蓮　専念
法阿弥陀仏　西阿
西法　西念
西忍　幸西
成蓮　実念百八十人
西教（花押）　僧慶宴
沙門感喜　有実
浄心　立西
唯阿弥陀仏　行西
向西

＊この連署は一列のものであるが、便宜上二列に書き改めた。

『法然上人行状絵図』巻三一（日本絵巻物全集一三）

上人の勧化、一朝にみち四海にをよふ（及）。しかるに門弟のなかに、専修に名をかり本願に事をよせて、放逸のわさをなすものおほかり（多）けり。これによりて、南都北嶺の衆徒、念仏の興行をとかめ（咎）、上人の化導を障碍せむとす。土御門院の御宇、門徒のあやまりを師範におほせ（負）て、蜂起するよし（由）きこえしかとも、なにとなくてやみ（止）にしほとに、元久元年の冬のころ、山門大講堂の庭に三塔会合して、専修念仏を停止すへきよし、座主大僧正真性に訴申けり。

上人この事を聞給て、すゝみ（進）ては衆徒の欝陶をやすめ、しりそき（退）ては弟子の僻見をいましめ（誡）むために、上人の門徒をあつめて、七箇条の事をしるして起請をなし、宿老たるともから八十余人をゑらひ（選）て連署せしめ、なかく後証にそなへ、すなはち座主僧正に進せらる。（中略）上人誓文にをよひ（及）、禅閤（九条兼実）会通をまうけたまひけれは、衆徒の訴訟とゝまり（止）にけり。

「源空起請文」（漢語燈録一〇、『鎌倉遺文』一四八八号）

叡山黒谷沙門源空敬投当寺住持三宝護法善神宝前

右、源空壮年之昔、粗窺三観幽扃、衰老之今、偏望九品浄境、是乃訪先賢之古蹟、更非下愚之今案也、然近今聞華夷皆言、源空偏弘念仏道、誹謗他教法、諸宗由此陵夷、諸行由之窒塞矣、一聞此言、心神驚怖、又聞、浪言遂聞于山門、而及于衆議、欲加厳誡、頻達貫首矣、予於是且恐且喜、所恐者、以貧道之所以、叨労衆徒之胸襟也、所悦者、自此永銷謗法之名也、若非衆徒之糺断者、何発貧道之因蒙哉、夫弥陀願網、雖普救済一切善悪、尚漏五逆謗法之輩、故彼仏本願云、唯除五逆誹謗正法、然則勧念仏者、誰謗正法、且聖道浄土二門雖異、至其所期、同在一実、恵心往生要集云、行者生彼国已乃至、即従菩薩漸至仏所、跪七宝階、瞻万徳之尊容、聞一実道、入普賢之願海、欣求浄土之人、又何棄捨華厳法華等妙法乎、源空念仏余暇、以披天台教釈、凝信心於玉泉之流、至渇仰於銀池之風、旧執猶存焉、今心又何軽乎、抑予所勧化者、老後遁世之輩、愚昧出家之徒、或来草庵剃頭、或敲松窓述志、対此等人、偏教極楽、専勧念仏、是乃報色衰窮、不能練行、性質闇昧、不堪研精、是故暫措難解難入之門、試示易修易往之道、仏智既設方便、則雖凡慮、豈無斟酌、固非存教之是非、由偏顧機之堪不也、此事尚為法滅之縁、宜止之耳、愚蒙竊惑、請取決於衆断也、源空天性魯鈍、不好化導、而有講説、由不得已也、後来若以僻説弘通、当受衆徒厳責、此所不可避也、此等子細、先年呈誓詞了、雖不及復陳、而厳責既畳、不得敢黙、覆述下情、只仰賢慮之淵鑑耳、所陳若以虚欺、日別七万念仏、空失其利、現当二世常沈重苦、永受楚毒、無免出期矣、伏乞一切三宝護法諸神、証明知見、源空敬白、

元久元年甲子十一月七日　　沙門源空

私云、執筆宰相法印聖覚也、

「源空起請文」（『法然上人行状絵図』巻三一、日本絵巻物全集一三）

又座主に進せらるゝ起請文云、

近日の風聞にいはく、源空偏に念仏の教をすゝめて、余の教法をそしる。諸宗これによりて凌(陵)夷し、諸行これに

よりて滅亡す云々。この旨を伝聞に、心神驚怖す。つゐに綷山門にきこえ、議衆徒に及て、炳誡を加へきよし、貫首へ申送られ畢。此条、一には衆勘をおそれ、一には衆恩をよろこふ。おそるゝところは、貧道の身をもちて、忽に山洛のいきとをりにをよ(及)ふ。喜ところは、謗法の名をけして、なかく華夷の謗をとゝめん。もし衆徒の糺断にあらすは、争貧道の愁歎をやすめんや。凡弥陀の本願云、「唯除五逆誹謗正法」と。念仏をすゝめむ輩、むしろ正法をそしらんや。僻説をもちて弘通し、虚誕をもちて披露せは、尤糺断あるへし、尤炳誡あるへし。のそ(望)むところなり、ねかふところなり。此等の子細、先年沙汰の時、起請を進了。其後いまた変せす、かさねて陳するにあたはすといへとも、厳誡すてに重畳の間、誓状又再三にをよ(及)ふ。上件の子細、一事一言、虚言をもちて会釈をまうけ(設)は、毎日七万遍の念仏むなしく其利をうしなひ、三途に堕在して、現当二世の依身、つねに重苦にしつ(沈)みて、なかく楚毒を受了。伏乞、当寺の諸尊、満山の護法、証明知見したまへ。源空敬白取詮、

元久元年十一月七日　源空

「九条兼実消息」（『法然上人行状絵図』巻三一、日本絵巻物全集一三）

月輪殿この事を歎給て、座主大僧正に進せらるゝ御消息云、

念仏弘通の間の事、源空上人の起請・消息等、山門に披露の後、動静如何。尤不審。如風聞者、「余行をとゝむへきよし勧進の条、不可然云々」。此条にをき(於)ては、善導の意、此旨をのふるに似たり。然而旨趣甚深也。行者おもふへし。抑諸宗成立の法、をの〳〵自解を専にして、余教をなんともせす。弘行の常の習、先徳の故実也。これを異域にとふらへは、月氏にはすなはち護法・清弁、空有の諍論、震旦には又慈恩・妙楽、権実の立破、是を我国に尋れは、弘仁の聖代に戒律大小のあらそひありき。天暦の御宇に諸法浅深の談あり。八宗きお(競)ひて定準とし、三国伝て軌範とす。しかれとも、あらかしめ末世の邪乱をかゝ(鑑)みて、諸宗の対論をとゝめられてよりこのかた(以降)、宗論なかく跡をけつり、仏法これかために安全なり。就

中浄土の一宗にをきて(於)は、古来の行者、偏に無染無著の浄心を凝て、専修専念の一行に住す。他宗に対て執論をこのます、余教に比て是非を判せす、独出離をねかひ、かならす往生をとくる直道也。但弘教歎法のならひ、聊又其心なきにあらさるか。所謂源信僧都、往生要集の中に、三重の問答をいたし(出)て、十念の勝業をほむ(誉)。念仏の至要なる事、この釈に結成せり。禅林の永観、徳恵心にをよは(及)すといへとも、行浄業をつけ(継)り。撰ところの拾因、其心また一なり。普賢観音の悲願をかむかへ(考)、勝如教信か先蹤をひきて、念仏の余行にすくれたることを証す。彼時諸宗の輩、恵学林をなし、禅定水をたゝふ。しかりといへとも、恵心をもとかめ(咎)す、永観をも罰せす、諸教も滅することなく、念仏もさまたけなかりき。是則世すなほ(素直)に、人なを(直)かりしゆへ也。しかるに今、代澆季にをよ(及)ひ、時闘諍に属して、能破所破ともに偏執よりおこり、正論非論みな喧嘩にをよ(及)ふ。三毒うちに催し、四魔ほか(外)にあらはるゝかいた(致)すところなり。爰小僧、幼年の昔より衰暮の今にいたるまて、自行おろそかなりといへとも、本願を憑み、罪業おもしといへとも、往生をねかふ。うま(倦)すをこた(怠)らすして四十余廻の星霜をゝくり(送)、弥もとめ、いよ〳〵すゝみて、数百万遍の仏号をとなふ。頃年よりこのかた(以降)、病せまり命あやうし。帰泉ちかきにあり。浄土の教迹、此時にあたりて滅亡しなんとす。これを見これを聞て、いか(争)てかた(耐)へ、いか(争)てかしの(忍)はん。三尺の秋の霜、肝をさき(裂)、一寸の赤焔、むねをこかす。天にあふ(仰)きて嗚咽し、地をたゝきて愁悶す。何況上人、小僧にを(於)きて出家の戒師たり、念仏の先達たり。罪なくして濫刑をまねき、つと(勤)めありて重科に処せは、法のため身命を惜へからす。小僧か(代)はりて罪をうくへし。もて(以)師範のとか(咎)をつく(償)のはんとおもふ、もて浄土の教をまもらんと思ふまくのみ。死罪〳〵、敬白取詮。

十一月十三日　　専修念仏沙門円証

前大僧正御房

＊真性は以仁王の子で、慈円の弟子。同年十月二日の延暦寺の火災により、十一月二十八日に天台座主を辞任。十二月十三日に梶井門跡の承仁が座主に補任された（『天台座主記』）。

「興福寺奏状案」（大内文書、日本思想大系一五）

（前略）

右、件源空、偏執一門、都滅八宗、天魔所為、仏神可痛、仍諸宗同心、欲及天奏之処、源空既進怠状、不足鬱陶之由、依院宣有御制、衆徒驚嘆、還増其色、就中叡山発使加推問之日、源空染筆書起請之後、彼弟子等告道俗云、上人之詞皆有表裏、不知中心、勿拘外聞云々、其後邪見之利口都無改変、今度怠状又以同然歟、奏事不実罪科弥重、（中略）、仍言上如件、

元久二年十月　日

＊延暦寺が法然に「推問」の使いを派遣したというのは、この元久元年十一月のことを指すと考えられる。ただし、『漢語燈録』『行状絵図』に掲載の「源空起請文」によれば、「先年呈誓詞了」とあり、元久元年以前の起請文提出の折りのことも解することができる。

元久二年（一二〇五）

二月二十七日　似絵の名手藤原隆信が死没。殊勝の臨終であったという。

『明月記』元久二年二月条（冷泉家時雨亭叢書別巻二）

廿八日　天晴、（中略）今日聞、右京権大夫入道隆信朝臣日来病悩、夜前已入滅、不聞及不問病、臨終之躰殊勝、高声念仏、着清衣、引五色糸、乍坐終云々、今夜以忠弘令問之、

＊本文「隆信朝臣」の右横に「権大夫入道□隆入滅事」の頭書あり。

『法然上人行状絵図』巻一二（日本絵巻物全集一三）

右京権大夫隆信朝臣は、ふかく上人（法然）に帰し、余仏余行をさしをき（置）て、たゝ弥陀の一尊をあかめ、ひとへに念仏の一行をつとむ。つゐに上人にしたかひて、建仁元年に出家をとけ、法名を戒心と号。一向専念の外、他事なかりけり。生年六十四の春、所労危急におよふ。上人きゝ給て、住蓮・安楽二人の門弟をつかはして、知識とせられけり。すてにをはり（終）にのそむに、二人の僧を左右にをき（置）て、病者と知識と同音に念仏し、来迎の讃をとなへ、端坐合掌して往生をとく。元久元年二月廿二日なり。紫雲・音楽以下の奇瑞、一にあらす。のちに正信房（湛空）、かの

墓所にむかひて念仏したまふに、異香なをうせす(失)。日本往生伝にしるし入られけるとなむ。

＊藤原隆信は九条兼実の側近、またその娘は空阿弥陀仏の信者の念仏張本であった（建保五年三月十八日条）。

四月十四日　親鸞が『選択集』の書写を許され、法然がそれに内題を記す。ついで閏七月二十九日、親鸞が写した法然の真影に、法然が讃を記す。また同日、親鸞は綽空から改名した。

『教行信証』後序（日本思想大系一一）

元久乙ノ丑ノ歳、蒙テ恩恕ヲ兮書シキ選択ヲ、同シキ年ノ初夏中旬第四日ニ、選択本願念仏集ノ内題ノ字幷ニ南無阿弥陀仏、往生之業念仏為本ト与ニ釈ノ綽空ノ字、以テ空ノ真筆ヲ、令メタマヒキ書カ之ヲ、同シキ日空之真影申預リテ、奉マツル図画シ、同二年閏七月下旬第九日、真影ノ銘ニ以テ真筆ヲ、令メタマヒキ書カ南無阿弥陀仏ト与ヲ若我成仏十方衆生、称我名号下至十声、若不生者不取正覚、彼仏今現在成仏、当知本誓重願不虚、衆生称念必得往生之真文ヲ、又依テ夢ノ告ニ、改メテ綽空ノ字ヲ、同シキ日以テ御筆ヲ、令メタマヒ書カ名之字ヲ畢ヌ、本師聖人(法然)今年ハ七旬三ノ御歳也、選択本願念仏集者、依テ禅定博陸月輪殿兼実、法名円照之教命ニ、所ミ令ル撰集セ也、真宗ノ簡要、念仏ノ奥義、摂在セリ于斯ニ、見者ノ易シ諭リ、誠ニ是レ希有最勝之華文、無上甚深之宝典也、渉リ年ヲ渉テ日ヲ、蒙フル其ノ教誨ヲ之人、雖モ千万ト、云ヒ親ト云ヒ疎ト、獲ル此ノ見写ヲ之徒モカラ、甚タ以テ難シ、爾ルニ既テニ書写シ製作ヲ、図画セリ真影ヲ、是専念正業之徳也、是決定往生之徴也、仍テ抑テ悲喜之涙ヲ、註ス由来之縁ヲ、

＊親鸞の房号が善信であるので、元久二年閏七月二十九日に綽空から親鸞に改名したと思われる。

十月　興福寺が奏状を提出し、九つの失をあげて専修念仏の弾圧を求めて奏状を提出した。

「興福寺奏状案」（大内文書、日本思想大系一五）

興福寺僧綱大法師等誠惶誠恐謹言

請被殊蒙　天裁、永糺改沙門源空所勧専修念仏宗義状

右、謹考案内、有一沙門、世号法然、立念仏之宗、勧専修之行、其詞雖似古師、其心多乖本説、粗勘其過、略有九箇条、

第一立新宗失　　夫仏法東漸後、我朝有八宗、或異域神人来而伝受、或本朝高僧往而請益、于時上代明王勅而施行、霊地名所随縁流布、其興新宗開一途之者、中古以降絶而不聞、蓋機感已足、法時不応之故歟、凡立宗之法、先分義道之浅深、能弁教門之権実、引浅兮通深、会権兮帰実、大小前後、文理雖繁、不出其一法、不超其一門、探彼至極、以為自宗、譬如衆流之宗巨海、猶似万郡(邦)之朝一人矣、若夫以浄土念仏、名別宗者、一代聖教唯説弥陀一仏之称名、三蔵旨帰偏在西方一界之往生歟、今及末代始令建一宗者、源空其伝燈之大祖歟、豈如百済智鳳、太唐鑑真、称千代之軌範、寧同高野弘法、叡山伝教、有万葉之昌栄者乎、若自古相承、不始于今者、逢誰聖哲、面受口択、以幾内証、教誡示導哉、縦雖有功有徳、須奏公家、以待勅許、私号一宗、甚以不当、

第二図新像失　　近来諸所翫一画図、世号摂取不捨曼陀羅、弥陀如来之前、有衆多人、仏放光明、其種々光、或枉而横照、或来而返本、是顕宗学生真言行者為本、其外持諸経誦神呪、造自余善根之人也、其光所照、唯専修念仏一類也、見地獄絵像之者、恐作罪障、見此曼陀羅之者、悔修諸善、教化之趣多以此類也、上人云、念仏衆生摂取不捨者、経文也、我全無過云々、此理不然、偏修余善、全不念弥陀者、実可漏摂取光、既欣西方、亦念弥陀、寧以余行故、隔大悲光明哉、

第三軽釈尊失　　夫三世諸仏慈悲雖均、一代教主恩徳独重、有心之者誰不知之、爰専修云、身不礼余仏、口不称余号、其余仏余号者、即釈迦等諸仏也、専修々々汝誰弟子、誰教彼弥陀名号、誰示其安養浄土、可憐末生忘本師名、彼覚親論師、法愛沙門、不及此咎、尚蒙大聖呵者歟、善導礼讃文云、南無釈迦牟尼仏等一切三宝、我今稽首礼、南無十方三世尽虚空遍法界微塵刹土中一切三宝、我今稽首礼云々、和尚意趣以之可知、衆僧猶帰命、況於諸仏哉、諸仏尚不簡、況於本師哉、

第四妨万善失　　凡恒沙法門待機而開、甘露良薬随縁而授、皆是釈迦大師、無量劫中難行苦行、所得正法也、今執一仏之名号、都塞出離之要路、不唯自行、普誡国土、不唯棄置、剰及軽賤、而間浮言雲興、邪執泉涌、或云読

法花経之者堕地獄、或云受持法花浄土業因者、是謗大乗人也云々、本誦八軸十軸、及千部万部之人、聞此説永以廃退、剰悔前非、所捨本行宿習実深、所企念仏薫修未積、中途仰天歎息者多矣、此外花厳般若之帰依、真言止観之結縁、十之八九、皆以棄置、如堂塔建立尊像造図、軽之咲之、如土如沙、福恵共闕、現当憑少、上人者智者也、自定無謗法心歟、但門弟之中、其実難知、至愚人者其悪不少、根本枝末恐皆同類也、昔信行禅師之立三階行業、孝慈比丘之止一乗読誦、全不軽大乗、量末世機、制止其行、然信行成大蛇身、百千徒衆住其口中、孝慈当鬼神之害、士人同類忽臥高座下、謗大乗業罪中最大、雖五逆罪、復不能及、是以弥陀悲願、引摂雖広、誹謗正法捨而無救、於戯西方行者、所憑在誰乎、

第五背霊神失　　念仏之輩永別神明、不論権化実類、不憚宗廟大社、若恃神明、必堕魔界云々、於実類鬼神者、置而不論、至権化垂跡者、既是大聖也、上代高僧皆以帰敬、彼伝教参宇佐宮、参（脱アルカ）春日社、各有奇特之瑞相、智証詣熊野山、請新羅神、深祈門葉之繁昌、行教和尚袈裟之上三尊宿影、弘法大師画図中八幡顕質、是皆不及法然之人歟、可堕魔界之僧歟、就中行教和尚帰大安寺造二階楼、上階安八幡御体、下階持一切経論、神明若不足拝者、如何安聖体於法門之上哉、末世沙門猶敬君臣、況於霊神哉、如此麁言、尤可被停廃、

第六暗浄土失　　勘観無量寿経云、一切凡夫、欲生彼国者、当修三業、一者孝養父母、奉仕師長、慈心不殺、修十善業、二者受持三帰、具足衆戒、不犯威儀、三者発菩提心、深信因果、読誦大乗云々、又九品生中、説上品上生云、具諸戒行、読誦大乗、中品下生、孝養父母、行世仁慈云々、曇鸞法師者、念仏大祖也、於往生上輩、出五種縁、其四云、修諸功徳、中輩七縁之中、起塔寺、飯食沙門云々、又道綽禅師、会常修念仏三昧文云、行念仏三昧多故言常修、非謂全不行余三昧也云々、善導和尚者、所見塔寺無不修葺、然者上者自三部之本経、下至一宗之解釈、諸行往生盛所許也、加之、曇融亘橋、善晟造路、常旻修堂、善冑払坊、空忍採花、安忍焼香、道如施食、僧慶縫衣、各以事相一善、皆得順次往生、僧喩之持阿含、

行衍之講摂論、雖小乗一経、雖凡智講解、各有感応、実詣浄土、沙門道俊者、念仏無隙、不書大般若、覚親論師者、専修忘他、不造尺迦像、皆妨往生願、蒙大聖誡、永改其執、遂生西方、当知、不依余行、不依念仏、出離之道只在于心矣、若夫法花雖有即往安楽文、般若雖有随願往生之説、彼猶惣相也、少分也、不如別相念仏、不及決定業因者、惣則摂別、上必兼下、仏法之理其徳必然、何以凡夫親疎之習、誤失仏界平等之道、若往生浄土者、非行者之自力者、只憑弥陀之願力、於余経余業者、無引摂別縁、無来迎別願、於対念仏人不能及者、為弥陀所化、可預来迎、豈異人哉、是人也、逢釈迦之遺法、修大乗行業、即其体也、若不帰彼尊者、実可謂無縁、若不兼念仏者、且可為闕業、既兼二辺、何漏引摂、若無専念故不往生者、智覚禅師毎日兼修一百箇之行、何得上品上生哉、凡造悪人者、難救而恣救、口称小善者、難生而倶生、乃至十念之文、其意可知、而近代之人、剰忘本而付末、憑劣而欺勝、寧叶仏意哉、彼帝王布政之庭、代天授官之日、賢愚随品、貴賤尋家、至愚之者、縦雖有夙夜之功、不任非分之職、下賤之輩、縦雖積奉公之労、難進卿相之位、大覚法王之国、凡聖来朝之門、授彼九品之階級、各守先世之徳行、自業自得、其理必然、而偏憑仏力不測涯分、是則愚癡之過也、就中仮名念仏浄業難熟、順次往生本意有違失、戒恵倶闕、所恃何事哉、若経生々漸可成就者、一乗薫修三密加持、豈亦無其力哉、同雖沈、愚団者深沈、共雖浮、智鉢早（者脱カ）浮、況智之兼行、虎之有翅也、以一遮多、仏宜照見、但如此評定、自本不好、専修党類、謬以井蛙之智、猥斥海鼈之徳之間、黙而難止、遂及　天奏、若愚癡之道俗不得此意、或軽往生之道、或退念仏之行、或又不兼余行、無生浄土者、全非本懐、還可禁制、縦又依此事、雖為念仏瑕瑾、比其軽重、猶不如宣下歟、

第七誤念仏失　先於所念仏、有名有体、其体中、有事有理、次付能念之相、或口称或心念、彼心念中、或繋念或観念、彼観念中、自散位至定位、自有漏及無漏、浅深重々前劣後勝、然者口唱名号、不観不定、是念仏之中、麁也浅也、若随世依人、此又雖足、正及校量者、争不弁差別、爰専修蒙如此難之時、不顧万事、只答一言、是弥

陀本願有四十八、念仏往生第十八願也、何隠爾許大願、唯以一種号本願哉、付彼一願乃至十念者、挙其最下也、以観念為本、下及口称、以多念為先、不捨十念、是大悲至深、仏力尤大也、其易導易生者、観念也多念也、依之観経云、若人苦迫不得念仏、応称無量寿仏云々、既称名之外、有念仏言、知其念仏、是心念也観念也、彼勝劣両種之中、如来本願、寧置勝而取劣哉、何況善導和尚発心之初、見浄土図、嘆云、唯此観門定超生死、遂入此道発得三昧、定知、彼師自行十六想観也、念仏之名、兼観与口、若不然者、作観経疏、亦作観念法門、云本経云別草、題目何表観字哉、而観経付属之文、善導一期之行、唯在仏名者、誘下機之方便也、彼師解釈、詞有表裏、慈悲智恵善巧非一、守杭儻関過於祖師歟、設亦雖付口称、三心能具、四修無闕、真実念仏名為専修、只以捨余行為専、以動口手為修、可謂不専之専也、非修之修也、憑虚仮雑毒之行、作決定往生之思、寧善導之宗、弥陀之正機哉、凡云浄土、云念仏、云業因、云往生、江湖之浅深難分、行道之遠近易迷、若不学諸宗之性相者、争輙知一門之真実哉、爰我法相大乗宗者、源出釈尊慈尊之肝心、詳載本経本論之誠文、印度則千部論師十大菩薩立破有空執、晨旦亦三蔵和尚百本疏主相承無謬、雖道綽善導説、未足依憑、然而彼亦為三昧発得之人、豈背一生補処之説、互求会通、勿好乖諍、

第八損釈衆失　専修云、囲棊双六不乖専修、女犯肉食不妨往生、末世持戒市中虎也、可恐可悪、若人怖罪憚悪、是不憑仏之人也、如此麁言流布国土、為取人意、還成法怨、夫極楽教門、盛勧戒行、浄土業因、以之為最、所以者何、非戒律者六根難守、恣根門者三毒易起、妄縁纒身、念仏之窓不静、貪嗔濁心、宝池之水難澄、此業所感、豈其浄土哉、依之浄土業因、盛用戒行、教文如上載、但末世沙門無戒破戒、自他所許也、専修之中亦持戒人非無、今所歎者全非其儀、雖不如実受、雖不如説持、怖之悲之、須生慚愧之処、剰破戒為宗、叶道俗之心、仏法滅縁、無大於此、洛辺近国猶以尋常、至于北陸東海等諸国者、専修僧尼盛以此旨云々、自不勅宣、争得禁遏、奏聞之趣、専在此等歟、

第九乱国土失　　仏法王法猶如身心、互見其安否、宜知彼盛衰、当時浄土法門始興、専修要行尤盛、可謂王化中興之時歟、但三学已廃、八宗将滅、天下理乱、亦復如何、所願只諸宗与念仏、宛如乳水、仏法与王道、永均乾坤、而諸宗皆信念仏、雖無異心、専修深嫌諸宗、不及同座、水火難並、進退惟谷、若如専修志者、天下海内仏事法事、早可被停止歟、而貴賤未帰、法命未終尽者、全非他力、忝我后叡慮、無動明鑑之故也、若及後代専修得隙之時、君臣之心、視余如芥者、縦雖不及停廃、八宗誠有若亡歟、矧復弗沙蜜王壊伽藍也、容愚臣之諫言、会昌天子殄僧尼也、起道士之嫉妬、法滅因縁将来難測、為思此事、奏達天聴、若無当時之誡、争絶後昆之惑、嗚呼、仏門随分之鬱陶、古来雖多、八宗同心之訴訟、前代未聞、事之軽重、恭仰聖断、望請　天裁、仰七道諸国、被糺改沙門源空専修念仏之宗義者、世尊付属之寄、弥和法水於舜海之浪、明王照臨之徳、永払魔雲於堯山之風矣、誠惶誠恐謹言、

副進

奏状一通

右、件源空、偏執一門、都滅八宗、天魔所為、仏神可痛、仍諸宗同心、欲及天奏之処、源空既進怠状、不足鬱陶之由、依院宣有御制、衆徒驚歎、還増其色、就中叡山発使加推問之日、源空染筆書起請之後、彼弟子等告道俗云、上人之詞皆有表裏、不知中心、勿拘外聞云々、其後邪見之利口都無改変、今度怠状又以同然歟、奏事不実罪科弥重、縦有上皇之叡旨、争無明臣之陳（諫カ）言者、望請　恩慈、早経奏聞、仰七道諸国、被停止一向専修条々過失、兼又行罪科於源空幷弟子等者、永止破法之邪執、還知念仏之真道矣、仍言上如件、

元久二年十月　日

＊この史料はもともと二通の文書であったと思われる。前半が貞慶草の『興福寺奏状』であり、「副進」以下がほぼ同時期に作成・提出された『興福寺五師三綱等申状』であったろう。『興福寺五師三綱等申状』で「副進」されている「奏状一通」が『興福寺奏状』である。書写の過程で『興福寺奏状』末尾の日付と、『興福寺五師三綱等申状』の書き出し・事書のあわせて数行分が脱落したのであろう。後者の『興福寺五師三綱等申状』は『興福寺奏状』を朝廷に取り次ぐように藤氏長

者九条良経に要請したもの。なお、次に掲げる「南都奏状」は、『興福寺奏状』「第四妨万善失」「第五背霊神失」と重なる記述があるが、独自の記事もみえるため、参考として掲げておく。また、「第二図新像失」で非難された摂取不捨曼荼羅については、後掲『沙石集』『摧邪輪』を参照されたい。摂取不捨曼荼羅に近似した画像にクリーブランド美術館所蔵『融通念仏縁起絵巻』下巻第十段がある（大原嘉豊「浄土宗の仏画」『仏教美術研究上野記念財団助成研究会報告書』三八、二〇一二年）。

〈参考史料〉
『念仏者令追放宣旨御教書集列五篇勘文状』（『昭和定本日蓮聖人遺文』）

奏状篇　取詮注之、委在広本

南都奏状云、

一　謗人謗法之事

右、源空軽顕密諸宗、如土如沙、蔑智行高位、如蟻如螻、常自讃曰、広見一代聖教、知我也、能解八宗精微者、我也、我捨諸行、況於余人哉、愚癡道俗、仰之如仏、弟子偏執遙超于其師、檀那邪見弥倍于本説、一天四海漸以遍、聞事之奇特、不可不驚、其中殊以法華修行、為専修讐敵、或云、読此経者皆堕地獄、或云、修其行者永留生死、或僅許仏道之結縁、或都嫌浄土之正因、然間本誦八軸十軸之文、積千部万部之功者、永以廃退、剰悔前非、所捨本行宿習実深、所企念仏薫習未積、中途仰天歎息者多矣、此外般若華厳之帰依、真言止観之結縁、十之八九、皆棄置、略之、

一　蔑如霊神事

右、我朝本是神国也、百王承彼苗裔、四海仰其加護、而専修之輩、永不別神明、不論権化実類、不恐宗廟祖社、若憑神明、堕魔界云云、於実類鬼神者、置而不論歟、至権化垂跡者、既是大聖也、上代高僧皆以帰伏、行教和尚参宇佐宮、釈迦三尊影、如月而顕、仲算大徳詣熊野山、飛瀧千仭水、如簾而巻、凡行基・護命・増利・聖宝・空海・最澄・円珍等也、皆於神社、新感霊異、若是不及源空之人歟、又可堕魔界之類歟、略之、

〈参考史料〉
『沙石集』巻一―一〇（日本古典文学大系）

又中比、都ニ念仏門流布シテ、悪人ノ往生スベキヨシイヒタテ、、戒ヲモタモチ、経ヲモ読人ハ、往生スマジキ

様ヲ、曼陀羅ニ図シテ、貴ゲナル僧ノ経ヨミテ居タルニハ、光明サヽズシテ、殺生スルモノニ、接取ノ光明サシ給ヘルヤウヲ書テ、世間ニモテ遊ケル比、南都ヨリ公家ヘ奏状ヲ奉ル事アリケリ。其状ノ中ニ云ク、彼地獄ノ絵ヲ見ル者ハ、悪ヲ作シ事ヲ悔、此曼陀羅ヲ拝スル者ハ、善ヲ修セシ事ヲ悲ムト、イヒケリ。

〈参考史料〉
『**摧邪輪**』**巻下**（『浄土宗全書』八）

然汝集(選択集)出此等文、令身光不照十方衆生、亦不分身心二光、若如汝所解者、令弥陀如来有大悲不遍之過、又令四十八願無称性之徳、汝非造書述此義、仮図像顕此意趣、名摂取不捨曼荼羅、中央図阿弥陀如来、光明照十方、周迊図在家出家諸人、在家称名諸人受光照、出家雑善行人、不蒙照触、此像処処遍満、無情愚人等、悉皆信伏之、称名行不専一、不法過日熾盛、以此為往生浄業、以此為深信至極、非唯軽聖道仏法、還亦黷浄土門行、

十二月二十九日　朝廷が宣旨を下して、法然に門弟の偏執を誡めさせた。

『**法然上人行状絵図**』**巻三一**（日本絵巻物全集一三）

其後、興福寺の欝陶猶やます。同二年九月に蜂起をなし、白疏をさゝく。彼状のことくは、上人(法然)ならひに弟子権大納言公継卿(徳大寺)を重科に処せらるへきよし訴申、これにつきて同十二月廿九日、宣旨を下されて云、「頃年源空上人、都鄙にあまねく念仏をすゝむ。道俗おほく教化におもむく。而今彼門弟の中に、邪執の輩、名を専修にかるをもちて、咎を破戒にかへりみす。是偏門弟の浅智よりおこりて、かへりて源空か本懐にそむく。偏執を禁遏の制に守といふとも、刑罰を誘諭の輩にくは(加)ふることなかれ」と云々取詮。君臣の帰依あさ(浅)からさりしかは、たゝ門徒の邪説を制して、とか(咎)を上人にかけられさりけり。

＊『三長記』元久三年二月二十一日条は、この宣旨の内容が事実であることを裏づける。

元久三年（一二〇六）

二月十四日　法本房行空と安楽房遵西を召喚せよとの院宣が発

令され、三条長兼は検非違使に二人の召喚を命じた。

『三長記』元久三年二月条（増補史料大成）

十四日乙丑　陰、新宰相送御教書院宣也曰、法々・安楽両人、可召出、（中略）件法々・安楽両人、源空上人一弟也、安楽房者勧進諸人、法々房者立一念往生義、仍可被配流此両人之由、山階寺衆徒重訴申之、仍及此沙汰歟、於其操行者、縦雖為不善、所勧所執只念仏往生之義也、依此事、被行罪科、可痛哭々々々、当此時奉行此事、先世罪業之令然歟、但山階寺衆徒、殊成此訴訟、若依背神慮、春日大明神有咎歟、趣々所残只此一事許也、可召出之由、即仰遣左佐親房許了別当未補、此間左佐行庁事也、

二月十六日　摂政九条良経が三条長兼と専修念仏に関する口宣について協議した。

『三長記』元久三年二月条（増補史料大成）

十六日丁卯　晴、参殿下（九条良経）、以有経（藤原）申条々、次有召、念仏宗口宣間事、被仰合（後略）、

十八日己巳　晴、入夜雨降、参殿下、以兼時（源）申条々、次依召参御前、念仏宗口宣事進之、大略神妙之由有仰、少々依御計、又改之（後略）、

二月十九日　三条長兼が解脱房貞慶に専修念仏に関する口宣案の詳細を伝えた。

『三長記』元久三年二月条（増補史料大成）

十九日庚午　雨降、向梅小路、愚息僧実者刑部少輔入道子息也有法華経供養事、以解脱房為導師、於南堂供養者、為聴聞凌雨所向也、其次謁解脱房、念仏宗口宣間事、示子細、衆徒難不可然之由示之、但寛宥背訴訟本意歟（後略）、

二月二十日　三条長兼が摂政九条良経に興福寺の動向を報告した。

『三長記』元久三年二月条（増補史料大成）

廿日辛未　晴、（中略）未剋許参内、次参殿下（九条良経）、以有経申条々、念仏宗事、興福寺衆徒猶訴申、先度宣下之状、背訴訟之本意、偏為予所為之由、入僻韻、今度五師三

綱、直可参殿下之由、衆徒仰含(合カ)云々、所為自由也、慥可付氏院別当之由、有殿下仰云々、但不及列参、両三人参云々、衆徒狼藉尤以奇怪也、依召参御前、申承雑事、入夜退出、

＊三条長兼は当時、勧学院政所別当であった。

二月二十一日　興福寺五師三綱と三条長兼が専修念仏の処分について折衝した。興福寺は、昨年十二月の宣旨の改訂、法然・安楽・幸西・住蓮・行空等の罪科、念仏宗・専修の語の禁止を要請した。

『三長記』元久三年二月条（増補史料大成）

廿一日壬申　晴、山階寺三綱二人来、示衆徒懇望之子細、入僻韻之由、仰子細了、已剋許参殿下(九条良経)、山階寺五師四人、三綱六人、為衆徒使参、念仏宗口宣、依有事、不触予(長兼)、直参長者殿可申之由、衆徒示之、仍直参、而殿下仰曰、以長兼不申上者、不可聞食、罷帰以此旨、可触衆徒歟、乍候京、以使可示遣歟、於此条者、使五師等可相計、直申上之条不当也、被仰此子細之間、予所参会也、使者曰、相触可申上之由、被仰下、早可申上也、予答曰、衆徒成欝、不可触之由結構、何可申上哉、如被仰下、早示此子細於衆徒、可申上之由、衆徒令申者、可申上也、以使者計許、一切不可申上、抑身過怠、何事哉、職事下宣旨之習、一言一字非御定、不載之、而加私詞之由、衆徒成邪推、補蔵人頭已五代継踵、重代奉公之家、争不弁此程事哉、衆徒申状如不弁東西、山(階脱カ)寺法師之所言、尤左道也、訴訟不尽者、被仰下之趣、欝訴残、可被改宣下趣之由、言上可足歟、使者大略閉口、但使者曰、衆徒依為氏院別当、一旦愁申許歟、然而如此被仰下之上、不申沙汰者、猶可申付之由、定不承伏歟、只可及参洛也、已朝家大事也、於所欝者、其理雖可然、只可申上也、仍申此子細、仰曰、長兼所欝申、其理至極、然而随彼相計申上、又何事有哉、早可申上、仍聞申状等、五師申曰、源空仏法怨敵也、子細度々言上了、其身幷安楽、成覚(此弟子未知名字)、住蓮、法本等、可被行罪科、源空不謗諸教之由、書進起請云々、其後於所々、猶不止謗訕、已奏事不実違勅者也、尤可

被行罪科、当時披露宣下之状中、「源空上人」由被載之、上人者兼智徳者也、源空者僻見不善者也、「起門弟之浅智、背源空之本懐」、此句又似無源空過怠、又「漫莫加刑罰於誘諭之輩」、上（此カ）句被禁偏執之由雖見、不可加罰之由、被載之間、念仏宗之輩、各称雄、弥不善（巧脱カ）之心、又猶念仏宗々字、専修名号、可被停止之由、可被仰下之、其詞雖繁、大略不過之、口宣状、衆徒了見僻韻也、被仰下之趣、委且仰含了、所詮以本解詞、可被載宣旨之由、所申請也、又申上階僧房造営懈怠之子細、予参御前、申条々子細、殿下仰云、此旨可有御奏聞、以仏法興立、悉成此訴訟、仍可有御沙汰之由、有御気色歟、於宣下状者、大略雖不背訴訟、吹毛之難也、然而重申状之趣、可有御奏聞、僧房造営事、以申状之趣、被問国司、可及改任沙汰者、即令参院給、予又参、明日直物之次、可有任人、有其沙汰也、以女房新大夫、奏条々、晩頭帰畢、

二月二十二日　三条長兼が後鳥羽院の意向を興福寺五師に伝えた。

『三長記』元久三年二月条（増補史料大成）

廿二日癸酉　晴、巳剋許参殿下、以長俊（源）朝臣、申昨日奏聞条々雑事等、

午剋許令参院給（後鳥羽）、予即逐参、（中略）申剋許任人沙汰了、殿下令退出給、予又候御共、暫候公卿座、召予参進、山階寺衆徒訴事、被仰勅定之趣、先是、衆徒使五師三綱等所参也、予、仰衆徒使曰、先度宣下之状、更不背衆徒奏状之趣、如汗綸言、雖難被改、以本解条々、可被載之由申歟、都此訴訟、已為仏法興隆言上、仍難黙止、且又先宣旨、未施行諸国、以本解条々、有御計、重可被改也、源空以下可被行罪科事、為仏法滅亡基之由、依訴申、雖及此沙汰、彼輩又所勧念仏也、依此科、被加刑罰之条、又雖可背物議、一弟中安楽・法本、於此両人者、偏執過傍輩由、有其聞、可被行罪科也、衆徒雖訴訟、如申必無裁許、而起自仏法興隆之志、仍大略任申請、可有計御沙汰也、重御計上者、又不可申子細、使五師等有悦色、可披露此旨之由令申、次上階以

下僧房造営遅々事、又重被問造国司、可有計御沙汰之由、仰了、使等重申云、安芸所課上階料材木、少々運置寺中、而相逢甲乙輩、偸沽却云々、予驚重申此子細、造国司度々改奉行人、仍前沙汰人材木歟、未曾有事也、早可問国司之由、被仰下也、（後略）

二月二十四日　摂政九条良経が三条長兼に専修念仏の宣旨について指示をした。

『三長記』元久三年二月条（増補史料大成）

廿四日乙亥　晴、参殿下、（九条良経）以長俊朝臣申条々、殿下渡御中山殿、出御之次、依召参御前、念仏宣旨・曲水宴間事、有仰、（後略）、

廿五日丙子　晴、早旦参院、以女房新大夫奏条々、次参殿下、以有経（藤原）申奏聞条々、各任御定、可致沙汰之由、有仰、次依召参御前、曲水文人事有評定、被注下之、念仏口宣事、猶有申旨、相計可被改之由、有仰（後略）、

＊摂政九条良経は同年三月七日に急逝し、三月十日近衛家実が摂政・氏長者となった。それに伴い勧学院別当は三条長兼から藤原光親に代わった（『大日本史料』四―八―九〇四頁）。

二月三十日　法本房行空・安楽房遵西の罪名勘申を命じる宣旨が発令され、法然は特に行空を破門した。

『三長記』元久三年二月条（増補史料大成）

卅日辛巳　晴、今朝源空上人一弟二人、為弘通念仏、依謗諸仏諸教、被勘罪名、宣下中宮権大夫了、其状如此、

元久三年二月卅日　宣旨

沙門行空、忽立一念往生之義、故勧十戒毀犯之業、恣謗余仏願、還失念仏行、沙門遵西、称専修毀破余教、任雅執遏妨衆善、宜令明法博士勘申件二人罪名

蔵人頭左中弁藤原長兼奉

件両人、遵西者安楽房也、行空者法本房也、於行空者、依殊不当、源空上人放一弟了、

建永元年（一二〇六）

五月二十七日　三条長兼が摂政近衛家実に専修念仏の宣下等について報告した。

『三長記』　建永元年五月条（増補史料大成）

廿七日丁未　陰、微雨時々灑、最勝講第三日也、午剋許、先欲参殿下（近衛家実）之処、於途中、已令参内給之由、雑色下人告之、仍廻轅参内、即有御参、公卿未参集、暫令候東向御所給、召予参進、（中略）此次申雑事等、（中略）

念仏宗宣下事

仰曰、以前沙汰趣、委不知之、但任件沙汰趣、可被仰下歟之由可奏、

六月十三日　九条兼実が三条長兼に、専修念仏のことについて指示をした。

『三長記』　建永元年六月条（増補史料大成）

十三日癸亥　晴、入夜甚雨、朝間、依召参性寺入道殿（九条兼実）、被召入簾中、任大将幷宰相中将殿御辞退間事等、被仰合、又念仏宗事、条々被仰子細、良久祇候（後略）、

六月十五日　聖覚が遁世を申請し、後鳥羽院がそれを引き留めるための院宣を出すよう命じた。

『三長記』　建永元年六月条（増補史料大成）

十五日乙丑　朝間晴、未剋許雷雨、参院（後鳥羽）、以越中内侍、奏条々、

聖覚申身暇事

勅定、可書賜御教書、

『五代帝王物語』（『群書類従』三）

山の聖覚法印も二度まで道心を発て、あまりに身をすてはてんとて、長櫃かきて四条町通りなどしたりけれども、後鳥羽院、召出されて公請にしたがひける。僧正にもたび〳〵なされけるを、聖覚罷成なば、北京の僧みな狼藉に成候なんずとて辞申けり。

六月十六日　三条長兼が摂政近衛家実に専修念仏問題の経緯について説明した。

『三長記』　建永元年六月条（増補史料大成）

十六日丙寅　陰、今日被行臨時除目、申剋許可参之由、去夜有殿下（近衛家実）仰、仍申斜参院、御幸親実（藤原）卿泉亭、仍予参内、秉燭以後帰参院、先是殿下令参給、昨日注進之外、

又注進所望輩注折紙、良久入見参、被尋仰念仏宗間事、以前沙汰之趣、委申了（後略）、

六月十九日　後鳥羽院が諸卿に対し、専修念仏の宣旨に関する文言について諮問した。

『三長記』建永元年六月条（増補史料大成）

十九日己巳　終日雷雨、雷落二ケ所云々一所錦小路町、一所二条河原云々、

今日不出仕、

専修念仏宣旨仰詞事、可被計申之由、以御教書、仰人々春宮大夫（徳大寺公継）・堀川大納言・藤新両納言・左大弁（三条公定）等也、其状云、専修念仏事、依偏執之勧進、可諸教衰微之由、興福寺衆徒、所経上奏也、所申為仏法也、不可有無裁許、仍任解状之旨、可被宣下也、仰詞如此、条々以此趣、被仰下如何、委可令計申給、院宣状也、各注仰詞、相副遣之、

六月二十一日　後鳥羽院の諮問に対し、在宅の諸卿が意見を表明した。

『三長記』建永元年六月条（増補史料大成）

廿一日辛未　晴、及夕雷雨、但微也、今日念仏宗　宣下事、為仰合人々、向所々、先参中山入道関白殿（松殿基房）、以定佐申子細、以中将兼季朝臣（藤原）、被仰御返事、次向内府許（花山院忠経）、被出逢、同示子細、次向入道左府許（三条実房）、数剋閑談、除目執筆等事談之、次参摂政殿（近衛家実）、以佐清申条々雑事、次参東宮傅許（大炊御門頼実）、示同子細、次向右府許（藤原隆忠）、所労無術、不能申子細之由被答、及深更帰畢、窮屈不知為方、

向人々許仰詞

専宗念仏事、源空上人門弟等、一向勧進之間、還誹謗諸宗、於余行者、非出離要之由、遍称之、因茲仏法可及衰微之由、興福寺衆徒訴申之、仍可被　宣下也、其趣如此以仰詞案、令廻見也、若依此　宣下、念仏又令衰微者、已罪業也、可被計申者、

人々申状

入道関白殿令申給云、此事、不見衆徒奏状、以前沙汰之趣、又不承及、輙難計申歟、但先以衆徒奏状、一旦可被問勧進上人、以彼陳状、又可被問興福寺歟、然而此沙汰、於今者勿論、可被　宣下者、大略不可

過此趣歟、但辺鄙之輩、委不□見仰詞之趣、称念仏停止　宣旨、若雖一人、翻信心者、已罪業也、此条尤可有思慮、遁世之身議奏、事躰有憚、可依人々申状歟、念仏之咎、及此程沙汰之条、勧進之輩偏執、誠不足言事歟、
入道左府被申云、偏執之勧進、誠有過分之聞、被仰下之趣、已委細也、守此状者、何可及念仏衰微哉、以此趣被仰下、何事有哉、
東宮傅被申云、偏執之聞雖遍、年来薫修之行、或翻其志、或不変、可依人意、強不可一揆歟、所勧又強非罪業、衆徒雖不可及上奏、殊訴申之上、可被　宣下者、不可過此趣歟、但人以可称念仏停止　宣旨由歟、依之若信心輩雖一人、翻其志者、罪業也、此条能々可有用心歟、
内府被申云、仰詞之趣、不可過之、衆徒訴訟、可有裁許者、被　宣下、何事有哉、

六月二十八日　専修念仏について追って沙汰すると後鳥羽院が言明。

『三長記』建永元年六月条（増補史料大成）

廿八日戊寅　晴、参院、以弁内侍奏両条、北野廻廊功事、可勘功程、専修念仏人々申状事、留御所了、逐可被仰左右、次条々欲奏之処、白地御幸、仍退出（後略）、

八月五日　興福寺が専修念仏問題の早期決着を要請した。

『三長記』建永元年八月条（増補史料大成）

五日甲寅　晴、（中略）山階寺三綱、為衆徒使来、念仏宗宣旨事、早可申沙汰、予答云、被仰下之(者カ)、可致沙汰、故殿(九条良経)御時、為氏院別当、而不触被訴申歟、而今被相触之条、如何、彼無重答旨、此訴訟以不被甘心事也、未剋許参内、有記録所評定、仍着座、（後略）

十一月二十七日　前内大臣大宮実宗が出家し、法然が戒師をつとめた。

『明月記』建永元年十一月条（冷泉家時雨亭叢書別巻二）

廿七日　天晴、後聞、大臣殿已令遂給、法然房戒師、法

印奉剃、実信取被物、盛親取布施絹、納言被取野剣・衣帽・直衣、剃髪之後、着染衣受戒給、

＊本文「奉剃」の右横に「大臣殿御出家事」の頭書あり。

『**法然上人行状絵図**』**巻一二**（日本絵巻物全集一三）

大宮の内府実宗公は、帰敬の心さし他にことに（異）おはせしかは、つねに上人と謁して念仏往生のみちをあきらめ（明）、つゐに上人を和尚として建永元年十一月廿七日に出家をとけ、専修のつとめおこたり（怠）たまはす。

建永二年（一二〇七）

正月二十四日　専修念仏禁止令の発布手続きが進められる。二月上旬、専修僧が逮捕・拷問され安楽・住蓮らが処刑された。九条兼実は水無瀬に使者を送って後鳥羽院に宥免をもとめたが、興福寺もまた専修弾圧の奏達を行った。

『**明月記**』**建永二年正月、二月条**（国書刊行会）

正月廿四日　天晴、陰雨間降、（中略）頭弁出京、専修念仏之輩停止事、重可宣下云々、去比聊有事故云々其事已非軽、又不知子細、不及染筆　暫而退下宿所衆生寺、入夜帰参、深更名謁退下、頭弁帰参、（後略）

二月九日　天晴、（中略）近日只一向専修之沙汰、被搦取被拷問云々、非筆端之所及、（後略）

十日　天晴、（中略）今朝、兼時（源）朝臣為入道殿（九条兼実）御使参、相具専修僧云々、専非可被申事歟、骨鯁之御本性、猶以如此、

『**教行信証**』**後序**（日本思想大系一一）

竊カニ以ミレハ、聖道ノ諸教ハ行証久シク廃レ、浄土ノ真宗ハ証道今盛ナリ、然ニ諸寺ノ釈門、昏ク教ニ兮不知ラ真仮ノ門戸ヲ、洛都ノ儒林、迷テ行ニ兮無シ弁コト邪正ノ道路ヲ、斯ヲ以テ興福寺ノ学徒奏達ス

太上天皇諱尊成号後鳥羽院

今上諱為仁号土御門院聖暦承元丁ノ卯ノ歳仲春上旬之候ニ、主上臣下背キ法ニ違シ義ニ成シ忿ヲ結フ怨ヲ、（後略）

『**法然上人行状絵図**』**巻三三**（日本絵巻物全集一三）

建永元年十二月九日、後鳥羽院、熊野山の臨幸ありき。そのころ上人（法然）の門徒、住蓮・安楽等のともから、東山鹿谷にして別時念仏をはしめ、六時礼讃をつとむ。さたま

れるふし(節)拍子なく、をの〳〵(各々)哀歎悲喜の音曲をなすさま、めつらしくたうと(尊)かりけれは、聴衆おほくあつまりて、発心する人もあまた(数多)きこえしなかに、御所の御留守の女房、出家の事ありける程に、還幸のゝち、あしさまに讒し申人やありけん、おほきに逆鱗ありて、翌年建永二年二月九日、住蓮・安楽を庭上にめされて、罪科せらるゝとき、安楽、「見有修行起瞋毒、方便破壊競生怨、如此生盲闡提輩、毀滅頓教永沈淪、超過大地微塵劫、未可得離三途身」の文を誦しけるに、逆鱗いよ〳〵さかりにして、官人秀能におほせ(仰)て、六条川原にして安楽を死罪におこなはるゝ時、奉行の官人にいとま(暇)をこ(乞)ひ、ひとり日没の礼讃を行するに、紫雲そらにみち(満)けれは、諸人あやしみをなすところに、安楽申けるは「念仏数百遍のゝち、十念を唱へんをまち(待)てき(切)るへし。合掌みたれすして、右にふさ(臥)は、本意をとけぬと知へし」といひて、高声念仏数百反のゝち、十念みち(満)ける時き(切)られけるに、いひつるにたか(違)はす、合掌みたれすして右にふし(臥)にけり。見聞の諸人、随喜の涙をなかし、念仏に帰する人おほかりけり。

＊後鳥羽院の熊野詣は建永元年十二月九日から二十八日まで。『明月記』によれば、後鳥羽院は建永二年正月二十三日から二月十二日まで、摂津の水無瀬殿で遊興している。

二月二十八日　専修念仏禁止令が発布され、法然・親鸞らが流罪となった。

『皇帝紀抄』（『群書類従』三）

承元々年二月十八日、源空上人号法然房配流土佐国、依専修念仏事也、近日件門弟等、充満世間、寄事於念仏、密通貴賤并人妻可然之人々女、不拘制法、日新之間、搦取上人等、或被切羅(頸)、或被禁其身、女人等又有沙汰、且専修念仏子細、諸宗殊鬱申之故也、

『歴代皇紀』（『改訂史籍集覧』一八）

承元二(々)年二月廿八日、僧源空配流土佐国、住蓮安楽等死罪、是依一向専修停止也、

『法然上人伝記』巻六上（九巻伝、『浄土宗全書』一七）

建永二年丁卯二月、念仏の行人に下さるゝ宣旨云、顕密両宗焦丹府而歎息、南北衆徒捧白疏而鬱訟、誠是可謂天魔障遮之結構、寧亦非仏法弘通之怨讐云々。遂に上人の門

弟等いかなる事か有りけん。咎を本師におほせて遠流に処せらる。

「官宣旨」（『昭和定本日蓮聖人遺文』）

左弁官下　綱所

応下知諸寺執務人、令糺断専修念仏輩事

右、左大臣宣、奉　勅、専修念仏之行者、諸宗衰微之基也、仍去建永二年春、以厳制五箇条裁許官符、施行先畢、（中略）兼又諸寺執務之人、五保監行之輩、聞知而不言与同罪、曾不寛宥者、宜承知、依宣旨行之、

建保七年閏二月八日　　太史小槻宿禰在判

『法然上人行状絵図』巻三三（日本絵巻物全集一三）

太政官符　土左国司

流人藤井の元彦

使左衛門の府生清原の武次　従二人

門部二人　従各一人

右、流人元彦を領送のために、くたんらの人をさ（差）して、発遣くたむのことし、国よろしく承知して、例によりて、これをおこなへ、路次の国、またよろしく食柒具、馬参疋をたまふへし、符到奉行、

建永二年二月廿八日　　右大史中原朝臣判

左少弁藤原朝臣

『歎異抄』（『真宗史料集成』一）

後鳥羽院之御宇、法然聖人他力本願念仏宗ヲ興行ス、于時興福寺僧侶敵奏之上、御弟子中狼藉子細アルヨシ、無実風聞ニヨリテ罪科ニ処セラルヽ人数事、

一　法然聖人幷御弟子七人流罪、又御弟子四人死罪ニオコナハルヽナリ、

聖人ハ土佐国番多トイフ所ヘ流罪、々名藤井元彦男云々、生年七十六歳ナリ、

親鸞ハ越後国、罪名藤井善信云々、生年三十五歳ナリ

浄聞房　備後国　　澄西禅光房　伯耆国

好覚房　伊豆国　　行空法本房　佐渡国

幸西成覚房、善恵房二人、同遠流ニサタマル、シカルニ無動寺之善題大僧正（慈円）、コレヲ申アツカルト云々、

遠流之人々、已上八人ナリト云々、

被行死罪人々

一番　西意善綽房
二番　性願房
三番　住蓮房
四番　安楽房
二位法印尊長之沙汰也、

「念仏結縁交名」（『玉桂寺阿弥陀如来立像胎内文書調査報告書』）

頼朝（源）　頼家（源）　尊成（後鳥羽院）　新院（土御門）　当君（順徳）　実朝（源）　公経（西園寺）（中略）
六条尼御前　法然房源空　真観房感西　勢観房源智
比丘尼秘妙（中略）香水寺阿念房　中納言入道浄心
安楽房遵西　住蓮房　善綽房西意　聖願房　座主大僧正
慈円　法印成円　法性寺入道殿下（藤原忠通）　祐清（善法寺）　幸清（石清水検校）
秘妙房母大夫殿　超清　シウ清　大蓮　妙月　源氏
証空　信空（後略）

＊この念仏結縁交名は法然一周忌に造立された阿弥陀仏像の胎内に奉納されていたものの一。勢観房源智の筆で安楽・住蓮・善綽・聖願の四名が連記されていることから、この四名が処刑されたとする『歎異抄』などの記事が裏付けられる。なお、四名の処刑は後鳥羽院の私刑であったと思われ、この時に下された「厳制五箇条裁許官符」には、四名の処刑については記載されていなかった可能性が高い。

『親鸞聖人血脈文集』（梅原真隆『親鸞聖人血脈文集の研究』）

一　法然聖人者流罪土左国幡多、俗姓藤井元彦
　善信者流罪越後国国府、俗姓藤井善信
坐罪科之時勅宣俤、
　善信者俗姓藤井、俗名善信
　善恵者無動寺ノ大僧正御坊、慈鎮和尚ノ御コトナリ、アツカラシメオハシキ
　幸西者俗姓物部、常覚坊

『拾遺古徳伝絵』巻七（常福寺本、法然上人絵伝集成三）

聖人浄土真宗の興行ます〳〵繁昌し、貴賤上下の帰依いよ〳〵純熟す。爰　太上天皇号後鳥羽院、諱尊成　今上号土御門院、諱為仁聖暦承元丁卯歳仲春上旬の比、南北の学徒、顕密の棟梁、浄土の一門弘興、聖道の諸宗癈滅の因縁この事にあり、すへからくその根本に付て、空聖人を坐すへしといふことを僉義しつゝ、奏聞にをよぶ。そのうへ門弟の中に不慮の無実、内々その聞ありけれは、事の計会おりふしあしくて、南北の学徒の奏事、左右なく　勅許、すてに罪名の議定に及て、はやく遠流の　勅宣をくたされけり。

聖人の罪名藤井元彦男、配所土佐国幡多、春秋七十五。この外門徒、或は死罪、或は流罪。流罪の人々、浄聞房備後国、禅光房澄西伯耆国、好覚房伊豆国、法本房佐渡国、成覚房幸西阿波国、俗姓物部云々、善信房親鸞越後国国府罪名藤井善信、善恵房但無動寺前大僧正被申預之、已上流罪、師弟共八人。善綽房西意於摂津国誅、佐々木不知実名判官沙汰、性願房、住蓮房、安楽房已上、於近江国馬淵誅、二位法印尊長沙汰云々、已上死罪四人。この人々、誅せらる、とき、面々に不可思議の奇瑞をあらはす。或は、なかれいつる所の血より青蓮華出生す、或は頸おちて後、合掌を改て念珠をくること、百八の念珠をもて三反と云々。或は頭より光をはなち、おつるところの頸、高声念仏十余遍これをとなふ。或は口より蓮華出生す。種々奇特の事等ありけりとなん。

『尊卑分脈』清和源氏の項抄出（新訂増補国史大系）

実遍陸奥寺主――住蓮法然上人弟子、住蓮事、為法然上人弟子、其内住蓮安楽二人、殊為専修念仏弘通最一、於所々勤修別時念仏六時礼讃共行、殆為濫觴、為善男善女知識、勧進念仏、依之、其比貴賤令信仰人多之、即仙洞女房已下、令遁世入此門人、仍後鳥羽上皇有逆鱗、召誡住蓮安楽二人、被斬首了、

『徒然草』二二七段（新日本古典文学大系）

六時礼讃は、法然上人の弟子、安楽と云ける僧、経文を集めて造て、勤にしけり。其後、太秦の善観房といふ僧、節博士を定めて、声明になせり。一念の念仏の最初也。御嵯峨の院御代より始まれり。法事讃も、同じく、善観房始めたるなり。

『法水分流記』抄出（『法然教団系譜選』）

（法然）上人
- 証空善恵、住西山、（中略）初住小坂、奥州配所、無動寺前大僧正被申預
- 行空法本、住美乃、立一念義、配所佐渡――覚住
- 浄聞備後
- 好覚伊豆
- 禅光伯耆
- 親鸞越後
- 善綽西意、於摂州被誅、已下四人、被誅之時、各々現不思議、一人ハ自流出之血変蓮花出生
- 安楽遵西、於江州馬淵被誅、一人頸落之後、改合掌廻念数百八、三遍
- 住蓮同所被誅、一人従頸放光、頸落之後、高声念仏十余遍
- 性願同所被誅、一人自口白蓮花出生

伝云、善綽・性願於摂津国所誅、佐々木判官沙汰云々、住蓮・安楽於近江馬淵誅、二位法印尊長沙汰云々、

『愚管抄』巻六（日本古典文学大系）

又建永ノ年、法然房ト云上人アリキ。マヂカク京中ヲスミカニテ、念仏宗ヲ立テ専宗念仏ト号シテ、「タヾ阿弥陀仏トバカリ申べキ也。ソレナラヌコト、顕密ノツトメ（勤）ハナセソ」ト云事ヲ云イダシ、不可思議ノ愚癡無智ノ尼入道ニヨロコバレテ（喜）、コノ事ノタヾ繁昌ニ世ニハンジヤウ（繁昌）シテ、ツヨク（強）ヲコリ（起）ツヽ、ソノ中ニ安楽房トテ、泰経（高階）入道ガモトニアリケル侍、入道シテ専修ノ行人トテ、又住蓮トツガイテ、六時礼讃ハ善導和上ノ行也トテ、コレヲタテ、尼ドモニ帰依渇仰セラル、者出キニケリ。ソレラガアマリサへ云ハヤリテ、「コノ行者ニ成ヌレバ、女犯ヲコノム（好）モ魚鳥ヲ食モ、阿弥陀仏ハスコシ（少）モ、トガメ玉ハズ、一向専修ニイリテ念仏バカリヲ信ジツレバ、一定最後ニムカヘ（迎）玉フゾ」ト云テ、京田舎サナガラ、コノヤウニナリケル程ニ、院ノ小御所ノ女房、仁和寺ノ御ムロ（道助入道親王）ノ御母（西御方）マジリニ、コレヲ信ジテ、ミソカニ安楽ナド云物ヨビ（呼）ヨセテ、コノヤウトカセ（説）テキカン（聞）トシケレバ、又グ（具）シテ行向ドウレイタチ出キナンドシテ、夜ルサへトヾメナドスル事出キタリケリ。トカク云バカリナクテ、終ニ安楽・住蓮頸キラレ（切）ニケリ。法然上人、ナガシ（流）テ京ノ中ニアルマジニテ、ヲハレ（追）ニケリ。カヽル事モ、カヤウニ御沙汰ノアルニ、スコシ（少）カヽリテヒカヘ（控）ラル、トコソミユレ（見）。サレド法然ハ、アマリ方人ナクテ、ユルサレ（赦）テ終ニ大谷ト云東山ニテ入滅シテケリ。ソレモ往生〳〵ト云ナシテ、人アツマリ（集）ケレド、サルタシカ（確）ナル事モナシ。臨終行儀モ、増賀上人ナドノヤウニハ、イワル（云）、事モナシ。カヽルコトモアリシカバ、コレハ昨今マデシリ（尻）レヌニヤ。山ノ大衆ヲコリテ、空アミダ仏ガ念仏ヲイチ（追）ラ（散）サントテ、ニゲ（逃）マド（惑）ハセナドスメリ。大方東大寺ノ俊乗房ハ、阿弥陀ノ化身ト云コト出キテ、ワガ身ノ名ヲバ、南無阿弥陀仏ト名ノリテ、万ノ人ニ、上ニ一字ヲキテ、空阿弥陀仏、法アミダ仏ナド云名ヲツケヽルヲ、マコトニヤガテ我名ニシタル尼法師ヲヽカリ。ハテニ法然ガ弟子トテ、カヽル事ドモシイデタル、誠ニモ仏法ノ滅相ウタガイナシ。コレヲ心ウルニモ、魔ニハ順魔逆魔ト云、コノ順魔ノカナシウ、カヤウノ事ドモヲシフル也。弥陀一教利物偏増ノマコトナラン世ニハ、罪障マコトニ消テ、極楽ヘマイル人モアルベシ。マダシキニ、真言止観サカリニモアリヌベキ時、順魔ノ教ニシタガイテ得脱スル人ハ、ヨモアラジ。カナシキコトヾモナリ。

＊事件のきっかけを成した後鳥羽院女房のなかで、「仁和寺ノ御ムロノ御母」が唯一名前が判明する。彼女は坊門信清の娘であり、坊門局・西御方と呼ばれた。将軍実朝の室は妹に当たる。卿二位兼子の養女となって後鳥羽後宮に入り、仁和寺の道助入道親王（一一九六～一二四九）・頼仁親王（一二〇一～六四）・嘉陽門院（一二〇〇～七三）をもうけた。父親の坊門信清は「外戚之威」によって内大臣の地位にまでのぼっている。この法難の前後で、坊門局・坊門信清の地位に特段の変化はない。なお、承久の乱で後鳥羽院が流罪になると、坊門局は隠岐に随逐して後鳥羽に仕え、その死を看取っている。その後、帰洛して念仏聴聞に参列したりした（寛元三年〈一二四五〉十月二十二日条）。

「懺法院十五尊釈」（門葉記九三、『大正新脩大蔵経』図像部一二）

抑当世僧侶、称専修念仏之行者、決定往生之業因、捨真言止観之行業、専魚食女犯之放逸云々、事既起自弥陀之教、今更儲此重罪之業、如来之照見如何、諸仏之方便如何、或諸宗訴公家、々々誡悪人、雖然全無対治之実、弥有造罪之悲云々、誠是濁世迷惑之非常、末代難治之悪縁也、此事争不啓弥陀如来哉、故無二作善之行法之席、為一切衆生、述発露懺悔短旨者也、

＊本史料は青蓮院門跡の洛中本坊として創建された大懺法院の仏事を定めたものの一節で、慈円の記述と考えられる。

『法然上人行状絵図』巻三三（日本絵巻物全集一三）

門弟等なけき（歎）あへるなかに、法蓮房（信空）申されけるは、「住蓮・安楽はすてに罪科せられぬ。上人の流罪はたゝ一向専修興行の故云云。しかるに老邁の御身、遼遠の海波におもむきましまさは、御命安全ならし。我等、恩顔を拝し、厳旨をうけ給ことあるへからす。又師匠流刑の罪にふしたまは、のこり（残）と、まる門弟、面目あらむや。かつは勅命なり。一向専修の興行をとゝむへきよしを奏したまひ（給）て、内々御化導あるへくや侍らん」と申されけるに、一座の門弟おほくこの義に同しけるに、上人の給はく、「流刑さらにうらみ（怨）とすへからす。そのゆへは、齢すてに八旬にせまりぬ。たとひ師弟おなしみやこ（都）に住

すとも、娑婆の離別ちかきにあるへし。たとひ山海をへた(隔)つとも、浄土の再会なむ(何)そうたか(疑)はん。又いと(厭)ふといへとも、存するは人の身なり。おし(惜)むといへとも、死するは人のいのちなり。なんそかならすしも、ところによらんや。しかのみならす、念仏の興行、洛陽にしてとし(年)ひさし。辺鄙におもむきて、田夫野人をすゝめ(勧)む事、季来の本意なり。しかれとも時いたらすして、素意いまたは(果)たさす。いま事の縁によりて、季来の本意をとけん事、すこふる朝恩ともいふへし。この法の弘通は、人はとゝ(止)めむとすとも、法さらにとゝ(止)まるへからす。諸仏済度のちかひふか(深)く、冥衆護持の約ねんころ(懇)なり。しかれは、なんそ世間の機嫌をはゝかりて、経尺(釈)の素意をかくすへきや。たゝしいたむ(痛)ところは、源空が興する浄土の法門は、濁世末代の衆生の決定出離の要道なるかゆへに、常随守護の神祇冥道、さためて無道の障難をとかめ給はむか、命あらむともから、因果のむなしからさる事を、おもひあはすへし。因縁つきすは、なんそ(何)又今生の再会なからむや」とそ、おほせ(仰)られける。

また一人の弟子に対して、一向専念の義をのへ給に、御弟子西阿弥陀仏、推参して、「かくのことくの御義ゆめ〳〵あるへからす候。をの〳〵御返事を申給へからす」と申ければ、上人の給はく、「汝、経尺(釈)の文をみ(見)すや」と。西阿申さく、「経尺(釈)の文はしかりといへとも、世間の機嫌を存するはかりなり」と。上人又の給はく、「われたとひ死刑にをこな(行)はるとも、この事い(云)はすはあるへからす」と。至誠のいろ(色)、もとも切なり。見たてまつ(奉)る人、みな涙をそおと(落)しける。

『法然上人行状絵図』巻三四（日本絵巻物全集一三）

三月十六日に、花洛を(法然が)いてゝ、夷境におもむき給に、信濃国の御家人、角張の成阿弥陀仏、力者の棟梁として、最後の御とも(伴)なりとて御輿をかく。おなしさまにしたか(随)ひたてまつ(奉)る僧六十余人なり。をよそ上人の一期の威儀は、馬車輿なとにのり(乗)給はす。金剛草履にて歩行し給き。しかれとも老邁のうへ、長途たやすからさるによりて、乗輿ありけるにこそ。御なこりを(惜)しみ、前後左右にはしりしたか(従)ふ人、幾千万といふ事をしらす。（中略）さて禅定殿下（九条兼実）、「土左国までは、あまりにはるか（遥）なる程なり。わか知行の国なれは」とて讃岐国へそ、うつ（移）したてまつ（奉）られける。

＊九条良経の死没後、兼実の計らいで讃岐・越後と土佐国を交換した。そのため、法然流罪時点で讃岐は九条兼実の知行国ではなく、土佐が知行国となっていた。その経緯については以下の史料を参照。

〈参考史料〉
『三長記』元久三年四月条（増補史料大成）

□□（三日）天曙、聞書到来、以越後讃岐、被申替土左、入道（九条兼実）殿御計也、抑故殿（九条良経）御事、上皇（後鳥羽）殊有御悲嘆、彼両国御一忌之間、不可及沙汰歟、讃州忽可飛（乱）行之由、依有其聞、
入道殿令申替給也、

〈参考史料〉
『法然上人行状絵図』巻三五（日本絵巻物全集一三）

讃岐国（法然は）子松庄におちつき給にけり。当庄の内、生福寺といふ寺に住して、無常のことはりをとき、念仏の行をす丶め給けれは、当国近国の男女貴賤、化導にしたかふもの市のことし。或は邪見放逸の事業をあらため、或は自力難行の執情をすて丶、念仏に帰し往生をとく（遂）るものおほ（多）かりけり。辺土の利益をおもへは、朝恩なりとよろこひ給けるも、まことにことはりにそおほ（覚）え侍る。

＊九条兼実が讃岐国小松庄を知行していたことは、次の史料を参照。

〈参考史料〉
「九条兼実置文」（九条家文書、『鎌倉遺文』一四四八号）

（端裏書）「月輪殿自筆御処分状」

宜秋門院

（中略）

一　女院庁分御領

（中略）

讃岐国小松庄

（中略）

右、堂舎家地庄薗等、永所奉附属宜秋門院也、更不可有牢籠、多是相伝之領、官省符之地也、（中略）庄薗知行之輩、院中管領之人、若致如在、若有不法忠者、女院仰合摂政（九条良経）、任法可有科罰也、又於奉公忠節之類者、随□可被施優恤、堅守此状、為無違越、所申置如件、

元久元年四月廿三日

摂政

念仏沙弥（九条兼実）（花押）

摂政

四月五日　前関白従一位九条兼実が法然の流罪を歎きながら死没した。

『明月記』建永二年四月条（国書刊行会）

五日　天晴、（中略）臨昏巷説云、入道殿下（九条兼実）御入滅云々、日来不知御増之由、甚以悲慟、須馳参、近日時儀更難測、忽被処禁忌者、於事可失便宜、懲前事訖、只如木石、

十七日　天晴、（中略）入道殿下御事、近々太不穏、背年来之御存知之旨、可悲可恥、

『愚管抄』（日本古典文学大系）

サテ九条殿（兼実）ハ、念仏ノ事ヲ法然上人スヽメ申シヲバ信ジテ、ソレヲ戒師ニテ出家ナドセラレニシカバ、仲国（源）ガ妻ノ事アサマシガリ、法然ガ事ナドナゲキテ、其建永二年ノ四月五日、久シク病ニネテ起居モ心ニカナハズ、臨終ハヨ（良）クテウセ（失）ニケリ。

『法然上人行状絵図』巻三五（日本絵巻物全集一三）

上人左遷ののち、月輪の禅閤（九条兼実）、朝暮の御なけき、あさからす。日来の御不食いよ〳〵おもら（重）せ給て、大漸の期、ちかつかせ給ふ。藤中納言光親卿をめして、仰をかれけ（置）るは、「法然上人年来帰依のいたり、さためて存知あるらん。今度の　勅勘を申ゆるさすして、謫所へうつられぬる事、いきて世にある甲斐なきに似たり。しかれとも厳旨ゆる（緩）からす、左右なく申さむ事、おそれおほゆ（覚）るゆへに、後日を期してすくる（過）ところに、すてに終焉にのそめり。今生のうらみ、この事にあり。我他界におもむくといふとも、連々に御気色をうかゝひて、恩免を申をこな（行）はるへし」と、かきくとき仰（口説）られけれは、光親卿、仰のむね、更に如在を存へからさるよし申て、涙をなかされけり。同四月五日、御臨終正念にして、念仏数十遍、禅定にいる（入）かことくして、往生をとけさせ給ぬ。御とし五十八なり。上人左遷のゝち、いく程なくて、この御事きこへけり。御あはれ、をしはかる（推）へし。後の京極殿（九条良経）はさ

きた〻せ給ぬ。その御子東山の禅閤(九条道家)、家督にて御あとをうけつかせ給き。月輪殿御帰依の余慶をうけ、おなしく上人の勧化を御信仰ありけり。

『法水分流記』抄出（『法然教団系譜選』）

上人(法然)――兼実法名円証、号月輪禅定殿下ト、承元二(元)四五薨、御善知識大原野西修上人

承元元年（一二〇七）

十二月八日　最勝四天王院創建の恩赦により、法然は摂津押部に移り、ついで勝尾寺に逗留した。法然は勝尾寺に法服と一切経を寄進した。

『法然上人行状絵図』巻三六（日本絵巻物全集一三）

をりし(折)も最勝四天王院供養に、大赦を〻こなは(行)れけるに、その御沙汰ありて、同年十月廿五日改元、承元々年也十二月八日　勅免の宣旨をくたされけり。かの状云、

太政官符　土左国司

流人藤井元彦

右、正三位行権中納言兼右衛門督藤原朝臣隆衡宣、奉勅、件の人は二月廿八日、事につみして、かの国に配流。

しかるを、おもふ(思)ところあるによりて、ことにめしかへ(召)さしむ。但よろしく畿のほか(外)に居住して、洛中に往還する事なかるへし者、国よろしく承知して　宣によりてこれをおこな(行)へ、符到奉行。

承元々季十二月八日　　左大史小槻宿禰

権右中弁藤原朝臣

勅免のよし都鄙にきこへしかは、京都の門弟は再会をよろこひ、辺鄙の土民は余波ををし(惜)む。よろこひ(喜)となけ(歎)きと、あひなかは(相半)にそ侍りける。

上人、勅免にあつかり給て、国をい(出)て〻のほ(登)り給ふに、摂津国押部といふ所に、しはし逗留したま(給)ふ。老少男女をす〻めて、念仏門にいれ給事、かすをしらさりけり。

恩免ありといへとも、なを洛中の往還をゆる(許)されさりしかは、摂津国勝尾寺にしはら(暫)くす(住)みたまふ。このてらは善仲・善算の古跡、勝如上人往生の地なり。上人、西の谷に草庵をむすひてす(住)み給けり。をり(折)ふし恒例の引声の念仏ありけるに、僧衆の法服破壊してみくる(見苦)しかりければ、弟子法蓮房(信空)をもて、京都の檀那におほ(仰)せられて、

装束十五具、調して施入せらる。寺僧よろこ(喜)ひて臨時に七日の念仏を勤行しけり。かの庵室いまにあり。

＊赦免の太政官符にみえる上卿の藤原隆衡（一一七二～一二五四）の極官は正二位権大納言。彼が権中納言・右衛門督と正三位であったのは、承元元年十月二十九日から承元三年正月十三日まで（『公卿補任』）。

『法然上人伝絵詞（琳阿本）』（法然上人絵伝集成二）

当山(勝尾寺)に一切経ましまさゝるよし聞召けれは、上人所持の経論をわたし給ふに、寺内の老若上下七十余人を遣はして、さかむか(坂迎)へに上人の弟子、殿法印(尊忠)御房、古﨟の住侶等、花を散し、香をたき、盖をさしてむかへたてまつる。住侶各随喜悦誉して法印聖覚を唱導として、開題讃嘆の詞に云、（後略）

＊勝尾寺は九条兼実の異母弟である妙香院尊忠ゆかりの寺である。尊忠は慈円の兄であり、良快（兼実息）に妙香院を譲っている。妙香院はのちに本願寺の本所となった。ちなみに「殿法印」とは、殿下（摂政・関白）の息である法印の位の僧侶、の意。最勝四天王院の供養と恩赦については、次の記事を参照。

〈参考史料〉

『門主行状一（慈円）』承元元年条（門葉記一二八、『大正新脩大蔵経』図像部一二）

同十一月二十九日　院御願最勝四天王院供養、呪願勤之、(裏書)最勝四天王院、額(藤原基房)松殿、障子絵名所尊智兼康、和歌々仙等詠之、加御製御願文草、親経(藤原)卿、清書峰殿、御導師興福寺別当前大僧正信円慈鎮和尚同父一腹之兄也

〈参考史料〉

『仲資王記』承元元年十一月条（大日本史料四―九）

廿九日庚子　天晴、新御堂供養号最勝四天王院云々、百僧舞楽、行幸殆暁天、東　宮(守成親王)一品宮、脩明門院令入給云々、七条院依触穢、無御幸歟、導師(信円)菩提山僧正御房、呪願前座主御房慈円

証(誠)□(道法)御室、勧賞可尋記也、

(裏書)廿九日　最勝四天王院供養、額松殿、御願文清書左大将道(家)―、供僧延暦寺一人法印成円、園城寺一人法印行寂、東寺一人法印成憲

所司少々有沙汰云々、

〈参考史料〉

『明月記』承元元年十一月条（国書刊行会）

廿九日　天晴、（中略）導師(信円)・呪願(慈円)着座、呪願於東庭下輿、自左仗南進導師相共昇舞台、各昇高座着之、相並於礼盤上礼、十弟子在其辺、堂童子着座、次供花、迦陵頻、菩薩経舞台十弟子取継之、

（中略）公家（土御門天皇）大納言兼宗、頭高通、院（後鳥羽）中納言資実、顕兼朝臣、女院（脩明門院）中納言通具、親定朝臣、春宮（守成親王）中納言定輔、家衡、酉時許帰参大将殿以前、御帰参云々、胡飲酒舞之間也、被仰賞、依稠、人不見、（中略）左府（藤原隆忠）経透渡殿、召右衛門権佐経高（平）、被仰赦事、経高承之退出帰参、法会訖布施如例、（後略）

承元二年（一二〇八）

九月十四日　熊谷直実（蓮生）が死期を予言して京都黒谷で死没。

『吾妻鏡』承元二年十月条（新訂増補国史大系）

廿一日丁亥　東平太重胤号東所遂先途、自京都帰参、即被召御所、中洛中事等、先熊谷二郎直実入道、以九月十四日未尅、可為終焉之期由相触之間、至当日、結縁道俗、囲繞彼東山草庵、時剋、着衣袈裟、昇礼盤、端坐合掌、唱高声念仏、執終、兼聊無病気云云、（後略）

「熊谷蓮生（直実）置文案」（長門熊谷家文書、『鎌倉遺文』七六九号）

至子々孫々、能々可令存知旨

一　先祖相伝所領案堵御判形七ッ幷保元々年以来至建久年中、軍忠御感状廿一有之、

一　対主君不可成逆儀幷武道可守事、

一　上人御自筆御理書幷　迎接蔓陀羅可成信心事、

右、参ケ条之外、依其身器量、可覚悟者也、仍置状如件、

建久六年二月九日　　蓮生（花押影）

『吾妻鏡』建久三年十一月・十二月条（新訂増補国史大系）

十一月廿五日甲午　白雲飛散、午以後属霽、早旦熊谷次郎直実、与久下権守直光、於御前、遂一決、是武蔵国熊谷久下境相論事也、直実於武勇者、雖馳一人当千之名、至対決者、不足再往知十之才、頗依貽御不審、将軍家（源頼朝）度々有令尋問給事、于時直実申云、此事、梶原平三景時、引級直光之間、兼日申入道理之由歟、仍今直実頻預下問者也、御成敗之処、直光定可開眉、其上者、理運文書無要、称不能左右、縡未終、巻調度文書等、投入御壺中起座、猶不堪忿怒、於西侍、自取刀除髻、吐詞云、殿乃御侍倍登利波天云々、則走出南門、不及帰私宅逐電、将軍家殊令驚給、或説、指西馳駕、若赴京都之方歟云々、則馳遣雑色等於相模伊豆所々幷筥

根走湯山等、遮直実前途、可止遁世之儀之由、被仰遣于御家人及衆徒等之中云々、直光者、直実姨母夫也、就其好、直実先年為直光代官、令勤仕京都大番之時、武蔵国傍輩等、勤同役在洛、此間、各以人之代官、対直実現無礼、直実為散其欝憤、属于新中納言知盛卿、送多年畢、白地下向関東之折節、有石橋合戦、為平家方人、雖射源家、其後又仕于源家、於度々戦場抽勲功云々、而棄直光、列新黄門家人之条、為宿意之基、日来及境違乱云々、（後略）

十二月十一日己酉　走湯山住侶専光房、進使者申云、直実事、就承御旨、則走向海道之処、企上洛之間、忽然而行逢畢、既為法躰也、而其性殊異様、只称仰之趣、令抑留之条、曽不可承引、仍先讃嘆出家之功徳、次相構誘来于草庵、聚同法等、談浄土宗法門、漸令和順彼欝憤之後、造一通書札、諫諍遁世逐電事、因茲於上洛者、猶予之気出来歟者、其状案文送進云々、将軍家太令感給、猶廻秘計、可留上洛事之由、被仰云々、（後略）

廿九日丁卯　（中略）今日、走湯山専光房、献歳末巻数、以其次申云、直実法師上洛事者、偏就羊僧諷詞、思止畢、但無左右、不可還参営中、暫可隠居武州之由申之云々、

「熊谷蓮生（直実）夢記」（山城清凉寺文書、『鎌倉遺文』一四五〇号）

（端裏書）「上品上生のくわん」

あみた(阿弥陀)にほんくわん(本願)よりほかに、せいもんとんを、
くまし□さす、それもみな、

元久元年五月十三日、とハなるところ□て、上品上生のらいかう(来迎)のあみたほとけ(阿弥陀仏)のおまえ(御前)にて、僧蓮生、くわん(願)をおこして申さく、こくらく(極楽)ニうまれたらんニとりてハ、み(身)のらくのほとハ、下品下生なりともかきりなし、しかれとん、天たいの御さく(釈)に、下し八品不からい生とおほ(仰)せられたり、おなしくハ、いつさい(一切)のうえん(有縁)のすしやう(衆生)、一人ものこさ(残)すらいかう(来迎)せん、もしハむえん(無縁)まてニも思ひかけて、とふらはん(弔)かために、たゝひとへ(偏)に人のために、蓮生上品上生(生)ニうまれん、さらぬほとならハ、下八

品ニハうまる(生)まし、かくくわん(願)を、こしてのちニ、又い
はく、えしんそうつ(恵心僧都)すら、下品の上生をねかう給へり、
いかにいはんや、まつたい(末代)のしうしやう(衆生)、上品上生する
物ハ一人もあらしと、ひしり(聖)の御ハう(房)のおほせ事あるを
き(聞)、なから、か、るくわん(願)を、こしはて、いはく、まつ
たい(末代)に上品上生する物あるましきニ、しかもよろつ
ふたう(不当)なるれんせい(蓮生)、いかて上品上生ニハうまる(生)へきそ、
さなくハ、下八品ニハうまれ(生)しとくわん(願)したれはとて、
あみたほとけ(阿弥陀仏)、もしむかへ(迎)給はすハ、たい、ち(第一)にみた(弥陀)の
品くわん(本願)やふれ(破)給ひなんす、つき(次)にみた(弥陀)のし日(慈悲)かけ給ひ
なんす、つきニみた(弥陀)のくわん(願)上す(成就)のもん(文)やふれ(破)給ひなん
す、(中略)又せんす(専修)の物ハ千ハ千なからのさく(釈)、こ
と〳〵とこれらほとけのくわん(願)といい、ほとけのことハ(言葉)
とい、、せんたう(善導)のさく(釈)とい、、もし□□□□(れんせうカ)をむかへ
給ハすハ、みなやふれて、おの〳〵まうこ(妄語)のつみ(罪)え給ひ
なんす、(中略)蓮生かあやまち(誤)ニハ、いんさいのうえん(有縁)
のともから(輩)、すなハち(即)たちかえりてむかへ(迎)んとて、くわん(願)
を、こして上品上生ならすハ、むかへ(迎)られまいらせしと
いふ、かたき(堅)くわん(願)を、こしたるか、よくひか事ならん、
丈五きやくの物はかりハあらし、しかれハいかなりとも、
むかへ(迎)たまはぬ事あらし、(中略)又うたか(疑)ハす上品上
生ニうまる(生)へしといふゆめ(夢)なからニ、たひ〳〵みたり、
そハの人もみてつけたり、(中略)れんせい五月十三日
ニ、このくわん(願)を、こして、おなしき廿二日のよ(夜)、
あみたほとけ(阿弥陀仏)にまうさく、ふしなから蓮生かをこして候
くわん(願)、上す(成就)、へくハ、うたか(疑)ふましからん、御しん
けん(示現)たへ、又かな(叶)ふましくハ、かなふましと、しんけん(示現)
たへと、かたさまにもうたか(疑)ふましからん、御しんけん(示現)
たふへく候と申てね(寝)たる、そのすなはち、ゆめにみる
やう、こんしき(金色)のハちす(蓮)の花の、くき(茎)はなかくて、えた
もなくて、そろ〳〵として、た、いんほんにたち(立)たるニ、
そのめくりに人十人はかり、ゐまハりてあるに、れん
せい(蓮生)申すことそ、こと人ハ一人も、あれかうえ(上)ニハのほ(登)
りえし、蓮生一人ハいち、やう(一定)のほる(登)へきなりとゆいは
つれハ、いかにしてのほり(登)けりとんおほへすして、その
はちす(蓮)のはなのうゑにのほり(登)て、たんさ(端座)してゐたり、と

みハつれハ、ゆめ(夢)さめ了、又くわん(願)を、こす、このくわん(願)ま事なるへくハ、りんしう二ゆ、しからん人〳〵、しほくをとろくはかりのすいさう(瑞相)をまつけんして、もろ〳〵の人二、みたのほんくわん(本願)、みうらやませ給へとをこしたり、

(裏)かるかゆへに、上品上生の往生、いよ〳〵うたかいなき也、その、ちこのゆめ(夢)ハみたる也、同年六月廿三日のゆめ(夢)をなし心也、

「証空書状」(山城清凉寺文書、『鎌倉遺文』一四五三号)

二字とんかへ(返)しまいらせ候ぬ、御ふミ又候めり、およそこのてうこそ、とかく申にをよひ(及)候はす、めてたく候へ、わうせう(往生)せさせ給たらんにハ、すくれておほへ候、しこしりてわうさうする人〳〵ハ、にうたう(入道)殿にかきらす、おほく候、かようにしほく(耳目)を、とろかす(驚)事ハ、まつたい(末代)にハよも候はし、むかし(昔)もたうさくせんしはかりこそ、おハしまし候へ、返々申はかりなく候、た、し、なに事に□けても、仏道にハましと(魔事)申事の、ゆ、しきたいし(大事)にて候なり、よく〳〵御ようしむ(用心)候へきなり、かようにふしき(不思議)をしめすにつけても、たより(便)をうか、う事も候ぬへきなり、めてたく候にしたかひて、いたはしくおほえ(覚)させ給て、かやうに申候なり、よく〳〵御つ、しみ(慎)候て、ほとけにもいのり(祈)まいらせさせ給へく候、いつか御のほり候へき、かまへて〳〵のほらせおハしませかし、京の人〳〵おほやうハ、みなしんして念仏をもいますこし、いさみあひて候、これにつけても、いよ〳〵す、ませ給へく候、あしさまにおほしめすへ□□す候、なを〳〵めてたく候、あなかしく〳〵、

四月三日　証空

熊谷入道殿へ

(切封墨引)

(別紙)(熊谷直実筆)「うれしさをむかしはそてにつ、ミけり、
□□ハうの御返事也、」

「熊谷直勝譲状」(熊谷家文書、『鎌倉遺文』三一三七六号)

譲渡所領事

子息彦次郎平直高所

武蔵国熊谷郷内田畠屋敷名田在家以下之地頭職幷安芸

国三入本庄地頭職田畠山河以下栗林等事、

右、西熊谷者、直高重代相伝之所領也、然間、直満永代譲与畢、但坪付四至境事、不可違本譲、関東御下文・御下知以下代々手継証文等事相副、譲与畢、

（中略）

一　御本尊迎接曼陀羅御事、是者、直実入道蓮生、興不可思議之大願、信心強盛之発心云、誠行業功力云、如此送年季之間、不思議之奇瑞等、及数箇度、爰此事法然上人被聞食、被尋仰之時、一々事次第、具被申入之間、サチ（テカ）ハ三昧発得之人也、殊浄土門規摸、於未来可有益、三昧発得之時、奉拝見浄土様、上品上生之時、如来如此迎接、在一々様、上人以御筆、奉図書御本尊御坐、依之、奉号迎接曼陀羅也、然已来選信心強盛器量、子々孫々中、奉代々相伝者也、故早興行伽藍、可奉入彼御本尊、爰直高依京・鎌倉公私大事共聊延引、于今興行不事終、就其第一者、為此一大事、選器量、奉渡直満者也、然者、早可奉忩彼興行、

一　惣領内殺生禁断事、去嘉元年中、所被成置関東・六波羅御下知御教書也、若甲乙人等当庄及乱入狼籍、至狩猟、有伐取草木事者、上申、任御下知之旨、可申行重科、又直高之子孫中、若於領内如此不用所申置、聊至殺生、於背此状旨之輩者、子々孫々不教（孝）之義、可為死骸敵対、上申入、可申行重科、

一　同上人御筆正教之御書、又蓮性自筆判形之状・置文以下日記、同相副所奉渡也、委細在口伝、

一　彼伽藍興行者、遂何大事尋申道人、奉憑長老、我身可仕外護之役、能々可信心強盛、殊曾祖父直国、承久三年六月十二日、於勢多橋懸破一陳、行桁ハイワタリ、勝万人、於西橋爪打死畢、於其勲功之賞、当庄者拝領之地也、然間、乍云同勲功之賞、深可思入其跡之処、凡子孫等見大略不得其心、結句不思議無道之輩多之、就見其聞彼、弥至真実之志、能々入思、此事可被申、殊於当庄禁断殺生、可興行伽藍之由、代々遺言也、就其選器量、事々相伝畢、如此事等雖事多、末代子孫等為令存知、取詮載彼状畢、如遺言、何々興行事終者、彼伽藍申成勅願寺、公家・武家御代々御菩提所立申、

殊先祖代々菩提、深可訪者也、

一　集福寺勤行事、代々相続于今無退転、被成御下知之上者、子孫中聊於成違乱煩之輩者、死骸敵対・父子敵対、可為不孝之仁、即可申行重科、

（中略）

右、条々如斯、一々存知此旨、一分不可違様々遺言、仍譲状如件、

元徳三年三月五日　平直高（花押）

『法然上人行状絵図』巻二七（日本絵巻物全集一三）

武蔵国の御家人、熊谷の次郎直実は、平家追討のとき、所々の合戦に忠をいたし名をあけしかは、武勇の道なら(並)ひなかりき。しかるに宿善のうちにもよをし(催)けるにや、幕下将軍をうらみ申事ありて、心をゝこし(発)出家して、蓮生と申けるか、聖覚法印の房にたつね(訪)ゆきて、後生菩提の事をたつね申けるに、「さやうの事は法然上人に、たつね申へし」と申されけれは、上人の御庵室に参しにけり。「罪の軽重をいはす、たゝ念仏たにも申せは往生するなり。別の様なし」との給をきゝ(聞)て、さめ〳〵と泣けれは、けしからすと思たまひ(給)て、ものもの給はす。しはらく(暫)ありて、「なに事に泣給そ」と仰られけれは、手足をもき(切)り、命をもすてゝそ、後生はたすからむするとそ、うけ給はらむすらんと、存するところに、「たゝ念仏たにも申せは往生はするそ」と、やす〳〵と仰をかふり侍れは、あまりにうれしくて、なかれ(泣)侍るよし(由)をそ申ける。まことに、後世を恐たるものと見えけれは、「無智の罪人の念仏申て往生する事、本願の正意なり」とて、念仏の安心こまかにさつけ(授)給けれは、ふた心なき専修の行者にて、ひさしく上人につかへ(仕)たてまつり(奉)けり。

或時上人、月輪殿(九条兼実)へ参し給けるに、この入道、推参して御共にまいりけるを、とゝめはやと思食されけれとも、さるくせもの(曲者)なれは、中〳〵あしかり(悪)ぬと思食て、仰らるゝむね(旨)なかりけれは、月輪殿まてまいり(参)て、くつぬき(沓脱)に候して、縁に手うちかけ、よりかゝりて侍けるか、御談儀のこゑ(声)のかすかにきこゑ(聞)けれは、此入道申けるは、「あはれ、穢土ほとに口おしき(惜)所あらし、極楽にはかゝる差別はあるましきものを。談儀の御こゑ(声)もきこえ(聞)はこ

そ」と、しかりこゑ(声)に高声に申けるを、禅定殿下きこしめして、「こはなにものそ(何者)」と仰られけれは、「熊谷の入道とて、武蔵国よりまかりのほりたるくせもの(曲者)、候か、推参に共をして候と覚候」と、上(上)人申給けれは、やさしくた丶「めせ(召)」とて、御使を出されてめされける(召)に、一言の色題にも及はす、やかてめし(召)にしたかひて、ちかくおほゆか(大床)に祗候して聴聞仕けり。往生極楽は、当来の果報、なをとをし(遠)、忽に堂上をゆるされ、今生の花報を感しぬる事、本願の念仏を行せすは、争この式に及へきと、耳目をとろき(驚)てそ見えける。

承元五年（一二一一）

春頃　親鸞は専修念仏の弾圧に抗議する奏状を提出し、愚禿と名のることを宣した。

『教行信証』後序（日本思想大系一一）

竊カニ以ミレハ、聖道ノ諸教ハ行証久シク廃レ、浄土ノ真宗ハ証道今盛ナリ、然ニ諸寺ノ釈門、昏ク教ニ兮不ㇾ知ラ真仮ノ門戸ヲ、洛都ノ儒林、迷フ行ニ兮無シ弁コト邪正ノ道路ヲ、斯ヲ以テ興福寺ノ学徒奏達ス太上天皇号後鳥羽院諱尊成今上号土御門院諱為仁聖暦承元丁ノ卯ノ歳仲春上旬之候ニ、主上臣下背キ法ニ違シ義ニ成シ忿ヲ結フ怨ヲ、因テ茲ニ真宗興隆ノ大祖源空法師幷ニ門徒数輩、不ㇾ考ヘ罪科ヲ、猥リカワシク坐ス死罪ニ、或ハ改テ僧儀ヲ賜フテ姓名ヲ処ス遠流ニ、予ハ其ノ一也、爾者已ニ非ス僧ニ非ス俗ニ、是ノ故ニ以テ禿ノ字ヲ為ス姓ト、空師幷ニ弟子等坐シテ諸方辺ノ州ニ、経タリキ五年ノ居諸ヲ、

＊「坐諸方辺州、経五年居諸」との表現からして、この文は建永二年から五年目の承元五年に記されたことになる。一方、土御門天皇は承元四年十一月二十五日に退位し、代わって順徳天皇が同日に受禅、十二月二十八日に太政官庁で即位の儀を行っている。つまり土御門を「今上」と呼べるのは、承元四年十一月二十五日までであって、承元五年に書かれた文章に、土御門を「今上」と呼ぶのは不審である。この矛盾は、越後にいた親鸞が土御門退位の情報に接するのが遅れたためと考えられる。以上より、この文の執筆を承元五年春頃と判断した。また、この文は「太上天皇」「今上」「主上」の記載に平出・闕字を使用するなど、公文書の様式をとっており、これが朝廷に提出された奏状の一節であったことをうかがわ

せる。なお、親鸞が愚禿の名で奏状を提出したことは、以下の『歎異抄』『親鸞聖人血脈文集』『善信聖人絵』を参照。

〈参考史料〉
『歎異抄』（『真宗史料集成』一）

親鸞改メテ僧儀ヲ賜フ俗名ヲ、仍テ非ス僧ニ非ス俗ニ、然間タ以テ禿ノ字ヲ為シテ姓ト、被レ経ニ奏問ヲ了、彼ノ御申シ状、于ニ今外記庁ニ納ルト云々、
流罪以後、愚禿親鸞令シメ書給也、

〈参考史料〉
『親鸞聖人血脈文集』（『親鸞聖人血脈文集の研究』）

愚禿者、坐流罪之時、望勅免之時、改藤井姓、以愚禿之字、中納言範光（藤原）卿ヲモテ、勅免ヲカフラント経奏聞。範光ノ卿ヲハシメトシテ、諸卿ミナ、愚禿ノ字ニアラタメ（改）カキテ（書）奏聞ヲフルコト、メテタクマウシ（申）タリトテアリキ。ソノトキホトナク、聖人モユルシマシ〱シニ、御弟子八人アヒ具シテ、ユルサレタリシナリ。京中ニハ、ミナコノヤウハ、シラレタルナリ。

〈参考史料〉
『善信聖人絵』（西本願寺蔵、日本絵巻物全集二〇）

皇帝諱為仁（ママ）、号佐渡院（順徳）聖代、建暦辛未歳、子月中旬第七日、岡崎中納言範光卿をもて勅免、此時上人右のことく、禿字を書て奏聞し給に、陛下叡感を下し、侍臣おほきに褒美す、

＊藤原範光（一一五四～一二一三）は後鳥羽院の側近。この当時、すでに出家していたが、なお越後国の知行国主であった。『親鸞聖人血脈文集』は親鸞の奏状提出を範光が仲介したとする。知行国主藤原範光が越後の流罪人管理の最高責任者であったことからすれば、彼が関与した可能性は十分にある。ただし当時は出家入道した者が院宣・宣旨や院庁下文の発給に直接関与することはなかったので、「範光卿をもて勅免」という『善信聖人絵』の記事は検討の余地がある。藤原範光については、次の史料を参照。安居院聖覚とも昵懇の仲であった。

〈参考史料〉
『明月記』建暦三年四月条（国書刊行会）

六日　朝天間陰、巳時許雨降、伝聞、入道中納言範光卿昨日申時許遂入滅云々、年六十、光華権勢之後、十七八年歟、浮栄只如斯、執権之後所歴、弁官・大蔵卿・春宮亮・大弐・参議・衛府督・検非違使別当・中納言・民部卿、当時二个国、越後譲資平朝臣、丹後譲範朝卿云々是定被替歟、

〈参考史料〉
『三長記』元久三年四月条（増補史料大成）

四日乙卯　（中略）史成弘(中原)語曰、親経(藤原)卿述懐曰、以資実(藤原)卿可令超越之由、範光卿雖結構、遂昇納言了、範光卿聞之曰、此事不結構、而吐悪言、然者可執奏、仍有此超越云々、已範光卿結構歟、公卿以上昇進、偏依範光卿一言歟、可悲々々、（後略）

〈参考史料〉
『三長記』建永元年七月条（増補史料大成）

廿一日庚子　甚雨、（中略）此間又有一奇異、嵯峨辺有一人女号実印僧都女子、自去月廿日比、嫁一人夫、不知誰人、件夫自称云、我是上皇(後鳥羽院)也、依忍思食、渡御之儀如此、但可告清涼寺別当法眼任雅故雅頼卿息也、件女養母尼、告任雅、々々可成疑心之処、仰信之、毎告渡御之由、参彼女家祗候、或時預盃酌、漸経日数之間、任雅聊懐疑心、示聖覚僧都、聖覚内々告民部卿(藤原範光)、即達叡聞、去十一日被遣搦、以任雅、為祗候囲彼家、件時彼狂夫在其家、而搦漏了、召取彼女幷尼、使者帰参（後略）

〈参考史料〉
『法然上人行状絵図』巻一二（日本絵巻物全集一三）

卿二品(兼子)の弟民部卿範光は、後鳥羽院の寵臣なり。ひとへに上人(法然)に帰して称名のほか、他事なかりけり。生年五十四の春、承元々年三月十五日に出家をとけ、法名を静心と号。病悩火急のよしきこしめ(聞)されけれは、しのひて御幸ありけり。「後生の事いかゝおもひ(思)さため侍る」と御たつねありけれは、今度の往生、決定して更疑所候はす。其故は、去夜の夢に一人の高僧来。「誰人にましますそ」と問に、「我はこれ源空也。唐土にしては善導となつけ、此土にしては源空という。此界に来て衆生をみちひく事、已に三ケ度也。今汝に命終の期をしめさむかために来臨す。明後日、午尅その期なるへし」とのたまふ(宣)と見て夢さめ侍ぬ。已冥のつけ(告)にあつかれり。往生空かるへからさるよし(由)を存と申。是を聞食されて深御随喜有けり。件日時すこしもたかはす(違)、正念に安住し、称名相続して往生をとく。不思議の事なりけり。

三月四日　四天王寺別当慈円が後鳥羽院に四天王寺念仏の停止

を申請。後鳥羽院はそれを認め、宜秋門院の天王寺参詣の停止と上洛を命じた。

『玉蘂』承元五年三月条（思文閣出版）

四日丙辰　天晴、（中略）依明暁天王寺詣事、入夜参法性寺女院御所、一条家依遠程、為早参所参也、則宿侍、抑此御幸御共、強不可然事也、且僧正（慈円）頻被示不可来之由、是如此念仏人多参詣、還無要云々、而女院遠所御幸初度也、可然公卿一人も不候、又路間事も無（非脱カ）不審之上、女院心中御気色、参入候歟と推思之間、不知傍難所参也、仍六日暁則可帰洛也、且主上（順徳）御不例、雖非大事、遠所物詣無骨故也、抑已欲参入之処、自院宰相中将実氏（西園寺）、為中宮大夫（西園寺公経）使、走来云、只（今脱カ）自僧正許、被申可止念仏之由、被仰尤可然之由了、於今者、可止御幸之由、可申女院、又御参事不可候者、報早可申此旨之由了、即以文申其由、又余（道家）出合止了、女院御報云、承了、此上不及子細歟、又あえなくこそ覚候云々、入夜中宮大夫来、良久言談被帰了、（後略）

五日丁巳　晴、早旦自女院仰云、天王寺詣、去夜自僧正許、被示此旨、仍止了、自院忩可上洛之由、被申也云々、報承了由了、（後略）

建暦元年（一二一一）

十一月十七日　法然が赦免され、勝尾寺から京都東山の大谷に移る。弟子の親鸞たちも赦免された。

『教行信証』後序（日本思想大系一一）

皇帝諱守成聖代建暦辛ノ未ノ歳子月ノ中旬第七日ニ、蒙二テ勅免一ヲ入洛シテ已後、空（法然）居下タマヒキ洛陽ノ東山ノ西ノ麓鳥部野ノ北ノ辺大谷上ニ、

『善信聖人絵』下（西本願寺蔵、日本絵巻物全集二〇）

皇帝諱為仁（ママ）号佐渡院（順徳）聖代、建暦辛未歳、子月中旬第七日、岡崎中納言範光卿をもて勅免、此時上人（親鸞）右のことく、禿字を書て奏聞し給に、陛下叡感を下し、侍臣おほきに褒美す、勅免ありといゑとも、彼化（カシコエ）を施さんために、なを且（シハラク）在国し給けり、

『法然上人行状絵図』巻三六（日本絵巻物全集一三）

同年（建暦元年）七月のころ、上皇（後鳥羽）御夢想の御事ましく〳〵き。蓮華王

院に御参ありけるに、衲衣を着せる高僧ちかつき参して奏云、「法然房は、故法皇（後白河院）ならひに高倉の先帝の円戒の御師範也。徳、賢聖にひとしく、益、当今にあまねし。君、大聖の権化をもて、還俗配流の罪に処す。咎、五逆におなし（同）、苦報おそれさらむや」と。この事おとろきおほしめ（思）されて、藤中納言光親卿に、ひそかに御夢想の次第を仰下さる。彼卿おりをえて、はやくこの上人（法然）の花洛の往還をゆるさる（許）へきむね（旨）、頻に奏申けれは、同十一月十七日、彼卿の奉行として、花洛に還帰あるへきよし、烏頭変毛の宣下をかうふり（蒙）給ぬ。則同廿日、上人帰洛し給けれは、（中略）慈鎮和尚の御沙汰として、大谷の禅房に居住せしめたまふ（給）。

『親鸞聖人血脈文集』（『親鸞聖人血脈文集の研究』）

ホトナク、聖人モユルシマシ〳〵シニ、御弟子八人アヒ具シテ、ユルサレタリシナリ。

建暦二年（一二一二）

正月二十五日　法然が東山大谷の地で死没した。

『仁和寺日次記』建暦二年正月条（『続群書類従』二九下）

廿五日癸酉　源空上人入滅、

『教行信証』後序（日本思想大系一一）

同（建暦）二年壬申寅月ノ下旬第五日午時入滅シタマフ、奇瑞不㆔可㆓称計㆒ス、見㆓タリ別伝㆒ニ、

『愚管抄』巻六（日本古典文学大系）

法然ハアマリ方人ナクテ、ユルサレ（許）テ終ニ大谷ト云東山ニテ入滅シテケリ。ソレモ往生〳〵ト云ナシテ、人アツマ（集）リケレド、サルタシ（確）カナル事モナシ、臨終行儀モ増賀上人ナドノヤウニハ、イワル、事モナシ。

『法然上人行状絵図』巻三七（日本絵巻物全集一三）

建暦二年正月二日より、上人（法然）日来不食の所労、増気し給へり。すへてこの三四年よりこのかた（以来）は、耳目朦昧にして、色を見、声をき、給事、ともに分明ならす。しかるを、いま大漸の期ちかつきて、二根明利なる事、むかしにたかは（違）す、見る人随喜し、不思議のおもひをなす。二日以後は、更に余言をましへす。ひとへに往生の事を談し、高声の念仏たへすして、睡眠の時にも舌口とこし

なへにうこく(動)。同三日、ある弟子、「今度、御往生は決定歟」とたつね(尋)申に、「われ、もと極楽にありし身なれは、さためてかへり(帰)ゆくへし」とのたまふ(宣)。又法蓮房(信空)申さく、「古来の先徳、みなその遺跡あり。しかるにいま精舎一宇も建立なし。御入滅の後、いつくをもてか、御遺跡とすへきや」と。上人答給はく、「あとを一廟にし(占)むれは、遺法あまねからす。予か遺跡は諸州に遍満すへし。ゆへいかむ(如何)となれは、念仏の興行は愚老一期の勧化なり。されは念仏を修せんところは、貴賤を論せす、海人漁人かとまや(苫屋)までも、みなこれ予か遺跡なるへし」とそおほせ(仰)られける（中略）。

廿三日(建暦二年正月)よりは、上人(法然)の御念仏あるひは半時、あるひは一時、高声念仏不退なり。廿四日の酉刻より、廿五日の巳時にいたるまては、高声、体をせめて無間なり。弟子五六人、かはる〳〵助音するに、助音は窮屈すといへとも、老邁病悩の身、をこたり(怠)給はす。未曾有の事なり、群集の道俗、感涙をもよをさすといふ事なし。廿五日の午刻よりは、念仏の御こえ(声)、やうやくかすか(微)にして、高声はとき〳〵ましはる。まさしく臨終にのそみ給とき、慈覚大師の九条の袈裟をかけ、頭北面西にして「光明遍照、十方世界、念仏衆生、摂取不捨」の文をとなへて、ねふる(眠)かことくして、息たへ(絶)たまひ(給)ぬ。音声とゝまりてのち、なを唇舌をうこかし(動)給事、十余反はかりなり。面色ことに(殊)あさやかに、形容ゑめる(笑)に似たり。建暦二年正月廿五日午の正中なり。春秋八十にみち(満)給。

『浄土法門源流章』（『浄土宗全書』一五）

近代有叡山黒谷源空大徳、俊機敏利、智慮深濬、人王第七十六代近衛天皇御宇、久安六年(一一五〇)歳次己巳齢方十八、厭世閑居、専欣安養、修往生業、浄土教義従此漸昌、自行化他唯在此、人王八十二代後鳥羽天皇御宇、建久九年(一一九八)歳次戊午、于時源空年六十六、録選択本願念仏集一巻開為二巻、立浄土宗、大顕義理、自此已後浄教甚昌、貴賤倶修、都鄙咸遵、人王八十四代順徳天皇御宇、建暦二年歳次壬申、源空入滅、年満八十、（中略）源空大徳門人非一、各揚浄教、互恣弘通、倶立門葉、横竪伝燈、即有幸西大徳・長楽寺隆寛権律師・小坂証空大徳後居西山・鎮西聖光大徳・

信空大徳道号法蓮・美州行空大徳道号法宝・九品寺長西大徳等、並源空大徳親承面受之弟子也、各随所承、弘浄土教、念仏宗旨所伝雖同、立義巨細異解多端、

二月十二日　藤原定家が左大臣九条良輔に対し、天王寺参詣についての忠言した。

『明月記』　建暦二年二月条（国書刊行会）

十二日　自夜雨降、申後晴、午時許参八条旧院、今日解脱房（貞慶）説法云々、事始後参入、聴聞事訖、左大臣殿（九条良輔）見参、有申事等、

一、蓮華心院修二月、今年式日可被修云々、（中略）

一、天王寺念仏御参事、能々可有御思惟、緇素群集之中、毎日御昇降之儀、頗以軽忽、雖善事、尤可有御案歟、仰（良輔）云、是偏為後世也、但猶可案之、又申云、猶可被遂者、其道場之辺、造屋為御所、無庭上御往反者、尤可宜歟、

夕退出、（後略）

＊九条良輔は九条兼実の息。

八月二十八日　四天王寺の念仏停止により宜秋門院の行啓が中止となる。

『玉蘂』　建暦二年八月条（思文閣出版）

廿八日　参女院（宜秋門院）、今日天王寺詣延引、依念仏停止也、

＊宜秋門院は九条兼実の娘、後鳥羽院の中宮。『玉蘂』の筆者九条道家は兼実の孫。

九月　兵部卿入道平基親が『選択本願念仏集』を開板。法然は生前の『選択集』公開を禁じていた。

『選択本願念仏集』序（『昭和新修法然上人全集』）

新彫選択本願念仏集序

兵部卿三位平基親作云々

夫以、専称南謨之教門者、直至西刹之要路也、不但釈迦金口之宣、亦為弥陀素意之願、二日三日執持名号之証、諸仏舒舌、十声一声必得往生之義、吾等銘肝、爰空上人、有一軸文集之書、号選択本願念仏集、秘密壇行人、凝即身之観、故可閣之、大小乗学者、愛随心之法、故難握之、於念仏衆生者、誰不帰哉、因茲、雖知埋壁之誡、還貽雕

板之印、於戯、玄元聖祖五千言、令尹早著上下之典、本願選択数十張、門徒将得摺写之益、思徳之志、古今惟同者歟、于時辛未之歳建子之月、新勒意樹、遙伝来葉云爾、

『選択決疑抄見聞』（『浄土宗全書』七）

本書序下之事

将釈此序、先示作者、次述縁起並製作時、後消文相、初者刑部卿三位平基親安芸守入道善綽房之作也云々、次者案此序并奥書意、上人御在生時、御弟子等、発雕刻補摺流布願、其意趣序基親令書、時建暦元年辛未十一月也、明年壬申正月二十五日上人入滅、于時門弟住恋慕思、且為報恩、且為流布、同年九月八日刻雕之功終也云々、

『選択本願念仏集』（『昭和新修法然上人全集』）

今不図蒙仰、辞謝無地、仍今慭集念仏要文、剰述念仏要義、唯顧命旨不顧不敏、是即無愧之甚也、庶幾一経高覧之後、埋于壁底、莫遺窓前、恐為不令破法之人堕於悪道也、

『法然上人行状絵図』巻四四（日本絵巻物全集一三）

上人（法然）、小松殿の御堂におはしましける（御座）とき、元久元年三月十四日に、律師（隆寛）参給けるに、上人後戸に出むかひ給て、ふところより一巻の書をとりいたし（取）（出）て、「これは月輪殿（九条兼実）の仰によりて、ゑらひ（撰）進するところの選択集なり。のす（載）るところの要文要義は、善導和尚、浄土宗をたて（立）たまふ（給）肝心なり。はやく（早）書写して披覧すへし。もし不審あらは、たつね問へきなり。源空存生のあひたは、秘して他見に及へからす。死後の流行は、何事かあらんや」との給ければ、貴命をうけて、いそき功をを（終）へんかために、わかちて尊性・昇蓮等に助筆せさせて、これを書写して、本をは返上せられけり。

『選択伝弘決疑抄』（『浄土宗全書』七）

三輩念仏往生之文、（中略）仏告等者、若準余篇、応云無量寿経下云、無者略也、故建暦二年開版摺本、有此言也、

＊建暦開板本と版木は嘉禄の法難で朝廷によって押収され、延暦寺講堂前で焼き払われた。

十一月二十三日　明恵が『摧邪輪』を著し、さらに『摧邪輪荘

巌記』を著して『選択本願念仏集』を非難した。

『摧邪輪』上（『浄土宗全書』八）

於一向専修宗撰択集中摧邪輪巻上尽第三門決

夫仏日雖没、余暉未隠、法水雖乾、遺潤尚存、三印分邪正、五分別内外、我等依之嘗甘露、醒毒酔、良如聞梵音、似対金容、以之為種智円因、以之萠無上覚芽、豈非幸耶、非喜耶、雖然跉跰愚子、適値慈父而悶絶、失心狂子、希受良薬以不嘗、何其拙耶、

爰近代有上人、作一巻書、名曰選択本願念仏集、迷惑於経論、欺誑乎諸人、雖以往生行為宗、反妨碍往生行矣、高弁年来於聖人、深懐仰信、以為所聞種種邪見、在家男女等、仮上人高名所妄説、未出一言誹謗上人、設雖聞他人之談説、未必信用之、然近日披閲此選択集、悲嘆甚深、聞名之始、喜礼乎上人妙釈、披巻之今、恨黷乎念仏真宗、今詳知、在家出家千万門流所起種種邪見、皆起自此書、至上人入滅之頃、興行倍盛、専鏤于板印、以為後代重宝、永流於一門、而敬重如仏経、総以為往生宗之肝要、念仏者之祕府、依之適有難者、負過於難乎念仏、希値信人、擬徳於信乎往生、遂使一味法雨、分甘醎之味、和合衆僧、成不同之失、何其悲乎、仍於或処、講経説法次、出二難破彼書

就文義有多種訛謬、且置之、唯出大邪見過、邪説亦多種、且出二種也、但有人云、此書更非上人製作、是門弟所選也云々、然者彼集奥文云、而今不図蒙仰、辞謝無地、仍今慭集念仏要義、唯顧命旨不顧不敏、是即無慚無愧之甚也、庶幾一経高覧之後、埋于壁底、莫遺窓前、恐為不令破法之人、堕於悪道也已上、既有此文、須対請人問作者名字也、有人云、上人雖有深智、不善文章、仍無自製之書記云々、設上人自雖不執筆、若印可之者、更不免其過、若上人不印可者、何故迄滅後鏤于板印、以為亀鏡乎、若又雖非上人幷門弟所選、彼一門有受学此書、尚不免其過也、若上人都無知者、唯破此邪書、也、更不可簡別其作者也

建暦二年十一月二十三日

華厳宗沙門高弁率爾草之了、

『摧邪輪』下　奥書（『浄土宗全書』八）

右二箇条疑難、去冬専修人可有来問之由、風聞之間、為彼決答雖草之、不然之故、深納懐中畢、然而連々伝聞、偏負破念仏行之過云々、仍近日為諸人証判、雖有流布之志、尚以思惟之間也、然重又聞専修人云作書破念仏行云々、若有遐方歴代流此悪名者、為恥為疵、可不辞謝乎、仍先以此書、奉進十方一切諸仏菩薩賢聖衆会、幷仏法護持神祇冥衆御宝前、副威光増法楽、扇正智之風、摧邪見

之幢、次依蒙　高命、謹以進上之、此即抽乎懐中之始也、

建暦三年三月一日　　　非人高弁上

進上

上人行状云(依院宣、沙門高信作之)建暦二年(壬申)十一月廿三日、於高山寺、製作摧邪輪、近年選択集為依憑、一向専修盛興、偏撥去聖道、専住邪執、一味仏法甘鹹分異、法滅之相尤足悲歎、仍作摧邪輪三巻、荘厳記一巻、毎下筆請加被於大聖、草案改乎清書、本奥自被記旨趣、其記(如上)扇正智之風、摧邪見之幢、出此句之時、俄室内風起、吹揚彼書於知識宝前、飄颻良久如本際、是眼前勝事也、又夢有一人、取筆上人面書観音、又一人書善導、又従西方、金色光明来照、此等霊夢好相非一云々、

『摧邪輪荘厳記』奥書（『浄土宗全書』八）

建暦三年六月廿二日　　　沙門高弁

於高尾寺別院栂尾住房草之畢、

『明恵上人夢記』建永元年の項（高山寺資料叢書『明恵上人資料』第二）

一　十一月夢云、有二階家、其第二階有種々仮物、造九品往生図ト云々、

一　有一檜皮屋、有一人長高僧、白衣ナル心地ス、著笠、心思ハク、法然房也、我仏事ノ導師すへし、為其聴聞、被来、入我房中て、饗応過二三日、明日仏事を、以使者白、日来、仏事結構之間、忩々走過了、今夜欲入見参、明日ハ時畢ナハ可有仏事、其以前ハ又可為忩々之由ヲ云々、

十二月二十四日　法然への報謝のため、源智が勧進して阿弥陀仏像を造立した。

「源智造像願文」（近江玉桂寺阿弥陀立像胎内文書、『鎌倉遺文』五〇五九九号）

弟子源智敬白三宝諸尊言、恩山尤高、教道之恩、徳海尤深、厳訓之徳、凡俗諦之師範、礼儀之教、荷両肩尚重、況於真諦之教授、仏陀之法乎、爰我師上人(法然)、先於三僧祇之修行、入一仏乗之道教、後改聖道之教行、偏専浄土之乗因、此教即凡夫出離之道、末代有縁之門也、由茲、四

衆懸望於安養之月、五悪之闇忽晴、未断惑之凡夫、忽出三有之栖、入四徳之城、偏我師上人恩徳也、粉骨曠劫難謝、抜眼多生豈報乎、是以造立三尺之弥陀像、欲報先師恩徳、此像中納数万人姓名、是又報幽霊之恩也、所以何者、先師只以化物為心、以利生為先、仍書数万人姓名、納三尺之仏像、此即利益衆生源、凡聖一位意、迷悟一如義也、住迷悟一如意、以利益衆生計、報謝先師上人恩徳也、不何真報謝乎、像中所奉納、道俗貴賤、有縁無縁之類、併随愚侶方便力、必蒙我師之引接、此結縁之衆、一生三生之中、早出三界之獄城、速可至九品之仏家、已以利物報師徳、実此作善莫大也、以上分善、為三界諸天善神離苦得道、兼為秘妙等親類也、以中分善、為国王国母大政（太上）天皇百官百姓万民、以下分善、為自身決定往生極楽、若此中一人、先往生浄土、忽還来、引入残衆、若又愚癡之身、先往生極楽、速入生死之家、導化残生、自他善和合、偏似網目、以我願導衆生之苦、以衆生之力、抜我苦、自他共離五悪趣、自他同生九品之蓮、此願有実、此誓尤深、必諸仏菩薩諸天善神、知見弟子所願、即成熟円満、

敬白、

建暦二年十二月廿四日　　沙門源智敬白

＊玉桂寺阿弥陀仏像の胎内にはこの願文のほかに、これに結縁した四万六千人余りの交名約三〇点が納入されていた。そのなかには「エゾ三百七十人」の交名もあり、法然門下の勧進が北方のエゾの地にまで及んでいたことを示している。なお同仏像は二〇一〇年に浄土宗に移管された。

建暦三年（一二一三）

七月十八日　坊門信清の娘が出家。藤原定家はそれを辛辣に語る。

『明月記』建暦三年七月条（国書刊行会）

十八日　天晴、伝聞、左中将伊時（藤原）朝臣妻前内大臣（坊門信清）落胤云々、出家為尼云々、是近代念仏宗法師原之所為歟、天下婬女競仮尼形、扈従狂僧、已為流例耳、

＊坊門信清女の姉妹には、建永の法難のきっかけとなった坊門局や、源実朝の室がいる。藤原伊時（一一七八～一二三七）は正三位藤原伊輔の息。左中将・美濃守・蔵人頭を経て従三位に叙された。なお、次の史料のように、この頃、某が藤原定家への書状の中で、念仏の盛行を慨嘆している。

〈参考史料〉

「某書状」明月記建暦三年八月九月閏九月記裏打紙（冷泉家時雨亭叢書別巻一）

今日僧正御房大廻ニ御出□（京ヵ）□社頭見苦とて、御共ニ被駆□候之間参候、

凡当世之作法、所崇仏□皆以一向専修、□殿・花山禅□（門ヵ）、其外道俗、以顕密之名僧、被行念仏之礼讃、以仏法破滅之最□、台嶺雲中以餓死為□□者、官途世路引導吹挙ニ□人候はむ、不驚不愁次第候、仏□之是人、世路之非人、今生ハ遺□、来世ハ歓喜、さても候なん、凡ハ無□以来之業報、偏五躰六根之□（営ヵ）候也、

建保二年（一二一四）

是歳　親鸞が上野国佐貫で衆生利益のため、浄土三部経千部読誦を始行するも数日で中断した。

「弘長三年二月十日恵信尼書状」（西本願寺文書）

せんしん（善信）の御房、くわんき（寛喜）三年四月十四日むま（午）の時はかりより、かさ心ちすこし（少）おほえ（覚）て、そのゆうさり（夕）よりふ（臥）して、大事におはしますに、（中略）よく〳〵あん（案）してみれは、この十七八ねん（年）かそのかみ、けに〳〵しく、三ふきやう（部経）をせんふ（千部）よ（読）みて、すさうりやく（衆生利益）のためにとて、よ（読）みはし（始）めてありしを、これはなに（何）ことそ、しゝんけう（自信教）人しん（信）、なんちう（難中）てん（転）きやう（更）なむ（難）とて、身つから信し、人をおしへて信せしむる事、まことの仏おん（恩）をむく（報）ゐたてまつるものと信しなから、みやうかう（名号）のほかには、なにことのふそく（不足）にて、かならすきやう（経）をよ（読）まんとするやと思かへして、よ（読）まさりしことの、されはなほもすこ（少）しのこ（残）るところのありけるや、（中略）

三ふきやう（部経）けに〳〵しく、千ふよ（部読）まんと候し事は、しん（信）れんはう（蓮房）の四のとし（歳）、むさし（武蔵）のくにやらん、かんつけ（上野）のくにやらん、さぬきと申ところにて、よ（読）みはしめて、四五日はかりありて、思かへしてよ（読）ませ給はて、ひたち（常陸）へはおはしまして候しなり、しんれんはう（信蓮房）は、ひつし（未）のとし三月三日（日）のひにむ（生）まれて候しかは、ことし（今年）は五十三やらんとそおほえ（覚）候、

こうちやう三ねん二月十日　　ゑ信

＊信蓮房明信の誕生が建暦元年辛未三月三日であるので、これは建保二年の出来事である。この年、全国的に干ばつの被害があったことについては、次の史料を参照。

〈参考史料〉
『吾妻鏡』建保二年五月、六月条（新訂増補国史大系）

五月廿八日壬辰　霽、炎旱依渉旬、於鶴岳宮、被行祈雨御祈云々、

六月三日丙申　霽、諸国愁炎旱、仍将軍家（実朝）幷葉上僧正（栄西）、為祈雨持八戒、転読法花経給、相州（北条義時）已下、鎌倉中緇素貴賤読誦心経、一心潔信而被致精勤之誠也、

五日戊戌　甘雨降、是偏将軍家御懇祈之所致歟、（後略）

建保五年（一二一七）

三月十八日　空阿弥陀仏が九条油小路堂に信徒を集め四十八日念仏を行ったが、延暦寺衆徒蜂起の噂により信徒が退散。藤原隆信と九条院との間の娘が念仏張本であったという。

『仁和寺日次記』建保五年三月条（『続群書類従』二九下）

十八日乙未　専修念仏上人空阿弥陀仏、於九条油小路堂、自今月一日、集四十八口之徒党、始四十八日之称念、而間山門悪徒等、為成□障、蜂起之旨巷説風聞、因茲終夜□本尊四十八体逐電云々、

『明月記』建保五年三月条（国書刊行会）

廿九日　晦、終夜今朝甚雨、（中略）今日勝事、近年天下有称空阿弥陀仏念仏事、件僧結党類、多集壇越、天下之貴賤競而結縁、殊占故宗通卿後家（藤原顕季女）所造之堂（九条、世称大宮相国堂）為其道場、是隆信朝臣娘、九条院所生尼公、為念仏宗之張本之故也（世称二条院姫宮）、緇素道俗月来集会、而山門衆徒又聞此事成鬱憤、或云、訴訟申仙洞（後鳥羽院）、無御制止云々、成群議欲妨其事由、風聞之間、去十八日行幸鳥羽殿、松明光数多向南、彼念仏衆等、存山僧之炬火之由、叫喚馳走東西、抱仏像、懐黒衣而逃散云々、可謂勝事、

『愚管抄』巻六（日本古典文学大系）

コレハ昨今マデ、シリビキヲシテ、猶ソノ魚鳥女犯ノ専修ハ、大方エトヾメラレヌニヤ。山ノ大衆ヲコリテ、空アミダ仏ガ念仏ヲイチラサ（追）（散）ントテ、ニゲ（逃）マドハセナドス

メリ。

『尊卑分脈』頼宗公孫の抄出（新訂増補国史大系）

宗通 頭、検別当、右衛門督、民部卿、中宮大夫、禁色、権大納言、正二位、母備前守源兼長女、保安元七廿二薨五十、号坊門、自幼少白河院御養育、号阿古丸

信通 頭、佐中将、参議、従三位、母修理大夫顕季女、保安元十廿三薨廿九、父薨同年也、為高行被射殺

伊通 弁、頭、検別当、正二位、左大臣、太政大臣、輦車、母同信通、長寛三二十三薨七十三、号九条大相国、又号大宮

女子 呈子、為法性寺関白忠通公子、近衛院后、皇太后宮、皇后宮、中宮、母同伊実、九条院、久安六二十六従三位、同年四廿八為女御、六廿二中宮、七月廿三日近衛院有御事、久寿二八十五為尼廿五、清浄観、保元々十廿七皇后宮、同三年二三皇太后、仁安三三十四院号、安元二七八御事

五月　延暦寺大衆が幸西・空阿弥陀仏とその余党の追却、および専修念仏の禁止を朝廷に要請した。

「延暦寺大衆解」（牒状類集、『鎌倉遺文』三三一五号）

延暦寺大衆法師等誠惶誠恐謹言

請被殊垂　天察、禁刑仏法怨魔成覚（幸西）・空阿弥陀仏并其余党、停止彼等所立宗子細状

右、謹検案内、漢明皇帝、異域之賢王也、感金人於一夢、欽明天皇、吾国之聖主也、得銅像於百済、遂而仏日耀天下、白馬之教徐昌、法水流海東、斑鳩之風久扇、自爾以来、守一人之詔勅焉、闢八宗之本基矣、酬四依之誓願矣、弁諸教之浅深焉、詎以凡庸之性、得定正教之宗、爰頃年以往、有一少子、名曰源空、厦課魯鈍之心、旁宣済度之詞、邪執堅結、誑誕甚喧、謗諸宗而号雑行、建一宗而称専修、領徒衆而成群、誘緇素而有数、其謀聞于四明之上、其鬱遍于諸寺之間、終議子細、早達　上聞之剋、紫泥云降（忽カ）、丹池自休、即処源空於流刑、加流類於大僻（辟）、謗法之科、不待報於泉下矣、破僧之罪、滅身於世上焉、然今有成覚・空阿弥陀仏、又是源空之余党、久陶染邪風、永不恐罪露、悪行超於祖承、凶謀希於古昔、彼等訛言曰、時過正像、世及澆季、顕密諸教、無験于薫修、弥陀一教、纔堪于利物、或修定恵之業、或護戒律之儀、皆是雑行、其功難成、已当経道滅尽之期、可謂余教隠没之時、又欲生浄土者、宜造悪業也、恐而不造、還疑悲願云云、奸言尤周広、妄誕難陳窮、略取其詮、大底在斯歟、今就経論之諸文、重案像末之勝利、観無量寿経云、当来之世経道滅尽、我以慈悲特留此経、止住百歳云云、西方要決引此

文畢云、如来説教潤益有時、末法万年余経悉滅、弥陀一教利物偏増、時経末法、満一万年、一切諸経並従滅没、（大聖特留百歳が脱）釈迦恩重、留教百年、爾時修習上生妙土云云、決云、時末法満一万年、当知、余経悉滅之期、指於末法万年之後、是以善見律云、如来入滅之後、五十年之間、行而得四聖果、五百年外、学而不得聖果、万歳之後、経書滅没云云、経律之誠文、大概已不異、仏法之止住、両説尤可同、法花云、於末法中、仁王明八千年中、唯但顧信心之厚薄、不可疑時分之前後、鶴林月隠、遥雖隔二千余年之星霜、鷲峰風伝、豈不払後五百歳之塵垢、況於如来出世、聊有衆典不同、若以衆星降周池之祥、正為満月生西天之瑞者、尚在像法之終、未入末法之初、既有昭王荘王之両説、難成像法末法之一途、彼等不知大教流行之時節、猥謗諸宗随縁之善根、物情因之生懈怠、聖教為之招陵廃、妨一乗之化縁、奪衆生之宿福、惣是諸宗之魔障、別又吾山之讐敵也、定恵者破惑賊之鉾楯、戒律者渡愛河之船筏、謗而生凶孽、方可堕泥梨、破斎戒於眼前、結楚毒於夢後、有識之輩、悲愍銘肝、加之、依善悪之修因、受苦楽之果報、是則大小乗之常談、豈非権実教之所説哉、恣其志於罪悪、求其生於安養、如北轅而適楚、似被瓮而望漢、以善雑念仏也、若不遂往生之素懐者、以悪雑称名也、寧又期来迎之玄応乎、衆悪猶待懺悔之風、万善何隔慈悲之海、制善聴悪、忤理失旨、観無量寿経説九品之業中、自上之上品、至中之下品、盛挙諸善、兼禁衆悪、於下品之三輩、不嫌五逆、無簡十悪、彼等邪執、起自此説歟、而今文者、或依深厚之宿善、自滅極重之罪障、或明甚深之観恵、更非愚賤之所能、彼等不知機縁之浅深、偏致悪業之勧進、実是愚夫守株、癡狗逐壌之謂也、又双観経中、雖説一向専念無量寿仏、又宣修諸功徳願生彼国、豈守一隅、敢捨衆言哉、頻吐謗人謗法之言、以為上品上生之業、宛如緘石而為珍、亦似飲湖而厭渇、因茲赴其化者、先誹諸教、入彼室者、必蔑衆人、多年受持之経巻、捨而無再取、一生奉仕之尊像、忌而不復拝、口出哀音、永背理世之風化矣、身行暴虐、殆成治国之蠹害焉、徒為貪朝露夕陽之身命、専狂乱子城辺土之耳目、非啻釈門之怨敵、兼為国家之竊盗者歟、抑彼成覚煽邪見之風流、換正教之露点、奇怪之至、何事如之、仏法東漸之後、数百箇歳之間、不改翻訳之真文、以為弘通之勝本、其来尚矣、誰加添削、就中彼小阿弥陀経者、慈覚大師振麟角之才、親訪清涼山之遺跡、操象牙之曲、面伝安養国之余音、鎮修常行三昧之勝縁、遥萠往生九品之良因、薫修及数百箇歳、遵行周六十余州、声音久伝于今、文字無改于昔、培塿不戴松、涓露無浮船、争促蚊虻之情、恣凌龍象之跡、何況上自一人、下覃庶官、遠列白衣之弟子、各凝丹棘之心神、今改大師諷誦之経者、豈非末学弘通之歎哉、早召賜其印板、可糺定彼文字、緇素若用改定本者、臣主必糺紕謬之甚矣、念仏則万行衆善之根本、弥陀是四種三昧之所依、称名礼讃、誰生誹謗、恭敬供養、可尽信心、依悪凶類之妄誕、頗致禅侶之訴訟、於戯、習俗之為常也、濫吹漸盈于夷夏、邪法之易染也、愚蒙永迷於津梁、雲客月卿、屢信其偽説、農夫田人、多伴彼濫行、弥及末代之流者、定累後昆之過歟、此時若不禁者、将来方可恟(スクム)也、然則早被処張本於大辟、加余党於進過、停止所立之宗、禁遏非法之行者、挙国守末、毎人勤本、　皇遵永延、仏法繁昌、鳳池浪清、自浮千秋之景、　仙洞風静、松呼万歳之声、衆徒等誠惶誠恐謹言、

建保五年五月　日

＊「三院衆議集」（京都大学文学部図書館架蔵、謄写本）で一部補訂した。ここで延暦寺は、幸西たちが阿弥陀経などの経典の文字を改変したことを非難しているが、その背景の一つに幸西の弟子明信の「入唐」（『法水分流記』）が関わるか。また本史料は専修念仏への非難に、哀音亡国説が登場する初見でもある。

建保七年（一二一九）

閏二月　後鳥羽院が清涼寺など諸寺に専修念仏の糺断を命じた。

「後鳥羽上皇院宣」（『昭和定本日蓮聖人遺文』）

近曽破戒不善輩、不拘厳禁、猶企専修念仏之由、有其聞、而先師法眼(任雅)存日之時、清涼寺之辺、多以止住云云、相継遺跡若有同意者、彼寺執務、縦帯相承之理、不可有免許之義也、早存此旨、可令禁止給、院宣如此、仍執達如件、

建保七年後二月四日　按察使(藤原光親)在判

治部卿律師(良暁)御房

「清涼寺請文」（『昭和定本日蓮聖人遺文』）

謹請　院宣一紙

右、（山城清凉寺）当寺四至内、破戒不善専修念仏之輩、任法可制止候、
更以不可有芳心候、若猶不拘寺家力者、可申上事由候、
謹所請如件、

建保七年閏二月五日　権律師良暁

「**官宣旨**」（『昭和定本日蓮聖人遺文』）

左弁官下　綱所

応下知諸寺執務人、令糾断専修念仏輩事

右、（九条道家）左大臣宣、奉　勅、専修念仏之行者、諸宗衰微之基也、仍去建永二年春、以厳制五箇条裁許官符、施行先畢、頃者進不恐憲章、退不憚仏勅、或占梵宇、或交聚落、破戒沙門結党於道場、偏以今按佯、為唱仏号、妄作邪音、将蕩放逸人心、見聞満座之処、雖現賢善之形、寂莫破窓之夕、不異流俗之睡、是則非発心之修善、企濫行姦謀也、豈謂仏陀之元意、僧徒之所行乎、宜仰有司、慥令糾断、若猶違犯之者、罪科之趣一同先符、但莫令道心修行人、以濫仏法違越之者、更非忽弥陀之教説、只令全民氏之法文、兼又諸寺執務之人、五保監行之輩、聞知而不言与同罪、曾不寛宥者、宜承知、依宣旨行之、

建保七年閏二月八日　太史小槻宿禰在判

＊弁官の署名が脱。

「**綱所請文**」（『昭和定本日蓮聖人遺文』）

謹請　綱所

宣旨一通（被載応下知諸寺執務人、令糾断専修念仏輩事）

右、任宣旨状、可告触諸寺之状、謹所請如件、

建保七年閏二月二十二日行之（ママ）

＊威儀師・従儀師の署名が脱。

承久三年（一二二一）

八月十四日　聖覚法印が『唯信鈔』を著す。

『唯信鈔』奥書（高田専修寺蔵、『定本親鸞聖人全集』六）

草本云、

承久三歳仲秋中旬第四日

安居院法印聖覚作

＊承久の乱によって、承久三年六月十五日に幕府軍が入京。聖覚が仕えていた後鳥羽院をはじめ、順徳院・雅成親王・頼仁親王が配流。藤原光親・藤原宗行・一条信能ら院近臣が処刑された。

貞応三年（一二二四）

五月十七日　延暦寺大衆が一向専修の取り締まりと八宗興隆を求めて朝廷に上奏した。

「延暦寺大衆解」（停止一向専修記、伊藤真徹『日本浄土教文化史研究』）

延暦寺三千大衆法師等誠惶誠恐謹言

　請被殊蒙　天裁、停止一向専修濫行子細状

一　不可以弥陀念仏別建宗事

右、謹検旧典、建教建宗、有法有式、或外国真僧、帰化而来弥、（朝カ）或吾朝高位、（僧カ）奉勅而往諮、予知一朝之根機、已張八宗之教綱、論其祖宗、無非賢聖、尋其濫觴、皆待勅定、相承有次第、依憑無忤誤、爰頃年有源空法師、卜居於黒谷之初、未有博学之実、移棲於東山之後、頻吐誑惑之言、猥以愚鈍之性、欲追賢哲之蹤、私建一宗、還謗三宝、思生於袖衿、敢無師説之稟承、言任于胸臆、不依経論之誠説、遂煽邪風於都鄙、殆払恵雲於天下、自爾以来、源空雖没、末学興流、更分一念多念之門徒、各招謗法破法之罪業、貴賤趣其教、男女随彼言、衆人如狂、万民似酔、善者難慣于心、悪者易染于神之故也、或称之念仏宗、或号之浄土宗、夫浄土者万善之所期、念仏者諸宗之通規、何以此両事、別立為一宗哉、抑件輩謗鎮国之諸宗、呼曰難行、立放逸之一法、名正行、奇怪之至、禁遏有余、何況不蒙公家処分、恣建新儀之邪宗、早被下厳重之紫泥、欲伏（休カ）訴訟之丹地矣、

一　一向専修党類向背神明不当事

右、吾朝者神国也、以敬神道、為国之勤、謹討百神之本、無非諸仏之迹、所謂伊勢大神宮・正八幡宮・賀茂・松尾・日吉・春日等、皆是釈迦・薬師・弥陀・観音等之示現也、各卜宿福之地、専調有縁之機、為糺善悪之業因、更施賞罰之権化、一陽一陰、雖闇垂迹之風儀、大慈大悲、深仰本地之月輪、是以随其内証、資彼法施、念誦転経、依神異事、挙世取信、毎人被益、而今専修輩、寄事於念仏、永無敬明神、既失国之礼、何無神之咎、当知有勢之神祇、定廻降伏之鬼魄矣、又案大集経等説、仏以一代聖教、附属十方霊神、即奉仏勅、

鎮護法宝、是故若受持経教者、必衛護、又生誹謗者、定与楚毒、彼謗法者、其報可知、就中聞凶徒之行儀、食肉味以交霊神之瑞籬、触穢気以行垂迹之社壇、即是十悪五逆、尚預弥陀之引接、神明神道、争妨極楽之往生乎云云、有心之人、蓋誡此言、正犯神国之法、寧避王家之刑哉、

一　一向専修倭漢之例不快事

右、案慈覚大師入唐巡礼記云、唐武宗皇帝会昌元年、勅令章敬寺鏡霜法師、於諸寺伝弥陀念仏教、毎寺三日巡輪(講イ)不絶、同二年回鶻国之軍兵等侵唐堺、同三年河北道之節度使忽起乱、其後土蕃国更拒命、回鶻国重奪地、凡兵乱同秦項之代、災火起邑里之際、何況武宗大破仏法、多滅寺塔、不能撥乱、遂以有事以上取意載之、是則懃信受浄土之一門、依不仰護国之諸教、而吾朝弘通一向専修以降、国属衰微、俗多艱難、偶頼　陛下伏(休カ)明之徳、幸遇海内安穏之時、早改前非、宜□誡後悪、夫会昌天子之但伝念仏也、依停凶例於万代、源空法師之偏勧称名也、貽濫行於四方、倭漢之風儀、彼此雷同、抑弥陀者娑婆有縁之如来、称名者彼仏甚重之本願也、何依専修称名之業、還招国土衰乱之殃哉、今此申状、深有子細、牛乳者上薬也、若雑毒如成害、念仏者善本也、若雑悪定□(致イ)殃也、而近来専修党、仮名於念仏、懸思於謗法、称名者□□(心太イ)弱、謗法者罪尤重、已是雑毒之乳也、争有現当之益哉、彼云、設雖謗諸経諸仏、非浄土之障、只唱一声十声、必遂往生之望、是以釈迦・薬師等尊容、対之而無致和南、法華・般若等之経巻、奪之而投猛火、更(既イ)違背平等之本誓、不可順弥陀之弘願、就中弥陀如来、久修権実法門、円満菩提妙果、因茲一言謗法者、諸仏不救之、彼呰謗顕密之法輪、豈非破弥陀之法身乎、又案般若等云、衆経者仏母也、諸仏者法子也、若敬一句之法、令喜十方之仏、俗云、所敬者寡、而悦者衆矣、当知二世要道、専在帰敬(法イ)之誡、法華云、此経難持、若暫持者、我即歓喜、諸仏亦然文、諸仏之中、何除弥陀乎、凡謗法之罪、受持之福、諸経誠証、不可勝計、而今濫悪之輩、充満国土、十方賢聖、何垂感応是一、又彼輩云、真言止観之修行、法相三論之学業、只為名利

之道、永非出離之要云云、愚癡之道俗、深信此言、因茲鎮国高僧、軽之如芥蔕、練行名徳、視之同泥土、全不敬福田、何得安国家乎是二、夫人倫之行、莫大於孝、孝道之道、在遵先例、是以非先王之法言者、弗敢言、非先王之徳行者、弗敢行、而吾朝者欽明皇帝、王於天下以来、蕃候(侯カ)初伝仏法、儲君専弘聖典、四海悉帰鷲王、八挺同敬衆教、蘭寺並国郡、雁塔多都鄙、依其機感、各定本尊、或薬師、或釈迦、宿縁之所□(進イ)、更以不一同、況又始置法華般若之講会、祈請来葉後昆之繁昌、先人徳行其来尚矣、而一向専修興盛之後、非弥陀者、不拝尊容、非念仏者、不聴法音、人心諂曲、祖業欲墜、不孝之罪、以何如之、先霊含恨、上天生瞋歟是三、以音哀楽、知国盛衰、詩序曰、治世之音、安以楽、其政和、乱世之音、怨以忿、其政乖、亡国之音、哀以思、其民困云云、而聞近来念仏之音、背理世撫民之音、已成哀慟之響、是可亡国之音矣是四、山家厭世之輩、古来其人多矣、銷名於朝市、晦跡於山藪、閑修浄業、皆遂往生、伝記所載、不可勝計、而当世一向専修為躰也、結党成群、闐城溢郭、槐門棘路、多帰此教、甕牖縄枢、皆入其道、耳目見聞、莫不怪之、弓馬之客、筆硯之士、多拗(抛カ)箕裘之業、半作素食之身、若尚不降勅制、恐終失良人歟、諸宗之凌廃、吾朝之衰弊、案事之大概、職而由斯是五、

一　捨諸教修行而専念弥陀仏、広行流布時節未至事

右、双観経説念仏法門之文云、当来之世、経道滅尽、我以慈悲哀愍、特留此経、止住百歳云云、慈恩西方要決、釈此文云、如来説教、潤益有時、末法万年、余教悉滅、弥陀一教、利物偏増、時経末法満万年、一切諸経、並従滅没、釈迦恩重、留教百年云々、余教悉滅者、即指末法万年之後也、既云時経末法満一万年、一切諸経並従滅没、豈以末法万年之内、更為経道滅尽之期乎、就中慈恩釈者、依善見律、彼律文云、如来滅後一万年中、前五千年名為証法、後五千年名為学法、一万年後経書滅没、唯有剃頭着袈裟僧取意、慈恩正指此時、而謂余経悉滅也、当知、於正像末法之間、非念仏偏増之時矣、而彼等云、釈尊滅後、星霜眇(渺イ)焉、設致帰命、有

何之験、去聖而遠之故也、又時入末法、余経已滅、弥陀念仏之外、更無法而可信、是以人師釈云、末法万年余経悉滅、弥陀一教利物偏増云云、下愚之至、晋退未度、彼人師釈其意如右、隠時経末法満一万年之文、称末法万年余経悉滅之言、推其意趣、欲朦時人也、何況如来出世、更有異説、如天台浄名疏等者、以周荘王他之代、為釈尊出世之時、自其代以来、未満二千年、像法之最中也、不可言末法、設雖入末法中、尚是証法時也、若立修行、盍得勝利、如(加カ)之法華有於像法中之説、般若有八千年中之文、又大教之流行、豈非是時乎、而一向専修之輩、於説教繁昌之時、立衆経滅尽之行、事之反覆、可謂時変、抑大師釈尊者、聖容満月之影、雖隠鶴林之雲、法身恵日之光、盛耀馬台之闇、若不遇釈迦之遺教者、何得知弥陀之悲願乎、不知此重恩、還生其軽慢、永不顧恩儀、何是異木石、孔子云、不敬其親而敬他人、謂之悖礼、深忽緒教主、等閑敬他仏、狐不反其塚、葉不斂其根者、蓋此謂歟、欲早誡謗法之罪、被加禁遏之制矣、

一　一向専修輩背経逆師事

右、彼輩云、若持戒律、若敬他仏、或修観念、或読経論、称名之外、皆是雑行也、雖致精誠、無生浄土、不論不浄、不論心乱、但念弥陀、即得往生、十悪五逆、尚非極楽之妨、無慚無愧、豈簡安養之業耶、若怖悪行者、疑仏願之人也云云、偽妄之旨、言語道断、披観無量寿経、検九品業、上品三輩、中品三生者、読誦大乗、堅持浄戒、是業因也、乃至以聞十二部経之首題、而為下品上生之業因、但至下品下生、独勧十声称名、彼等強執下品之業、還謗上品之因乎、加之偏誦経典、得金蓮迎、専守戒律、遇白毫光之輩、伝録盈于緗帙、行状溢於縹嚢、彼道綽・善導者、専修之祖宗也、而深怖衆悪、兼修事善、若是疑仏願之人歟、将又堕悪趣之輩歟、世有一紙書、号善導遺言、彼文云、吾持諸禁戒、不犯一々戒、未来世之比丘、不捨戒念仏、雖念仏捨戒、往生即難得、乃至無至(ママ)慚悔心、万之万不生云云、彼党類造悪而無改悔之心、破戒而無堅持之望、背経違師、依憑在誰、凡入彼宗之人者、先棄置万善、交其衆之類者、

即不怖大罪、対仏像経巻、不生敬重之思、入寺塔僧坊、無憚汚穢之行、争立懈怠放逸之行、得生清浄善根之界、北轅将適楚、緘石而為宝者歟、夫諸仏大悲、不捨悪逆、真如理観者、無弁定散、善悪不二、邪正一徹、是説教誠説也、然而造悪必堕獄、修善定生天、自業自得之報、不亡失之理也、是以諸悪莫作、諸善奉行、寧非七仏通誡乎、大陽雖有光明、盲者不見之、大悲雖無偏頗、罪人不預之、而今只持微弱之称名、不憚極重之悪業、詐偽之至、責而有余矣、

一　可被停止一向専修濫悪、興隆護国諸宗事

右、仏法王法、互守互助、喩如鳥二翅、猶同車両輪、案大集経説、以仏法之精気、益鬼神之精気、鬼神有精気、則五穀多精気、五穀有精気、則人倫豊楽、是以深敬仏法、不背王法、此四輪転、互保国土、若仏法属衰微、則鬼神飢法味、仍吸草木之精、飡穀麦之気、人倫食之、心不正直、不肯敬仏法僧之三宝、永迷悶貪瞋癡之三毒取意載之、而今誹謗仏法之輩、諸国往々有之、除六字称名之外、無衆善勤行之人、国土衰微、此誰過乎、宋文帝讃歎仏法、談侍中何尚之曰、若使率土之濱、皆涼此化、則朕坐致太平云云、尚之対云、悠々之徒、多不信法、若使家々持戒、則一国止刑云云、実哉斯言、最可聞取、仏法有五戒、世間有五常、其言雖異、其旨惟同、若破仏家之戒行者、争守王者之律令乎、爰源空建立邪宗以来、戒律既隠、礼誼又廃、早施賢王之徳化、当救闇民之危厄、重案承和二年官符云、自今以後、宜令天台宗弘伝天下、諸国講読師任天台宗僧取意載之、而旧風漸絶、故儀如忘、今上陛下、政入幽玄、三皇加一矣、徳反淳素、五帝為六焉、継絶興廃、更期何時、然則弘通戒定恵於諸国、仰崇仏法僧於一天、処専修張本於遠流、永不令帰本郷者、太平之化、期年可得矣、

以前条々、言上如件、抑愚蒙輩云、時既衰微、人漸澆訛、仏法人法、難救難興云云、悲哉一言、更幾亡道、貞観七年魏徴曰、亡則忘治、思治則易教、五帝三王、不易人而治、行帝道則帝、行王道則王云云、太宗毎力行不倦、数年之間海内康寧、是知、国之興廃、未依時之前後、設雖属末代、設雖為乱世、明王敬仏神、賢相好礼楽者、国家

繁昌、待而可得、何況如来之教籍者、常住之法宝也、若致信心者、豈無感応乎、只可顧心之強弱、何更疑法之存没、望請　恩裁、被停止一向専修、興隆八宗教行者、仏法王法、成万歳之昌栄、天神地神、致一朝之静謐、衆徒等不堪法滅之悲、誠惶誠恐謹言、

貞応三年五月十七日　　都維那法橋上人位定尊
寺主法橋上人位　良印
上座法橋上人位　仁昇

此日被上奏、

＊署名の三綱について、承久三年（一二二一）四月八日「延暦寺政所下文」にも「都維那大法師定尊」「寺主法橋上人位良印在判」とみえている（『鎌倉遺文』二七三九号）。また寛元五年（一二四七）の座主空白時に寺家雑事の執行が「執当修理別当法眼仁昇」に命じられている（『天台座主記』）。

八月五日　朝廷は延暦寺の要請に応えて専修念仏の禁止を宣下した。

『歴代皇紀』貞応三年条（『改訂史籍集覧』一八）

八月五日　専修念仏者禁制事宣下、頭右大弁頼資奉行、
其詞有養老制誡・延喜符句云々、

＊右大弁蔵人頭藤原頼資は貞応三年十月十七日に左大弁に転任（『弁官補任』）。

元仁元年（一二二四）

是歳　親鸞が『教行信証』で、本年を基準に入末法の年次を計算した。

『教行信証』化身土巻（日本思想大系一一）

爾者穢悪濁世群生不レ知二末代旨際一、毀二僧尼威儀一、今時道俗思二量己分一、按二三時教一者、勘二如来般涅槃時代一、当二周第五主穆王五十一年壬申一、従二其壬申一至二我元仁元年（元仁者後堀川院諱茂仁聖代也）甲申一二千一百八十三歳也、又依二賢劫経仁王経涅槃等説一、已以入二末法一六百八十三歳也、

元仁二年（一二二五）

正月　定照が法然の『選択本願念仏集』を批判する『弾選択』を執筆した。

『金綱集』（『日蓮宗宗学全書』一三）

元仁二年正月、依有人勧、略製此書、（弾選択）同年夏、件人以此

書、披露京中（後略）

三月　天王寺に追却中の空阿弥陀仏を、大炊御門頼実が中山迎講に招請した。

『明月記』嘉禄元年条（国書刊行会）

四月二日　天晴、巳後陰、午時許中将（藤原為家）来、昨日会合北山入道右金吾（藤原）親兼卿在其座、言談之次、去月下旬入道相（藤原頼実）国、於中山迎講、態請空阿弥陀仏勅勘在天王寺、依此、推而入洛云々事、事非密儀、孫公卿列座管弦云々、（後略）

五月四日　自夜甚雨、未時天晴、（中略）近日伝聞、上人空阿弥陀仏専修念仏法師、依山衆徒訴訟、被出関外了、而依入道相国招請入洛、於中山修迎講、帰天王寺之間、煩時行之由、日来聞之、自去月下旬、在一条高倉辺、只今往生之由、閭巷騒動、天下貴賤尼女悉群集、面々各々捧珍膳供養、其物皆用風流、飾玉結花、入果物飯菜、毎数受之食之往生、及十余日、病漸付減、供養不怠云々、（後略）

＊太政大臣藤原頼実（一一五五～一二二五）は左大臣経宗（一一一九～八九）の息。建仁二年（一二〇二）の土御門通親の死没後、後鳥羽院政の中軸となり娘を土御門天皇の中宮に冊立。建保四年（一二一六）正月に六四歳で中山堂で出家した。中山は左京区岡崎の近辺をいい、持仏堂や菩提寺が立ち並んでいた。なお、法然伝によれば、藤原頼実は法然の流罪赦免を後鳥羽院に進言したという（次史料を参照）。

〈参考史料〉
『法然上人行状絵図』巻三六（日本絵巻物全集一三）

中山の相国頼実公、（藤原経宗）厳親の善知識たりし因縁をわすれす、上人（法然）流刑の事をなけきたまひて（歎）、念仏興行の事、さためて仏意にそむ（背）かさらむか、門弟のあやまりをもちて、とか（咎）を師範にをよ（及）ほされ、罪科せらるゝ事、冥鑑はか（計）りかたきよし、しきりにいさめ申給けれは、をり（折）しも最勝四天王院供養に、大赦をゝこな（行）はれけるに、その御沙汰ありて、同年十月廿五日改元、承元々年也十二月八日　勅免の　宣旨をくたされけり。

是歳ごろ　念仏宗の僧が松殿入道基房の妾に密通して捕縛された。

『明月記』嘉禄二年六月条（国書刊行会）

十日　天晴、午時許法印被来、談世間事等、（中略）公性僧都（円実法眼子）弟（三郎、念仏宗）、先年入松殿春日（御愛物）局、被搦、僧又為新夫云々、

*嘉禄二年に「先年」の出来事としているため、とりあえず嘉禄元年是歳条においた。『尊卑分脈』によれば、左大臣徳大寺実能の子に、円実と公性がみえる。孫の公性を養子にしたのであろう。藤原基房（一一四五～一二三〇）は九条兼実の兄、摂政関白となったが、平清盛との争いに敗れて治承三年（一一七九）に出家、流罪となった。木曾義仲と提携したが、その敗死後は政治の表舞台から退く。有職の諮問に応えることも多かった。

嘉禄二年（一二二六）

九月ごろ　但馬に流罪中の雅成親王が出家し、黒衣を着て逃亡を企てたため、六波羅探題は京中での黒衣法師を禁止した。

『明月記』嘉禄二年十月条（国書刊行会）

十一日　天晴、雑人説云、六条宮（雅成親王）御出家、着黒衣儲大檜笠、成逃去之計給、武士見之奉籠、依此事、京中黒衣法師可停止由、武家致沙汰云々、（後略）

『民経記』嘉禄二年十月条（大日本古記録）

廿二日

廿二日（裏書）下、六条宮御出家云々、去九月比云々、但馬国御也、

『法然上人行状絵図』巻一七（日本絵巻物全集一三）

法印（聖覚）、ひとへに上人（法然）の勧化を信伏して、念仏往生の口伝相承、そのかくれなく名誉ありしかは、承久三年のころ、但馬宮（雅成親王）念仏往生に条々の不審をたて、、時の名誉ある先達に御尋ありけり。この法印その専一なり。

*雅成親王（一二〇〇～五五）は後鳥羽院の息。承久の乱により承久三年（一二二一）七月二十四日に但馬国に配流。『明義進行集』によれば、雅成親王と隆寛との間で念仏についての書簡のやりとりあり。後鳥羽院の死後に流罪が赦されたらしく、寛元二年～四年（一二四四～四六）に、母（脩明門院）と京都で暮らしている。その後、ふたたび但馬に送られ、但馬で没した。

九月　藤原経光が父頼資の伴として天王寺に参詣し空阿弥陀仏の念仏などを聴聞。天王寺には一念方と多念方があったという。

『民経記』嘉禄二年九月条（大日本古記録）

十五日（参詣天王寺事）　天晴、如法寅刻許著直垂、中納言殿（藤原頼資）、参天王寺給之故也、前勘解由次官宗氏、前下野守宣実、前摂津

守能教、予、(経光)給料信光(藤原)同道、侍左衛門尉盛家、右衛門
尉重村、同康能(藤原)、左兵衛尉式景(宮道)、右兵衛尉重種(藤原)、中原
宗継、次官侍左兵衛尉久光、藤原宗光、宗清、下野前
司侍内舎人、、、内舎人、、、摂津前司侍侍、、、女
房令参給、姫君二所同道、女房四人、車二両（一両女房、一両御給）、
（中略）戌刻許、過天王寺西門之間下馬、予不下馬、
同刻許、令著南大門三位阿闍梨房（故太皇太后宮亮、、子也）給、今夜
不令入堂給、依御休息也、今夜聖霊出給云々、
十六日（御入堂事）　終日雨下、今日入夜御入堂、先宝塔、次金堂、
次参講堂、次参六字堂(時カ)、於西門念仏、次参万塔院、次
参聖霊院、次令帰宿所給、今日房主、進酒肴、終日宴
遊、
十七日（御舎利講事）　天陰、時々晴、朝間御舎利講、於金堂行之、其
議導師請僧二口、兼以生衣一領、置仏御前机上、次侍
取布施、次御入堂、女房同、御輿侍壇上昇昇、力者留
壇下、（後略）
十八日　天晴、如法為曙之程、著浄衣、令参河内国太子
御廟給、人々同道、長路予駕手輿、中納言殿御馬、
（太子御廟御参事）
天王寺中予馬、御廟漸近之程、予又騎馬、聊礼藤井寺、
此寺阿保親王御願云々、聊力者給酒、次予騎馬石川辺、
次於門下々馬、先参御墓奉礼、下州以□日光奉遷奉礼、
次参本堂、令申御明給、次令参御影堂給、奉礼十六御
影、次開起注文、次予遊行、次帰僧房、聊有昼養事、
朝妻庄官等所進也、次御退出、日欲入之程、令帰天王
寺御房給、今夜念仏、念仏三昧院行之云々、一念方
云々、中納言殿(藤原頼資)御聴聞、予不参、人々参云々、
十九日（御入堂事）　天晴、御入堂如常、其次見亀井水、次参念仏三
昧院、次参西浄光院（仲国建立所也）、望夕陽、雲海沈々、暮山
蔟々、断腸者歟、次令帰房給、伝聞、按察入堂云々、
其議先女房二十人、左右前行輿先（色々少袖懸帯、其躰皆一也、薄衣皆以一也）
次輿（其躰皆一也、三廷也）、次按察、次右衛門督、以下侍二十人、
侍従三百人云々、諸人属目歟、比興也、今夜念仏御聴
聞、空阿弥陀仏房也、如法念仏也、他(多カ)念方云々、今日
聊或人進酒肴、終夜宴遊、
廿日（同事）　天晴、御入堂、先令参金堂、大炊頭師兼(中原)奉出舎利
云々、中納言殿令奉礼給、太子御手、太子御筆縁起、

奉礼殊勝々、次御参浄聖院、御影堂并絵堂同御参、
令拝絵、後戸方詩歌一見之、入道大納言教実(家カ)卿御手也、
女房同御一見、

嘉禄三年（一二二七）

六月十七日　『選択集』をめぐる定照と隆寛との論争を契機に、延暦寺で三塔集会が行われ専修念仏の停止を朝廷に要請した。

『金綱集』（『日蓮宗宗学全書』一三）

元仁二年正月、依有人勧、略製此書(弾選択)、同年夏、件人以此書、披露京中、隆寛作救、号顕選択、嘉禄三年後三月、岡本迎蓮以顕選択、披露東国、無智道俗皆依此書、謂弾者誤、仍為決是非、以弾顕選択等、同四月付便送進之処、三院碩徳一山之衆徒、即披閲之、大以動揺、且為止謗法之罪、且為止邪見之教、六月十七日内、三度三塔会合、経奏聞畢、

＊この文章は定照が『弾選択』に付載した解説である。なお、『浄土伝燈総系譜』『蓮門宗派』は隆寛の弟子として「迎蓮」の名を挙げている。

六月二十一日　延暦寺の僧徒が法然の墓所を襲撃した。法然の遺骨は門弟が他所に移した。

『民経記』嘉禄三年六月条（大日本古記録）

廿一日(裏書)　天晴、（中略）伝聞、山僧下、伐念仏先師法然房墓堂云々、（後略）

『百錬抄』嘉禄三年六月条（新訂増補国史大系）

廿四日　山門所司已下群集大谷辺、被破却法然上人墓所、是専修念仏事、近日有山門之訴、於彼墳墓興盛之故云々、但於遺骨者、門弟等偸堀出、渡他所云々、

『明月記』嘉禄三年六月条（国書刊行会）

廿七日　天晴、巳後忽陰、大風起、雲飛揚、（中略）夜深早涼成、始着有綿物、山門僧又依妨専修、発法然房之墓、破壊其墓堂、以濫僧等令壊取之間、自武家制止(不知此事日)、欲陵礫山所司等之間、訴訟又嗷々云々、近日謀反悪徒蜂起之最中、時節定負同心之疑歟、甚無機間、

『法然上人行状絵図』巻四二（日本絵巻物全集一三）

上人の没後、順徳院の御宇建保、後堀川院の御宇貞応・嘉禄、四条院の御宇天福・延応、たひ〳〵一向専修

停止の勅をくたさるゝ事ありしかとも、厳制すたれやすく、興行とゝまりかたくして、遺弟の化導、都鄙にあまねく、念仏のこゑ、洋々として耳にみてり。（中略）爰に上野国より登山し侍ける並榎の竪者定照、ふかく上人念仏の弘通をそねみ申て、弾選択といふ破文をつくりて、隆寛律師の庵にをくる（送）に、律師又顕選択といふ書をしるしてこれをこたふ（答）。その詞には、「汝か僻破のあたらさる事、たとへは暗天の飛礫のことし」とぞ、あさむか（欺）れて侍る。定照いよ〳〵いきとをり（憤）て、ことを山門にふれ（触）、衆徒の蜂起をすゝめ（勧）、貫首浄土寺僧正円基にうたへ、奏聞をへて、隆寛・幸西等を流形（刑）せしめ、あまさへ（剰）上人の大谷の墳墓を破却して、死骸を鴨河になかす（流）へきよし結構す。

つゐに勅許ありしかは、嘉禄三年六月廿二日山門より、所司・専当をさしつかはして、廟堂を破却せむとす。こゝに六波羅の修理亮平時氏、禁制のために使者をさしつかはす。頓宮の内藤五郎兵衛尉盛政法師西仏、子息一人を相具してまかり（罷）むかふ（向）。たとひ勅許ありといふとも、武家にあひふれ（触）らるへし。左右なく狼籍をいたす事、はなはた（甚）自由也。すへからく苛法の悪行をとゝめて、穏便の沙汰をいたすへし。もし制法にかゝはらすは、法にまかす（任）へきよし、禁遏のことは（言葉）をつくす（尽）といへとも、なを承引せす。廟墳をやふり（破）房舎をこほちけれは、（中略）武威をふるひ（振）けれは、使者退散して、その日はくれ（暮）にけり。

その夜、法蓮房（信空）・覚阿弥陀仏等、妙香院の僧正良快、月輪殿御息の禅室に参して、この事しはらくしつまれ（静）りといふとも、山門のいきとをり（憤）、なをむなし（空）からし。はやく改葬すへきよしを申入るゝに、「この儀、もともよろしかるへし」と仰られけれは、やかてこよひ、人しつまりてのち、ひそかに御棺の石の櫃（櫃）の蓋をひらくに、面像いける（生）かことく（如）して、異香芬馥せり。貴しなともいへ（言）はさら（更）なり。おの〳〵随喜の涙をそなかし（流）ける。

西郊にわたし（渡）たてまつる（奉）に、路次の障難をゝそれ（恐）て、宇都宮の弥三郎入道蓮生（頼綱）、塩屋の入道信生（朝業）、千葉の六郎大夫入道法阿（胤頼）、渋谷の七郎入道道遍、頓宮の兵衛入道西仏等、出家の身なりといへとも、法衣のうへに兵杖を帯して、御ともに参しけれは、家子郎等なとあひしたかひ(随)ける程に、軍兵済々として前後にかこめり。遺弟以下、御ともに参する人、一千余人、おの〳〵涙をなかし、かなしみ(哀)をそふくみ(含)ける。

嵯峨にわたし(渡)をきて(置)まつり(奉)て、在所を隠密すへきよし、おの〳〵仏前にちかひ(誓)て退散しにけり。こゝに山徒、本意をとけ(遂)さる事をいきとをり(憤)て、なを遺骨のゆくゑ(行方)をたつぬるよしきこえしかは、同廿八日の夜、しのひて広隆寺の来迎房円空かもとに、うつし(移)をき(置)たてまつり(奉)て、その歳もくれ(暮)にけり。

翌年安貞二年也正月廿五日の暁更に、西山の粟生野の幸阿弥陀仏のもとに、わたし(渡)たてまつり(奉)て荼毘をなすに、紫雲そら(空)にみち、異香もともはなはたし(甚)。諸人渇仰のおもひいよ〳〵切なり。（中略）かの荼毘所のあとには堂をたてゝ、御墓堂と号して念仏を修す。いまの光明寺これなり。

遺骨をひろひ、宝瓶にをさめ(納)たてまつり(奉)、幸阿弥陀仏にあつけ(預)をき(置)て、おの〳〵退散しぬ。そのゝち正信房のさた(沙汰)として、かの芳骨をおさめ(納)たてまつら(奉)むために、二尊院の西の岸の上に雁塔をたてゝ、貞永二年正月廿五日に正信房、御骨の御むかへに、粟生野の幸阿弥陀仏のもとに罷向ところに、幸阿弥陀仏は、御骨を庵室のぬりこめ(塗籠)に、ふかく(深)おさめをき(置)たてまつり(奉)て、鎮西に下向しにけり。かき(鎰)をたつぬるに、ぬりこめ(塗籠)をひらく(開)へからさるむね、かたくいましめ(誡)をき(置)て、鎰をあつけ(預)をか(置)れさるよし、留守のもの(者)こたえ申あひた、仰天きはまりなし。相伴ところの門弟廿八人、面々に力をつくし、をし(押)て戸をひら(開)かむとするに、かなは(叶)す。むなしく帰なんとする時、「御在世ならは、湛空か参たるよし申いれんに、なとか見参にいらて、むなしく帰るへき」と、なく〳〵くとき(口説)申されけるに、ぬりこめ(塗籠)のくるゝ(枢)なる(鳴)やうにおほえけれは、門弟の中にちかく侍る信覚といふ僧に、「いま一度戸をひき(引)てみよ」と、正信房申されけれは、信覚たちよりて戸をひく(引)に、相違なくあき(開)にけり。「歎申おもむきを聞食入られけるにこそ」とて、歓喜の涙をなかし、御骨をむかへたてまつり(奉)て、塔中にをさめ(納)たてまつり(奉)ぬ。

＊妙香院良快は当時、青蓮院門跡でもあった。九条兼実の息で、慈円の弟子。嘉禄の法難では証空の弁護をして、流罪を免れさせている。

『念仏無間地獄鈔』（『昭和定本日蓮聖人遺文』）

法然房死去後、又重自山門訴申ニ依テ、人王八十五代後堀河院御宇、嘉禄三年、京都六箇所ノ本所ヨリ、（中略）法然房ガ墓所ヲバ、仰付犬神人掘出之、被流鴨河畢、

＊『念仏無間地獄鈔』を日蓮の著としてよいかは、検討の余地がある。

六月二十九日　朝廷は専修念仏の取り締まりを命じるとともに、天台座主に対し山僧の蜂起を誡めた。

「後堀河天皇宣旨」（停止一向専修記、伊藤真徹『日本浄土教文化史研究』）

宣旨

専修念仏事、停廃　宣下重畳之上、偷尚興行之条、更非公家之所知食、偏為有司之怠慢、早任先符、可被禁遏、其上於衆徒之蜂起者、宜令加制止給者、依　天気、言上如件、信盛頓首恐惶謹言、

六月廿九日　　左衛門権佐信盛奉

進上　天台座主大僧正御房政所（円基）

追言上

不知実名兵衛入道事、不日可被尋仰関東之由、其沙汰候也、重頓首謹言、

＊藤原信盛が左衛門権佐であったのは、嘉禄二年十一月四日から寛喜三年三月二十五日まで（『公卿補任』）。

「天台座主円基御教書」（停止一向専修記、伊藤真徹『日本浄土教文化史研究』）

専修念仏事、勅答之趣、綸旨如此、不日可令□（披カ）露山上給者、和尚御房御気色如此、仍執達如件、

六月廿九日　　権大僧都

執当法印御房

六月三十日　延暦寺は祇園感神院に対し、隆寛・幸西・空阿弥陀仏とその余党の逮捕・追却を命じた。

「延暦寺政所下文案」（知恩伝、『法然上人伝全集』）

延暦寺政所下　感神院

可早搦捕一向専修張本隆寛・成覚・空阿弥陀仏其已下
余党等事
右専修者、仏法之魔障、諸宗之怨敵也、因茲度々経　奏聞之処、皆蒙勅許畢、仍衆徒其後達天聴之刻、又以被宣下、凡専修興行者、以源空為先達、門弟等剰点彼墓所、称御廟成帰敬、奇怪之至、禁而有余之間、破却墳墓、焼捨其骸畢、根本已被絶、枝葉何不枯哉、於今者、不論貴賤之栖、不撰権門之領、悉責出彼輩可搦取也、就中今度又任先符、可被禁遏之由、宣下条為明鏡、別者山門末寺庄園日吉神人寄人、惣者諸国七道之土民、辺寺辺山之僧徒、捜尋彼専修結構之輩、搦取其身、破却住所、可令追放皇土外之状、依大衆僉議、所仰如件、以下、

嘉禄三年六月卅日　　小寺主法師住増在判

修理別当法印大和尚位
都維那法橋上人位
上座法眼和尚位在判
寺主法橋上人位在判

＊『法然上人伝（十巻伝）』で一部補訂した。

七月四日　延暦寺が専修念仏の襲撃・取り締まりを行ったのに対し、朝廷は天台座主円基に、その制止を命じた。

『明月記』嘉禄三年七月条（国書刊行会）

四日　天晴、近日山門小法師原、於路頭、見及所破却念仏者之黒衣剪笠云々、又好其宗立飼法師原尊卑之家、触送可追却之由云々、東一条院無此謗云々、通方卿（土御門）家成群好色等、近日逃去云々、

＊法然の弟子の証空は土御門通親の養子となったので、土御門通方の義兄にあたる。東一条院は順徳天皇中宮。九条良経の娘で、兼実の孫にあたる。

「後堀河天皇綸旨」（金綱集、『日蓮宗宗学全書』一三）

専修念仏事、任奏聞之趣、欲有計御沙汰之処、衆徒等下遣所司於末寺内、擬破却彼等住坊之由、有其聞、事若実者、定喧嘩事出来歟、還不可有沙汰之詮哉、早可被停止此企候、被糺弾其身之上、何可貽鬱訴哉、沙汰之趣、殆似招狼藉、殊可被加制止候者、綸言如此、仍言上如件、頼隆誠恐頓首謹言、

七月四日辰尅　　右中弁頼隆奉

進上　天台座主（円基）大僧正御房政所

＊藤原頼隆は嘉禄二年十二月二十二日から嘉禄三年十月四日まで右中弁に在任（『職事補任』）。

七月五日　朝廷が専修念仏の禁止令を発布した。さらに張本の隆寛・幸西・空阿弥陀仏の遠流とその余党の京都追放を命じることを約した。

「後堀河天皇綸旨」（停止一向専修記、伊藤真徹『日本浄土教文化史研究』）

被　綸言偁、専修念仏之行者（興行イ）、諸宗衰微之基也、因茲代々之間、頻被降厳旨、殊所加禁遏也、而頃年又称有興（構イ）行、山門令訴申之間、任先符可令停止之由、被仰下先畢、其上且為禦仏法之陵夷、且依優衆徒之欝訴、以（所カ）謂根本隆寛・成覚（幸西）・空阿弥陀仏等、可令処其身於遠流之由、不日所被宣下也、於余党者、尋捜其在所、永可被追却帝土也、此上早慰愁訴、可停蜂起之旨、不廻時刻、可有御下知候者、綸旨如此、悉之、頼隆誠恐謹言、

七月五日　酉刻　　右中弁頼隆奉

進上　天台座主（円基）大僧正御房政所

追言

兵衛入道不知実名事、任衆徒奏聞之趣、被仰遣関東、随其状可有左右候、此由同可有御下知候、重恐惶謹言、

「天台座主円基御教書」（停止一向専修記、伊藤真徹『日本浄土教文化史研究』）

専修念仏事、綸旨如此、不廻時刻、可被披露于三塔給者、依和尚（円基）御房御気色、執達如件、

七月五日戌刻　　権大僧都

執当法印御房

七月六日　朝廷は隆寛・幸西・空阿弥陀仏の遠流を宣下した。証空は誓状提出と青蓮院良快の陳弁により流罪を免れる。

『民経記』嘉禄三年七月条（大日本古記録）

（頭書）六日　下、伝聞、念仏三人□□陸奥隆寛、薩摩幸西上人、壱岐空阿弥陀仏云々、不便事歟、

『百錬抄』嘉禄三年七月条（新訂増補国史大系）

五日　専修念仏者配流官符請印、隆寛律師還俗名山遠里配陸奥

後日被改他所云々、空阿弥陀仏改名原秋沢薩摩、成覚(幸西)改名枝重壱岐嶋、

『皇帝紀抄』嘉禄三年七月条（『群書類従』三）

六日　有流人宣下事、立念仏別宗、以諸宗称雑行之輩、依山門訴申、張本三人被処遠流、

「官宣旨」（『昭和定本日蓮聖人遺文』）

右弁官下　延暦寺

応早取進僧隆寛・幸西・空阿弥陀仏土(度)縁事

右、権大納言源朝臣雅親宣、奉　勅、件隆寛等坐事配流、宜仰彼寺、可令取進度縁者、宜承知、依宣行之、不可違失、

嘉禄三年七月六日　　左大史小槻宿禰在判

左少弁藤原朝臣(親俊)在判

＊上卿の源雅親が権大納言であったのは、承久二年（一二二〇）正月二十二日から寛喜三年（一二三一）四月二十六日の間（『公卿補任』）。

『明月記』嘉禄三年七月条（国書刊行会）

六日　天晴、入夜宰相来、（中略）山門之訴強盛、可振神輿之由、頻以騒動之間、今日雅親(源)卿参陣、左大弁(日野家光)参結政、張本隆寛本山僧律師、空阿弥陀仏、成覚等流罪云々、（中略）善恵(証空)房上人(頼綱)宇津宮随逐之師也、山門訴訟、入其数之由聞之、周章書誓状、且進公家、妙香院(良快)又披陳給云々、吉水前大僧正(慈円)帰依、為臨終善知識、以之為証拠云々、惣蔵下知、濫僧等随見及、可陵礫由、示含之云々、

十一日　天晴、地乾、未時許雷電猛烈三四声、雨不降、巳時許心寂房来談、帥入道定輔一昨日一定入滅清水辺、嵯峨念仏房為善知識行向、帰来披露云々、入夜静俊註記来、招寄問衆徒事、追払念仏法師原云々、山門訴相触諸宗、悉令沙汰甚興盛、専修停止之沙汰、日々雖議定、其事未有一定云々、当時谷々悉行如法経懺法最中、其隙成此議定之間、物忩事未定云々、（後略）

＊妙香院良快は九条兼実の息で、慈円の弟子。当時は青蓮院門首であった。

「永尊竪者書状」（金綱集、『日蓮宗宗学全書』一三）

（前略）法然上人之墓所、仰付感神院犬神人、令破却之畢、其後及奏聞、蒙裁許畢、七月上旬法勝寺御八講之次、自山門触南都、清水寺・祇園辺、為南都山門之末寺之処、

専修之輩容身之草庵、悉令破却乎、（後略）

嘉禄三年十月十五日

＊法勝寺八講は七月三日から七日まで、実尊・円玄を証義として行われた。

『知恩伝』（『法然上人伝全集』）

隆寛律師空阿等流罪事

山門使者破却大谷廟塔之後、遠流門弟隆寛・空阿・証空善恵・幸西成覚等、可被停止専修念仏之由、重経奏聞之間、隆寛相模国、幸西伊与国常阿波国云々被流畢、証空属東塔西谷持教房僧都、非専修之由捧怠状之上、開天台六十巻印板、可山門流通物之由、有宿願之旨、令披露于山門之間、被宥流刑畢、

＊「東塔西谷持教房僧都」は同時代史料で確認できない。ただし西塔には持教房僧都覚遍がおり、延暦寺根本中堂の供僧一和尚をつとめていた（『門葉記』一四）。

七月十三日　朝廷は五畿七道に専修念仏の禁止を通達するとともに、隆寛たちの逮捕を命じた。なお念仏制止の口宣があまりに下品だと顰蹙をかっている。

「後堀河天皇綸旨」（『昭和定本日蓮聖人遺文』）

専修念仏興行之輩、可停止之由、被宣下五畿七道候畢、且可有御存知候者、綸言如此、悉之、頼隆誠恐頓首謹言、

七月十三日　　　　右中弁頼隆在判

進上　天台座主大僧正（円基）御房政所

「太政官符」（『昭和定本日蓮聖人遺文』）

太政官符　五畿内諸国司

応宜停廃専修念仏興行、早捉搦隆寛・幸西・空阿弥陀仏等遺弟留処所、犯禁法輩之事

右、（脱アラン）弘仁聖代格条在眼、左大臣（九条良平）宣、奉　勅、宜課五畿七道、停廃興行之道、捉搦違犯之身者、諸国司承知、（宜脱カ）依宣行之、符到奉行、

修理右宮城使正四位下行右中弁藤原朝臣（頼隆）

修理東大寺大仏長官正五位下左大史兼備前権介小槻宿禰

＊太政官符に署名した藤原頼隆が修理右宮城使・右中弁と正四位下であったのは、嘉禄三年正月五日から十月四日まで（『公卿補任』）。また、嘉禄二年五月の関白家政所下文案に「修理東大寺大仏長官左大史兼算博士備前権介小槻宿禰」（『鎌倉遺文』三四九四号）、安貞二年（一二二八）二月二十

七日の太政官符案に「修理東大寺大仏長官正五位上行左大史兼備前権介小槻宿禰」が登場する（『門葉記』巻一三四）。年月日や本文の書出が欠けるなど、この文書は誤脱が甚だしいが、署名者二人の官位は正確である。また、後掲『民経記』自筆本にみえる七月十七日宣旨と比較すると、①隆寛らの遺弟が「留処所」まり「犯禁法」しているとの表現、②「弘仁聖代格条在眼」との表現、③「宜課五畿七道、停廃興行之道、捉搦違犯之身」の表現が一致する。以上からして、本文書を七月十三日に発布された太政官符であると考えてよかろう。なお、左大臣九条良平は兼実の息。

『民経記』嘉禄三年七月条（大日本古記録）

念仏制止口宣頭弁書之事
廿五日壬寅　雨下、（中略）抑頭弁（藤原頼隆）念仏制止口宣、以外下品書之由、世間有沙汰、又山門衆徒等見之含咲云々、

可入十七日之分也
嘉禄三年七月十七日　宣旨

念仏行業者、衆僧所修也、而頃年以来、内不守三宝之戒行、外不顧数般之制符、建専修之一字（学歟）、破自余之諸教、或卜京洛率無慚之徒、或交山林招不法之侶、以之為耽女色之縁、以之為黷仏道之基、濫吹之甚、職而斯由、是以於隆寛・幸西・空阿弥陀仏者、早温本源、処以遠流、此外猥称彼等之遺弟、為企自専之奸悪、猶留処所、更犯禁法、凡僧尼懺座妄愛哀音、非但厭俗中之耳、抑亦乖真際之趣、如不改正、何粛法門、弘仁聖代格条在眼、宜課五畿七道、停廃興行之道、捉搦違犯之身者、

蔵人頭右中弁藤原頼隆奉

『明月記』嘉禄三年条（国書刊行会）

七月廿八日　天晴、未時大雨如沃、即晴、（中略）人云、山門衆徒之怒弥嗷々、吐悪言云々、張本三人流人、各隠于引汲之所、不知其在所、朝威軽忽、人心狂乱、以之可察歟、

八月三日　朝天陰、辰後又晴、（中略）又去朔日社頭大殿開夜、衆徒三百人許叫喚、宣陽門院立飼念仏法師十二人、十人宛壮年女房十人局給、二人又御物寵愛事甚奇怪、以濫僧之輩、可奉責、無許容歟、可振七社（日吉社）御輿之由、放高声、参詣雑人悉側耳云々、（後略）

十一日　天晴陰、入夜雨降、定修下山来、（中略）衆徒連々嗷々、誹謗貴人云々、（後略）

九月三日　天晴、午時許定修来、専修念仏所行奇怪、愚意所存、破彼宗之文、作之成草由示之、少年浅薦如此

事、付善付悪、発言極無由、不可然由雖示含、取出三帖草子、可一見由誂之、内典於事不堪、雖不可分別是非、置之退帰、宰相来、全無聞及事云々、本性也、

（後略）

＊宣陽門院（一一八一～一二五二）は、後白河院と丹後局高階栄子との間の女。後白河院から寵愛され長講堂領など莫大な所領を譲られ、鎌倉初期に権勢を振るった。元久二年（一二〇五）に二五歳で出家。その所領は承久の乱で幕府に没収されたが、その後、返付され、後深草天皇に譲られた。『民経記』八月二十七日の念仏者余党交名によれば、敬仏・正縁・観明が宣陽門院の関係者に保護されている。また、定修は藤原定家の息の延暦寺僧である。

『祇園社記』続録三（増補続史料大成『八坂神社記録』四）

注進

祇園社領内犯過人跡、不及使庁綺、社家致其沙汰勘例

一　承久元年七月五日、錦小路白川住人貞弘男、依盗犯科、於其身者、召出使庁、至住宅者、社家破却之、

一　嘉禄三年七月廿八日、社領内専修念仏者住宅、或破却之、或検封之、

（中略）

右、大概如斯、此外例依事繁略之、仍且注進言上如件、

康永二年（一三四三）三月日

八月七日　関東申次西園寺公経の室全子が死没。明恵が出家戒師、そして明恵・証空が臨終の善知識をつとめた。

『明月記』嘉禄三年七月、八月条（国書刊行会）

七月廿八日　天晴、（中略）依病者（全子）懇切、請明恵房（高弁）、出家無為遂了、其後始懺法、其志偏営臨終作法、（後略）

八月六日壬子、彼岸始　天陰、朝微雨、巳後漸密、早旦詣北山（西園寺公経）、宗保朝臣来云、度々訪来、尤本意也、依無暇不対面云々、自一昨日修法護摩息災皆結願、偏善恵房（証空）念仏、自今日又被始懺法之由、私相語之間、又打磬、念仏要文等釈之音聞之（後略）

七日　終夜雨降、朝天漸晴、未後欲詣向之間、宰相使奔来云、只今事切給了、聞之後周章馳参、（中略）自今朝、今日一定由示給、明恵房被来、両上人（明恵・証空）共勧進念仏、声更不弱之間、人猶非今日事由成疑、遂無退転気、未時終給其後只今、一時歟、両人未出外方給、（後略）

八日　朝天陰、陽景間見、申時許雨漸密、今日聞、夜前葬送了云々、堂東山瀧艮方、云々（後略）

八月二十六日　北条政子三回忌のため、鎌倉に招聘されていた聖覚が帰洛。

『明月記』嘉禄三年八月条（国書刊行会）

廿八日　天晴、（中略）伝聞、聖覚法印一昨日帰洛云々、

＊聖覚が鎌倉に招聘されていたことについては、以下の記事がある。

〈参考史料〉

『吾妻鏡』嘉禄三年七月条（新訂増補国史大系）

廿五日壬寅　霽、民部大夫入道行然（二階堂行盛）、為二位家（北条政子）御追善、令草創梵宇、今日遂供養畢、導師聖覚僧都、自京都令招請、夜前下着、凡表白餝花、啓白貫玉之間、聴聞尊卑、随喜渇仰、非所及言語乎、竹御所為御結縁御出、相州（時房）・武州（泰時）渡御、（後略）

八月二十七日　延暦寺が提出した専修念仏余党の交名に従い、検非違使別当がその逮捕を命じた。

『民経記』嘉禄三年八月条（大日本古記録）

「卅日（裏書）　天晴、予参北野社」

念仏者余党交名輩

此間風聞念仏者余党、可搦出交名也、於此交名者、天下女房恥辱歟、不可説々々、未曾有々々々、

余党可搦出事

敬仏宜秋門院女房、東御方内ニアリ　聖縁（正縁）同内ニアリ　顕性

聖仏（徳大寺実定女）八条油小路、唐橋富少路両所ニ宿所アリ　千仏

発法破却清水家了、当時六条辺ニ経廻　唯仏　知願ハ出使庁了

薩生出使庁了、法住寺教厳法印辺二町許キタリ　聖蓮菩提院

定真九条　証仏同　明信薩生兄弟也、土佐尼聟

観如仁和寺、本名不見、元持住者也　敬光　西願ホソ西願ト申也

常喜中山辺　敬月破却清水家了

道智此間山上ニ蔵智ト其沙汰アリ、若道智各別名者可詳也、土左尼夫也

念阿弥陀仏藤次入道　観明二郎入道、宣陽門院権中納言殿ノ内ニアリ

所入道依大殿仰、破却西林寺家了　教達故安楽弟子、本名願明

紀真六条院供僧也　迎仏童名月光　定乗　生願六波羅

敬日長楽寺、但馬竪者同海也、付隆寛城外了　教真

念照長楽寺、敬日弟子、付隆寛城外了　蓮阿弥陀仏長楽寺

祇園西大門弟子三人　光照破却光堂家了、城外　定智
称願大谷　願恵破却清水舅三阿蓮寺家了、但願恵ハ花山院読経衆也
慶王　慶成破却延年寺家了、但人ニウリタル家云々　尊蓮雲居寺
照蓮城外　良心　定意　了一　了心

廻文案文

度繁朝臣（平）　信広朝臣（平）　成能朝臣（藤原カ）　行兼朝臣（中原）　資季（源）
康重（源）　友景（中原）　章久（中原）　康景（源）　兼親（藤原）
知経（藤原）　親尚（中原）　明能（中原）　明継（中原）　経政（三善）
資茂（安倍）　信種　章俊（中原）　尚能　章秀（中原）
章職（中原）　職兼（中原）　職光

右、念仏者余党事、山門注文如此、早任交名、殊可令尋沙汰者、依　別当宣、所廻如件、

嘉禄三年八月廿七日

＊余党交名のうち「唯仏」「智願」「定真」は延応二年（一二四〇）五月十四日「延暦寺公文審賢書状」にも専修張本として名が挙がる。また元久元年（一二〇四）十一月七日「源空七箇条制誡」の署名者に「聖蓮」「尊蓮」がいる。『一言芳談』には敬仏・敬日の法語を収めており、また次に掲げる人物も関係があるか。

〈参考史料〉
『浄土法門源流章』（『浄土宗全書』一五）

幸西門人、有正定大徳・正縁大徳後投長西・明信大徳・入真大徳・善性大徳・勤信大徳住于木幡、並承幸西、各事弘敷、

〈参考史料〉
『法水分流記』多念義の項抄出（『法然教団系譜選』）

上人（法然）―隆寛―敬日―証海慈信
　　　　　　　　　　　├道円
　　　　　　　　　　　└浄信

〈参考史料〉
『法水分流記』一念義の項抄出（『法然教団系譜選』）

上人（法然）―幸西―明信住西坊、入唐―了教
　　　　　　　　　　　　　　　　　├証恵
　　　　　　　　　　　　　　　　　├善性
　　　　　　　　　　　　　　　　　└教信
　　　　　├正縁
　　　　　└薩生住山門、立一義

〈参考史料〉
『法水分流記』西山義の項抄出（『法然教団系譜選』）

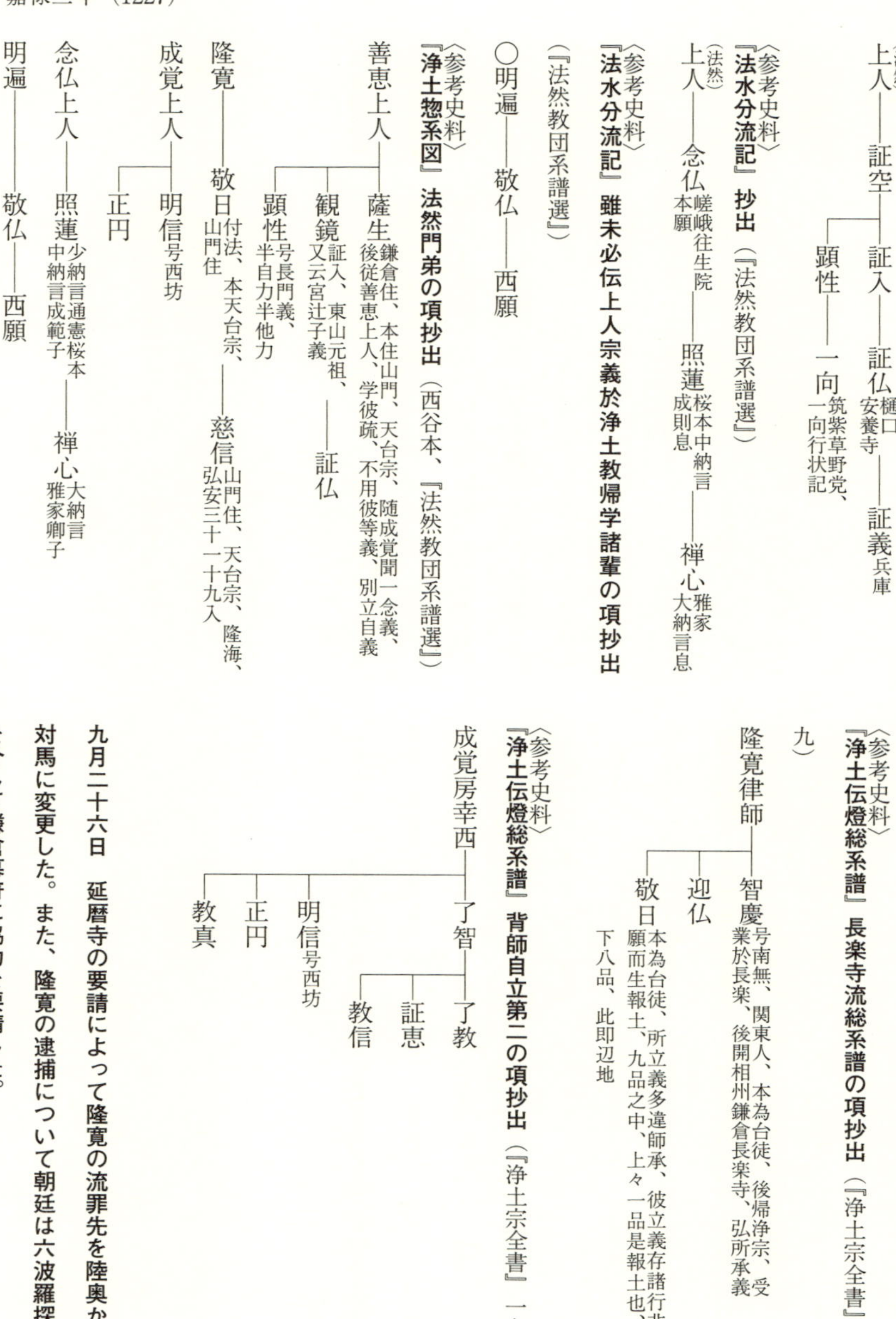

（法然）上人──証空──証入──証仏 樋口安養寺──証義 兵庫
　　　　　　　　└顕性──一向 筑紫草野党、一向行状記

〈参考史料〉
『法水分流記』抄出（『法然教団系譜選』）

（法然）上人──念仏 嵯峨往生院本願──照蓮 桜本中納言成則息──禅心 雅家大納言息

〈参考史料〉
『法水分流記』雖未必伝上人宗義於浄土教帰学諸輩の項抄出
（『法然教団系譜選』）

○明遍──敬仏──西願

〈参考史料〉
『浄土惣系図』法然門弟の項抄出（西谷本、『法然教団系譜選』）

善恵上人─┬薩生 鎌倉住、本住山門、天台宗、随成覚聞一念義、後従善恵上人、学彼疏、不用彼等義、別立自義
　　　　　├観鏡 証入、東山元祖、又云宮辻子義──証仏
　　　　　└顕性 号長門義、半自力半他力

隆寛──敬日 付法、本天台宗、山門住──慈信 山門住、天台宗、隆海、弘安三十一十九入

成覚上人─┬明信 号西坊
　　　　　└正円

念仏上人──照蓮 少納言通憲桜本中納言成範子──禅心 大納言雅家卿子

明遍──敬仏──西願

〈参考史料〉
『浄土伝燈総系譜』長楽寺流総系譜の項抄出（『浄土宗全書』一九）

隆寛律師─┬智慶 号南無、関東人、本為台徒、後帰浄宗、受業於長楽、後開相州鎌倉長楽寺、弘所承義
　　　　　├迎仏
　　　　　└敬日 本為台徒、所立義多違師承、彼立義存諸行非本願而生報土、九品之中、上々一品是報土也、自下八品、此即辺地

〈参考史料〉
『浄土伝燈総系譜』背師自立第二の項抄出（『浄土宗全書』一九）

成覚房幸西─┬了智─┬了教
　　　　　　│　　　├証恵
　　　　　　│　　　└教信
　　　　　　├明信 号西坊
　　　　　　├正円
　　　　　　└教真

九月二十六日　延暦寺の要請によって隆寛の流罪先を陸奥から対馬に変更した。また、隆寛の逮捕について朝廷は六波羅探題を介して鎌倉幕府に協力を要請した。

「関白近衛家実家御教書」（『昭和定本日蓮聖人遺文』）

隆寛律師依為専修張本、山門訴申之間、被配流陸奥畢、而衆徒尚有申旨、仍改配所、可追遣対馬嶋也、当時経廻東国辺云云、不日可被追遣彼嶋之由、可被申関東候者、依殿下御気色、執達如件、

嘉禄三年九月二十六日（三イ）　参議（平範輔）在判

修理権亮殿（北条時氏）

「関東御教書」（『昭和定本日蓮聖人遺文』）

隆寛律師事、右大弁宰相（平範輔）家御奉書披露候畢、件律師去七月比令下向、雖経廻鎌倉近辺、任京都制符、被追放念仏者之間、令流浪奥州方畢云云、早尋捜在所、任被仰下之旨、可追遣対馬嶋也、以此旨、可令言上之状、依鎌倉殿仰、執達如件、

嘉禄三年十月十五日

武蔵守（北条泰時）在判

相模守（北条時房）在判

掃部助殿（北条時盛）

修理亮殿（北条時氏）

「後堀河天皇綸旨」（『昭和定本日蓮聖人遺文』）

隆寛可被改対馬国之由、被宣下畢、其由可有御下知之旨、所被仰下候也、以此趣、可令申入給之状如件、

右中弁頼隆在判

中納言律師御房

＊本史料は年月日が脱。

十月十五日　延暦寺大衆僉議をうけて、聖覚など延暦寺探題が朝廷に専修念仏の取り締まり強化と『選択集』焼却とを要請した。朝廷はそれに応えて鎌倉幕府に専修念仏弾圧の協力を要請するとともに、『選択集』とその版木を延暦寺に送進した。

『皇帝紀抄』嘉禄三年十月条（『群書類従』三）

十五日　山門僧綱以下、三綱所司・日吉社司等群参、訴申専修・念仏宗停廃事、

「関白近衛家実家御教書」（『昭和定本日蓮聖人遺文』）

専修念仏事、仰京畿七道、永可被停止之由、先日被宣下候畢、而諸国尚有其聞云云、守宣旨状、可致沙汰之由、可被仰付地頭・守護所等之由、山門訴申候、可有御下知

候、以此旨、可令申沙汰給之由、殿下御気色所候也、仍執達如件、

嘉禄三年十月二十日（十日イ）　参議（平範輔）在判

武蔵守（北条泰時）殿

「関白近衛家実家御教書」（『昭和定本日蓮聖人遺文』）

専修念仏張本成覚法師（幸西）、経廻讃岐大手嶋云云、実否不分明、慥可被加撿知之由、山門之人人申、相尋可令申給之由、殿下御気色所候也、仍執達如件、

十月二十日　参議範輔在判

修理権亮（北条時氏）殿

「永尊竪者書状」（金綱集、『日蓮宗宗学全書』一三）

弾選択等被上送之後、披露于山上、於弾選択者、毎人翫之、顕選択者、諸人謗之、法然上人之墓所、仰付感神院犬神人、令破却之畢、其後及奏聞、蒙裁許畢、七月上旬法勝寺御八講之次、自山門触南都、清水寺・祇園辺、為南都山門末寺之処、専修之輩容身於草庵、悉令破却畢、於其身、仰使庁被搦取之間、礼讃之声、黒衣之色、京洛之中、都以止畢、張本三人雖被定流罪、逐電之間、未向配所、山門于今訴申候也、令成其濫觴給、以外御高名也、抑人々判断之詞、大旨風聞候、御草之書、遥勝摧邪輪高雄明恵房撰之、筆体義理整足、殊勝之由人々申候、又自見給也、人々説種々候、隆真法橋申候、御草所闕者、専修可為亡国之本之旨也、其間有文理云云、其外無闕減之処、又或人云、善導意報土者、非謂安養、是実報華王之土、只是望月輪等化、以始終応同之土、名報身報土也見観経疏、又或人云、弥陀因地以法華経開悟、以法華結縁見于化城喩品、御草所闕者、是等義也申候也、外諸人已書之、被書写候、仏頂房（隆真）被登候、此両三日被点候也、又此十一日僉議云、法然房所造選択者、謗法書也、天下不可止置之、仍在々所々所持并其印板、大講堂取上、為報三世仏恩、可焼失之由、奏聞仕候畢、定被仰下候歟、恐恐、

嘉禄三年十月十五日

＊この書状は定照に宛てたものである。永尊は宝地坊証真の弟子で、のちに法印・探題となっている。なお、『金綱集』は本史料の年月日を欠くため、『念仏者令追放宣旨御教書集列五篇勘文状』（『昭和定本日蓮聖人遺文』）でそれを補った。

「永尊竪者書状」（金綱集、『日蓮宗宗学全書』一三）

去月十五日聖覚・貞雲・宗源・朝晴・延真陳参、以聖覚為云口文聖、永可被停廃念仏宗之由、言上之、殿下（近衛家実）御返事云、実尤可停廃云云（此五人者、皆探題也）

＊この書状も定照に宛てたものである。年月日を欠くが、十月十五日に延暦寺僧綱による専修停廃の訴えが行われていることから（『皇帝紀抄』）、本書状は嘉禄三年十一月のものと考えられる。

「宗源大僧都書状」（金綱集、『日蓮宗宗学全書』一三）

専修事、其沙汰興盛、於京都者、大旨被追却其邪徒候畢、其間事、綸旨等進之、去月十五日、聖覚法印已下門徒僧綱、細々令陳参候了、一々勅答候歟、

十一月二日

＊この書状は定照に宛てたもの。『金綱集』付載の嘉禄法難関係の綸旨等は、この書状に付して定照に送られた。宗源（一一七八～？）は葉室惟方の孫で宝地坊証真の嫡弟。探題・證義を歴任した延暦寺の代表的学匠であり、竹中法印と称された。寛元二年（一二四四）八月には将軍御所持仏堂（久遠寿量院）の供養に鎌倉に招聘されている（『吾妻鏡』）。なお、宗源は若いころに法然に対し、浄土立宗を難詰している（『醍醐本法然上人伝記』『法然上人行状絵図』巻五）。

「俊範大僧都書状」（金綱集、『日蓮宗宗学全書』一三）

年序久積、煙鬱難散之処、忽開禅札、且慰懇歎、幸甚々々、抑所被送之弾選択一帖并顕選択難義抄一巻、付廻李返献之、伺見作書之体、可謂興法之要、非只摧一向専修邪論、旁又明三観仏乗之指帰、重案徳円和尚伝文、天長元年、於坂東国、徳一法師専立法相之義趣、煽破天台妙義、于時徳円和尚振問難之剣、斬邪見之幢、関東之民草、自此潤甘露、今日禅下之弾難、殆不異于旧疏、東国弘通只在此事歟、就中以両章之書、触三塔之処、学侶企天奏、公家降厳制、謗法邪宗停止已畢、紹隆仏法、豈非此時乎、兼又顕選択集一巻、同以返献之、為救邪見、剰添妄見、宛如火消火、又似水塞水、愚闇之至、取喩如此、抑選択集印板、自公家被召送山門畢、自今已後、於弘通之輩、違勅之科不遁皇宣（憲カ）、謗法之罪脱仏制哉、深察此旨、被摧邪弘正者、仏日倍耀一天、法水弥溢四海歟、書不尽言、故人所歎也、只以一言、被推万端而已、事期後信、不具謹言、

十二月十五日　　　　　　俊範

＊俊範は慈円の側近で、父の範源から杉生流を相承した天台学匠。隆寛も範源に師事していたので二人は同朋にあたる。また俊範は日蓮の延暦寺時代の師匠でもあった（『日大直兼台当問答記』）。著書『一帖抄』が現存。

『弾選択』識語（金綱集、『日蓮宗宗学全書』一三）

此集者佳作也、抑称名念仏、即法蔵比丘所選取之妙行、余万善、是弥陀因地位、所選捨之劣行者、蓋是源空上人之妄言也、彼人謬見大無量寿経及大阿弥陀経上巻、僻取之意起此邪計、偽宗之興、以此為本、彼二経中都無此意、非独違二経、抑復違一論（智度論是也）、本源既僻、枝流寧正、自余条々蓋不足破、選択中謬引諸文、曲入己情、荘厳邪義、使無量人陥悪邪中、敬請天下諸人、更勘二経之真文、莫随一集之謬義、倩見源空弘通之本意、只在観無量寿経中、汝好持是語々々者、即是持無量寿仏名之一行而已、為弘一行仏語、毀破一代之聖説、浄土諸門還皆閉塞、魔作比丘者、豈非此人哉、須改一向専修之号、更名一行専修者歟、宝剣沈没、神鏡化灰之後、却賊霊剣、鎮国神鏡、只在顕密聖教之中、護国君子、宜保護之、

法橋上人位隆真

此是依一条大相家公経（西園寺）命、令進覧弾選択之日、隆真此集奥（弾選択）、令書進也、

＊隆真は宝地坊証真の弟子で、「論議之明敏抜群」の「碩学」であったが、寛喜元年（一二二九）五月十五日に死没（『明月記』同年六月二日条）。また西園寺公経（一一七一〜一二四四）は、西園寺家の実質的な祖。関東申次であったこともあり、承久の乱に命を賭して反対し幕府の勝利に貢献した。乱後に太政大臣となり、晩年に至るまで朝廷の実権を掌握。貞永元年（一二三二）の彗星祈禱では、後堀河天皇が仁和寺御室に約束した勧賞を、公経が取り消させており（『大日本史料』五―八―二五二頁）、その権勢は治天の君をも上回り、「福原平禅門」（平清盛）をも越えると評された（『明月記』寛喜三年三月二十二日条）。本史料で公経は延暦寺に『弾選択』の進覧を命じている。これは朝廷の最高権力者が『弾選択』を読んだ上で、『選択集』の焚書に踏み切ったことを意味している。

安貞元年（一二二七）

十二月十三日　隆寛が相模飯山で死没した。

『法水分流記』多念義の項抄出（『法然教団系譜選』）

上人（法然）――隆寛　諱ハ無我、道号ハ皆空、長楽寺律師、上人（法然）往生ノ時ハ六十五歳、安貞元年丁亥十二十三往生、八十歳、小納言資隆息

『尊卑分脈』粟田関白藤氏道兼公孫の項（新訂増補国史大系）

資隆 従四下、少納言、肥後守、母肥後守高階基実女、歌人
- 知資 正五下、民部少輔、母駿河守藤説定女
- 隆寛 山、法然上人弟子、権律師、母、住長楽寺、皆空上人是也
  - 聖尊 山、大僧都、母
  - 聖増 山、権僧正、法性寺座主、横川長吏、慈鎮和尚弟子、母
  - 慈胤 山、法印、母

『法然上人行状絵図』巻四四（日本絵巻物全集一三）

長楽寺の律師隆寛又号無我、称皆空は、粟田の関白（藤原道兼）五代の後胤、少納言資隆の三男なり。範源法印の附法として、慈鎮和尚の門弟につらなりき。天台の法燈をかゝけ、叡山の領袖たりといへとも、しかるへき宿善やもよをし（催）けむ、浮生の名利をいとひ、安養の往生をねかひて、つねに上人（法然）の禅室に参し、しきりに出離の要道をたつね申されき。はしめ（初）には、いとうちとけ給はさりけれとも、往生の志ふかき（深）よし、ねんころに述給けれは、上人おほきにおとろきて、当時聖道門の有職にて、大僧正御房慈鎮和尚に、貴重せられたまふ御身の、これほとに思いれ給ける事、返々もありかたくこそ思たまふれとて、浄土の法門、ねんころにさつけ給けり。毎日、阿弥陀経四十八巻をよみ、念仏三万五千遍をとなふ。のちには六万遍なり。（中略）

上人、小松殿の御堂におはしまし（御座）けるとき、元久元年（一二〇四）三月十四日に、律師参給けるに、上人後戸に出むかひ給て、ふところより一巻の書をとり（取）いた（出）して、「これは月輪殿（九条兼実）の仰によりて、ゑらひ（撰）進するところの選択集なり。のする（載）ところの要文要義は、善導和尚、浄土宗をたて（立）たまふ（給）肝心なり。はやく（早）書写して披覧すへし。もし不審あらは、たつね問へきなり。源空存生のあひたは、秘して他見に及へからす。死後の流行は、何事かあらんや」との給けれは、貴命をうけて、いそき功をを（終）へんかために、わかちて尊性・昇蓮等に助筆せさせて、これを書写して、本をは返上せられけり。しつかにこれを披見して、いよ〳〵信仰のまことをいたす。

並榎の堅者定昭か凶害によりて、山門にうたへ（訴）、奏聞にをよ（及）ひて、上人の門徒、国々へ配流せられしに、律師（隆寛）その専一として、配所さたまる（中略）

律師をは、森の入道(毛利季光)西阿うけ給はりて、東関へうつ(移)したてまつ(奉)る。嘉禄三年七月五日進発す。配所は奥州とさため(定)られけるを、森の入道ふかく律師に帰したてまつ(奉)りて、かの秘計にて、代官に門弟実成房を配所へつかはし、律師をは西阿か住所、相模国飯山へ相具したてまつ(奉)る。八月一日鎌倉をたち給けり。律師飯山へうつ(移)り給しのちは、森の入道、尊崇いよ〳〵ふかく、帰敬他事なかりき。しかるに、同年仲冬、風痾にはかにをか(犯)す。（中略）同十二月十三日同月廿日改元、安貞元年也申時にいたりて、律師の給けるは、「往生のとき、すて(既)にいたれり。予か義の邪正をも、一向専修の往生の手本をも、たゝいまあら(現)はすへきなり」とて、弥陀の三尊にむかひ、五色の糸を手にかけ、端座合掌して、高声念仏二百余遍の、ち、「弥陀身色如金山、相好光明照十方、唯有念仏蒙光摂、当知本願最為強」の文を唱たまふ(給)。門弟正智・唯願等、をな(同)しくこれをとなへ(唱)て、「臨終の一念は、百年の業にすくれたり」と申けれは、すこしゑみ(笑)をふくみ、本尊を瞻仰し、高声に念仏し禅定に入かこと(如)くして、をはり(終)をとりたまひ(給)ぬ。春秋八十なり。

＊隆寛を保護した毛利季光は鎌倉幕府の有力御家人で、大江広元の息。のちの毛利氏の祖にあたる。

『天台座主記』六五世前権僧正慈円の項（新訂増補天台座主記）

同二年二月廿二日(元久、一二〇五)　於法勝寺金堂、被修大熾盛光法、

同二十八日　結願、有勧賞、令権少僧都証真叙法印、令准講隆寛任権律師但募加二会巡任之、両人共兼宣旨三月九日下

慈円『拾玉集』（新編国歌大観）

建久二年(一一九一)五月のころ、隆寛阿闍梨のもとより十首の詠おくれりける

露の身はおもへばつかのまなれどもやどすばかりのくさむらもなし

（中略）

返りごとにいひやる

露の身をやどす草ばはおほかるをところをきらふ野べの夕暮

（中略）

昔恵心僧都、遥移慈父在世之儀、近開賢聖囲繞之図、今霊山院是也、我公大和尚(慈円)、忝就此勝絶之地、敬報彼諸霊天恩、御願雖似新、興隆猶依旧、済度以有縁為先、利益及無縁為本、戯於遺哉大哉、抑有十首花篇金玉韻、驚聞不堪情感、跪以奉和矣、

戒心谷愚老権律師隆寛

『浄土法門源流章』（『浄土宗全書』一五）

長楽寺隆寛律師、立多念義、（中略）源空上人授以選択、寛(隆寛)公受之、為其亀鏡、隆寛門人有敬日大徳・智慶大徳等、各弘所承、教化道俗、（中略）智慶法師道号南無本在関東、学天台宗、後入華洛、随依隆寛、学浄土宗、後還関東昌弘浄教、東土浄教乃彼力也、

安貞二年（一二二八）

正月十五日　空阿弥陀仏が死没した。

『法水分流記』抄出（『法然教団系譜選』）

上人(法然)——空阿 号無智空阿、天王寺瓦堂本願、安貞二戊子正十五往生、七十三、多念々仏元祖

『法然上人行状絵図』巻四八（日本絵巻物全集一三）

法性寺の空阿弥陀仏は、いつれの所の人といふ事をしらす。延暦寺の住侶なりけるか、叡山を辞して、聚洛にいつ(出)。上人(法然)にあひたてまつ(奉)りて、一向専念の行者となりて、経をもよます、礼讃をも行せす、称名のほか、さらに他のつとめなく、在所をさためす、別の寝所なし。沐浴便利のほか衣をぬ(脱)かす。行徳あらはれて、ひと(人)これをたうと(尊)む。つねには四十八人の能声をとゝのへて、一日七日の念仏を懃行す。所々の道場いたらさるところなし。（中略）四天王寺の西門、内外の念仏は、このひしり、奏聞をへてはし(始)めをき(置)給へり。この御書も、すなはちか(彼)の寺にそ安置せられける。

上人のつねの仰には、源空は智徳をもて、人を化する、なを不足なり。法性寺の空阿弥陀仏は、愚癡なれとも、念仏の大先達として、あまねく化導ひろし。我もし人身うけは、大愚癡の身となり、念仏勤行の人たらむ、とそ仰られける。空阿弥陀仏は、上人をほとけ(仏)のことく(如)に崇敬し申されしかは、右京権大夫隆信の子、左京大夫信実朝臣に上人の真影をかゝしめ、一期のあひた、本尊と

あふき(仰)申されき。当時、知恩院に安置する絵像の真影、すなはちこれなり。

毎年正月一日より、七箇日の別行を勤修し給けるか、安貞二年の正月には、七日例のこと(如)く結願して、いま七日修すへきよし、同行等に談しけれは、おの〳〵命にしたかふ。二七日結願の念仏を臨終の念仏として、十五日の朝、ねふる(眠)かこと(如)くにて往生す。別時をのへ(延)らるゝこと七日、さきたちて死期をしら(知)れけるゆへ(故)なり。

＊天王寺の内外の念仏が空阿弥陀仏の奏聞によって設けられたとの記事は、ほかには見えない。ただし『興禅護国論』中には「念仏宗者先皇勅置天王寺云云、今尊卑念仏、是其余薫也」の一節がある。

九月九日　法蓮房信空が死没した。

『法水分流記』　白川門徒の項抄出（『法然教団系譜選』）

上人(法然)──信空 法蓮、白川二階坊、在錦小路京極、補処、本叡空弟子、上人往生時六十七、安貞二九九往生、八十三 藤右大弁行隆息
　├明禅法印 毘沙門堂、仁治三五三往生、八十三
　└信瑞 敬西、住弘法寺、弘安廿亡
　　　├照道
　　　└法西
　　├善空 浄意、住金剛院ニ

『尊卑分脈』　顕隆等孫の項抄出（新訂増補国史大系）

顕時 民部卿、従二、帥、権中納言、仁安二三十四甍、号中山中納言
　└行隆 正四下、大弁、中宮大進、治部大輔、文治三三十七卒、五十八
　　└信空 山、法蓮上人、法然上人第一弟子、母

『法然上人行状絵図』　巻三一（源空七箇条制誡の項、日本絵巻物全集一三）

上人(法然)、この事を聞給て、すゝみては衆徒の欝陶をやすめ、しりそきては弟子の僻見をいましめむために、上人の門徒をあつめて、七箇条の事をしるして起請をなし、宿老たるともから八十余人をゑらひて連署せしめ、なかく後証にそなへ、すなはち座主僧正(真性)に進せらる。件起請文云、

あまねく予か門人念仏の上人等につく

一　いまた一句の文義をうかゝはすして、真言止観を破し、余の仏菩薩を謗することを停止すへき事

（中略）

一　みつから仏教にあらさる邪法をときて、いつはりて師範の説と号することを停止すへき事

元久元年甲子十一月七日　沙門源空在判

信空　感聖　尊西　証空

（中略）

成願　覚心　自阿　願西

連署の交名、かくのことし。執筆、右大弁行隆息法蓮房信空也。

『法然上人行状絵図』巻三九（法然没後の項、日本絵巻物全集一三）

上人(法然)臨終のとき遺言のむねあり。「孝養のために精舎建立のいとなみを、なすことなかれ。心さしあらは、をの〳〵群集せす、念仏して恩を報すへし。もし群集あれは闘諍の因縁なり」との給へり。しかれとも法蓮房、世間の風儀に順して、念仏のほかの、七日〳〵の仏事を修すへきよし申されけれは、諸人これにしたかふ。

（中略）

七々日　導師　三井僧正公胤

壇那　法蓮房信空

かの諷誦の文云、

先師(法然)廿五歳のむかし、弟子(信空)十二歳のとき、かたしけなくも師資の契約をむすひ、ひさしく五十の年序をつめ(積)り。一旦生死をへたつ。九廻の腸たえなんとす。北嶺黒谷の草庵に宿せしより、東都白河の禅房にうつ(移)りしにいたるまて、其間撫育の恩といひ、提撕の志といひ、報謝の思、昊天きはまりなし。こゝをもて弥陀迎摂一軀の形像をあらはし、胎蔵金剛両部の種子を安す。又妙法花経八軸を摺写し、金光明経一部を書写して、もちて開眼し、もちて開題す。一心の懇志、三宝知見し給へ。

『法然上人行状絵図』巻四三（日本絵巻物全集一三）

白川の法蓮房信空又号称弁は、中納言顕時卿(藤原)の孫、左大弁行隆朝臣の長男也。かの朝臣の室懐妊の時、父中納言顕時卿申されけるは、「汝か妻室のうめ(生)らんところ、もし男子ならは、かならす我養子とすへし」と。かの室家つき(月)みちて、久安二年(一一四六)に男子を生す。中納言これをよろこひて、乳母に酒肉五辛を禁せしめて、養そた(育)てらる。

保元二年（一一五七）十二歳のとし、墨染の布の衣袈裟を、くるまのなかにいれて、黒谷の叡空上人にをくり（送）つかはす状云、「面謁の時、令申候小童登山候、剃髪着此法衣、不歴名利之学道、速授出離之要道云々」。仍登山の翌日に出家して、熏修功つもりにけれは、道徳三塔にきこえ、名誉九重にをよふ。二条院ことに御帰依をあつくしましく〱けり。

叡空上人入滅の後は、源空上人に奉事して、大乗円戒を相承し、又浄土の教門をならひ、念仏を修して、まのあたり白毫を拝す。このひしり、毘沙門堂の法印明禅に対面のことありけるに、法印たつね申さるゝこと、内外典にわたりて、いつれも分明にこたへ申されけれは、所学の程ゆかしくおほえて、「いかなる明師達にか、あひ給へりし」ととひ（問）申されけるに、幼稚のむかしより、たゝ法然上人の教訓をかふれ（蒙）るほか、きけ（聞）るところなきよし（由）申されけり。「このひとの才学の程をおもふに、師範上人の恵解の分、おもひやられて、いみしくおほえ侍し」と、法印のちにかたら（語）れけるとなむ。されはにや、法印但馬宮（雅成親王）へ進せられける状にも、このひしりの事をは、「内外博通し、智行兼備せり。念仏宗の先達、傍若無人といふへし」とそ、のせ（載）られて侍る。行年八十三、安貞二年九月九日、九条の袈裟をかけ、頭北面西にして、上人の遺骨をむねにをき（置）、名号をとなへ、ねふる（眠）かことくして、往生をとけ（遂）られにけり。

「法然没後遺誡」（『昭和新修法然上人全集』）

起請　没後二箇条事

（中略）

但弟子雖多、入室者僅七人也、所謂信空・感西・証空・円親・長尊・感聖・良清也、此等諸人、於彼世出世間之恩深、於我至順至孝之志篤者也、誰人忘二世之恩徳、致一旦之諍論乎、此内信空大徳者、是多年入室之弟子也、其志互而有誠、為表懇志、聊有遺属、謂黒谷本坊寝殿雑舎、、白川本坊寝殿雑舎、、坂下薗一所、洛中地一所、此外本尊三尺弥陀立像、定朝、聖教摺写六十巻等付属之了其状、在別紙、

（中略）

建久九年（一一九八）四月八日　釈源空在御判

「入室出家受戒記補十二」（門葉記一一三、『大正新脩大蔵経』図像部一二）

戒集

文永十年(一二七三)五月十八日始之、

一　門流真言師々戒事、其沙汰有無事

（中略）

問、慈鎮和尚御沙汰如何。

答、其レモ能々御沙汰アリケルニコソ。寺家戒鉢一両本マテ御草アリ。又法然上人ニモ、委令召問御ケルニヤ。又上人被申ケルハ、近来座主慈鎮和尚ホト戒事御存知アリテ、受戒被行人、ヨモ御坐セシト申ケリト云々。

一　戒相承僧ナルヘキ歟事

師云、必不可然歟。又云、有文、男戒ウケタラハ妻サツケ、妻戒ウケタラハ、オトコサツケヨ、ナン云文有之也重テ可問之。

問、今相承中、濫行僧無之歟。答、無其儀。法然房、子息モケタリナント人□ケレトモ、常存スルトコロハ浄行僧也。法蓮房、又勿論浄行也。此両人以前、又浄行勿論也云々。

十一月　聖光房弁長が肥後往生院で別時念仏を修し末代念仏授手印を書す。

『末代念仏授手印』（『浄土宗全書』一〇）

於肥後国往生院、安貞二年十月廿五日ヨリ四十八日ノ念仏被始、筑後ノ上人(弁長)、同卅日御渡アリ、入阿十一月四日酉時ヨリ道場入テ念仏申、此間上人為末代、造一文給、末代念仏授手印是也、廿七日ニ是ヲ書始テ、同廿八日ニ是書ハテ畢ヌ、同廿九日巳時是ヲ点シ給ヘリ、其時蓮阿弥陀仏、参給タリケレバ、御物語ニ云、我已一ノ証ヲ得タル也、今朝ノ勤ニ参タレハ、年四十許ノ高僧出来リ御、我見ヘ給ヘリ、黒衣白ボウシノ少アヲキヲ著給ヘリ、其タケコトニ高クミヘ下ヘルガ、北座ヨリシテ歩ミ出下ヘルヲ奉見也被仰、涙ヲナガシ玉ヘリ云云、

安貞二年十一月廿九日

往生院

四十八日別時如法念仏道場衆等事

北座
弁阿弥陀仏 御年六十七
得往生 安芸、四十一　　幸印 肥後、三十九
等阿 筑前、四十五　　数阿 肥前、三十五
忍空 相模、三十八　　目阿 京、四十
受阿 京、二十五　　覚心 筑後、二十五
南座
深阿 肥後、四十二　　蓮阿 豊前、四十三
持阿 肥後、四十二　　生願 肥後、三十二
持仏 肥後、三十　　入西 長門、二十六
随信 肥後、三十一　　住蓮華 肥後、三十六

仏言唯除五逆誹謗正法

私謂、於吾朝者、勘出善導之御義者、只是法然上人也、弟子弁阿、忝上人御義御在生之時、於此一宗之始末、具聞之幾度乎、仍為弟子弁阿、以法然上人、奉仰大師釈尊矣、弁阿今録上人之御義、贈末代、為誹謗之人不可見之、恐彼軽毀之衆千劫堕獄之罪故也、爰附我門徒、約称名人、註置之、但故上人遺誡云、我門徒不可好其義、不可好其論、例如彼慈覚智証疎其論義、亦可怖抜舌地獄之苦、依之称名行者、成不知一字之身、成不弁黒白之身、以称名許、朝夕可歌之、於吾身者、卑下愚者、与他門人不可論之、然則依先師遺誡録之、弘通称名之行者、若欲写之者、不可加減一句一字、穴賢、誹謗他門之家、不信邪見之人、不可写之云云、

安貞二年十一月二十九日　　在御判

「沙門弁阿（弁長）施入状」（筑後善導寺文書、『鎌倉遺文』三七九八号）

肥後国宇土伊津野西光院
奉施入
授手印一通

右、件授手印者、末代悪世之宝物也、弁阿与生極楽為師弟也、故為一切衆生往生極楽、作此印文施入之者、末代之人々、無諍無疑、勤念仏、決定可遂往生、仍録施入之状、以納寺、尤承知、不可出寺外之状如件、

安貞二年十二月十五日　　沙門弁阿（花押）

寛喜二年（一二三〇）

四月　善導五百五十年忌にあたり、京都嵯峨の心寂房が聖覚を導師として善導像の供養を行い、一念宗の長である教達が礼讃を行う。また、後日、延暦寺妙法院門跡の尊性法親王が嵯峨の善導像を藤原信実に写させる。

『明月記』寛喜二年四月、十月条（国書刊行会）

四月十四日乙亥　東風猶猛烈、雲赴西、朝陽漸霽、（中略）及申時、心寂房来談、一日嵯峨念仏、請聖覚法印、供養善道(導)像、公棟(藤原)敦通(藤原)以下入道、成群縮坐、狭小之座之中、常覚(成覚房幸西)弟子教脱(達)一念宗之長云々入其中、座狭而不安坐之間、超公棟肩、入道場、人雖属目、説法了、件教脱礼讃無指事、法印退帰云々、泰忠入道于今存命、病躰頗似付滅、但七十四之齢、衰損之身定難存歟、（後略）

十月二日庚申　朝天晴、（中略）申時許備州(藤原信実)来臨、依二品親王(尊性)仰、向嵯峨、写善導影之次、入心寂住房、樹木前栽之幽趣驚目、此病已施験由自讃云々、秉燭之程帰、

＊心寂房は嵯峨野を拠点に活動した僧医で、藤原定家と交流が深い。尊性（一一九四～一二三九）は後高倉院の息で、前天台座主。山門初の二品親王で、妙法院門跡の実質的な創始者である。

〈参考史料〉
『最須敬重絵詞』巻六（『真宗史料集成』一）

一念ノ音曲ニ節拍子ヲ定ケルハ教達ナリ。カノ弟子ノ中ニ、楽心トキコユルハ上足ナリ。ソノカミ、彼ヲ召請シテ、連々コレヲソ、ナラハレケル。器ニモタヘ、功ヲツマレケレハ、道ニアラスシテ道ニ達シ、神ヲキハメ、妙ヲキハメラレケリ。

五月二十五日　親鸞が聖覚の真筆草本により『唯信鈔』を書写した。

『唯信鈔』奥書（高田専修寺蔵、『定本親鸞聖人全集』六）

草本云、
承久三歳仲秋中旬第四日
　安居院法印聖覚作
寛喜二歳仲夏下旬第五日　以彼草本真筆
　愚禿釈親鸞書写之

是歳頃　聖光房弁長が『念仏名義集』を著わし、一念義や造悪無碍を批判した。

『念仏名義集』巻中（『浄土宗全書』一〇）

近来ノ念仏、様様ニ申シ乱シテ、事カマシク、曲セガマシク、様様シク候、是レ則人ノ心共ガ憍慢ニ成テ、法然ノ御房ノ被レ仰セ事ハ、古ヘノ事ニ成リタリ、サレハ今メカシク、念仏ニ深キ事アリトノシリテ、事新シク人ノ耳目ヲ驚カシテ、世ノ常ノ念仏、学生ニモ勝レタリト云ハレント思フ、憍慢ノ甚ダシク高キ也、係ル心トモニテ、或ハ無レキ止ンゴト法然上人ノ御房ノ御教ヘヲモ背ク、是レ恐レ有ル事也、上人ハ無ク止レシ「御座マス智者ニテ御座ス、師ノ仰セラレタル御義ヲ背テ、私ニ己ガ蛍計リノ智恵ヲ以テ、僻カ様ノ料簡シテ、悪様ノ因ニ入テ、日ノ光ノ様ナル明ナル法然上人ノ御義ヲ背ク事、恐シ恐シ、

或ハ又己ガ智ハ、馬ノ足跡計リ塵計リノウルヲイヲ、僻様ニ三部経ヲヨミ、僻様ニ善導和尚ノ疏ヲヨミアツメテ、ヒガサマニ其ノ心ヲ料簡シナシテ、悪様ニ教ヘ成ス事、己ガ往生ノ妨ヲ成スノミニ非ズ、不レ憚ラ一切衆生ノ往生極楽ヲモ妨グル也、此ノ罪甚タ怖シ々シ、

抑モ悪キ様ニ教ヘ成スト云フ事ハ、物モ不レ知ラ男女尼法師ドモニ向ヒテ、口聞ニ臂ヲイカラカイテ云フ様ハ、「其ノ三万六万返ノ念仏ヲバ捨テヨ、其レハ念仏ノ義ヲモ不レ知ラ者コソ左様ニ数ス多ク申ス也、其レハ迷ヘル人也、実シクハ念仏ヲハ申サ子ドモ、一念ニ往生スル也、深義アリ、是ヲ学ベ」トテノノシル時キ、「サラバ習ヒ候ハン」ト云フニ、教訓シテ云フ様ハ、「人ニハ教ヘジ」ト云フ、「起請文ヲモ書キ、又ハ誓言ヲモシタラン時ニ、ウチ解ケテ教ヘ申サフ」ト云ヘバ、何ニカハ往生セハヤト思フ程ノ者ハ、係ルイミジキ事ヲ乍レ承リ、不レ書シテハ候ヘキカ、百千万ノ起請文ヲモ書候ハントテ、既ニ各書レク之ヲ、其ノ時キ経ヲ取テ教ユル様ハ、「数返ヲ申スハ一念ヲ不レ信セ也、罪ヲ怖ルルハ本願ヲ疑フ也」、サテ是ヲ聞ク儘ニ、皆人人三万六万ノ念仏ヲ捨テ、口徒ラニ成リヌ、手空クシテ徒ラ者ニ成リヌ、怖々シ、

サテ罪ヲ恐ルル人モ、任テ其ノ法ニ罪ヲ造リ、六斎十斎ノ斎戒ノ人モ、其ノ日ヨリ狩リ漁リヲシ、尼法師ハ乍

レ懸ケ二袈裟ヲ一食ヒ二魚鳥ヲ一、人ノ見聞ヲ不レ憚ラ、世人男女人目ヲツツム事ニテコソ候へ、今ハ人目ヲツツムヲ、虚仮ノ行ナントト云テ、可キレ恥仏ニハ不レ恥チ、人目ヲ恥ルヲ虚仮ノ念仏者也ト笑テ、本願念仏ノ深サハ、人目ヲツツム事、更ニ無シトテ、黒衣ト女ト二人ツレテアルキ、或ハ尼ト法師ト二人不レ憚ラ、墨染ノ肩ノ上ニ持レチ魚ヲ、尼ノ黒衣ノ袖ノ上ニニラキヲツ、ム、此ノ事可レシ怖ル、可レ怖、為レン何カ、

又有ル一念学匠ノ云フ様ハ、一念ノ義ニ有リ二浅深一、同クハ深キ一念義コソ疾ク往生ハスレ、所謂ル相続開会ノ一念義ヲ、頻リニ盛ンニ用ヒタル事ハ肥後ノ国也、此ノ義ヲ申ス様ハ、「念仏ニハ只タ一念ト云事、イミジク貴キ也、其ノ故ハ念ト云フ文字ハ、人ニタリガ心トヨム也、一ト云フ文字ヲバ、ヒトツトヨム也、サレバ一念ト云フハ、人ニタリガ心ヲ一ツニスルトヨム也、サレバ男女二人寄リ合ヒテ、我モ人モ二人ガ心ヨカラン時キニ、一度ニ只タ一声、南無阿弥陀仏ト申スヲ、一念義ト申ス也、サレハ寡ニテ一人アランヅル人ハ、此ノ一念ノ行ヒハ有ルマジケレバ、往生ハスマジキ」トテ、一人アル人人ガ二人ニ成リ合ヘリ、此レ真ニ浅猿シ浅猿、

又或ル人ノ、一念ハ学文シテ一念往生ノ理ヲ知ルベシトテ、学文ヲ頻リニ勧メテ、昨日今日尼法師ニ成タル者ニテガ文巻ヲ脇ニハサミテ、学生ナリトガラメク、是レ怖シ々、無キレ墓此ノ身ヲ、今日トモ明日トモ不レ知ル事也、日来学シ給ヘル人人ダニモ、捨テテコソ念仏申サルル状リニ、惜シキ暇ニ念仏不レ申シテ、学文スルコト甚シ甚、譬ハ念仏申シテ、其ノ暇ノ隙マアラハ、随テレ機ニシツヘカラン人、学文ナンドセンハ、サモ便宜ニ似タリ、捨テ二念仏ヲ一ハ、学文スルコト不レ可レ然ル、実トシク往生ノ志シ有ラン人ハ、只タ多カランニ、念仏申シテ罪ヲハ造ラジト思食テサヱ、善キ様ノ振舞ヒ打シテ世ノ常ノ人ニテ御座セ、余リニ過タル事モ無益也、人モ毀謗スル事、雨山アリ、此ノ一念ト申ス事カ、毎レ国ニ充満シテ多候ゾ、穴賢、穴賢、此ノ一念ニ入テ往生シソコナハセ給フナ、只タ古ノ様ニ、又タ法然上人ノ御房ノ教ヘニ任セテ、一万二万三万六万、此ノ間ニ我カ身ニコタヘル程ニ、計ラ

ヒテ申シ給ヘ、疑ヒナク往生スル也、穴賢、穴賢、

＊本書巻下で弁長（一一六一～一二三八）は「歳七十二マカリ成テ候身ノ、目モ不見、手モワナナキ候」と述べており、寛喜二年（一二三〇）ごろの成立であることがわかる。

寛喜三年（一二三一）

四月　寛喜の大飢饉のなか、親鸞は自力の執心を内省した。

「恵信尼書状」（西本願寺文書）

ぜんしん(善信)の御房、くわんき(寛喜)三年四月十四日むま(午)の時はかりより、かさ心ち(風邪)すこし(少)おほえ(覚)て、そのゆうさり(夕)よりふ(臥)して、大事におはしますに、こしひさ(腰膝)をもうたせす、てんせいかんひやう(看病)人をもよせす、たゝおと(音)もせすしてふ(臥)しておはしませは、御身をさくれは、あたゝかなる事、火のことし、かしら(頭)のうたせ給事もなのめならす、さてふ(臥)して四日と申あか月、くるし(苦)きに、「まはさてあらん」とおほ(仰)せらるれは、「なにこと(何事)そ、たわことゝにや、申事か」と申せは、「たわことにてもなし、ふ(臥)して二日と申日より、大きやう(経)をよむ事ひまもなし、たま〳〵め(目)をふさけは、きやう(経)のもんし(文字)の、一時(字カ)ものこらす(残)、きららかに、つふさにみ(見)ゆる也、「さてこれこそ心へぬ事なれ、念仏の信しんよりほか(他)には、なにこと(何事)か心にかゝるへき」と思て、よく〳〵あん(案)してみれは、この十七八ねん(年)かそのかみ、けに〳〵しく、三ふ(部)きやう(経)をせんふ(千部)よ(読)みて、すさうりやく(衆生)(利益)のためにとて、よ(読)みはし(始)めてありしを、これはなに(何)ことそ、しゝん(自信)けう(教)人しん(信)、なんちう(難中)てん(転)きやう(更)なむ(難)とて、身つから信し、人をおしへて信せしむる事、まこと仏おん(恩)をむく(報)ゐたてまつ(奉)るものと信しなから、みやうかう(名号)のほか(他)には、なにこと(何事)のふそく(不足)にて、かならすきやう(経)をよ(読)まんとするやと思かへして、よ(読)まさりしことの、されはなほもすこし(少)のこる(残)ところのありけるや、人のしうしんしりき(自力)のしんは、よく〳〵しりよ(思慮)あるへし、とおも(思)ひなしてのちは、きやう(経)よ(読)むことはとゝまりぬ、さてふ(臥)して四日と申あか月、まはさてあらんとは申也」とおほ(仰)せられて、やかてあせ(汗)たりて、よくならせ給て候し也、（後略）

こうちやう(一二六三)三ねん二月十日　ゑ信

「恵信尼書状」（西本願寺文書）

御ふみ(文)の中に、せんねんにくわんき(寛喜)三ねんの四月四日よりやませ(病)給て候し時の事、かきしるして(書)(記)、ふみ(文)の中にいれて候に、その時のにき(日記)には、四月の十一日のあか月、きやうよむ(経)(読)事は、まはさてあらんとおほせ候しは、やかて四月の十一日のあか月としるして(記)候けるに候、それをかそへ(数)候には、八日にあたり候けるに候、四月の四日よりは八日にあたり候也、

＊この当時、寛喜の大飢饉が起こっていたことについては、以下の史料を参照。

〈参考史料〉
『吾妻鏡』寛喜二年条（新訂増補国史大系）

六月十一日辛未　微雨灑、午刻、武蔵国在庁等注申云、去九日辰尅、当国金子郷雷交雨降、又同時降雹云々、

十六日丙子　晴、美濃国飛脚参申云、去九日辰剋、当国蒔田庄白雪降云々、武州(北条泰時)太令怖畏給、可被行徳政之由、有沙汰云々、濃州与武州、両国中間、既十余日行程也、彼日同時有此怪異、尤可驚之、凡六月中雨脚頻降、是雖為豊年之瑞、涼気過法、五穀定不登歟、風雨不節、則歳有飢荒云々、当時関東不廃政途、武州殊戦々競々兮、彰善癉悪、忘身救世御之間、天下帰往之処、近日時節依違、陰陽不同之条、匪直也事哉、就中当月白雪降事、少其例歟、（中略）今月九日雪下、上古猶以成奇、況於末代哉、

七月十六日乙巳　霜降、殆如冬天、

八月八日丁卯　申剋、甚雨大風、及夜半休止、草木葉枯、偏如冬気、稼穀皆損亡、

〈参考史料〉
『百錬抄』寛喜二年条（新訂増補国史大系）

六月十日（中略）或人云、去八日美濃国生津庄内雪降、委地二寸許云々、

〈参考史料〉
『異本塔寺長帳』寛喜二年条（『会津坂下町史』Ⅳ）

六月九日　美濃一国大雪降、平地三尺余、近国ハ少シ、

七月十六日　日本中、如冬大寒、今年又悪作飢饉、

〈参考史料〉
『明月記』寛喜二年九月条（国書刊行会）

三日辛卯　朝天漸晴、巳時陽景見、（中略）北陸道之損亡寒気

之故云々近年無如此事、田畝乍立枯槁之由、面々飛脚来
云々、忠弘入道来談、四国又損云々、於近国者、当時
雖訴訟、非殊損、（後略）
八日丙申　自夜雨降、巳時雖見陽景、猶雨降、（中略）終日
入夜猶雨降、甚不便、漸及深更、雨猶如沃、夜大風発
屋、風雨連々、諸国損亡之聞、逐日満耳、
十日戊戌　天晴、風寒、（中略）入道法師来、諸方損亡事等、
雖一同事、狭少之分限、無其計事等問答云々、覚寛法
印返送歌之次、鎮西滅亡之飛脚、今日到来云々、触視
聴計会、
十七日乙巳　天晴、雪凝、（中略）静俊注記来談、諸国損亡、
非視聴所及云々、
二十五日癸丑　自暁甚雨、（中略）凶年不熟、下民之憂旁聞
（後略）

〈参考史料〉**『吾妻鏡』寛喜三年条**（新訂増補国史大系）
三月十九日乙巳　今年世上飢饉、百姓多以欲餓死、仍
武州（北条泰時）、伊豆駿河両国之間施出挙米、可救其飢之由、被
仰聞有倉廩輩、（後略）
四月十九日乙亥　為祈風雨水旱災難、於諸国々分寺、可
転読最勝王経之旨、　宣旨状去夜到着、仍今日為民部
大夫入道（二階堂行盛）行然奉行、於政所、関東分国可施行之由、有
其沙汰、
五月十七日壬寅　霽、申剋、武州御不例云々、又此間炎
旱渉旬、疾疫満国、仍為天下泰平国土豊稔、今日、於
鶴岳八幡宮、令供僧已下三十口之僧、読誦大般若経、
又十ヶ日之程、可修問答講之由、被定仰、（後略）
七月十六日庚子　晴、今日京都使者参着、（中略）今月
天下大飢饉、又二月以来、洛中城外疾疫流布、貴賤多
以亡卒云々、

〈参考史料〉**『民経記』寛喜三年条**（大日本古記録）
四月六日壬戌　天晴、（中略）依餓死、死人充満道路、
可哀々々、

〈参考史料〉**『百錬抄』寛喜三年条**（新訂増補国史大系）
六月　自去春天下飢饉、此夏死骸満道、治承以後、未有

如此之飢饉、

〈参考史料〉
『明月記』寛喜三年条（国書刊行会）

七月十五日己亥　天晴、（中略）京中道路死骸更不止、北西小路連日加増、東北院内不知数云々、小阿射賀庄民（伊勢国一志郡）、自六月廿日比、至于近日六十二人死去、依触穢身憚等、無上洛者云々、（後略）

九月九日　藤原定家と親交の深い証寂房が死没。能説の名が高く随逐の尼女も多かったという。

『明月記』寛喜三年九月条（国書刊行会）

九日壬辰　雨止、天陰、雨猶間降、（中略）入夜聞、証寂房夜前遂以他界云々、自建暦之比、依西郊経廻、知音已年久、緇素相馴之輩、悉以帰泉、雖老後之習、付視聴難忍、貞覚僧都右中弁貞憲卿子真弟子、母澄憲法印長女、始為海恵僧都弟子、為密宗師、僧都逝去之後、棄出世之路、着墨染、与求仏房共、有能説之名、又預請用、近代之女尼、随逐彼両人、如雲霞、至于終命之時、悪縁可悲事歟、信乗・円金両律師一腹弟也、共為出世者、

＊証寂房は藤原信西の曾孫にあたり、貞覚僧都と澄憲法印女との間の子。母の弟である仁和寺海恵の弟子であったが、海恵の死没後は遁世したという。

天福元年（一二三三）

正月三十日　諸行本願を説いた出雲路の住心上人覚瑜が死没した。

『明義進行集』第三（『仏教古典叢書』）

第六出雲路上人覚瑜

天福元年癸巳正月卅日入滅、時年七十六

上人ハ、俗姓ハ平氏、右馬助貞房カマコイチ（孫）、文章生康房伊勢国住人、庄田進士号、薗城寺ニ住シテ、天台ノ義淵ヲ良慶法眼ニウカヒ、真言定水ヲ慶範法印ニクム（汲）、卅有余ニシテ、ハヤク本寺ヲイテヽ、ツヒニ桑門ニ入ル、ソノ処ハ光明山ナリ、三四廻ノ後、花洛ニカヘリテ、イツモチ（出雲路）ニ草庵ヲ経始シス、コヽニ住シテ、ソノ後、一切経論ヲ披読シ、モロ〳〵ノ章疏ヲ渉猟ス、才学優瞻シテ、遠近タツネテ師トス、シカレトモ出離ノ行業、何事トイウコトヲ不知

処、門弟ニカタリテ曰ク、「ワレモトハ、四王天ニ生レテ、毘沙門ノ眷属トナリテ、後仏ノ出世ヲマタム（待）トイウ願アリキ、ソノ義ステニアラタメ（改）テ、今ハ念仏ヲ申シテ、極楽ニ往生セムトオモフ（思）ナリ」ト、発心ノ様、所存ノ赴キ、彼ノ隠遁国ノ記ニミエ（見）タリ、サテノチサマ（後様）ニハ、浄土ノ法門ナムトミタテ、、随分ニ弘通アリキ、人来テ往生ノ至極要ヲ問時（生）キハ、必答曰ク、「善導ニヨラハ、願行具足シテムマルヘシト云々、願トイハ厭欣ノ心願、行トイハ称名ナリ」ト。オヨソハ聖道門ノトキ、本寺ヨリ両三度、源空上人ノモトヘ参シテ、律ノ法門ノ不審ノ事トモ、タツネラレケルツイテニ、称名念仏ノ詮要ノ事モ、沙汰アリケルニヨリテ、無観称名ニオ（於）ヒテハ、上人ノ義ニタカ（違）ハス、「若我成仏、十方衆生、称我名号、下至十声、若不生者、不取正覚、彼仏今現在世成仏、当知本誓重願不虚、衆生称念必得往生」、ツネ（常）ニハ此ノ文ヲ誦シテ、願ヲエタル事ハ、コノ文ニアリ、念仏ニハ又風情ナシト云々、暮年ニ中風シテ、大漸ニノソ（臨）ミテ弟子等ニイ（曰）ハク、「身口ノ二業ハ合期セネトモ、意業ト耳根トハ昔ニタカ（違）ハス、ミ（耳）、ニ念仏ヲ申シ入ヨ、タメニ念仏セヨ」トコソ、ス、メ（勧）ラレタレト云々、浄土宗ニ付テ、著述ノ書トモアリ、人握翫シテ、サカリニヨ（世）ニ行ス、

『法水分流記』雖未必伝上人宗義於浄土教帰学諸輩の項抄出（『法然教団系譜選』）

○住心　覚愉、僧正、文章生康方子、従三井良慶法眼、学天台宗、師事慶範法印、受真言教、又自住寺時、謁彼源空上人、決法門不審、既遁世後、偏念仏専期往生、住出雲路、但興諸行本願義、建暦二当五十五、天福元年癸巳正月三十日入滅、七十六、

『尊卑分脈』桓武平氏の項抄出（新訂増補国史大系）

兼季――貞房号庄田、左馬助従五上――康房文、式、伊世守――頼房女院蔵人

『法然上人行状絵図』巻四八（日本絵巻物全集一三）

覚明房長西は、上人（法然）没後に、出雲路の住心房（覚瑜）に依止し、諸行本願のむねを執して、選択集に違背す。

＊『園城寺伝法血脈』（園城寺蔵）の「六十一慶範法印授与八人」に覚愉がみえ、「住心房、同五（建保）―七―七、如意寺四人、

密或云、不伝常伝法灌頂歟」と記す。『尊卑分脈』には覚瑜がみえないが、祖父貞房と父康房の名がみえる。

天福二年（一二三四）

六月三十日　朝廷が専修念仏の禁止令を出し、念仏上人の花山院教雅を遠流、その余党を洛外追放に処した。

「四条天皇宣旨」（『昭和定本日蓮聖人遺文』）

頃年以来、無慙之徒不法之侶、不守如如之戒行、不恐処処之厳制、恣建念仏之別宗、猥謗衆僧之勤学、加之、内凝妄執乖仏意、外引哀音蕩人心、遠近併帰専修之一行、緇素殆編顕密之両教、仏法之衰滅（滅カ）、職而由斯、自由之姦悪、誡禁而有余、是以於教雅法師者、温本源遠流、此外之外、但或為自行、或為化他、於至心専念如法修行之輩同行余党等、慥停廃其行於帝土之中、悉追却其身於洛陽者、不在制限、

天福二年六月晦日　　藤原中納言権弁（ママ）奉

『百錬抄』天福二年七月条（新訂増補国史大系）

二日己亥　花山院侍従入道（故中納言家経息、俗名教雅）、称念仏上人、旧傾城之類被行過法、仍令却離件法師、処遠流、余党等可追却於洛外之由、被下宣旨、

『明月記』天福二年七月条（国書刊行会）

十日丁未　天晴雲収、未明出門、（中略）帰路入中将入道宅面謁、巳時帰来、弥阿弥陀仏（教雅入道）聞流罪由、忽隠居云々、蔑王事歟、是又傾城等之所為歟、夜月明、

「尊性法親王書状」（山城真経寺所蔵法華経裏文書、『鎌倉遺文』四六三八号）

承澄申状進入候、委細経　叡覧、忩可被仰定候、前関白（九条道家）能々被得其意候也、

今日為両会登山、明後日可下京候、念仏事、其後無申旨候、然而身阿弥陀仏、被追却雍州之内　院宣ハ可被下候歟と覚候、彼入道為根本事悪行、謳歌於世上候、委令参入候上、可申入候之由、可令奏達給、尊性敬言上、

（天福二年カ）三月廿三日　　尊性上

進上　右大将（家嗣）殿

『尊卑分脈』藤原氏師実孫の項抄出（新訂増補国史大系）

家経（五辻、中納言、正二位）――教雅（侍従、出家、身阿弥、月阿、母

文暦二年（一二三五）

五月二十五日　摂政九条道家が証空から受戒した。

『明月記』文暦二年条（国書刊行会）

五月廿七日己未　朝天晴、殿下（道家）自一昨日五ケ日、善恵房（証空）戒云々、（後略）

十二月廿日戊申　天晴、霜凝、（中略）殿下又御西山善恵房之由也、（後略）

七月十四日　鎌倉幕府が破戒の念仏者を追放することを決し、朝廷にもその取り締まり強化を要請した。

「関東評定事書」（新編追加、『中世法制史料集』鎌倉幕府追加法七五）

一　念仏者事文暦二七十四

於道心堅固輩者、不及異儀、而或喰魚鳥、招寄女人、或結党類、恣好酒宴之由、遍有其聞、於件家者、仰保々奉行人、可令破却之、至其身者、可被追却鎌倉中也、

「関東御教書」（新編追加、『中世法制史料集』鎌倉幕府追加法九〇）

称念仏者、着黒衣之輩、近年充満都鄙、横行諸所、動現不当濫行云々、尤可被停廢候、於関東者、随被仰付、可致沙汰候、此事　宣旨雖及度々、未被対治、重遍可被宣下之由、可被申入二条中納言（定高）家之状、依仰執達如件、

文暦二年七月廿四日　　　　武蔵守（泰時）判
　　　　　　　　　　　　　相模守（時房）

駿河守（重時）殿
掃部助（時盛）殿

『吾妻鏡』文暦二年七月条（新訂増補国史大系）

廿四日乙酉　称念仏者、着黒衣之輩、近年充満都鄙、横行所部、　宣旨雖及度々、未被対治、重可被　宣下之由、可被申京都云々、

＊「宣旨雖及度々、未被対治」との表現からして、この幕府法は朝廷の専修念仏禁止令をうけたものと考えられる。

嘉禎三年（一二三七）

八月一日　聖光房弁長が然阿良忠を後継者と定め璽書を授けた。

「末代念仏授手印」（常陸大念寺文書、『鎌倉遺文』五一六二号）

「(端裏書)慶長七年八月、従大念寺開山、以両朱印授第四世良徹」

璽書　　　　　真誉

「有両朱印」

右手印

左手印

念仏往生浄土宗血脈相伝手次事

日本

(後鳥羽)尊成天皇御時、法然上人検出善導御義、令流布世間之時、後白河法皇御臨終之時、被召御善知識、以善知識之身、早大上法皇奉教一向専修之念仏、以三月十三日崩御、以件時尅、終以遂往生畢、其後当弟(第)十三年之御遠忌、於蓮華王院之内、勤修六時礼讃・浄土三部経、御追善遂之、自此後花洛之諸人、皆以浄土宗修追善、爰法然上人以浄土宗之義、伝弁阿、今又弁阿以相承之義并私勘文徹選択集、譲与沙門然阿了、聞(人脱)之、慥信之行之、可遂往生、仍録秘法之状、以手次、

于時嘉禎弟(第)三歳八月一日

法然上人口決沙門弁阿在御判

『然阿上人伝』（『浄土宗全書』一七）

爰嘉禎三年丁酉七月六日、上人(弁長)命門人聖護房、召然阿於善導寺塔、告而曰、法然上人門弟之中、有愚昧輩、黷上人義、予門人亦可然、苟非学生者、叵伝師説、汝能任器、即以此法、悉付属汝、宜伝来世暁悟惷徒云云、遂誓以伝燈、授以手印、自染紫毫、手書血脈、其詞曰、法然上人以浄土宗之義、伝弁阿、今又弁阿以相承義并私勘文徹選択集、譲与沙門然阿畢、聞之人、慥信之行之、可遂往生、仍録秘法之帖、以手次、于時嘉禎第三歳八月一日、法然上人口決沙門弁阿有判、同三日造一巻書、領解授手印、上人印可之、又上人示衆曰、我年闌齢頽在世不久、屢思将来、稍催悲傷、雖然我法悉授然阿畢、義道不可迷、法燈寧可滅、然阿是予成若也、汝等対彼、可決不審云云、又毎対諸人、常告曰、我入滅之後、可問法門於然阿云云、

嘉禎四年（一二三八）

閏二月二十九日　聖光房弁長が筑後善導寺で死没した。

『決答授手印疑問鈔』（『浄土宗全書』一〇）

善導寺聖人御房長時御勤幷御臨終次第事

問、酌流尋源、故長時臨終御行儀次第、如何御坐候、答、長時御勤、自生年卅六夏、至七十七春、一分不違時尅、六時礼讃、六巻阿弥陀経御勤候、御念仏毎日六万返也、初夜之後、暫打臥給、至子半、驚中夜行法被始候後、微音念仏後夜継、又後夜ヨリ夜曙マデ、御念仏音、懈怠事少不見候、晨朝・日中・日没礼讃御堂候、夜中大略六万返御勤候様也、御念仏中、時時助給阿弥陀仏、雑言被仰候、如法勇猛見給候、八旬老体、至寒熱之時、少不怠御坐候也、昼時時披閲聖教、或談義事候、談義最中、日中時来、一文一句誦サシテ、ヤガテ始阿弥陀経、行礼讃念仏御坐、同聞聴衆、不心各別行礼讃候、御臨終事、小僧（良忠）縁浅、不奉合最後候、御臨終奉値聖護房、被委申伝承候、去年冬比、頸下御腫物、其後大略不食成給、明年延応（暦仁）元年閏二月廿九日未時御往生、御行儀様、先廿六日、為肥後国竹崎尼公、授戒給、次廿七日被仰云、昔奉値法然上人御房、自信阿弥陀本願已来、日日欣求、時時行法、四十箇年之間、于今無懈怠、昔漢朝天台大師者、唱四十八願、荘厳浄土、華池宝閣、易往無人、火車相現、能改悔者、尚得往生、況吾戒定恵薫修、已遂往生素懐御了、今如本朝弁阿者、況吾念仏薫修唱也、何况勧多人令生浄土、豈非大師釈尊御本意乎、又非弥陀如来御本願耶、縦使最後数遍不申アレドモ、発心之時仏申タル事アリ、至命終之日、毎日六万返不可懈怠、成誓之事、一日違者無本意思、為失念後申程、三六万返申云云、又被仰云、自善導堂釈迦像、放光、照弁阿給也、次日行法猶以不怠、至廿九日辰時、於隠処自洗浄給事不怠、至午時日中御礼讃、被扶助音、微音御勤候、及未尅挙御手、物乞給、著本尊取五色幡、奉授之、尚又乞給、思御念珠歟、即奉之、猶又乞給、聖護房思出平生御約束、御自筆一字三礼阿弥陀経奉授之、此御経取合掌御手、頭北面西御念仏後、唱光明遍照計、如睡息絶了、

『法然上人行状絵図』巻四六（日本絵巻物全集一三）

鎮西の聖光房弁長（又号弁阿）は、筑前国加月庄の人なり。生年十四歳より、天台宗を学す。廿二歳、寿永二年（一一八三）の春、延暦寺にのほりて、東塔南谷観叡法橋の室にいる（入）。のちには宝地房法印証真につかへて、一宗の秘蹟をうけ、四明の奥義をきはむ。廿九歳、建久元年（一一九〇）に故郷にかへりて、一寺（油山）の学頭に補す。三十二のとし、世間の無常をさとりて、無上道心をおこし、今生の名利をすてゝ、身ののち（後）の資糧をもとむ。建久八年吉水の禅室に参す。時に上人（法然）六十五、弁阿三十六なり。（中略）翌年建久九年の春、上人選択集を聖光房にさつけ（授）らる。「これ月輪殿（九条兼実）の仰によりて撰る所なり。いまた披露に及はすといへとも、汝は法器なり。伝持にたへ（堪）たり。はやく此書をうつして、末代にひろむへし」と仰られけれは、かたしけなく頂戴してうけぬ。「我大師尺尊（釈）は、たゝ法然上人なり」とそ、たとひ（尊）申されける。同年八月に上人の厳命をうけて、予州に下て念仏をすゝむ。その化にしたかふ（随）もの（者）、かすをしらす（知）。又建久十年二月に帰洛して、上人に奉仕す。それより元久元年（一二〇四）七月にいたるまて六ケ年、寸陰をきおひ（競）て尺（釈）文を研覈し、一宗の深奥をきはむ（究）ること、みつ（水）をうつは（器）ものにうつすかことし。

ついに学なり功をへて、元久元年八月上旬、吉水の禅室を辞して、鎮西の旧里にかへり、浄土一宗を興するに、利益四遠にあまねし。（中略）

筑後国山本の郷に一寺を建立して、善導寺と号す。のちにはあらため（改）て光明寺となつく。此寺にして、上人相承の法門を住持し、念仏往生の解行を弘通すること、一生をゝふる（終）まて、片時も廃することなし。このひしり、浄土門にいり（入）しよりのち（後）は、毎日に六巻の阿弥陀経、六時の礼讃とき（時）をたかへす、又六万反の称名をこたる（怠）ことなし。初夜のつとめをはり（終）て、一時はかりそ、まとろまれける。そのゝちはおき（起）ゐつゝ、あくるまて高声念仏たゆむことなかりけり。つねの述懐には、「人ことに閑居の所をは、高野・粉河と申あへとも、我身には、あか月のねさめ（寝覚）のとこ（床）にしかす（如）とそおもふ（思）」と。また安心起行の要は、念死念仏にありとて、つねのことわさには、

「出るいき（息）、いるいき（入息）をまたす（待）。いるいき（入息）、出るいき（息）をまたす（待）。たすけ給へ阿弥陀ほとけ、南無阿弥陀仏」とそ申されける。

嘉禎三年十月より病悩、同四年正月十五日ひつし（未）の剋、門弟をあつめて、来迎の讃を誦し念仏せしむ。聴聞のあひた、随喜のなみた（涙）をなかし（流）ていはく（云）、「極楽の聖衆、半天にみち（満）〳〵給へり」と。聞く人、奇特の思をなす。同廿三日たつ（辰）の剋、化仏来現し給ふよし、門弟にしめす。同二月廿七日うし（丑）のとき、異香しきりに薫す。同廿九日未剋、七条の袈裟を着し、頭北面西にして、五色のはた（幡）をひかへ、平生の発願にまかせて、一字三礼の自筆の阿弥陀経を合掌の母指にさしはさみて、念仏すること一時はかり、最後にはことに（殊）高声にとなへて、「光明遍照」とて、いまたつき（次）の句にいたら（至）さるに、ねふる（眠）かこと（如）くして寂に帰す。春秋七十七、夏臈六十四也。

『浄土法門源流章』（『浄土宗全書』一五）

鎮西筑後国善導寺本願聖光（弁長）上人者、浄教賢哲、学解英匠、随法然上人、久営学業、鎮西弘教、多生門輩、乃慶蓮社・招蓮社等是也、模匡廬山古風故也、光公（聖光）門人亦有良忠公、学解英哲、宗教鸞鳳也、五祖虬文多播鈔解、字号然阿、初住鎮西、学業独歩、中比遊住下総国、大弘浄業、多生法匠、後上華洛、弘通宗旨、

暦仁元年（一二三八）

十二月十二日　法然に随逐した勢観房源智が死没した。源智の門流はのちに鎮西義と一体化したという。

『法水分流記』紫野門徒の項抄出（『法然教団系譜選』）

上人（法然）―源智 勢観、住紫野、山（小）松内府重盛孫、備中前司師盛息、上人往生時三十歳、暦仁元戊戌十二十二往生、五十六歳、上人之本尊・聖教・坊舎弟多（等）以御譲与之
―蓮寂 信蓮、兼良大納言子、弘安四辛巳十一廿九亡―道意

『法然上人行状絵図』巻四五（日本絵巻物全集一三）

勢観房源智は、備中守師盛朝臣の子、小松の内府重盛公の孫なり。平家逆乱の後、よ（世）のはゝかりありて、母儀これをかくし（隠）もてりけるを、建久六年生年十三歳のとき上人（法然）に進す。上人これを慈鎮和尚に進せられけり。かの

門室に参して出家をとけ(遂)おはりぬ。いく程なくて、上人の禅室に帰参、常随給仕、首尾十八箇年、上人隣愍覆護、他にことに(異)して、浄土の法門を教示し、円頓戒このひと(人)をもちて附属とし給ふ。これによりて道具・本尊・房舎・聖教、のこる所なくこれを相承せられき。

上人終焉の期ちかつき給て、勢観房、「念仏の安心、年来御教誡にあつかるといへとも、なを御自筆に肝要の御所存、一ふて(筆)あそはされて、給はりて、のちの御かたみ(形見)にそなへ(備)侍らん」と申されたりけれは、御筆をそめ(染)られける状云、

もろこし(唐土)我朝に、もろ〳〵の智者たちのさたし(沙汰)申さる、観念の念にもあらす。又学問して、念仏の心をさと(悟)りなとして申念仏にもあらす。たゝ往生極楽のためには、南無阿弥陀仏と申て、うたかひなく、往生するそとおも(思)ひとりて申ほかには、別の子細さふら(候)はす。たゝし三心四修なと申ことの候は、決定して南無阿弥陀仏にて往生するそと、おもふ(思)うちにこもり(籠)候なり。このほか、おく(奥)ふかき(深)ことを存せは、二尊のあはれみ(哀)にはつれ、本願にもれ(漏)候へし。念仏を信せむひと(人)は、たとひ一代の法よく〳〵学せりとも、一文不知の愚鈍の身になして、あま入道の無智のともから(輩)に同して、智者のふるまひ(振舞)をせすして、一向に念仏すへし云々。

まさしき御自筆の書なり。まことに末代の亀鏡にたれ(足)るものか。上人の一枚消息となつけ(名)て、世に流布する、これなり。

上人(法然)御入滅の後は、賀茂のほとり、さゝき野といふところにすみ(住)給けり。（中略）上人(法然)はいますこし宿老にて、行徳もたけ三昧をも発得せられて侍れは、権化のよし(由)をあらはし給はむ事、おとろく(驚)にたら(足)す。勢観房、まのあたり、この不思議を感見せられけるゆへに、上人(法然)遷化の後は、社壇(賀茂社)ちかく居をしめて、つねに参詣をなむ、せられける。勢観房一期の行状は、たゝ隠遁をこのみ(好)自行を本とす。をのつから(自)法談なとはしめ(始)られても、所化五六人よりおほく(多)なれは、「魔縁きをひ(競)なむ、こと〳〵し」とて、とゝめ(止)られなとそしける。

生年五十六、暦仁元年十二月十二日、頭北面西にして、

念仏二百余遍、最後には陀仏の二字はかりきこ(聞)えて、息絶給にけり。功徳院賀茂神宮堂也の廊にておはり(終)給ふに、仏前より異香薫して臨終所にいたる。そのひとすち(一筋)のにほひ、数日きえ(消)さりけり。

『法然上人行状絵図』巻四六（日本絵巻物全集一三）

勢観房は、「先師念仏の義、道をたかへす申人は、鎮西の聖光房なり」とそ申されける。かのひしり(源智)嘉禎三年（一二三七）九月廿一日、聖光房に送られける状云、「相互不見参候て、年月多積候、于今存命、今一度見参、今生難有覚候、哀候者歟、抑先師念仏之義、末流濁乱、義道不似昔、不可説候、御辺一人正義伝持之由承及候、返々本懐候、喜悦無極思給候、必遂往生本望、可期引導値遇縁候者也、以便宜捧愚札、御報何日拝見哉、他事短筆難尽候」云々。

其後文永の比、聖光房附法の弟子然阿弥陀仏(良忠)と、勢観房の附弟蓮寂房(信蓮)と、東山赤築地にて、四十八日の談義をはしめし時、然阿弥陀仏を、よみくち(読口)として、両流を挍合せられけるに、一として違するところなかりけれは、蓮寂房の云、「日比、勢観房の申されしこと、いますてに符号しぬ。予が門弟にをき(於)ては、鎮西の相伝をもて、我義とすへし。さらに別流をたつ(立)へからす」と。これによりて、かの勢観房の門流は、みな鎮西の義に依附して、別流をたて(立)すとそ、うけたまは(承)る。その外、安居院の聖覚法印、二尊院の正信房なとも、わか義のあやまらぬ証誠には、聖光房をこそ申されけれ。当世筑紫義と号するは、かの聖光房の流にて侍るとなむ。

延応二年（一二四〇）

五月十四日　専修念仏の盛興に対し、延暦寺衆徒が祇園社・雲居寺をはじめ諸国末寺荘園にその禁断を命じた。

「延暦寺公文審賢書状」（『昭和定本日蓮聖人遺文』）

大衆僉議云、専修念仏者、繁昌于天下、是則近年山門無沙汰之所致也、件族者八宗仏法之怨敵也、円頓行者之順魔也、先於京都往返之類、在家称名之所者、任例、仰犬神人、宜令停止云云者、大衆僉議之旨如斯、早任先例、仰含犬神人等、可令停止専修念仏者給云云、恐恐謹言、

延応二年五月十四日　　　公文勾当審賢

謹上　祇園執行法眼御房

逐申、去夜大衆僉議、先於此異名、殊付犬神人可責之由仰含、仍実名献之、専修念仏張本之事、唯仏・鏡仏(敬仏カ)・智願・定真・円真・正阿弥陀仏・名阿弥陀仏・善恵・道弁、真如堂狼藉張本也已上、唐橋油小路并八条大御堂・六波羅総門向堂已上、当時興行之所也、

＊この文書を発給した審賢は、嘉禎二年（一二三六）六月に延暦寺「所司」として、また正元二年（一二六〇）正月に延暦寺「勾当」として、文永七年（一二七〇）六月に「寺家勾当」として見える（『天台座主記』『門葉記』巻一七四）。

「延暦寺牒状」（『昭和定本日蓮聖人遺文』）

延暦寺　別院雲居寺(山城)

可早禁断一向専修悪行事

右、頃年以来、愚蒙結党、奸宄会衆、名曰専修、旁闐閭、心無一分之恵解、口吐衆罪之悪言、寄言於一念十声之悲願、敢不憚三毒五蓋之重悪、盲瞑之輩、不弁是非、唯以順情、多信伏愚誨、笑持戒修善之人、号之雑行、謗鎮国護王之教、称之魔業、擯棄諸善、選択衆悪、罪積山岳、報招泥梨、毒気深入、禁而無改、偏嗜欲楽、不能自止、猶如蒼蠅為唾所粘、何異狂狗逐雷而走、恣振三寸之舌、抜衆生之眼目、為養五尺之身、滅諸仏之肝心、併只為仏法之怨魔、専可謂緇門之妖怪、是以、邪師存生之昔、永沈罪条、滅後之今、亦刎屍骨、其徒住蓮・安楽賜死於原野、成覚・薩生蒙刑於遠流、以此現罰、可察其後報、方今、且為護釈尊之遺法、且為救衆生塗炭、宜仰諸国末寺荘園神人寄人等、重禁断彼邪法、縦雖片時、不可令寄宿彼凶類、縦雖一言、不可聴受其邪説、若又山門所部之内、有専修興行之輩者、永処重科、勿有寛宥者、依三千衆徒僉議、所仰如件、

延応二年

「延暦寺大衆解」（『昭和定本日蓮遺文』）

延暦寺三千大衆等謹解

近来有二妖怪、驚人耳目、所謂達磨之邪法、与念仏之哀音也、〇不属顕密之法門、不致王臣之祈請、誠端拱而蔑世、暗証而軽人、崇小生浅識、為見性成仏之仁、笑耆年

宿老、擬螻蟻蟲蝨之類、不致論談者、不表才之長短、不交決択者、不測智之賢愚、唯向牆壁、独謂得道、憑即心是仏、不知行浅深、執色不異空、不弁罪軽重、委細見于止観・弘決・文句釈籤等、三衣纔纡、七慢専盛也、長抛舒巻、附仏法外道、吾朝既出現、妖怪之至、不可不慎、何強撰亡国流浪之僧、為伽藍伝持之主、似無人于朝、非有訕于代、○凡依禅宗之興行、有国土之災殃歟、次念仏○其声哀而殆近亡国韻、○善根莫大、不過徳政、政理与禁戒、名異而意同、○能以得之為明王、能以行之為聖賢矣、可知、四海之政道、与三宝之教門、本源一、支流分、衆徒等誠惶誠恐謹言、

*延暦寺大衆解は年紀不明のため、とりあえずここに収載。文章の一部を、日興著『法門要文』『諸宗要文』『禅天魔所以事』で補った。山上弘道「宗祖遺文『念仏者令追放宣旨御教書集列五篇勘文状』とその周辺」（『興風』二一、二〇〇九年）を参照。

『法然上人行状絵図』巻四二（日本絵巻物全集一三）

上人の没後、順徳院の御宇建保、後堀河院の御宇貞応・嘉禄、四条院の御宇天福・延応、たひ〳〵一向専修停止の勅をくたさるゝ事あり、（後略）

*延応に一向専修停止の勅が発せられたことは、他史料では確認できないが、延暦寺牒状などの存在からして、この時に朝廷が専修念仏を禁止する宣下を発布した蓋然性は高い。

仁治三年（一二四二）

九月二十日　入西房の求めにより、絵師の定禅法橋が親鸞の影像を描く。

『善信聖人絵』上（西本願寺蔵、日本絵巻物全集二〇）

御弟子入西房、聖人（親鸞）の真影をうつしたてまつ（奉）らんとおも（思）ふ心さしありて、日来をふ（経）るところに、聖人その心さしある事を鑑て被仰て云、「定禅法橋七条辺居住にうつさしむへし」と。入西房、鑑察のむねを随喜して、則彼法橋を召請す。定禅左右なく参須、則尊顔にむか（向）ひたてまつ（奉）りて申ていわく、「去夜、奇特の霊夢をなむ所感也、その夢の中に所奉拝の聖僧の面像、いまむか（向）ひたてまつ（奉）る容貌に、すこしもたか（違）ふ所なし」といひて、忽に随喜感歎の色ふかくして、身つからすなわちそのゆめ（夢）を語て云、貴僧二人来入す、一人の僧云、「此化僧の真影をうつさし

めむとおもふ心さしあり、ねかはくは禅下、筆を降すへし」と。定禅問云、「彼化僧、誰人哉」。今一人伴僧云、「善光寺の本願の御房是也」と。爰定禅合掌居跪して、夢中におもふやう（思）、さては生身の弥陀如来にこそと。身毛竪たちて恭敬尊重をいたす。また定禅問云、「如何可奉写」、本願御房答云、「顔はかりを可写、こと〳〵くは予可染筆也」と云々。如斯問答往復して、夢さめをわりぬ。而今この貴坊に参て見たてまつる（奉）尊容、夢中の聖僧に少もたかはす（違）とて、随喜の余、涙をなかす、然者可任夢とて、今も御顔はかりをうつしたてまつり（奉）けり。夢想は仁治三年壬寅九月廿日夜也。（後略）

九月二十九日　民部卿平経高の百日念仏および四十八時念仏の結願。念仏衆八名のなかに定心・敬仏らの名あり。迎講があり、順徳院姫宮・北条重時室など聴聞結縁の者多し。

『平戸記』仁治三年九月条（増補史料大成）

廿五日甲辰　晴、夕頗陰、自今日能声輩、定心、敬仏、成願、聞信、性阿弥陀仏、准成已上衆者最上、此外、観阿弥陀仏、定仏已上次衆、都合八人来臨念仏兼賜定心、催促也、自未刻始也、以西屋為彼休所所狭、仍今一間差加南庇、昇降之間頗其程遠、仍仮構渡廊竹柱、依土用中也、前々無便宜之間、破石及沙汰、定四番々衆了一時二人也、聴聞之輩、自京親疎多来、長途不便之念仏聴聞之儀、人以其志甚深、近来之風如此也、

廿八日丁未　晴、念仏聴聞輩、自所々聞伝多集、其中佐渡院（順徳院）姫（穠子内親王）宮藤隆清卿奉扶持之宮也、依御乳母之縁、密々奉具、去年如此事已重畳、雖有其恐、於今者何為哉、以南釣殿廊北方、為御聴聞之所、兼以加用意也、今夜御逗留、女房等宿所、用東隣僧房、件房主彼御縁者云々、今夜行礼讃、

廿九日戊申　天晴、午刻許時雨聊灑、即晴、念仏今日可結願、聴聞之輩弥以来増、已如無其所、今日整他方来菩薩之儀、可供四十八種物、自朝営之、今朝先行礼讃日中又同、未刻可結願、弥引上其時、為堂荘厳也、念仏了改堂荘厳、其儀如去年、但供物机、今度用二階二脚、員数可加増之故也、仕仏上人率弟子等、沙汰菩薩迎講事等、但面々以侍等為行事、刻限已至、先立机置供物、

菩薩難持之物等兼以備置也、但用下層、上層菩薩可持
置之故也、以釣台為楽屋引廻幔、敷円座、伶人等着座先於便所羞食、不器等
自去夕借渡在件房中、大鼓者用堂大鼓事具了先吹調子、念仏衆八人、着堂
南面簀子座、仕仏上人今日導師也着東階北腋簀子座、先西
方菩薩、出自鎮守社鳥居、渡池上黒木橋、到中嶋之後、
漸歩行、到小橋間、今三方菩薩次第漸出、如去年、此
儀念仏衆等行也、（中略）南方菩薩供物了引帰之間、
念仏衆出声定心・敬仏為音頭、其声如迦陵頻、念仏衆等即各々
抑涙、愈聴聞之輩、簾中簾外堂上堂下、莫不抑随喜之
涙、何況於願主之心哉、凡今度四十八時自去廿五日至今日、満四十八時也
之間、心中殊澄、時々刻々莫不垂涙、浄土欣求之志弥
以増進、誠是抛万事経営之詮也、本意已満足畢、加之
人々多感霊夢、頗又奇端、其中相模守重時（北条）愛妻女、有
事縁入来、今暁出立、夜深之間、暫又一寝之処、有希
異之夢云々、不能委注、今朝来臨之後語之一言不浮詞、之由有起請
仏陀已有応護、歓喜余身者也、（中略）念仏了、預等
立前机礼版磐台、導師念仏衆等着堂中座兼敷半帖等、次導
師着礼盤、啓白事由、説法之間、各又拭涙、事了下座、

与布施、次自簾中出加布施女郎花生衣、入仏女子所、着之掛也、当座被用也、導師
纒頭退座、念仏衆等起座、次撤前机等、予到娑婆屋後
簾中女房同、人々又向桟敷用寝殿二棟廊等、念仏衆等向娑婆屋、
定心読臨終講式、次有迎講事、其儀如例、仍委不注之、
事了分散、但新成菩薩、予有願念之旨、作摸予形僧形、
其色黄、用黒染衣乗金蓮華、後方小僧等三四輩取付、件蓮華
中彫刻也、此善結縁衆姓名、悉書之入籠也、又自去廿
五日、在々所々於四十八所道場、限四十八時修念仏、
□不論親疎、触縁勧進也式乾門院、安嘉門院、准后已下、令入給也、是正信上人多勧之、其
外諸山諸寺触縁勧之、多余于四十八所、然而不能止也、触縁、多又有懇望之故也、公卿按察使伊平卿已下、多以所有結縁也、彼念
仏衆等又同注姓名入也、即此新成形躰乗其上、此輩及
一切衆生、皆令乗此蓮台之願文也、仍彼小僧形等者、
顕引接之意趣也、此願已広大、三宝何無哀愍納受哉、
依是歟人々多有霊夢、仏陀境界致信心之時、必有感応
也、以之知之、往生極楽之望、致甚深之信者、決定可
成就者也、去年勤修四十八時念仏、其後修百日念仏、
今当其結願、果遂此大願了、我願既満、衆望亦足者歟、
事了聴聞衆分散之後向堂、以四十八物、送念仏衆宿所

書加目六、以侍等運送之念仏衆云、未見如此、事、称希異之由云々（後略）

＊敬仏は嘉禄三年（一二二七）八月廿七日の検非違使別当宣で逮捕を命じられた念仏者余党の筆頭に見える。『一言芳談』も敬仏の法語を多く収めており、同一人物の可能性がある。定心が検非違使別当宣にみえる「定真」と同一人物であるかは検討を要する。また、記事によれば、四十八所での四十八時念仏は正信房湛空の勧進により、式乾門院利子（一一九七〜一二五一）、安嘉門院邦子（一二〇九〜一二八三）姉妹や鷹司伊平（一一九九〜？）らが参加したとのことである。

寛元二年（一二四四）

正月　平経高が定心・敬仏らを請じて先考遠忌などの仏事を修す。敬仏は入道中納言藤原国通の恒例念仏衆でもあった。

『平戸記』寛元二年正月条（増補史料大成）

九日庚戌　朝陰、午後漸霽、夕又陰、入夜又晴、風頗吹、申剋許念仏、能声定心、敬仏・聞信等率来、明日雖有一昼夜念仏之志、敬仏・聞信為国通卿、入定恒例念仏衆、可行向有巣川云々、此外成願・唯成、遭父喪籠居、性阿弥陀仏今月又為父忌月、仍其節無人之間、請具縁智、今夜可修別時念仏也、以西湯屋、如例為彼等休息、交菓子一外(ママ)居進置之、於食事者、如前々下行之、以酉剋発願、一時以二人為衆、一時又用他衆法加遍衆也、終夜聴聞、定心・敬仏勤寅時之間、満座抑随喜之涙、超他時、

十日辛亥　陰晴不定、時々飛雪、今日先考(行範)遠忌也、於本堂大湯屋、有温室事如例年、念仏巳時結願了自去夜又如例、始一昼夜念仏、家中輩勤之、其後僧衆行食、此間送布施了、即進昇、始不断念仏発願、是多年宿願也、然而依無用途、于今不始置也、至用途者只如年来、然而難待後年、仍抛万事、自今日以此道場、始置也、其衆六人也旬別二人如常、定心依能書用之、書番帳、押堂聴聞所西間了、勤一時之後、用彼結衆、其後於北廊招引念仏衆等、令羞杯飯、此間甚雪也、為禦寒也、仕仏上人依今日唱導又来会、仍同様招寄令羞食事、其後衆等分散、次於堂供養仏経如例、讃嘆古仏古経之上、画像阿弥陀仏一躰、摺写阿弥陀経九巻、可奉副供養也、説法之後有例時、此後与小布施、其後又於寝殿出居、羞僧前於上人又与僕、役等、晩陰帰了、此間白雪又降、

不断念仏燈明已下事、差定行事僧一人之沙汰也、念仏之間殊可誡沙汰事、又仰含之了、

＊平経高（一一八〇～一二五五）は治部大輔行範の息。実務官僚として政務に熟達し、歴代天皇に重用された。寛元二年段階は正二位前参議民部卿であり、建長二年（一二五〇）に民部卿を退いた。また藤原国通（一一七六～一二五九）は大納言康通の息。従二位中納言で貞永元年（一二三二）八月二十六日に出家。

四月　平経高が恒例の臨終講を行う。また最近、念仏衆に不慮の事態が発生し法然遺跡が追い散らされたという。

『平戸記』寛元二年四月条（増補史料大成）

廿三日癸巳　自暁天陰、及朝雨降、及晩頭頗休止、今日行今月分臨終講、定心読式（今月式読性阿也、而自近曾依不慮事出此衆、已及大事、空上人遺跡、依此事、為松殿僧正被追散、凡言語道断、不克記録）、敬仏・聞信為念仏衆、兼頼宿禰為聴聞入来、近日彼親類（子息兼顕在此中）相続即世、本自道心者也、逢此事、弥催其志歟、聴聞之間頻以悲泣、可随喜々々、前加州又来謁、了与小捧物、又羞僧前、其次来賓等又勧、及晩頭分散、

＊松殿僧正は不詳。園城寺道慶の可能性があるが（『民経記』天福元年六月十七条日）、寛元二年のころは道慶は鎌倉で活動していた。また、彼は九条兼実の孫でもある。松殿僧正行意（一一七一～一二一七）・仁慶（?～一二二九）・承円（一一八〇～一二三六）・実尊（一一八〇～一二三六）は亡くなっているし、良基はこのころはまだ法眼である。松殿基房の子・鞍馬寺検校最守（一二一三～五六、のちの青蓮院門跡）が仁治二年（一二四一）に権僧正となっているので、その可能性があるが、後考を期したい。

十二月二日　鎌倉幕府が富士下方政所に対し、諸社供僧が念仏者の所行をまねて、触穢を無視して社参することを禁じるよう命じた。

「関東御教書」（貞応弘安式目、『鎌倉遺文』六四一三号）

一　富士下方内諸社供僧職事

（中略）

一　供僧等近来学念仏者之所行、不顧触穢之身、参社之由、粗有其聞、事実（者脱カ）濫吹也、早加禁制之詞、同可被停止之矣、

以前条事、以此旨可被相触之由候也、仍執達如件、

寛元二年十二月二日　左衛門尉清原季氏判

左衛門尉（二階堂）藤原行泰判

図書允藤原(斎藤)清時判

富士下方政所代兵衛六郎殿

寛元三年（一二四五）

十月二十二日　平経高が能声の定心・敬仏らを招請して三日三夜念仏を始修し、坊門信清女の西御方がそれを聴聞した。

『平戸記』寛元三年十月条（増補史料大成）

廿二日癸未　自暁天晴、年来日々憶念観経第七観華座、想末世衆生難(雖)不及観想、此観決定往生之因也、（中略）自今日始修三日三夜念仏、又日々欲啓白此旨也、以身屋南面為道場、人々多可聴聞之由被示、仍構局等、以侍廊、為念仏衆休所、以西小廊西妻、為導師壇所、辰剋許衆等漸来集在休所（兼加小修理、調置小坑飯）、食事用途兼下行畢、相侍導師之間、時刻推移、依及遅々、先始念仏、于時午剋也、其衆六人（定心、敬仏、成願、観阿弥陀仏、聞信、当世能声輩也）行道之後、時衆二人（定心、成願）留道場、先是仕仏上人来着道場座、依気色着礼盤、啓白願念之趣、人々多来、説法之間、聴聞衆上下反袖、何況願主哉、説法委々及両時、申終許唱導退、不及布施、感清浄之願、云導師云念仏衆、以無縁之儀所結縁也、上人向壇所、衆等定時（毎時二人）念仏、終日終夜聴聞、及夜陰聴聞衆等弥成群、入夜有礼讃、

廿三日甲申　晴、今日説法猶超昨日、満座抑随喜之涙、念仏又珍重、各流涙、初夜之間、行礼讃、

廿四日乙酉　晴、説法念仏如日々、但今日密々後鳥羽院侍女（故信清(坊門)公女、冷泉宮(頼仁親王)母儀也）西御方（法皇御遠行之時、為御供参候隠州、崩御之後帰洛、依旧好今被渡也）密々有御渡、為聴聞也、午剋上人説法、今日華座之因縁、念仏之功能、如法払底、簾中簾外堂上堂下、聴聞衆嗚咽、尚已超両日、申剋許説法畢、上人令帰、招入閑所令補飢、其次聊纏頭、三ヶ日説法、随喜感歎之余也、説法之後、今日行礼讃、西御方為聴聞、日中行之、此事畢後、聊奉勧菓子彫胡等、黄昏被帰畢、今夜殊聴聞衆成群、

廿五日丙戌　晴、及晩陰、念仏今日(月カ)巳剋結願畢（六人立、行道）、衆等帰休息、其後改備香花、此同々久不行臨終講、仍此次行之、定心読式、満座又流涙、式畢行道時、衆等責伏念仏甚深之要文、人々如法立声涕泣多、始而有発

心之人等、此中祭主卿(大中臣隆通)発心云々、聞此事、可聴聞之由有懇命、仍而壺禰説法之時、発心之上、今日念仏、起堅固之心云々、不知後世之人、結発心之因、修善之本意也、此条殊為慶々々、事畢与捧物、自前々頗刷之、念仏依無布施之無心也、衆等依如琳房之勧進、欲向法輪寺之間、雖令忩、招寄出居方謝遣、此次羞杯酌、未終分散撤道場、

＊この西御方は建永の法難のきっかけとなった「密通事件」に関与した坊門局である。後鳥羽院の隠岐流罪に随逐し、後鳥羽院の死後に帰洛した。

寛元四年（一二四六）

五月十四日　後嵯峨上皇が善恵上人証空から受戒した。証空は後嵯峨院の要請で梵網経を毎日転読しているという。

『葉黄記』寛元四年条（史料纂集）

院御受戒事

五月十四日辛未　雨降、参殿(実経)、次参院(後嵯峨院)、今日有御受戒事、善恵上人一昨日予遣御教書請之参勤(定嗣)、初度故催座主(慈源)、而辞退、且御在位、七仏薬師法之次参勤云々、於千日御講道場有此事、懸本尊釈迦、御持仏也、仰預備香花(土御門定通)、事訖賜布施、沙金一裹三両、置扇、自簾中被出之、前内府取伝之、我君深有帰仏之御志、殊以有戒法之沙汰、仰付此上人、年来毎日被転読梵網経、（後略）

六月廿三日庚戌　晴、参殿下(一条実経)、次参院、有御受戒善恵上人、事訖給布施沙金、三位中将(土御門顕良)取之、

寛元五年（一二四七）

正月十三日　毛利入道西阿が源有綱・北条泰時らの菩提のため聖徳太子孝養像を造立した。

「毛利入道西阿願文」（武蔵行田天洲寺聖徳太子像銘、『鎌倉遺文』六七九一号）

(胎内腹部墨書)
造立処相模国鎌倉郷

奉造立太御(子脱)形像一体　　慶尊（花押）

右、造立志趣者、為沙弥西阿弥陀仏二親幷舎兄二人・源有綱幷平泰時、新武蔵□比丘尼一阿弥陀仏、兼諸檀那法界衆生、出離生死往生極楽、所奉造立如件、

寛元五年大歳丁未正月十三日　　願主西阿弥陀沸

大仏師法橋慶禅（花押）

(後頭部内面墨書)
法印大くわ正いん雲慶(実カ)

阿闍梨安禅
　ひくに為妙
　きとくこせん
　とらことのこせん
御所(後生)ほたいのために
阿闍梨りんはん

（背面肩部墨書）
なもあみたふ
（花押）
なもあみたふ

□永即身成仏

＊毛利入道西阿は大江広元の息。専修念仏の信奉者で流罪となった隆寛を庇護した。この造立から五ケ月後の宝治合戦で自刃。源有綱（?～一一八六）は源頼政の孫、伊豆守仲綱の子。源頼朝の挙兵に参加し、頼朝の命で土佐の平家方を討つ。のちに源義経の婿となり、文治元年（一一八五）に義経とともに頼朝追討の兵を挙げたが失敗した。

二月五日　尊蓮が『教行信証』を書写した。

「教行信証」教巻（石田充之氏蔵、『真宗史料集成』一）

本云、
寛元五年二月五日、以善信聖人御真筆秘本、加書写校合訖文義字訓等、重委註了
隠倫尊蓮六十六歳
今年聖人七十五歳也

宝治元年（一二四七）

四月十四日　一念義の幸西が流罪先の阿波で死没した。

『法水分流記』一念義の項抄出（『法然教団系譜選』）

上人(法然)――幸西 成覚、住鳥羽、又師子石屋、上人往生刻五十歳、宝治元年丁未四十四往生、八十五歳配所阿波、本ハ西塔南谷鐘下坊少輔公ト号ス、三十六ノ歳遁世ス、上人ノ弟子ト成玉フ、

『浄土法門源流章』（『浄土宗全書』一五）

幸西大徳立一念義、言一念者、仏智一念、正指仏心、為念心、凡夫信心冥会仏智、仏智一念是弥陀本願、行者信念与仏心相応、心契仏智願力一念、能所無二信智唯一、念念相続決定往生、（中略）幸西門人有正定大徳・正縁大徳後投長西・明信大徳・入真大徳・善性大徳・勤信大徳住于木幡、並承幸西、各事弘敷、善性門人有永信大徳・仙才大徳、並弘所承、流通遐邇、洛陽波州阿波于今有之、

『玄義分抄』奥書（大谷大学所蔵本、『大日本史料』五―二一）

建保六年(一二一八)戊寅七月廿五日　御在判(幸西)

已上、阿波聖人(幸西)御自筆本也、

吉野聖人(仙才)御奥書云、

寛元二年(一二四四)甲辰八月廿日、逢喪之刻、相伝之、此一本之外、未書写流伝云々、

春秋廿三歳　仙才

『法然上人行状絵図』巻二九（日本絵巻物全集一三）

正安四年(一三〇二)十一月廿九日敬写了　専智

比叡山西塔の南谷に、鐘下房の少輔とて、聡敏の住侶ありけり。第(弟)子の児にをくれ(後)て、眼前の無常におとろき、交衆ものうく(物憂)おほえければ、三十六のとし、遁世して上人(法然)の弟子となり、成覚房幸西と号しけるか、浄土の法門を、もとならへ(元)(習)る天台宗にひきいれて、迹文の弥陀、本門の弥陀といふことをたて(立)ゝ、「十劫正覚といへるは迹門の弥陀なり。本門の弥陀は、無始本覚の如来なるかゆへに、我等所具の仏性と、またく(全)差異なし。この謂をきく一念にことたり(足)ぬ。多念の遍数、はなはた無益なり」といひて、一念義といふ事を自立しけるを、上人、この義、善導和尚の御心にそむけり、はなはたしかる(然)へからさるよし、制しおほせ(仰)られけるを、承引せすして、なをこの義を興しけれは、わか第(弟)子にあらすとて、擯出せられにけり。

兵部卿三位基親(平)卿、ふかく上人勧進のむねを信して、毎日五万遍の数遍をこたり(怠)なかりけるを、成覚房一念義をたてゝ、彼卿の数遍を難しけれは、重々問答して、成覚房の義ならひに所存をしるして、上人に尋申されける状云、「念仏の数遍、ならひに本願を信するやう、基親か愚案かくのことく候、難者いはれ(謂)なく覚候。此折紙に御存知のむね、御自筆をもて、かき給はるへく候。難者にやふ(破)らるへからさるかゆへ(故)なり。別解別行のひと(人)にて候はゝ、みゝ(耳)にもいる(入)へからす候に、御弟子等の説に候へは、不審をなし候也。又念仏者は、女犯はゝかる(憚)へからすと申あひた、在家は勿論也、出家はこはく(強)本願を信すとて、出家のひと(人)の女にちかつき候条、いはれ(謂)なくさふらふか(歟)。善導はめ(目)をあけて、女人をみる(見)へからすとこ

そ候めれ、此事あら〳〵仰をかふるへく候。基親は只ひらに本願を信して、念仏を申候なり。料簡も才学も候はさるゆへなり」云々、取詮、（後略）

『法然上人行状絵図』巻四八（日本絵巻物全集一三）

法本房行空、成覚房幸西は、ともに一念義をたて、上人の命にそむき（背）しによりて、門徒を擯出せられき。

＊法本房行空が法然より破門されたことは、元久三年（一二〇六）二月三十日の項を参照。ただし幸西が破門されたことは史料的に確認することができない。建永の法難では、九条兼実の働きかけで慈円が幸西の身柄を預かって流罪を免れており、これは法然の希望を踏まえての措置であったと考えられる。建保五年（一二一七）の延暦寺大衆解は幸西を「源空之余党」と非難しているし（『鎌倉遺文』二三二五号）、凝然の『浄土法門源流章』（一三一一年成立）も、幸西を法然の弟子としており、破門には触れていない。幸西の破門は、鎌倉時代末期の鎮西派の認識として捉えるべきであろう。『法然上人行状絵図』の幸西関係の記事は、取り扱いに注意を要する。

五月二十九日　後嵯峨上皇が証空から受戒した。

『葉黄記』宝治元年五月条（史料纂集）

廿九日辛巳　小雨灑、参院、有御戒（善恵上人）、予（定嗣）依仰取布施、（後略）

六月五日　宝治合戦で北条時頼に敗れた三浦泰村・毛利季光らが源頼朝法華堂で自刃。自決の前に頼朝絵像の前で往事を語らい、専修念仏者であった季光は法事讃を修した。

『吾妻鏡』宝治元年六月条（新訂増補国史大系）

五日丙戌　天晴、辰刻小雨灑、今暁鶏鳴以後、鎌倉中弥物忩、（中略）巳剋、毛利蔵人大夫入道西阿（季光）着甲冑、卒従軍、為参御　所（九条頼嗣）、打出之処、彼妻（泰村妹）取西阿鎧袖云、捐若州（三浦泰村）参左親衛（北条時頼）御方之事者、武士所致歟、甚違年来一諾訖、盍恥後聞兮哉者、西阿聞此詞、発退心加泰村之陣、于時甲斐前司泰秀（大江）亭者、西阿近隣也、泰秀者馳参御所之間、雖行逢西阿、不能諍留、是非存親昵之好、且不却与同于泰村之本意兮、於一所為加追討也、尤叶武道有情云々、万年馬入道馳参左親衛南庭、乍令騎馬、申云、毛利入道殿被加敵陣訖、於今者世大事必然歟、左親衛聞此事、午刻参御所、被候将軍御前、重被廻奇謀、折節北風変南之間、放火於泰村南隣之人屋、風頻扇、煙覆彼館、泰村幷伴党咽烟遁出館、参籠于故右大将軍（源頼朝）法華堂、舎弟能登守光村（三浦）者、在永福寺惣門内、従兵八十余騎張陣、遣使者於兄泰村之許云、当寺為殊勝城郭、於此一所、相共可被待討手云々、泰村答云、縦雖有鉄壁城郭、定今不得遁歟、同者於故将軍御影御前、欲取終、早可来会此処云々、専使互雖為一両度、縡火急之間、光村出寺門、向法花堂、於其途中一時合戦、甲斐前司泰秀家人、幷出羽前司行義（二階堂）、和泉前司行方（二階堂）等、依相支之也、両方従軍多被疵云々、光村終参件堂、然後西阿、泰村、光村、家村（三浦）、資村（三浦）幷大隅前司重隆（大川戸）、美作前司時綱（宇都宮）、甲斐前司実景（春日部）、関左衛門尉政泰以下、列候于絵像御影御前、或談往事、或及最後述懐云云、西阿者専修念仏者也、勧請諸衆、為欣一仏浄土之因、行法事讃、廻向之、光村為調声云々、左親衛軍兵攻入寺門、競登石橋、三浦壮士等防戦、竭弓剣之芸、武蔵々人太郎朝房（北条）責戦有大功、是為父朝臣義絶身、一有情之無相従、僅駕疲馬許也、不着甲冑之間、輙欲討取之処、被扶于金持次郎左衛門尉泰村方、全其命云々、両方挑戦者、殆経三刻也、敵陣箭窮力尽、而泰村以下為宗之輩二百七十六人、都合五百余人令自殺、此中被聴幕府番帳之類二百六十人云々、（中略）申刻、被実検死骸之後、被進飛脚於京都、（中略）其状云、

若狭前司泰村、能登前司光村以下舎弟一家之輩、今日巳剋、已射出箭之間、及合戦、終其身以下一家之輩及余党等、被誅罰候畢、以此趣、可令申入冷泉太政大臣殿（西園寺実氏）給候、恐々謹言、

六月五日　　左近将監（北条時頼）

謹上　相模守殿（北条重時）

追啓礼紙申状云

毛利入道西阿不慮令同心之間、被誅罰畢、

*毛利入道西阿（一二〇二～四七）は鎌倉幕府の評定衆。父である大江広元から相模国毛利庄を相承し、毛利を名乗った。嘉禄の法難では流罪となった隆寛を庇護したことで知られる。宝治合戦では妻が三浦泰村の妹であったため三浦方となり、息子の広光・光正・泰光・師雄らと共に自刃した。

十一月二十六日　西山の善恵房証空が死没した。

『法水分流記』西山義の項抄出（『法然教団系譜選』）

上人（法然）――証空 善恵、住西山花台・往生院、加賀権守親季子、久我内府通親猶子、上人（法然）往生時三十六歳受学首尾二十三年、宝治元丁未十一廿六午時往生、七十一歳（中略）龍御殿開山、初住小坂、奥州配所、無動寺前大僧正被申預

『浄土法門源流章』（『浄土宗全書』一五）

洛陽西山証空大徳道号善恵門人甚多、並随学法、乃証入大徳房号観鏡・観真大徳・実信大徳・聖達大徳西鎮・証恵大徳房号道観・修観大徳・浄音大徳・道門大徳・隆信大徳・仏教大徳・遊観大徳等也、証空従幼年、随源空上人道号法然習学浄教、精詳義途、源空上人作選択集、証空年二十三、是勘文役、深達彼義、証空謁日野願蓮上人後住太子御廟之処、学天台宗、専弘浄教、高提綱宗、即立義云、念仏即是弥陀本願、諸余行業非是本願、三心正因必在念仏、九品正行普該万行、念仏既是本願之行、乗本願故、罪悪凡夫直爾得生安養報土、（中略）自余諸行不独往生、非本願故、非正因故、為念仏行之所任持、即得往生、名之正因上之正行、念仏是能成、成諸正行故、諸行是所成、念仏所持故、若非念仏、諸行不成往生正行、念仏所成一切諸行、成往生業故、九品中説諸行門、為往生業、名為正行、（中略）非謂不以自余諸行、為本願故、棄捨諸行、不修余善、為念仏行而所持故、諸行皆成往生正業、是故策励、令修諸行、以正因上正行法故、華開已後、応得益、故但非離念仏、諸行得独生、（中略）証空初住小坂弘法、後移西山弘通浄教、西山善峯寺、延暦寺別院、彼寺北尾、名往生院、証空興隆彼処、永為浄教行処、宇津宮実信上人（頼綱、蓮生）、彼処有功、立庵留躅、証空門流継持彼処、

『法然上人行状絵図』巻四七（日本絵巻物全集一三）

西山の善恵房証空は、入道加賀権守親季朝臣法名証玄の子なり。久我の内府通親公の猶子として、生年十四歳の時、元服せしめむとせられけるに、童子さらにうへ（諾）なはす。（中略）建久元年（一一九〇）上人（法然）の室に入、やかて出家せさられて解脱房と号す。たゝし笠置の解脱上人（貞慶）と同名なるによりて、これをあらためて、善恵房とつけられき。その性俊逸にして、一遍見聞するに、通達せすといふ事なし。上人にしたかひ（随）たてまつり（奉）て、浄土の法門を稟承する事、首尾廿三年自十四歳至卅六歳なり。稽古に心をいれて、善

導の観経の疏を、あけくれ見られける程に、三部まで見やふ(破)られたりけるとそ、申伝侍る。

このひしり(証空)の意巧にて、人の心得やすからむために、自力根性の人にむか(向)ひては、白木の念仏といふ事をつねに申されけり。その言にいはく、「自力の人は、念仏をいろ(彩)とるなり。或は大乗のさとり(悟)をもて色とり、或はふかき(深)領解をもていろ(彩)とり、或は戒をもていろ(彩)とり、或は身心をとゝの(調)ふるをもて色とらんと思なり。定散のいろ(彩)とりある念仏をは、しおほせたり、往しやう(生)うたか(疑)ひなしとよろこ(喜)ひ、いろ(彩)とりなき念仏をは、往生はうせ(失)ぬとなけく(歎)なり。なけく(歎)も、よろこ(喜)ふも、自力の迷なり。大経の法滅百歳の念仏、観経の下三品の念仏は、なに(何)のいろ(彩)とりもなき、白木の念仏也。本願の文の中の「至心信楽」を、「称我名号」と尺(釈)給へるも、白木になりかへる心也。所謂観経の下品下生の機は、仏法・世俗の二種の善根なき無善の凡夫なるゆへに、なにの色とり一もなし。況や死苦にせめ(責)られて、忙然となる上は、三業ともに正体なき機なり。一期は悪人なる故に、平生の行の、さりともとたの(頼)むへきもなし。臨終には死苦にせめ(責)らるゝ故に、止悪修善の心も、大小権実のさとり(悟)も、かつて心にを(置)かす。起立塔像の善も、この位にはかなふ(叶)へからす。捨(棄)家奇欲の心も、このときはおこりかたし。まことに極重悪人なり。更に他の方便ある事なし。(中略)妄想顚倒の迷は、日をを(追)ふてふか(深)く、ね(寝)てもさめても、悪業煩悩にのみ、ほたされ居たる身の中よりい(出)つる念仏は、いと煩悩にか(代)はるへしともおほ(覚)えぬうへ、定散の色とり、一もなき称名なれとも、前念の名号に、諸仏の満(万徳イ本)足を摂する故に、心水、泥濁にそ(染)ます、無上功徳を生するなり。なかなかに心をそ(添)へす、申せは生と信して、ほれ〳〵と南無阿弥陀仏とゝな(称)ふるか、本願の念仏にてはあるなり。これを白木の念仏とは、いふなり」とそ、の給ける已上、見于門弟記録。(中略)

このひしり、西山の善峰寺より、信州善光寺にいたるまて、十一箇の大伽藍を建立して、あるいは曼荼羅を安し、或は不断念仏をはし(始)めをく。みなこれ供料・供米・修理の足をつけてを(置)かる。これまたく(全)勧進奉加をなさす、諸人の供養物をなけて、このいとなみをなす。「興隆の次第、まことにたゝ人にあらす」とそ申あへりける。

宝治元年十月の比より、日来の不食増気して、身心やすから（安）すといへとも、端居して日々に法門を宣説する事、平生のことし（如）。（中略）廿六日は、大衣を着し、大衆と同音に阿弥陀経を読誦し給。其後又已証の法門なとのへ（述）おはりて、本尊の御前にして、念仏二百余遍、西にむかひ端坐合掌し、ねふる（眠）かことく（如）して息たえぬ。時年七十一、宝治元年十一月廿六日、午の正中なり。

『法水分流記』西山義の項抄出（『法然教団系譜選』）

証空―証入　東山、又号宮辻子、観鏡、寂静房、寛元三年乙巳七七往生、五十歳、五祖一徹義
　証入―証源　観日―漸空　三福寺、了観―楽証　頓恵、住三福寺
　証入―由願　由阿―素願　住長楽寺
　証入―観明　遍空、初宮辻子、中岡、後大谷立一義
　証入―唯鏡　道観、浄金剛院
　証入―聖恵　弟、在鎌倉、観鏡真、備後蓮台院
証空―浄音　在仁和寺西谷、唐橋大納言孫、刑部少輔通清息、文永八辛未十二廿二往生、七十一歳

「栖空書状案」（承空本私家集紙背文書、冷泉家時雨亭叢書八二）

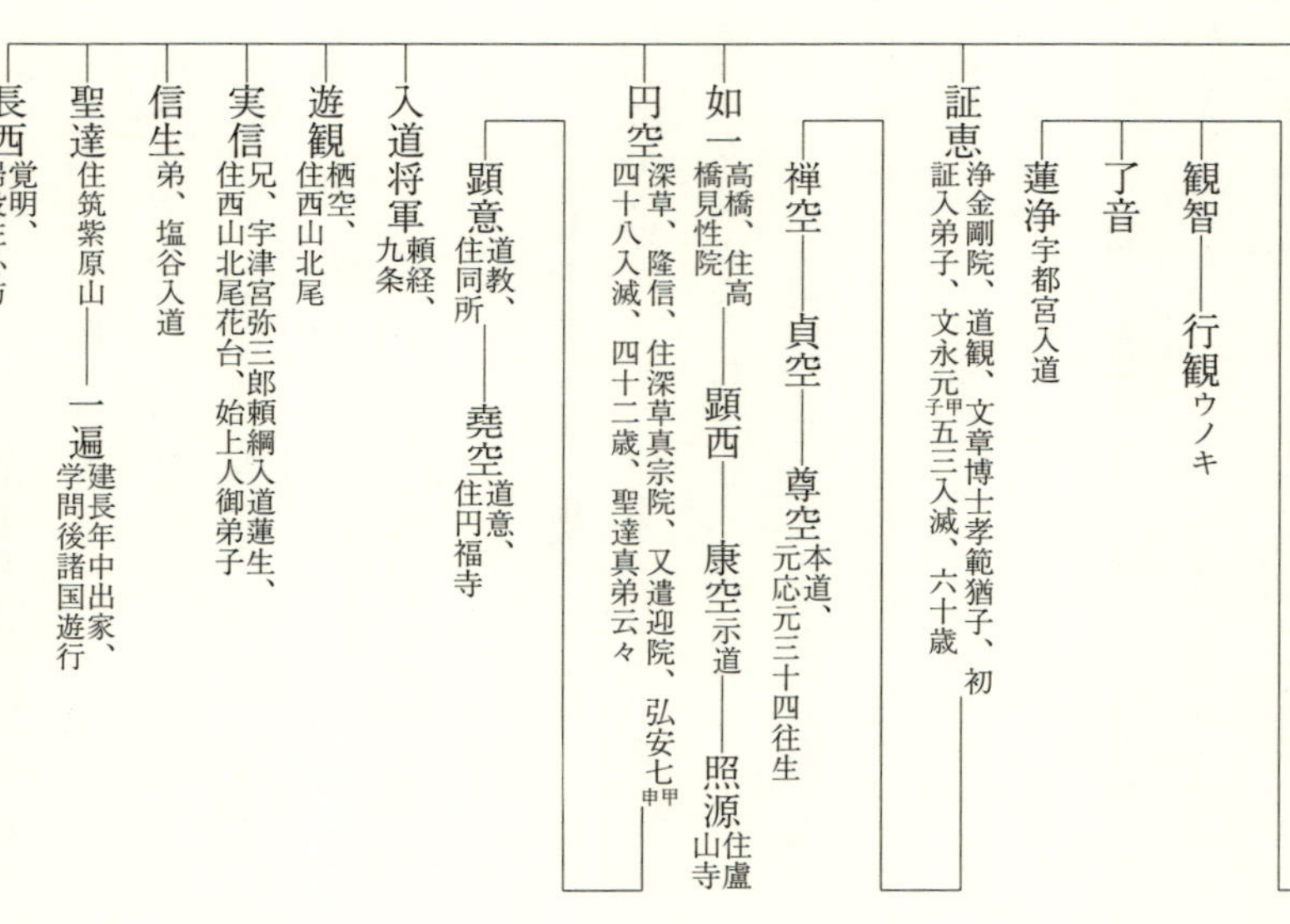

西山往生院領河内国田原供田五町、松林院々主尊懐法眼押妨事、度々雖付申蔵人少輔、更不事行候、凡証空上人建立寺領者、大略抛衣鉢之資、買寄放券之地候、而此所無故被押領候者、余所皆以可為同前、然者寺院滅亡、又不可有疑候、如仁王経説、吾今三宝付属国王云々、又梵網経疏云、仏法属二人、一仏弟子為内護、二国王為外護云々、争不蒙　聖断候哉、就中証空上人、浄行持律、顕密之誉、知聞天下、因茲後嵯峨法皇御帰依異他、備　御受戒師範候き、剰可奉祈　聖運之由、依被　仰下、長日不断転読梵網経、御寄進供田、于今無退転相継、祈申聖運事候、彼遺跡不可被准他所候歟、職事不被申披事付申伝奏之由承候、加御詞、有御奏聞、可停止押妨之由、可被　仰下候歟、栖空誠恐頓首謹言、

後十月十三日　　沙門栖空上

進上　吉田殿

＊遊観房栖空は証空の弟子。西山第四長老となり、永仁七年（一二九九）四月十七日に死没。玄観房承空は宇都宮頼綱の孫であり、泰綱の子。永仁年間に上洛して栖空の弟子となり、西山第五長老となった。押妨した松林院尊懐は興福寺の僧侶で徳大寺公継の曾孫。なお閏十月は弘安元年（一二七八）・正応二年（一二八九）・永仁五年（一二九七）にみえており、恐らく本史料は永仁五年のものと思われる。

建長四年（一二五二）

春　一遍が聖達のもとに入室して浄土の教えを学ぶ。

『一遍聖絵』第一（新修日本絵巻物全集一一）

一遍ひしり（聖）は、俗姓は越智氏、河野四郎通信か孫、同七郎通広出家して如仏と号すか子なり。延応元年己亥（一二三九）予州にして誕生、十歳にて悲母にをくれて、始て無常の理をさとり給ぬ。つゐに（遂）父の命をうけ、出家をとけて、法名は随縁と申けるか、建長三年（一二五一）春十三歳にて、僧善入とあひ具して鎮西に修行し、太宰府の聖達上人の禅室にのそみ（臨）給ふ。上人（聖達）、学問のためならは、浄土の章疏、文字よみ（読）をしてきたる（来）へきよし示し給によりて、ひとり出て、肥前国清水の華台（華台）上人の御もとにまうて（詣）給き。（中略）上人、器骨をかゝみ（鑑）意気を察して、「法機のものに侍り。はやく浄教の秘賾をさつけ（授）らるへし」とて、十六歳の春、又聖達上

人の御もとにをくり（送）つかはされ給けり。

建長四年の春のころより、聖達上人に随逐給仕し給へり。首尾十二年、浄土の教門を学し、真宗の奥義をうけ給し程に、弘長三年癸亥（一二六三）五月廿四日、父如仏帰寂の時、本国にかへり給ぬ。そのゝち、或は真門をひらきて勤行をいたし、或は俗塵にましはりて恩愛をかへりみ、童子にたはふれ（戯）て、輪鼓をまはすあそひ（遊）なとも、し給ひき。

建長五年（一二五三）

七月五日　正信房湛空の夢告により空海将来の三鈷を嵯峨二尊院から高野山に返納した。

「僧真教飛行三鈷記」（高野山文書続宝簡集七四、『鎌倉遺文』七五六一号）

建長五年癸丑六月八日、沙弥真教之年来依為戒師、令参入正信上人之許之処、上人被申云、当時之所労、又心中之大願、旁可申談之由思給候、来臨返々神妙云々、不食喘息之療養、数刻問答之後、高野寺僧等検校覚良消息取出之、上人披見之、落涙之後、被申云、此条可然事也、一両年以前ニ、御辺面談之次、大師之三鈷令拝見之後、可被返置于本山歟之由、度々承之候き、然而天下之重宝也、所ノ相伝慈覚大師之袈裟ニ相具シテ、我本山黒谷之経蔵可奉納之由、思給候ヘトモ、本尊ニ祈請シテ、可依霊夢之由令申候き、其後厳重ナル夢告度々在之、依之契状一通書置之云々、喚弟子浄意房日来所預申高野三鈷之契状、可進于此人云々、他所ニ置テ候、忩可取寄トテ、暫相待之処、持来了、捧此状、額ニ宛テ曰、弘法大師恭ク依託シテ于湛空ニ、此三鈷ヲ本山ニ可返置之由、被思食テ、とかく相伝シテ、愚身之許ニ伝来之也、依之、重病以後注置之者也、真教賜此状、恐悦之余、以飛脚送高野山了、其後次第、為散未来之不審、粗所記置之也、

沙門真教

「僧湛空金銅三鈷送文案」（高野山文書宝簡集二〇、『鎌倉遺文』七五七三号）

大師遺宝金銅三古一枚

敬奉送　　高野山

右、大師御入唐之時、於彼国、向吾朝誓約而投所持三鈷、

則届当山、留松上、所謂示仏法可流布之勝地而已、貴重也、掲焉也、小僧以去貞永元年壬辰（一二三二）十月十四日、伝得件三鈷、昔雖容身於北嶺、今還結縁於南山、誠是非小之往縁歟、大師云、我在天竺、号勝鬘夫人、於陳朝、称恵思禅師、来日本、名上宮太子云云、思禅師者天台宗高祖也、我等定有因縁歟、毎憶前世値遇、悲喜共催老涙耳、今相伝大師遺宝以来、今年廿二箇年、今生感応頗為足、身頻嬰老病、志只在来縁、仍件三鈷一枚、謹所奉返納本山也、庶幾且為全仏子之勝縁、且為重大師之法物、永奉納御影堂之後、縦雖有権門勢家之厳命、堅鎮堅誡、勿取出堂外、若有背此旨人者、奉始 大師聖霊二所明神、至于山上山下護法天等、宜加冥罰於其人、令与災禍於其身者也、仍湛空勒状、敬白、

建長五年癸丑七月五日　　金剛仏子湛空

奉送使者

上願

信覚

「嵯峨湛空聖信房上人三古寄進状之正文幷具書等無之、請取御物之仁、専故良玄戒忍房阿闍梨也、而他界之間、請取不請取之子細難明者也、仍為後代、相尋彼状之案文、書写之、令安置之状如件、

建長七年八月廿八日

検校執行法橋上人位実真（裏花押）

執行代阿闍梨行範（裏花押）

阿闍梨慶実（裏花押）」

「正信房湛空遺弟連署状案」（高野山文書続宝簡集七四、『鎌倉遺文』七六三五号）

去八月廿七日仏経供養事

高野山

右、御願文一通、謹以送預畢、諸僧喁々而披見、満堂恐々而驚覚、其故者、先師危急之比、三鈷奉送之刻、若遂及遷化者、可致報謝之趣、蒙貴命之間、上人殊嫌自恥己之余、苟以唖羊之質、忝費龍象之力、不可然之由、則以令辞謝畢、而不拘其趣、被修此会、頓首々々、戦慓（慄）々々、如踏虎尾、似撫龍鬢、但以下凡之機、感上聖之応者、是常化道也、今又宜然、豈非喜哉、凡厥想像法会

議式、宜謂莫大重事、大日如来像、五部大乗文、顕密云相兼、功徳已具足、鄭重之甚胡如旃、就中五部一日書写者、古今希有勝善也、尋例甚少、論功其最大、先師定為余身之喜歟、住侶等開願文而百般千般、弄麗章而当眼当額、哀涙与感涙共、加露点者也、方今先師遷化之後時、徳花重発、遺弟恋慕之永日、涕露無乾、随事随□(時カ)、且喜且悲、不能黙止、憖啓卑懐、庶幾満山大衆幸納饗矣、敬白、

建長五年十月　日　　善綽在判

（以下、署判三一名略）

七月二十七日　嵯峨二尊院の正信房湛空が死没。

『百錬抄』建長五年七月条（新訂増補国史大系）

廿七日癸卯　嵯峨聖信上人入滅、

『法水分流記』嵯峨門徒の項抄出（『法然教団系譜選』）

上人(法然)——湛空　正信、住二尊院本願、円頓戒相承、公全律師、後信空弟子也、上人往生時三十七、建長五(癸)庚戌七廿六往生、七十八、左大臣実能孫

『浄土惣系図』抄出（西谷本、『法然教団系譜選』）

正信上人　諱湛空、河原中納言実国卿猶子、実徳大寺左大臣能公(実脱)卿(孫カ)、法眼円実息、本号大納言律師公全、綾小路僧正実全付属、建暦二年当三十七歳、建長五年癸巳(丑)七月廿七日入

「二尊院住持次第」（蓮門宗派、『法然教団系譜選』）

第三正信上人

湛空、建長五年癸丑七月廿七日申刻入滅、七十八歳、河原中納言実国卿猶子、徳大寺左大臣能公(実脱)卿(孫カ)、法眼円実息也、為土御門院・後嵯峨院二代国師、依奉授御戒、寛喜上皇(後堀河)御帰依之間、任勅命ニ被納御遺骨於当院御塔、土御門院御事後、為御童体、後嵯峨院屈正信上人、欲有出家之刻、上人驚霊瑞、而奏事由、申止御素懐、其故者、及剋限御手水之水、被写御冠之影ニ云云、厳重之御瑞相、希代之不思議也、仍不経幾月日、而備一天之聖主、掌万機政、御継体相続以下、万事不違叡慮之条、為当寺戒徳之効験、豈又非上人護持之高名哉、云公家云武家、旁難棄捐者歟、凡当寺西郊之境、仏法繁昌、寺院之興隆、天下之壮観、留在于此地

『法然上人行状絵図』巻四三（日本絵巻物全集一三）

嵯峨の正信房湛空は、徳大寺の左大臣公実能の孫、法眼円実の真弟、大納言律師公全これなり。（中略）三密の法将、四明の智徳たるへき器用なりけれは、実全僧正の附弟にそ、たのまれける。されとも浮生の名利をいとふ（厭）心ねんころに、菩提の直路をねかふ（願）心さし、ふか（深）ゝりけれは、つゐに聖道門をすて（捨）ゝ、上人（法然）の弟子となり、ひとすちに浄土門にそいり（入）給ける。まのあたり上人の眼光を拝してのちは、信仰ことにふか（深）し。円戒をつたえ（伝）て天下の和尚たりき。稽古を事とせす、小学の単修をこのみて、「学問、選択集にはすく（過）へからす」とそ申されける。年たけ齢かたふく（傾）まゝに、道心いよ〳〵堅固にして、専修功つもり、行徳あらはれけれは、世こそりて、これをたうと（尊）ひき。毘沙門堂の法印明禅、最後の知識には、このひと（人）をそもちゐ（用）られける。

嵯峨の二尊院は、上人草庵をむすひてかよ（通）ひ給し地なり。その跡かう（香）はしくして居をこゝにしめ（占）、寺院を興隆し、楞厳・雲林両院の法則をうつ（移）して、二十五三昧を懃行し、上人の墳墓をたてゝ、もはらか（彼）の遺徳をそ恋慕し給ける。上人遷謫のときも、配所までともな（伴）はれけるか、御かたみ（形見）のためにとて、船のうちにて、上人の真影をは（張）りたてまつ（奉）られける。船のうちのはり（張）御影とて、当時二尊院の塔にまします、これなり。生年七十八、建長五年五月の比より、所労の事おはしけるか、同七月廿七日、念仏数百遍、ねふる（眠）かこと（如）くしてをは（終）り給にけり。

＊「師資相承血脈」乾（東京大学史料編纂所蔵、四一一六—三〇）によれば、政春弁阿闍梨の灌頂弟子に「公全〈大納言阿闍梨、円実弟子〉」がいる。また、建仁二年（一二〇二）七月に師の実全が天台座主に補任された時、宣命拝受の申次に「公全阿闍梨」がみえている（『天台座主記』）。この人物が湛空であろう。なお実全の付弟は尊性法親王（一一九四～一二三九）であり、尊性が妙法院門跡の実質的創始者となった。ちなみに同時代に慈円の弟子である豪円法印権大僧都（一一七二～一二二五）がおり、この人物はもともと左大臣阿闍梨公全と名乗っていた。二人を混同した史料もあるため、弁別に留意が必要である。

建長八年（一二五六）

五月二十九日　親鸞が息子の善鸞を義絶し、その旨を性信に通告した。

「親鸞義絶状案」（専修寺文書）

オホセラレタル事、クハシクキゝ(聞)テサフラウ(候)、ナニヨリハ、アイミムハウトカヤトマフ(申)スナル人ノ、京ヨリフミ(文)ヲエ(得)タルトカヤト、マフ(申)サレサフラウ(候)ナル、返々フシキ(不思議)ニサフラウ(候)、イマタカタチ(形)オモミス、フミ一度モタマハ(給)リサフラハス、コレヨリモ、マフ(申)スコトモナキニ、京ヨリフミ(文)ヲエ(得)タルトマフ(申)スナル、アサマシキコトナリ、又、慈信房ノホフモン(法門)ノヤウ、ミヤウモク(名目)ヲタニモキカス(聞)、シラ(知)ヌコトヲ、慈信一人ニ、ヨル親鸞カオシエ(教)タルナリト、人ニ慈信房マフ(申)サレテサフラウ(候)トテ、コレニモ常陸・下野ノ人々ハ、ミナシムラム(親鸞)カソラコト(空言)ヲマフ(申)シタルヨシヲ、マフ(申)シアハレテサフラ(候)エハ、今ハ父子ノキ(儀)ハ、アルヘカラスサフラウ(候)、又母ノアマ(尼)ニモフシキ(不思議)ノソラコト(空言)ヲイ(言)ヒツケラレタルコト、マフ(申)スカキリナキコト、アサマシウサフラウ(候)、ミフノ女房ノ、コレエキタ(来)リテマフ(申)スコト、シシムハウ(慈信房)カタウタルフミ(文)トテ、モ(持)チテキタレルフミ(文)、コレニオ(置)キテハサフラウ(候)メリ、慈信房カフミ(文)トテ、コレニアリ、ソノフミ(文)、ツヤ〳〵イロ(綺)ハヌコトユ(故)エニ、マゝハゝ(継母)ニイヰ(言)マトワ(惑)サレタルト、カゝ(書)レタルコト、コトニアサマシキコトナリ、ヨ(世)ニアリケルヲ、マゝハゝ(継母)ノアマ(尼)ノ、イヰ(言)マトワ(惑)セリトイ(言)フコト、アサマシキソラコト(空言)ナリ、又、コノ世ニ、イカニシテアリケリトモシラ(知)ヌコトヲ、ミフノニヨハウ(女房)ノモトエモ、フミ(文)ノアルコト、コゝロモオヨ(及)ハヌホトノソラコト(空言)、コゝロウ(憂)キコトナリトナケ(歎)キサフラウ(候)、マコトニカゝルソラコト(空言)トモヲイ(言)ヒテ、六波羅ノヘム、カマクラ(鎌倉)ナムトニ、ヒロウ(披露)セラレタルコト、コゝロウ(憂)キコトナリ、コレラホトノソラコト(空言)ハ、コノヨ(世)ノコトナレハ、イカテモアルヘシ、ソレタニモ、ソラコト(空言)ヲイ(言)ウコト、ウタテキナリ、イカニイハムヤ、往生極楽ノ大事ヲイ(言)ヒマトワ(惑)シテ、ヒタチ(常陸)・シモツケ(下野)ノ念仏者ヲマトワ(惑)シ、オヤ(親)ニソラコト(空言)ヲイ(言)ヒツケタルコト、コゝロウ(憂)キコトナリ、第十八ノ本願ヲハ、シホメルハナ(花)ニタト(喩)エテ、人コトニ、ミナステ(捨)マイラセタリトキコ(聞)ユルコト、マコトニハウホフ(謗法)ノトカ、又五逆ノツミ(罪)ヲコノミテ、人ヲソム(損)シマトワ(惑)サルゝコト、カナシキコトナリ、コトニ破僧ノ罪トマフ(申)スツミハ、五逆ノソノ一ナリ、親鸞ニソラコト(空言)ヲマフシ(申)ツケタルハ、チヽ(父)ヲコロス(殺)ナリ、五逆ノソノ一ナリ、コノコトヽモツタエ(伝)キク(聞)コト、アサマシサ、マフス(申)カキリナケレハ、イマハオヤ(親)トイフコトアルヘカラス、コ(子)トオモフ(思)コトオモイ(思)キリタリ、三宝・神明ニマフシ(申)キリオワリヌ、カナシキコトナリ、ワカホウモン(法門)ニニ(似)ストテ、ヒタチ(常陸)ノ念仏者ミナマトワサ(惑)ムト、コノマルヽトキク(聞)コソ、コヽロウク(憂)サフラエ、シムラム(親鸞)カオシエ(教)ニテ、ヒタチ(常陸)ノ念仏マフス人々ヲ、ソム(損)セヨトカマクラ(鎌倉)ニテキコエ(聞)ムコト、アサマシ〳〵、

同六月廿七日到来

五月廿九日　在判(親鸞)

建長八年六月廿七日註之

慈信房　御返事

嘉元三年七月廿七日書写了、

＊「同六月廿七日到来」「建長八年六月廿七日註之」はこの義絶状の受取人である性信の書き込み。この義絶状は、次の性信宛て通告状と一緒に、性信に交付されたと考えられる。末尾の「嘉元三年七月廿七日書写了」はこれを書写した顕智の書き込みである。当事者主義の世であった日本中世では、義絶状の正文は義絶された本人に渡されず、義絶された者と対立する人物に交付するのが一般的であった。中世古文書の大きな特徴である「文書の宛所と受給者との乖離」の一例。義絶状は起請文型と関係者証判型の二種があるが、親鸞は起請文型を選んだため義絶を三宝・神明に誓約している。

「親鸞書状案」（親鸞聖人血脈文集）

一　コノ御フミトモノヤウ、クハシクミ(見)候又、サテハ慈信カ法文ノヤウユヘニ、ヒタチ・シモツケノ人々、念仏申サセタマヒ候コトノ、トシコロ(年頃)ウケタマハリタルヤウニハ、ミナカハリ(変)アフテオハシマスト、キコエ候、カヘス〳〵コヽロウク(憂)、アサマシクオホ(覚)ヘ候、トシコロ往生ヲ一定トオホセラレ候人々、慈信トオナシヤウニ、ソラコト(空言)ヲ、ミナ候ケルヲ、トシコロ、フカク(深)タノ(頼)ミマヒラセテ候ケルコト、カヘス〳〵アサマシフ候、（中略）慈信ホトノモノヽ(者)マウス(申)コトニ、ヒタチ・シモツケノ念仏者ノ、ミナ御コヽロトモノウカ(浮)レテ、ハテハサシモタシカ(確)ナル証文ヲ、チカラヲツクシ(尽)テ、カス(数)アマタカキ(書)テ、マイラセテ候ヘハ、ソレヲミナステ(捨)アフテオハシマシ候ト、キコヘ候ヘハ、トモカクモ、マウス(申)ニオヨハス候、

マツ慈信カ申候法文ノヤウ、名目ヲモキカス(聞)、イハンヤ、ナラヒ(習)タルコトモ候ハネハ、慈信ニヒソカニ(秘)オシフ(教)ヘキヤウモ候ハス、マタヨル(夜)ヒル(昼)モ慈信一人ニ、ヒトニハカクシテ法文オシヘ(教)タルコト候ハス、モシコノコト慈信ニ申ナカラ、ソラコト(空言)オモ申カクシテ、人ニモシラセ(知)スシテオシヘ(教)タルコト候ハヽ、三宝ヲ本トシテ、三界ノ諸天善神、四海ノ龍神八部、閻魔王界ノ神祇冥道ノ罰ヲ、親鸞カミ(身)ニ、コト〳〵クカフリ候ヘシ、自今已後ハ、慈信ニオキテハ、親鸞カ子ノ儀オモヒ(思)キリテ候ナリ、世間ノコトニモ、不可思議ノソラコト(空言)、申スカキリ(限)ナキコトトモヲ、マウシ(申)ヒロ(広)メテ候ヘハ、出世ノミニアラス、世間ノコトニオキ(於)テモ、オソロシキ申コト、モ、カス(数)カキリナク候ナリ、ナカニモ、コノ法文ノヤウキヽ候、コヽロモオヨ(及)ハヌ申コトニテ候、ツヤ〳〵親鸞カミ(身)ニハ、キヽ(聞)モセス、ナラ(習)ハヌコトニテ候、カヘス〳〵アサマシフ、コヽロウ(憂)ク候、弥陀ノ本願ヲステ(捨)マイラセテ候、コトニヒト〳〵ノツキテ、親鸞ヲモ、ソラコト(空言)申タルモノ(者)ニナシテ候、コヽロウ(憂)ク、ウタテキコトニ候、オホカタハ、唯信抄・自力他力ノ文・後世モノカタリ(物語)ノキヽカキ(聞書)・一念多念ノ証文・唯信鈔ノ文意・一念多念ノ文ノコヽロ、コレラヲ御ラムシナカラ、慈信カ法文ニヨリテ、オホク(多)ノ念仏者タチノ弥陀ノ本願ヲステ(捨)マイラセアフテ候ラムコト、マウスハカリ(計)ナク候ヘハ、カヤウノ御フミ(文)トモ、コレヨリノチ(後)ニハ、オホセラルヘカラス候、又真宗ノキヽカキ(聞書)、性信房ノカヽセ(書)タマヒタルハ、スコシモコレニマフシ(申)テ候ヤウニタカ(違)ハス候ヘハ、ウレシウ候、真宗ノキヽカキ(聞書)一テウ(帖)ハ、コレニトヽメ(留)オキテ候、又哀愍房トカヤノ、イマタミ(見)モセス候、マタフミ(文)一トモ(度)マイラセタルコトモナシ、クニヨリモ、フミタヒ(賜)タルコトモナシ、親鸞カフミエ(得)タルト申候ナルハ、オソロシキコトナリ、コノ唯信鈔カキタルヤウ、アサマシウ候ヘハ、火ニヤキ(焼)候ヘシ、カヘス〳〵コヽロウ(憂)ク候、コノフミ(文)ヲ人々ニ、ミ(見)セサセタマフ(給)ヘシ、アナカシコ〳〵、

五月廿九日　親鸞

性信房　御返事

(後略)

＊義絶後の善鸞については正応三年の項を参照。

十月　親鸞の高弟の真仏・顕智らが三河国矢作薬師寺で念仏を勧進した。

「三河念仏相承日記」（『真宗史料集成』一）

三河念仏相承日記　主唯仏

三河国専修念仏根源事

建長八年丙辰十月十三日ニ、薬師寺ニシテ念仏ヲハシム。コノトキ真仏聖人・顕智聖人・専信房俗名弥藤五郎・下人弥太郎男出家後、随念、ソウシテ主従四人御上洛ノトキ、ヤハキ（矢作）薬師寺ニツキ（着）タマフ。御下向ニハ、顕智聖ハ京ノミモトニ御トウリウ（逗留）。三人ハスナワチ御クタリ（下）。トキニ真仏上人ノオホセ（仰）ニテ、「顕智坊ノクタラ（下）ンヲハ、シハラク（暫）コレニト（留）、メテ、念仏ヲ勧進スヘシ」ト。オホセ（仰）ニシタカヒテ、顕智ヒシリ、オナシキ（同）トシ（年）ノスヘニ御下向ノトキ、権守トノ出家ノ後、円善坊云々ノモトニ、ワタラ（渡）セタマ（給）フ。カノヒノヘタツ（丙辰）ヨリ、ツチノヘムマ（戊午）ニイタル（至）マテ、ソウシテ三年、コノアヒタ薬師寺ヨリ称名寺ニウツリ（移）タマフ。正嘉二□ニ御ノホリノトキ、顕智ヒシリノ御ス（勧）、メニテ、権守殿ノ嫡子袈裟太郎殿出家シテ信願房念仏・法名・出家トモニ顕智聖人相伝ナリ。ソノホカ、御居住ノアイタニ念（仏脱カ）ニ入人数・名姓事

監帳次郎二人	三郎大夫二人
庄司太郎二人	田俟四郎二人
渡次郎二人	検校太郎二人
実成坊二人	弥五次郎二人
権次郎二人	光信坊二人
善性坊一人	入願坊一人
光円坊二人	藤四郎二人
弥五郎一人	弥四郎一人
弥藤次一人	女性ハ弥勒御前
鶴宮御前	乙王御前一人

タ、シ、乙王御前ニシサイ（子細）アリ。カミノ袈裟太郎トモニ、ソウ（惣）シテ三十五人也。

コノナカニ庄司太郎殿、顕智上人ヲ平田ニイレ（入）マイラセテ道場タツ。正嘉元年丁巳

ツキニ信願御房、アツウミ（碧海）ノ庄アカソフ（赤渋）ニシテ、マタ
ハシメ（初）テ道場ヲタツ。
ソノノチ、国中ノ道場ハンシヤウ（繁昌）スルトコロナリ。

一　三河ヨリ高田（下野国）ヘマイルヒト〳〵ノ事

東殿ノ御前御歳十歳、御ワキ故聖ノ息女也性善坊和田教円坊兄也楽智、コレモ高田ニトヽマテ（留）死去、ソノ門流田舎ニアリ。同十三御歳、慶願桑子ノ坊主了念二人トモニ出家・法名、顕智ヒシリヨリタマハル（給）、スナハチ顕智ヒシリノオントモ（御供）シテ、高田ニマイル。

マタ佐塚ノ専性越前オホノ専光寺同十七クノ御トシ、道空坊夫妻トモノマイル。

イマ三河ノ念仏弘通ノミナモト（源）ヲシルス（記）コトハ、高田ノ顕智ヒシリノオンモノカタリ（御物語）、ナラヒニ、アカソフノ信願ヒシリノ、イニシヘノオンモノカタリ（御物語）ニツキテ、タイカイ（大概）ハカリヲ、シルス（記）トコロナリ。コヽロ（心）アラン人、コノオモムキ（趣）ヲモツテ、存知アルヘキモノ也。コノホカ、ワタノ信寂ヒシリ、イニシヘヲシタイ（慕）、夫妻トモニタカタ（高田）ヘ、オンマイリ（御参）ノ事、レキセン也。シタカイテ、アマ性空ノオンハウ、念仏相伝ニヨリテ、顕智ヒシリノミエイ（御影）アンチ（安置）ノ事、レキセン也。シカレハ静寂ノオンハウニイタル（至）マテ、シサイ（子細）アリシ事トモ也。

貞治三年甲辰九月二日

正嘉二年（一二五八）

十二月　顕智が尋有僧都の坊で親鸞から自然法爾の法語を聞書した。

「顕智聞書」（専修寺文書）

獲字ハ、因位ノトキウルヲ獲トイフ、得字ハ、果位ノトキニイタリテウルコトヲ、得トイフナリ、名字ハ、因位ノトキノナヲ名トイフ、号字ハ、果位ノトキノナヲ号トイフ、

自然トイフハ、自ハオノツカラトイフ、行者ノハカライニアラス、シカラシムトイフコトハナリ、然トイフハ、シカラシムトイフコトハ、行者ノハカライニアラス、如来ノチカヒニテアルカユヘニ、法爾トイフハ、コノ如来ノオムチカヒナルカユヘニ、シカラシムルヲ法爾トイフ、法爾ハ、コノオムチカヒナリケルユヘニ、スヘテ行者ノ

ハカラヒノナキヲモテ、コノ法ノトクノユヘニ、シカラシムトイフナリ、スヘテ、人ノハシメテハカラハサルナリ、コノユヘニ、他カニハ、義ナキヲ義トスト、シルヘシトナリ、自然トイフハ、モトヨリシカラシムトイフコトハナリ、

弥陀仏ノ御チカヒノ、モトヨリ行者ノハカラヒニアラスシテ、南無阿弥陀ト、タノマセタマヒテムカヘムト、ハカラハセタマヒタルニヨリテ、行者ノヨカラムトモ、アシカラムトモオモハヌヲ、自然トハマフスソトキ、テ候、チカヒノヤウハ、無上仏ニナラシメムト、チカヒタマヘルナリ、無上仏トマフスハ、カタチモナクマシマス、カタチノマシマサヌユヘニ、自然トハマフスナリ、カタチマシマストシメストキニハ、無上涅槃トハマフサス、カタチモマシマサヌヤウヲシラセムトテ、ハシメテ弥陀仏トソ、キヽナラヒテ候、ミタ仏ハ、自然ノヤウヲシラセムレウナリ、コノ道理ヲコヽロエツルノチニハ、コノ自然ノコトハ、ツネニサタスヘキニハ、アラサルナリ、ツネニ自然ニサタセハ、義ナキヲ義トストイフコトハ、ナホ義ノアルニナルヘシ、コレハ仏智ノ不思議ニテアルナリ、

愚禿親鸞八十六歳

正嘉二歳戊午十二月日、善法坊僧都(尋有)御坊、三条トミノコウチ(富小路)ノ御坊ニテ、聖人ニアイマイラセテノキ、カキ(聞書)、ソノトキ顕智コレヲカクナリ、

＊親鸞の弟の尋有は延暦寺青蓮院門徒であり、中堂執行や常行堂検校をつとめたという。また、宝治二年（一二四八）には祇園社一切経会の導師に参勤している（『八坂神社記録』二）。文応元年（一二六〇）九月の大成就院恒例結縁灌頂への出仕が、いまのところ活動記録の下限（『門葉記』巻一三七）。

正元元年（一二五九）

是歳　日蓮が専修弾圧の勘文状を執筆し、鎌倉幕府に関東進出の念仏者の弾圧を求めようとした。

『念仏者令追放宣旨御教書集列五篇勘文状』（『昭和定本日蓮聖人遺文』）

夫以、仏法流布之砌者、天下静謐也、神明仰崇之界者、国土豊饒也、依之自月氏覃日域、自君王至人民、此義無

改、職而然、爰後鳥羽院御宇、有源空法師者、欺道俗故、興専修而破顕密之教理、誑男女故、構邪義而滅仏神之威光、常誘四衆云、浄土三部之外、可棄置衆経、称名一行之外、可廃退余行、矧於神祇冥道之恭敬哉、況於孝養報恩之事善哉、不信之者、疑本願也、爰頑愚之類、軽慢甚深之妙典、無智之族、蔑如神明之威徳、就中臨止観遮那之学窓者、抑出離癡人、励三論法相之稽古者、塞菩提誑人云云、依之仏法日衰、迷執月増、然間南都北嶺之明徳、経奏聞達天聴之刻、源空過咎難遁之間、蒙遠流之宣、赴配所之境畢、其後門徒猶不憚勅命、弥興専修、殆超先代、違勅之至、責而有余、故重停廃専修、可流罪於源空之門徒之由、綸言頻下、又関東御下知、相副於勅宣、門葉等失可遁之術、或流浪山林、或逃隠遠国、自爾華夷抛称名、男女帰正説者也、然又近来不弁先規之輩、不崇仏神之類、再企専修之行、猶増邪悪之甚矣、日蓮雖不肖、且為思天下之安寧、且為致仏法之繁昌、強宣説先賢之語、欲停廃称名之行、又添愚懐之勘文、顛倒邪人之慢幢、勘注之文、繁而難見、為令易知、取要省諸、略列五篇、委細之旨、在広本耳、

奏状篇取詮注之、委在広本

（中略）

宣旨篇

（中略）

御式目云、(貞永式目第七条)於右大将家(源頼朝)以後代代将軍幷二位殿(北条政子)御時事、一向無改御沙汰歟、追加状云、(三二条)自嘉禄元年至仁治御成敗之事、正嘉二年二(十二)月十日評定、右、於自今以後者、準三代将軍幷二位家御成敗、不及改御沙汰云云、

念仏停廃之事、宣旨御教書趣、南都北嶺状粗如此、日蓮雖為尫弱、守勅宣幷御下知之旨、偏述南北明哲之賢懐矣、非猶被棄置於此義者、綸言徳政可被故歟、将御下知可被仰歟、称名念仏行者、又雖被賞翫、既違勅者也、関東御勘気、未蒙免許、何恣企関東近住哉、就中至武蔵前司殿(北条泰時)御下知者、準三代将軍幷二位家御沙汰、不可有改御沙汰云々、然今念仏者、依何威勢、非背　於宣旨、軽蔑於御下知、重結構称名念仏之専修、依人而事異云、在此謂歟、

何恣致華夷縦横之経廻哉、

勘文篇

念仏者追放宣旨御教書事

『一代五時図』（『昭和定本日蓮聖人遺文』）

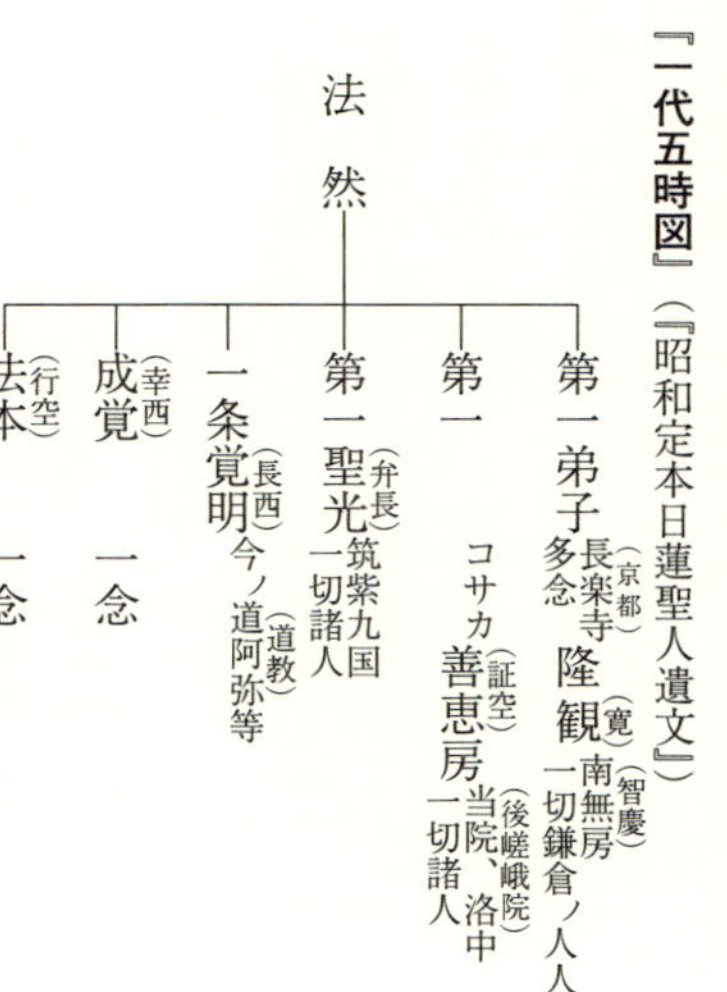

巳上弟子八十余人

『浄土九品之事』（『昭和定本日蓮聖人遺文』）

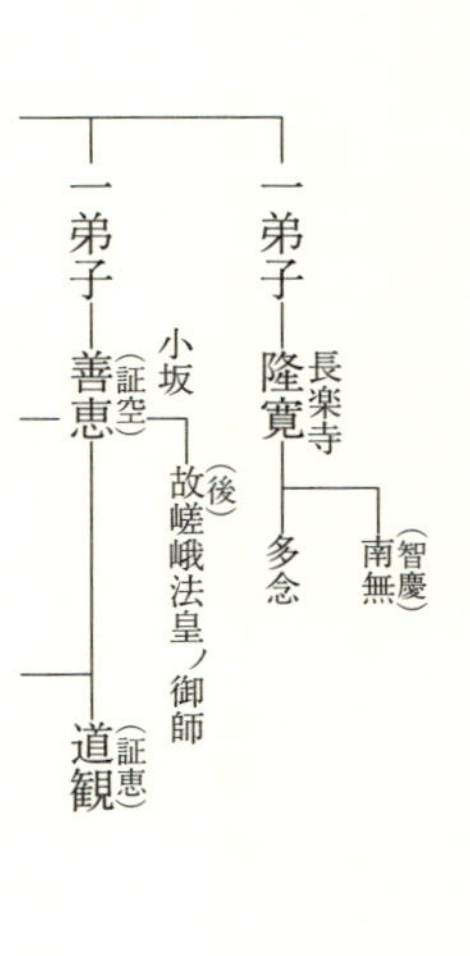

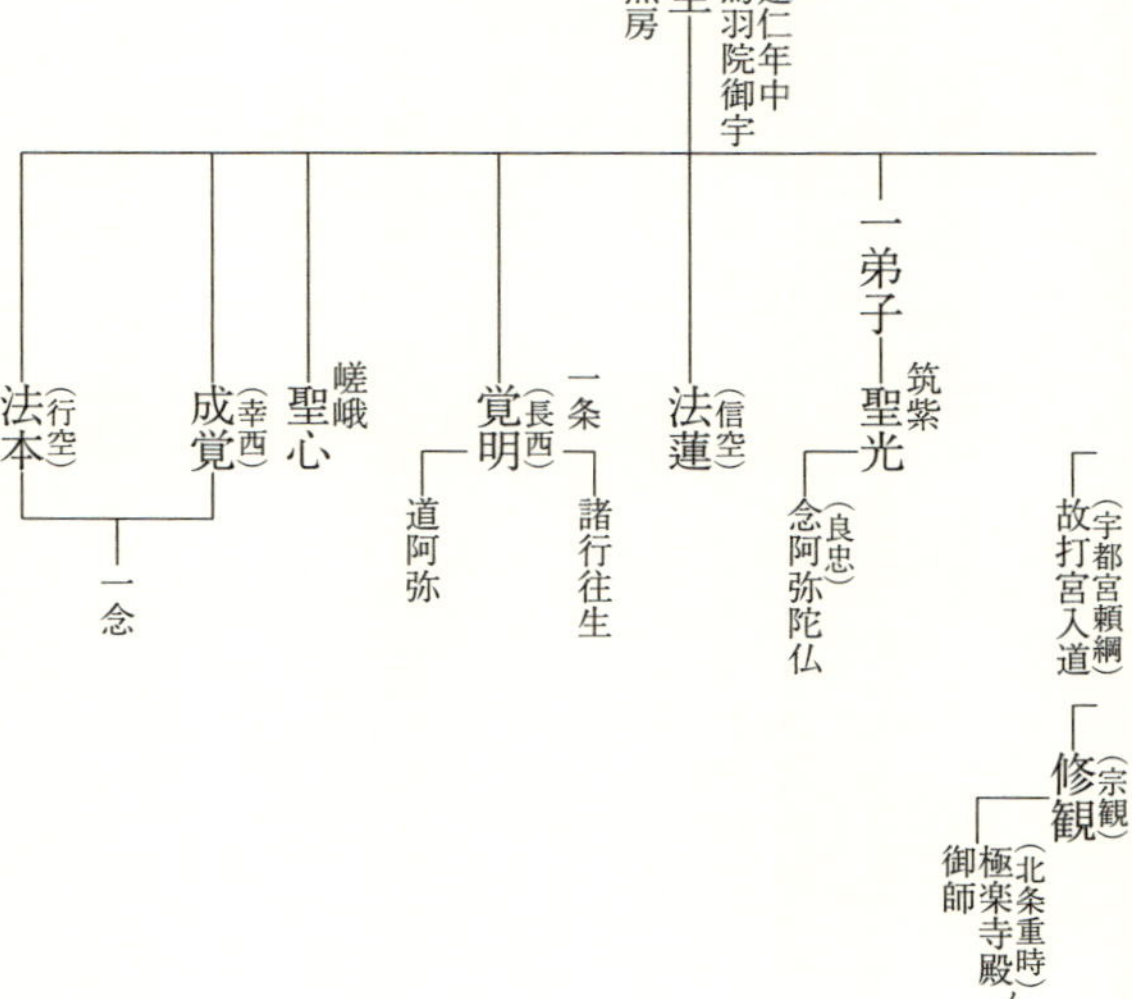

＊系線などの一部記載は『平成新編日蓮大聖人御書』第五刷をもとに補訂。なお、『吾妻鏡』弘長三年（一二六三）十月二十六日条によれば、「宗観房」を導師として北条重時三回忌仏事が極楽寺で行われたとする。『浄土惣系図』（西谷本）には、証空の弟子として「宗観〈名越一族、鎌倉極楽寺根本〉」があがっており、その弟子に弘願・惟智・勇道・道門がいたという（『法然教団系譜選』）。

正元二年（一二六〇）

正月十七日　院御所に落書があり、院中念仏と南都の専修について記す。

「院御所落書」（日本思想大系二二）

年始凶事アリ　国土災難アリ
京中武士アリ　政ニ僻事アリ
朝儀偏頗アリ　諸国飢饉アリ
天子二言アリ　院中念仏アリ

（中略）

円満院乱僧アリ　桜井ニ酒宴アリ
聖護院ニ穏便アリ　東寺ニ行遍アリ
南都ニ専修アリ　大乗院馬アリ
学生ニ宗源俊範アリ　武家過差アリ
聖運ステニスヱニアリ

正元二年庚申正月十七日院御所落書云々、

＊ここに見える延暦寺の学匠宗源・俊範はいずれも嘉禄の法難の関係者である。なお、参考として南都西大寺貞治六年（一三六七）の一向専修禁止令を掲出しておく。一向念仏衆は強盗・殺人犯と同様に財産没収・永久追放となっている。

〈参考史料〉
「西大寺敷地四至内検断規式条々」（西大寺文書、『寺院法』南二二）

（花押）（西大寺長老堯基）

定置

西大寺敷地四至内検断規式条々

一　殺害事

永追出其身、職所帯悉可収公、於住屋者、敗（破）出可焼払之、但当座口論者、十ケ年已後加評定、可有沙汰也、親類者可懸六親也（六親沙汰者、宿意時也、）

（中略）

一　盗犯事

若於家内之財宝、田畠之作毛者、同殺罪可有其沙汰、若於山野之竹木、後薗之菓子者、任旧例可為過料也、

（中略）

一　一向念仏衆事

同殺盗、可致其沙汰也、

（中略）

右、件検断職律家管領濫觴者、先師菩薩（叡尊）律法中興之刻、別当乗範法印崇敬之余、以当寺執行職之検断以下、自奉寄付于興正菩薩以降、既送百余歳之星霜、（中略）依之遺弟等、或任寄付領掌之素意、或案律法久住之大綱、粗録十余条、備当所之亀鏡者也、仍為後代加暑（署）判之状、如件、

貞治六年丁未八月　日　　寥源（花押）

（以下九名の連署略）

弘長元年（一二六一）

二月二十日　鎌倉幕府が関東新制六一箇条を発布。その四一条目に顕密僧の破戒濫行の禁止、五〇条目に破戒の念仏者禁制の条項がみえる。

「関東新制」（式目追加条々、『鎌倉遺文』八六二八号）

関東新制条々

一　可如法勤行諸社神事等事

（中略）

一　可禁断僧坊酒宴并魚鳥会事

成群飲及飽満、既背禁戒、何好放逸、加之、俗人児童相交之間、専以肉物、充用其肴云々、太背物宜、永可令禁制也、

（中略）

一　念仏者事

於道心堅固之輩者、非禁制之限、而或招寄女人、常致濫行、或食魚鳥類、好酒宴、如此之類、遍有其聞、於件家者、仰保之奉行人等、可令破却之、至其身者、可被追放鎌倉中也、

（中略）

以前条々、固守此旨、自来三月廿日、可加禁制也、若有違犯之輩者、可被行罪科、又奉行人無沙汰、不注申者、同可被処其科之状如件、

弘長元年二月廿日

武蔵守平朝臣（北条長時）判

相模守平朝臣（北条政村）判

弘長二年（一二六二）

五月　叡尊が鎌倉に下向して持戒と殺生禁断を説く。これは道教など鎌倉の念仏者にも影響を与えた。

『関東往還記』弘長二年条（東洋文庫）

五月一日　依諸人之所望、従今日又被講古迹（梵網経古迹記）、又儲食行向両処之悲田、与食幷授十善戒（忍性向浜悲田、頼玄向大仏悲田、）

三日　有古迹講、念仏者（侍従入道誓阿）数日聴聞之間、改日来之邪義、可専断悪修善之由、立数十ケ条之誓、進長老（叡尊）、於今者抛偏執、以正法可化俗衆之由、慇懃誓約、

七月十九日　長老（叡尊）夜前相扶病気、依被授戒、又以違例、食事大略不通、諸人雖有対面之所望、不能拝謁、新善光寺（鎌倉名越）別当（道教、念仏者主領云々）、為対面寄宿近辺、伺便宜云々、

盛遍依病悩平臥畢、

『法水分流記』九品寺義の項抄出（『法然教団系譜選』）

上人（法然）――長西――道教（念空、弘安十丁亥七八亡）――性仙

　　　　　　　　　　　　　　　　　　　　　　　　　　　├阿観

　　　　　　　　　　　　　　　　　　　　　　　　　　　└理道

「行照

『浄土惣系図』覚明弟子の項抄出（西谷本、『法然教団系譜選』）

道教（自思円上人（叡尊）受具足戒、弘安十五七月八入）

＊『浄土惣系図』は道教の弟子として、如円、覚雲、理道、性仙（浄光明寺長老道空）、円融、心蓮、円道、円定、阿観、信阿闍梨、浄教、観心、明覚、阿日、円実の一五名をあげる。

十一月二十八日　親鸞が舎弟尋有の善法院で死没、東山に葬られた。

『教行信証』西本願寺本化身土巻奥書（『定本親鸞聖人全集』一）

弘長二歳（壬戌）十一月廿八日

未剋、親鸞聖人御入滅也、

『教行信証』福井市浄得寺本化身土巻奥書（『定本親鸞聖人全集』一）

弘長二歳（壬戌）十一月廿八日

未剋、親鸞聖人御入滅也、御歳九十歳、同廿九日戌時、東山御葬送、同卅日御舎利蔵、仏滅後至（二千二百三十五）歳、（入末法後、七百三十五歳）当文永十二歳乙亥世（也カ）、依賢劫経・仁王

経・涅槃経等説言、

『教行信証』高田派専修寺本教巻・信巻・真仏土巻奥書（『定本親鸞聖人全集』一）

親鸞御入滅　弘長二歳壬戌十一月廿八日午時御歳九十歳也、
同廿九日午時、専信遠江国池田住僧、顕智下野国高田住僧御舎利蔵畢、

「恵信尼書状」（西本願寺文書）

こその十二月一日の御ふみ、同はつかあまりに(廿日)、たしかにみ候ぬ、なによりも、殿(親鸞)ゝ御わうしやう(往生)、中〱はしめて申におよはす候、（中略）されは御りんす(臨終)は、いかにもわたらせ給へ、うたかひ(疑)思まいらせぬうへ、おなし事なから、ますかた(益方入道有房)も御りむす(臨終)にあいまいらせて候ける、おやこ(親子)のちきりと申なから、ふかく(深)こそおほえ候へは、うれしく候〱、（後略）

『善信聖人絵』下（西本願寺蔵、日本絵巻物全集二〇）

聖人、弘長二年壬戌仲冬下旬の候より、聊不例の気まします。自爾以来、口に世事を不交、たゝ仏恩のふかき事をのふ。声に余言を不呈、もはら称名たゆることなし。而同第八日午剋頭北面西、右脇に臥たまひ(給)て、つゐに念仏の息たへおはりぬ。于時頽齢九旬に満たまふ(給)。禅房は長安馮翊の辺押小路南、万里小路東なれは、はるかに河東の路を歴て、洛陽東山の西麓、鳥部野の南辺、延仁寺に葬したてまつ(奉)る。遺骨を拾て、同山麓、鳥部野の北辺、大谷に是をおさめおわりぬ、而終焉にあふ門弟、勧化をうけし老若、おの〱在世のいにしへをおもひ、滅後のいまを悲て、恋慕涕泣せすといふ事なし。

弘長三年（一二六三）

八月十三日　後嵯峨上皇が公家新制四一箇条を発布。その第一二条で顕密僧による宴飲・妻帯などの破戒を誡めた。

「亀山天皇宣旨」（公家新制、『鎌倉遺文』八九七七号）

弘長三年八月十三日　宣旨

一　可興行伊勢幣事

（中略）

一　可諸寺諸山顕密僧侶守戒法事

仰、仏法之紹隆者、偏在僧宝、僧宝之住持者、偏在徳行、徳行之中、持戒為先、而近来頻好宴飲、剰蓄妻妾、

四重猶不全、十戒敢不禁、非只黷乱真諦、固亦違犯国典、早任延暦・弘仁・貞観符、遍仰諸寺諸山、可禁放逸無慙、但其身雖闕戒律、能言者国師也、不可棄之、凡如僧綱召幷別請之時、採用浄行、可励後輩、

（中略）

一　可永禁断流毒幷焼狩事

仰、流毒焼狩之制者、先綸後符所誡也、早任寛元之制符、宜従厳密之禁網、五畿七道、一向停止之、

蔵人頭大蔵卿藤原光国奉

＊顕密僧に戒律の遵守を呼びかけているが、処罰規定がない。それだけでなく、破戒の顕密僧の放逐を否定しており、破戒の念仏者との対応の落差に注意したい。なお、この時代の顕密僧の生活実態を示すものとして、信願上人良遍（一一九四〜一二五二）の『護持正法章』を参考として掲げておく。興福寺の僧徒が大酒大食や囲碁双六や大小将棋に明け暮れていることを自己批判したものである。製作年代は不明だが、興福寺を「吾寺」と呼んでいることからすれば、仁治三年（一二四二）の遁世前と考えてよい。

〈参考史料〉

『護持正法章』（『日本大蔵経』法相宗章疏二）

夫、時及澆季、世属像末、修学衰微、雖為理運、吾寺法滅、猶超余所、是何故耶、定有深由歟、如当時者、云良家、云凡人、可支法命之輩、学窓悉荒、遊戯宴飲之営、逐日倍増、依之公請清撰、其仁漸絶、大業得請、亦将闕如、非只当時滅亡、向後弥無所憑、（中略）今為汝等、目録至要歟也、流布此状於一寺、先探貴賤意、（中略）先違縁者、此有多篇目、略示五縁、一者過差、無縁之人、有学問志、不能住寺、住寺之人、遂不堪任（忍カ）、屢及離寺、只此事也、二者放逸、大酒大食等也、此条多自徒党而起、云事之起因、云当時行儀、甚以左道也、非只修学之退縁、兼費住寺之資縁、二悪計会、其過殊重、凡人尚可恥、況於良家哉、三者勝負、囲碁双六・大小将碁等也、終日疲目、竟夜尽燈、学侶之身、鑽仰之外、豈有如此事、又非一旦之興、既為長時之態、自学勧他、方何時哉、四者追従、寺中京都其縁旁繁、営営之間、分分之煩、法衰財衰、不可勝計者哉、五者京童、是亦多依徒党之失、散乱之因縁、稽古之魔事、何事如之哉、条条如此、是皆為昇進、為世路、為威勢、為興宴也、良家凡人皆以爾也、此条逐年逐日、次第増盛、今年越去年、今日倍於昨日、都無非

滅法命、（後略）

文永三年（一二六六）

正月六日　諸行本願義の覚明房長西が死没した。

『新抄』文永三年正月条（『続改訂史籍集覧』一）

六日庚子（中略）是日覚明上人入滅（後略）

『法水分流記』西山義の項抄出（『法然教団系譜選』）

上人(法然)——証空——長西（覚明、帰投住心坊）

『法水分流記』九品寺義の項抄出（『法然教団系譜選』）

上人(法然)——長西（覚明、住九品寺、生所讃州西三谷、九歳上洛、十九出家、上人往生時廿九、其後西山門人也、義絶以後帰投覚愉(瑜)、立諸行本願義）

『浄土法門源流章』（『浄土宗全書』一五）

郊北九品寺長西上人房号覚明、久事源空、練浄土教、長西十九出家、即附源空、源空其時年満七十、長西常随給仕不懈、空公八十入滅、于時長西年二十九、首尾十一年随逐学法、

長西門人英哲甚多、謂澄空房号如輪上人、理円上人、覚心大徳、阿弥陀房、空寂上人、十地上人、道教上人、上衍大徳、証忍大徳、如是諸輩各随所承、弘通浄教、（中略）長西乃讃州人、九歳上洛、随菅家長者、服膺俗典、出家入緇、源空寂後、遊学非一、学研天台、伝三観法、随住心大徳、学止観等、謁俊芿法師、亦習止観、値仏法禅師、久経禅学、起信釈論無不譜(諳)練、浄土法門温習極大、尋古知今、達此通彼、窮幽尽理、陶貫洞朗、無有所遺、所立義云、念仏諸行皆是弥陀如来本願、随所修業、皆生報土、（後略）

『法然上人行状絵図』巻四八（日本絵巻物全集一三）

覚明房長西は、上人(法然)没後に、出雲路の住心房に依止し、諸行本願のむねを執して、選択集に違背す。この三人(行空・幸西・長西)、随分名誉の仁たりといへとも、上人の冥慮はかりかたきによりて、門弟の烈(載)にのせさるところなり。

＊『浄土伝燈総系譜』は覚明を伊予守藤原国明の子とする。しかし国明子の覚明は平安時代末の園城寺の僧侶であり、別人である。

文永八年（一二七一）

七月　鎌倉の浄光明寺行敏や悟真寺良忠・新善光寺道教・極楽寺忍性らが日蓮を鎌倉幕府に提訴。同年九月、日蓮は佐渡に配流となる。

「行敏御返事」（『昭和定本日蓮聖人遺文』）

行敏初度難状

雖未入見参、以事次、中承常習候歟、抑如風聞者、所立之義尤以不審、法華前説一切諸経、皆是妄語、非出離法是一、大小戒律誑惑世間、令堕悪道法是二、念仏為無間地獄業是三、禅宗天魔説、若依行者、増長悪見是四、事若実者、仏法怨敵也、仍遂対面、被破悪見、将又無其義者、争不被悪名、痛哉、付于是非、委可示給也、恐恐謹言、

七月八日　　　　僧行敏在判

日蓮阿闍梨御房

条々御不審事、私問答難事行候歟、然者、被経上奏、随被仰下之趣、可被糾明是非候歟、如此蒙仰候条、尤所庶幾候、恐恐謹言、

七月十三日　　　　日蓮花押

行敏御房御返事

「行敏訴状御会通」（『昭和定本日蓮聖人遺文』）

当世日本国第一持戒僧良観聖人（忍性）、幷法然上人之孫弟念阿弥陀仏（良忠）・道阿弥陀仏（道教）等諸聖人等、訴訟日蓮状云、欲早被召決日蓮、摧破邪見、興隆正義事云云。（中略）又云、而日蓮偏執法華一部、誹謗諸余大乗云云。（中略）又云、所謂法華前説諸経、皆是妄語云云。（中略）又云、念仏無間業云云。（中略）又云、禅宗天魔波旬説云云、此又非日蓮私言、（中略）又云、大小戒律世間誑惑法云云、（中略）又云、年来本尊弥陀観音等像、入火流水等云云、此事慥指出証人可申、若無証拠、良観上人等自取出本尊、入火流水、欲負科於日蓮歟、委細糾明之時、無其隠歟、但無御尋問、其重罪譲渡良観上人等、破失二百五十戒因縁、不如此大妄語、無間大城之人、勿求他処、又云、集凶徒於室中云云、法華経云、或有阿練若等云云、妙楽云、東春云、輔正記云、以此等経釈等、引向当世日

本国、汝等所挙建長寺・寿福寺・極楽寺・多宝寺・大仏殿・長楽寺・浄光明寺等寺寺、妙楽大師所指第三最甚悪所也、東春云、即是出家処、摂一切悪人云云、又云、両行向公処等云云、又云、兵杖等云云、涅槃経云、天台云、章安云、妙楽云、為法華経守護、弓箭兵杖、仏法定法也、例如国王為守護集刀杖、但良観上人等所弘通法、日蓮難、難脱之間、既可令露顕歟、故為隠彼邪義、相語諸国守護・地頭・雑人等言、日蓮幷弟子等、阿弥陀仏入火流水、汝等大怨敵也云云、切頸追出所領等勧進故、日蓮之身被疵、弟子等及殺害数百人也、此偏良観・念阿・道阿等上人、出大妄語、有心人人可驚可恐云云、（中略）

日蓮花押

文永九年（一二七二）

正月十六日　然阿良忠が鎌倉悟真寺とその寺領を、真弟の寂恵良暁に譲ろうとした。

「**良忠譲状**」（相模光明寺文書、『鎌倉遺文』一〇九五四号）

譲与

悟真寺房地幷同免田武州在鳩井

僧寂恵（良暁）

右人、為父子之間、永以譲与了、抑此田地者、奉為故（北条泰時）武州前刺（刺）史聖霊御往生極楽、成等正覚、殊抽追孝之御志、所令寄進給也、而今近八旬、労侵身心、追修未満、告終欲逝、然時、縦雖令然阿他界、且任至孝之御願、且依愚老之遺誡、可致誦経称仏之勤行者也、然者、如然阿見存之時、以尼定阿為母、以吉弟等思子、尽孝可垂哀也、仍病中右筆、所譲定置之状如件、

文永九年正月十六日　　然阿弥陀仏（花押）

＊この時の大病によって良忠は良暁（一二五一～一三二八）に悟真寺を譲ろうとするが、その後、病は回復した。良暁は良忠の実子であり、弁長から鎮西義の正統を継承した後に、良忠が妻帯したことに留意したい。

冬　親鸞の墳墓を改め、吉水北辺に廟堂を建てて親鸞影像を安置した。

『**善信聖人絵**』**下**（西本願寺蔵、日本絵巻物全集二〇）

文永九季冬比、東山西麓鳥部野の北、大谷の墳墓をあら

ためて、同麓より西、吉水の北辺に遺骨を堀渡て、堂閣を立、影像を安す。此時に当て、上人相伝の宗義いよいよ興し、遺訓ます〳〵盛事、頗在世の昔に超たり。すへて門葉国郡に充満し、末流処々に遍布して、幾千万といふことをしらす。其稟教を重して彼報謝を抽る輩、緇素老少、面々あゆみを運て、年々に廟堂に詣す。

建治三年（一二七七）

十一月七日　親鸞の娘覚信が、大谷の地を親鸞の墓所廟堂に寄進した。

「尼覚信置文」（伊勢専修寺文書、『鎌倉遺文』一二八九九号）

きしん（寄進）すちいち（地一）の事
あり（在）、おほたに（大谷）のそうもんのみなみ（南）、ひんかし（東）のつら（面）、
しゝ（四至）さかい（境）は、ほんけん（本券）にみへたり、
みき、くたん（件）のち（地）は、かくしん（覚信）かさうてん（相伝）のところなり、
しかるを、こしんらん（故親鸞）上人は、かくしん（覚信）のちゝ（父）にてをはしますゆゑ（故）に、むかし（昔）のかうはしさによて、上人の御はかところ（墓所）になかく（永）ゑいたい（永代）をかきて（限）、きしん（寄進）したてまつる物なり、かくしん（覚信）一こ（期）のゝち、このところをあいつ（相継）かんすゑ（末）〳〵の人、ほんけん（本券）をたい（帯）して、しそむ（子孫）たりというとも、井中（田舎）の御とうきやう（同行）の御心ゆかすして、こゝろ（意）にまかせてうり（売）もし、又いらん（違乱）なさんともから（輩）は、はやくふけう（不孝）にそせ（処）られて、さいくわ（罪科）にをこなはる（行）へし、又しんらん（親鸞）上人の御てし（弟子）たちの御心にかない（叶）て候はんもの（者）をは、この御はかところ（墓所）を、あつけ（預）たひ（賜）候て、みさはくらせられ候へし、まつたい（末代）いまても御はか（墓）をまたく（全）せんために、きしん（寄進）のしやう（状）くたん（件）のことし、このやうをかき（書）て、さき（先）にさしまのしやうねんはうに、井中（田舎）のとうきやう（同行）の御中へ御ひろう（披露）候へとて、たてまつり（奉）て候しかは、をな（同）し事にて候へとも、とうきやう（同行）おほく（多）をはしまし候へは、いまたしらせ（知）給はぬ人も、をはしまし候らんとて、けんち（顕智）はう・けうねんはう、なを御ひろう（披露）候へと思て、をな（同）し事を又かき（書）てまいらせ候うへは、たゝまつたい（末代）いまても、上人の御めうたう（廟堂）の御ち（地）とさため（定）て、ゆめ〳〵た（他）のさまた（妨）けあるましく候、もしこの御めうたう（廟堂）をあつかり（預）て候はんするあま（尼）かすゑ〳〵の物とも、このち（地）をうり（売）もし、七（質）に

もをきて（置）候とも、ゆめ〳〵もちゐられ（用）候はて、このふみをもんそ（文書）として、井中（田舎）の御とうきやう（同行）たちの御はからいにて、をさへて（抑）、くけ（公家）・ふけ（武家）へそせう（訴訟）いたして、御はか（墓）のち（地）になさるへし、そのうへ、へちのさいくわ（罪科）にもをこな（行）はるへし、ほんけん（本券）ならひに、たい〳〵（代々）のてつぎ（手継）ともをも、このふみにくし（具）て、御とうきやう（同行）の中へまいらすへく候へとも、きやうへん（京辺）のち（地）のならひ（習）、さかいろむ（境論）なとん、もつれ候時に、この御はか（墓）あいつきて候はんするあま（尼）かこ（子）に、あつけ（預）をきて、さかい（境）のあきらめをも、せさせ候はんために、くし（具）てもまいらせ候はす候也、のちのせうもん（証文）のために、かき（書）をき候也、

けんち三ねん十一月七日　あまかくしん（覚信）（花押）

しんらん（親鸞）上人の井中（田舎）の御てし（弟子）たちの御なかへ

まつたい（末代）まても、ゆめ〳〵わつらい（煩）あるましく候へとも、せめての事に、かくまて申をき候也、

弘安二年（一二七九）

九月頃　一遍が信濃国小田切の里で踊り念仏を始める。

『一遍聖絵』第四（新修日本絵巻物全集一一）

同年（弘安二）八月に、因幡堂をいて（出）、善光寺へおもむき給。道の間の日数、自然に四十八日なり。其年、信濃国佐久郡伴野の市庭の在家にして、歳末の別時のとき、紫雲はしめてたち（立）侍りけり。抑をとり（踊）念仏は、空也上人、或は市屋、或は四条の辻にて始行し給けり。（中略）それよりこのかた（以降）、まなふ（学）もの、をのつから（自）ありといへとも、利益猶あまねからす。しかるを、いま時いたり、機熟しけるにや。

同国小田切の里、或武士の屋形にて、聖（一遍）をとり（踊）はしめ（始）給けるに、道俗おほく（多）あつまり（集）て、結縁あまねかりければ、次第に相続して一期の行儀と成れり。

弘安三年（一二八〇）

十月二十五日　尼覚信が大谷の地を親鸞御影堂に寄進した。土地は親鸞門弟が管理し、その留守職は門弟が覚信の子孫から器量の者を選んで相承させることとした。

「尼覚信寄進状案」（山城本願寺文書、『鎌倉遺文』一四一五四

号）

尼覚信「寄進状案」

きしん(寄進)すち(地)の事

あり(在)、おほたに(大谷)のそうもんのみなみ(南)、ひんかし(東)の
つら(面)、し、(四至)さかい(境)は、ほんくゑん(本券)にみへたり、
みき、くたん(件)のち(地)は、あまかくしん(覚信)かさうてん(相伝)のところな
り、しかるを、こしんらん(故親鸞)上人は、かくしん(覚信)かち、(父)にてを
はしますゆへに、上人の御はかところ(墓所)に、なかく(永)ゑいたい(永代)
をかきて(限)、きしん(寄進)したてまつるものなり、かくしん(覚信)いちこ(一期)
の、ち、このところをあいつかん(相継)するゝ(末)の人、ほんくゑん(本券)
をたいして(帯)、しそん(子孫)なりといふとも、ゐ中(田舎)の御とうきやう(同行)
たちの御心ゆかすして、心にまかせてうり(売)もし、又ゐらん(違乱)
なさんともから(輩)は、はやくふけう(不孝)にそ(処)せられて、さいくわ(罪科)
にをこなは(行)るへし、又しんらん(親鸞)上人の御てし(弟子)たちの御心
にかない(叶)て候はんもの(者)をは、この御はかところ(墓所)をは、
あつけ(預)たひ(賜)候て、さはくらせ給候へし、まつたい(末代)まても、
御はかところ(墓所)を、またく(全)せんためにきしん(寄進)のしやう(状)、
くたん(件)のことし、

弘安三年かのへたつ十月廿五日　　あま覚信ありはん

しんらん(親鸞)上人のゐ中(田舎)の　　唯善童名 一名丸ありはん
御てし(弟子)の御中　　覚恵本名 専証ありはん

「尼覚信置文案」（山城本願寺文書、『鎌倉遺文』一四一五五号）

副出寄進状覚信状案
きしんの状にそへいたす状の案

こしんらん(故親鸞)上人の御はか(墓)の地の本くゑん(券)てつき(手継)を、ゐ中(田舎)
の御同行の御中へまいらすへしといゑとも、京のならひ(習)、
さかいさうろん(境相論)なとも候へは、この御るすし(留守)候はんする
あま(尼)かことも(子供)に、あつけ(預)をき候て、あきらめをもせさせ
候はんために、あつけ(預)をき候也、せんねん(禅念)の御房の、
かくしん(覚信)にゆつり(譲)たひ候御てつき(手継)はかりを、あん(案)をかき(書)
て、うら(裏)にはん(判)をして、まいらせて候、のちのために、
かき(書)をき候ものなり、

弘安三年十月廿五日　　あま覚信ありはん

「尼覚信敷地譲状」（山城本願寺文書、『鎌倉遺文』一四一五六

号）

おほたに（大谷）のこしんらん（故親鸞）上人の御ゑいたう（影堂）のしきち（敷地）の事、きしん（寄進）のしやう（状）をかき（書）て、ゐ中（田舎）かの御て（弟子）したちのなかへ、いたし（出）をはり（畢）ぬ、たゝし、このところ（所）のるすしき（留守職）におきては、せんせうはう（専証房）に申つくるところなり、はやく（早）このふみ（文）をてつき（手継）として、くわんれい（管領）せらるへし、それの一この（期）ゝちは、又こと（子供）ものなかに、きりやう（器量）をはからひて、すゑのよ（世）まても、したい（次第）に申つけらるへし、上人の御ためにも、あまかため（尼）に□（もカ）、その御すへ（末）たらんともから（輩）、このところをあひつく（相継）へきうへは、ゆめ〳〵た（他）のさまた（妨）けあるへか□□（らす）、かやうに申をく（置）うへは、もしいかなるゐらん（違乱）申人ありとも、はやく、くけ（公家）・ふけ（武家）にうたへ申□（て）、したち（下地）におきては、きしん（寄進）のしやう（状）にまかせて、もんてい（門弟）のくわんれい（管領）とし、るすしき（留守職）にをいては、このしやう（状）をまもりて、あまかしそん（子孫）、なかくあひつく（相継）へきものなり、よ（仍）てのち（後）のために、しやう（状）くたんのことし、

こうあん（弘安）三ねんかのへたつ十月廿六日

あまかくし□（ん）（花押）

せんせう（専証）の御はうへ

＊覚信が再婚相手の禅念から大谷の地を譲られたことについては、次の史料を参照。二人の間の子である唯善に相続させるかどうかは、覚信の判断に任された。そこで覚信尼は土地を親鸞門弟に寄進し、大谷廟留守職を初婚の日野広綱との間の子である覚恵（専証房）に相続させた。

〈参考史料〉

「禅念譲状案」（山城本願寺文書、『鎌倉遺文』一一六三六号）

（端裏書）「譲状等案」

僧禅念譲尼覚信状案
禅念房譲状案

おほたに（大谷）のやちのほんケむ（本券）五まいまいらせ候、このふみ（文）をてつき（手継）にて、たのわつらひ（他）（煩）あるましく候、一みやう（名）は、ゆいせんか（唯善）には、ゆつり（譲）たは（給）う、たはしは、御心ニて候へし、ゆめ〳〵ちのわつらひ（煩）あるへからす候なり、

文永十一年四月廿七日　　在判

かくしんの御房へ

弘安五年（一二八二）

春　一遍が鎌倉に入ろうとするが、阻まれる。

『一遍聖絵』第五（新修日本絵巻物全集一一）

弘安五年の春、鎌倉にいり(入)たまふ(給)とて、なかさことといふところ(所)に、三日とゝまり(留)たまふ(給)。聖(一遍)のたまはく(宣)、鎌倉いり(入)の作法にて、化益の有無をさたむ(定)へし。利益たゆ(絶)へきならは、是を最後と思へきよし、時衆にしめ(示)して、三月一日こふくろさか(小袋坂)よりいり(入)たまふ(給)に、今日は大守(北条時宗)山内へいて(出)給事あり。このみち(道)よりは、あしかる(悪)へきよし人申けれは、聖思ふやうありとて、なをいり(入)たまふ(給)。武士むかひて制止をくは(加)ふといへとも、しゐ(強)てとをり(通)たまふ(給)に、小舎人をもて時衆を打擲して、「聖はいつくにあるそ」とたつね(尋)けれは、聖、「こゝにあり」とて、いて(出)むかひ給ふに、武士云、「御前にて、かくのこときの狼藉をいたす(致)へき様やある。汝、徒衆をひき(引)く(具)する事、ひとへに名聞のためなり。制止にかゝへられす、乱入する事、こゝろえ(心得)かたし」と云々。聖、こたへ(答)たまはく(給)、「法師にすへて要なし。只人に念仏をすゝむ(勧)るはかりなり。汝等いつまてか、なからへて、かくのことく(如)仏法を毀謗すへき。罪業にひか(引)れて冥途におもむかん時は、この念仏にこそ、たすけ(助)られたてまつる(奉)へきに」とのたま(宣)ふ。返答なくして、二杖うち(打)たてまつる(奉)。聖は不捨怨憎由大悲なれは、さらにいため(痛)る色なし。有識含霊皆普化なれは、ひとへに結縁をよろこひ(喜)て、のたまひ(宣)けるは、「念仏勧進をわか(我)いのち(命)とす。しかるを、かくのこと(如)くいましめ(誡)られは、いつれのところ(所)へかゆく(行)へき。こゝにて臨終すへし」とのたまふ(宣)に、武士、「鎌倉の外は御制にあらす」とこたふ(答)。よりて、そのよ(夜)は山のそはみちのほとりにて、念仏したまひ(給)けるに、かまくら(鎌倉)中の道俗、雲集して、ひろく供養をのへ(展)たてまつり(奉)けり。

弘安六年（一二八三）

秋　無住が『沙石集』を著し、そのなかで専修念仏を批判した。

『沙石集』巻一―一〇「浄土門ノ人神明ヲ軽テ蒙罰事」（日本古典文学大系）

凡念仏宗ハ、濁世相応ノ要門、凡夫出離ノ直路也。実ニ目出度キ宗ナル程ニ、余行余善ヲ撰ミ、自余ヲ仏菩薩・神明マデモ軽メ、諸大乗ノ法門ヲモ謗ズル事アリ。

此俗、諸行往生ヲ許サヌ流ニテ、事外ニ心エズシテ、余ノ仏菩薩ヲモ軽メケル人ナリ。凡念仏宗ノ流、マチ〳〵ナリトイヘドモ、暫ク一義ニヨセテ申サバ、大方ハ経ノ文モ釈ノ中ニモ、余行ノ往生シ侍リ。（中略）念仏ハ取リ分、諸行ノ中ニ撰ビ勝リテ、一願ニ立、正也、本也。余行ハ惣ノ生因ノ願ニ立テ、傍也、末也。サレバトテ、往生セズトハ、イカヾ申サン。善導大師ノ御釈ニモ、「万行倶廻皆得往」ト釈シテ、万行万善イヅレモ廻向セバ往生スベシト見ヘタリ。雑行ノ下ノ釈ニ、「雖可廻向得生、衆名疎雑之行」ト釈シ給ヘリ。疎ト親キハアレドモ、往生セズトハ見エズ。

　況ヤ法華ヲ誦シ、真言ヲ唱ヘテ、往生ノ素懐ヲ遂事、経文トイヒ、伝記トイヒ、三国ノ先蹤是レ多シ。抑テ大乗ノ功能ヲ失、謗リテ、余教ノ利益ヲ蔑ロニスル事、然ルベカラズ。サレバ只仰テ本願ヲ信ジ、ネンゴロニ念仏ノ功ヲ入テ、余行ヲ謗リ、余ノ仏菩薩神明ヲ軽シムル事、アルベカラズ。（中略）

　余行往生ヲユルサヌ流ハ、弥陀ヲ讃ニ似テ、実ニハ謗ニ成ヲヤ。其故ハ、弥陀、慈悲広クシテ、万行万善ヲ修スル人ヲモ迎トリ、極楽ハ堺無辺ニシテ、余教余宗ヲ習フ輩ヲモ接取シ給ハンコソ、余仏ニモ勝、余ノ浄土ニモ超テ、我建超世願ノ誓ヒモ頼ク、広大無辺際ノ国モ目出タカルベキニ、余行余教ヲバ撰ステラレテ、往生セヌ事ナラバ、仏ハ慈悲少ク、国ハ境セバクコソ覚侍レ。（中略）

　又、余行ノ往生ユルサヌ流ノナカニモ、義門区（マチ〳〵）ナリ。或人師ノ義ニハ「余行ノ往生セヌトイフハ、三心ヲ具ザル時ノ事也。三心ヲ具スレバ、余行モ皆念仏トナリテ往生スベシ。名号ヲ唱フトモ、三心ナクハ往生スベカラズ」ト云リ。此義ナラバ、余行ノ往生疑ナシ。本ヨリ三心ナクハ、念仏トテモ往生セズ。余行ト念仏ト、全替ル事ナシ。先達ハカ様ニヘダテナク申テ、機ヲ勧、宗ヲ弘ム。其志、咎ナシ。末学在家ノ人ナド、只詞バカリヲ聞テ、余行ヲ謗ナルベシ。

『沙石集』六―一〇「説経師盗賊ニ値タル事」（日本古典文学大系）

近代ノ念仏宗ノ人ハ、多ク余行余善ヲバ、雑行トソシリクタシテ嘲リ、世間ノ名利名聞ト三毒十悪ヲバ不レ恐憚。コレ大キニ愚癡ナリ。惣ハ仏教ノ大意ニタガヒ、別ハ祖師ノ本意ニ不叶。仏教ノ大意ハ、「諸悪莫作、諸善奉行」ト云ヘリ。悪ハ力ニ随テトヾメ、善ハ縁ニアワバナスベシ。諸仏ノ通誡ナリ。善導ノ御意ハ、余教、謗ズマジキ事ハ般舟讃ノ序ニアリ。上ノ善ニ具サニヒケリ。一行ヲ勧給フ本意ハ、凡夫ハ散乱ニシテ、専一ノ行修シ難シ。彼是広ク行ゼバ、行業難レ成。今有縁ノ一行、本願ニスガリテ、往生ノ心ニ住シテ、余行余業ヲマジヱズシテ、一心ニ専念ズベシ。サレバ礼讃ニハ、「貪嗔等ヲ来ラシ、マジウル事ナカレ」ト、ムネト勧テ、余行余業、諸善雑行ヲモトヾムル本意ハ、一心ノ為也。法ヲ謗レトニハ非ズ。又余行ノ往生セズトニモ非ズ。万行倶廻シテ、皆往生スベシト釈シ給ヘル故ニ。

十一月二十四日　覚信が親鸞廟堂の留守職を専証（覚恵）に譲り、東国門弟に変わらぬ支援を要請した。

「尼覚信置文案」（山城本願寺文書、『鎌倉遺文』一五〇一二号）

「みはかの御るすの事申つけらる、尼覚信房最後状案」

十一月十八日より、のとのやまひ（病）をし候て、いま（今）はこのたひ（度）そ、おはりにてさふら（候）へは、ゐ中（田舎）の人〳〵のけさむ（見参）に、ことし（今年）はかりそ、けさむ（見参）のかきりにてさふらひ（候）けると、おほえて、しゆくこう（宿業）のほとも、ふしき（不思議）におほえて候、さては、このしやう（上）人の御はか（墓）の御さたをは、せん（覚恵）せう（本名也）はう（房）に中をき（置）さふらふ（候）なり、あまか（尼）候つるほとは、ゐ中（田舎）の人〳〵の心さしのものにて、このものともをは、はく（育）ゝみ候つれとも、いま（今）はいかゝし候はんすらんと、心くる（苦）しくおほえ候、たはたけ（田畠）もゝたす候へは、ゆつり（譲）おく事もなく候、たゝいかう（一向）ゐ中（田舎）の人〳〵をこそ、たの（憑）みまいらせ候へは、あまか（尼）さふらひ（候）しにかはらす、御らん（覧）しはな（放）たれす候へかしと、おほえて候、めん〳〵へ申へく候へとも、さのみ、はんをし候はんもわひしく候て、みな〳〵をなし（同）事に御らん候へとて、ひとつに申候也、あなかしく〳〵、

弘安六年十一月廿四日　　　　覚信ありはん

ゐ中(田舎)の人〳〵の御中へ

弘安八年（一二八五）

八月十三日　善円が一向専修の念仏者の禁制を定めた。

「善円念仏者禁制案」（山城本願寺文書、『鎌倉遺文』一五六四二）

制禁

一向専修ノ念仏者ノナカニ停止せシムヘキ条々事

一　専修一行ノトモカラニオキテ、余仏菩薩ナラヒニ、別解別行ノ人ヲ誹謗スヘカラサル事、

一　別解別行ノ人ニ対シテ、諍論ヲイタスヘカラサル事、

一　主親ニオキタテマツリテ、ウヤマヒ、オロカニナセル事、

一　念仏マフシナカラ、神明ヲカロシメタテマツル事、

一　道場ノ室内ニマヒリテ、憍慢ノコ、ロヲイタシ、ワラヒサ、ヤキコトヲスル事、

一　アヤマテ一向専修トイヒテ、邪義ヲトキテ、師匠ノ悪名ヲタツル事、

一　師匠ナレハトテ、是非ヲタ、サス、弟子ヲ勘当スヘカラサル事、

一　同行善知識ヲカロシムヘカラサル事、

一　同行ノナカニオキテ、妄語ヲイタシ、ウタヘマフストイフトモ、両方ノ是非ヲキ、テ、理非ヲヒラクヘキ事、

一　念仏ノ日集会アリテ、魚鳥ラヲ食スルコト、モロ〳〵アルヘカラサル事、

一　念仏勤行ノトキ、男女同座スヘカラス、ミタリナルヘキユヘナリ、

一　カタシケナキムネヲ存シテ、馬ノ口入、人ノ口入スヘカラサル事、

一　アキナヰヲせンニ、虚妄ヲイタシ、一文ノ銭ナリトモ、スコシテトルヘカラス、スナハチカヘスヘシ、

一　他ノ妻ヲオカシテ、ソノ誹謗ヲイタス事、

一　念仏者ノナカニ、酒アリテノムトモ、本性ヲウシナヒテ、酒クルヒヲスル事、

一　念仏者ノナカニ、ヌスミ博奕ヲスル事、

一　スクレタルヲソネミ、オトレルヲカロシムルコト、モロ〳〵アルヘカラサル事、

右、コノムネヲ停止セシメテ、十七ケ条ノ是非制禁ニマカセテ、専修一行ノ念仏者等、アヒタカヒニ、イマシメヲイタシテ、信セラルヘシ、モシコノムネヲ、ソムカントモカラニオキテハ、同朋同行ナリトイフトモ、衆中ヲマカリイタシ、同座同列ヲスヘカラサルモノナリ、仍制禁之状如件、

弘安八年八月十三日　　善円在判

＊参考史料として、越後浄興寺所蔵の専修念仏張文日記を以下に掲げる。門徒集団がその僉議・議定で運営されていたことを示す。

〈参考史料〉
「専修念仏張文日記」（浄興寺文書、『真宗史料集成』一）

専修念仏帳文日記事

先師伝受之手次事

従愚禿親鸞聖人、善性聖人集記也、法性法師伝受令披見、固可令信者也、

一　不可諸法誹謗、

一　縦雖写賜聖教幷師判、於背師説之輩者、有衆徒之義定、須所伝聖教被悔還、

一　於修学二道、互不可有偏執、

一　以無智身、不可好諍論、

一　未不伝師説輩、私説邪義、揚師匠悪名事、尤可留之、

一　不勘是非、私不可勘当弟子等、

一　於念仏門、生十悪五逆信知、而不可犯小罪、

一　於無智身、戯論諍論之処、可遠離百由旬、

一　可留船大乗、

一　帳夜道、可留独行、

一　不可軽慢師長、々々者、愚禿抄上可見仁邪者也、

一　付諸事、不可難人、

一　念仏行者以造悪之身、与諸仏如来同旨、不可称、

一　売買人倫幷牛馬可留口入、

一　可留讒言中言虚言、

一　可留他人之妻女懐抱事、

一　可留諸博奕双六、

一　念仏勤行之日、男女不可同坐、
一　同勤行之日、不可食魚鳥幷五辛、
一　同勤行之日、可留酒狂、
一　忌者、可随其所主忌給、
已前廿一箇条甄録如是、堅守此法、敢不可違執、於不用此制法之輩者、宜経衆徒之僉議、可被停放衆中者也、抑書置此誓文事者、如新撰五念門、註論及不違先師作、以願力成就之五念門、依伝知識成就之意趣也、正嘉年中(一二五七〜五九)依此論、信心疎者出来、各令偏執之刻、自古聖人所給御消息、重令披見、所得無上覚之悟、仏御計也、更不有行者計、無義々承候、此人々一切不知事候云、和之以字、写漢之字、

弘安十年（一二八七）

七月六日　鎮西義の然阿良忠が死没。その前に真弟の寂恵良暁に付法した。

『法水分流記』鎮西義の項抄出（『法然教団系譜選』）

上人(法然)——弁長弁阿——良忠 然阿、住嵯峨、住鎌倉悟真寺、藤資頼宰相孫、弘安十丁亥七六往生、八十九歳

「良忠附法状」（相模光明寺文書、『鎌倉遺文』一六〇二七号）

浄土布薩一乗戒、源空上人・弁阿上人三代相伝之儀、世間無其隠、依之、釈寂恵法器之仁、悉授之畢、任早三代之義勢、可被弘通之状如件、

弘安九年十一月七日　　良忠（花押）

「良忠附法状」（相模光明寺文書、『鎌倉遺文』一六二八七号）

愚老製作伝通記以下文釈等、関東下向之処、弘安九年、一流之大徳(綱カ)寂恵房重伝受畢、門弟中令違背此義勢者、非相伝之義、此外明王院相伝釈論十巻、以抄物已伝受畢、

弘安十年六月日　　良忠（花押）

「良暁述聞副文」（相模光明寺文書、『鎌倉遺文』二九〇四七号）

述聞副文 載誓文
抑先師(良忠)在生之昔、十八歳之秋 文永六年 登比叡山 東塔南谷極楽房、以仙暁法印為師 次歳 文永七年 出家授戒、住山三ケ年間、玄義文句受学畢、雖不終一部、為先師向顔関東下向、即還山之由、令約法印 仙暁 間、初於浄土宗無所学之志、愚身下向之次年、慈心(良空)・礼阿(然空)下向、受学三ケ年之後、令上洛畢、而予還山

之旨、頻雖令申、先師云、予已及老衰、無可続跡之仁、枉可随遂(逐カ)之由令申間、随彼命上洛思止畢、先師云、住山思止之上者、予相伝浄土法門、可学之由教訓之間、七ケ年(自文永八年至建治二年)間、浄土章疏幷明王院相伝釈摩訶衍論十巻、以慈行鈔、重被授畢、爰先師上洛(建治二年)時、欲相伴之処、上州(北条)時遠(法名行昭)頻愚身可留置之由被仰之間、不慮関東止了(佐介谷本悟真寺、今号蓮華寺)、先師在京十一年(自建治二年至弘安九年)、弘安九年秋、又先師関東下向(八十八)、次年(弘安十年)七月入滅畢、先師与予状云(先師自筆自判、在別紙)、而如風聞者、尊観(良弁)云、良暁者不聞先師相伝、遇理真(源忠)令学之云々、其証拠可立申也、尊観不相伝之条者、先師与慈心(良空)状云、関東下向雖経数十年、未遇器量之仁間、不授此法云々、而尊観自証云、数十年修学云々、是豈非被奇(棄)置之証哉、又与予状云、遠背此義勢者、非当流之義云々、愚身相伝之義外、可非当流之条顕然者歟、而尊観云、慈心者予弟子也、有其状云々、此条難信用、慈心為先師一室同宿、受学三年、何其中間以尊観可為師匠哉、慈心乍帯先師付属之状、何以被奇(棄)置之仁、存師匠之義哉、旁以不審也、設又慈心雖為師弟之約、尊観已下先師被奇(棄)置之条者難遁者也、又先師上洛之時、尊観已下頻乞相承之状、先師不許之、而愚身云、旁一分門人也、雖不伝素意、如形相承之状可給之由、令申乞状与畢、所詮、尊観所帯先師之状、予所持先師自筆状校合之時、以其文章之体、先師本意可顕然者歟、而ニ尊観雖不伝素意、在々所々貴所等企推参、連々我是鎮西之嫡流也、自証之間、鎮西之義、唯有尊観、人々欲之、全非先師所許也、況彼所存之義、非先師義、其条述聞載之、凡先師入滅之後、当流相続之条、可賞翫、故不論堪不、有弘通之仁者、所可讃嘆也、而予於先師之没後、朝夕所談者、偏浄土教也、於為先師之門人輩者、可致随喜之処、以無跡形不実、愚身非先師相伝披露之条、所存之企何事哉、此条加愚推、今相伝所存、違背汝義之間、如此吐悪言歟、且憍慢也、且無道心也、仍所述非私、欲令聞者取信、以誓言所載也、

若以前条々、以虚言構申者、

上梵王・帝釈、下閻魔太山・

日本諸神・山王七社等、

物者、釈迦大師・弥陀・善逝・観音・勢至・一切聖衆等

御罰於良暁之現当可罷蒙之状如件、敬白、

正中二年乙丑三月十五日

釈寂恵（花押）

正応元年（一二八八）

冬　河和田の唯円が上洛し、覚恵・覚如と対面した。

『慕帰絵』巻三（日本絵巻物全集二〇）

正応元年冬のころ、常陸国河和田唯円房と号せし法侶上洛しけるとき、対面して、日来不審の法文にをいて善悪二業を決し、今度あまたの問題をあけて、自他数遍の談にをよひけり。かの唯円大徳は鸞聖人の面授なり、鴻才弁説の名誉ありしかは、これに対してもます〳〵当流の気味を添けるとそ。

*この唯円は『歎異抄』の著者でもある。序と後序を掲げておく。

〈参考史料〉
『歎異抄』序（『真宗史料集成』一）

竊廻愚案、粗勘古今、歎異先師口伝之真信、思有後学相続之疑惑、幸不依有縁知識者、争得入易行一門哉、全以自見之覚語、莫乱他力之宗旨、仍故親鸞聖人御物語之趣、所留耳底、聊注之、偏為散同心行者之不審也云々、

〈参考史料〉
『歎異抄』後序（『真宗史料集成』一）

右、条々ハ、ミナモテ(以)信心ノコトナル(異)ヨリ、コトオコ(起)リサフラウ(候)カ。故聖人(親鸞)ノ御モノカタリ(物語)ニ、法然聖人ノ御トキ、御弟子ソノカス(数)オハシケルナカ(中)ニ、オナシク(同)御信心ノヒト(人)モ、スクナク(少)オハシケルニコソ、親鸞、御同朋ノ御ナカ(中)ニシテ、御相論ノコト、サフラヒ(候)ケリ。ソノユヘ(故)ハ、「善信(親鸞)カ信心モ、聖人(法然)ノ御信心モ、ヒトツ(一)ナリ」ト、オホセ(仰)ノサフラヒ(候)ケレハ、誓観房(源智)・念仏房(念阿弥陀仏)ナントマフス(申)御同朋達、モテ(以)ノホカニ、アラソヒ(争)タマヒ(給)テ、「イカテカ(争)聖人ノ御信心ニ、善信房ノ信心、ヒトツ(一)ニハアルヘキソ」ト、サフラヒ(候)ケレハ、「聖人ノ御智恵才覚、ヒロク(広)オハシマスニ、一ナラント、マフサ(申)ハコソ、ヒカコト(僻事)ナラメ。往生ノ信心ニオイテハ、マタク(全)コトナ(異)ルコトナシ、タヽ、ヒトツ(一)ナリ」ト、御返答アリケレトモ、「ナヲ、イカテカ(争)ソノ義アラン」トイフ疑難アリケレハ、

詮スルトコロ、聖人ノ御マヘニテ、自他ノ是非ヲサタム(定)ヘキニテ、コノ子細ヲマフシ(申)アケレハ、法然聖人ノ、オホセ(仰)ニハ、「源空カ信心モ、如来ヨリタマハリ(給)タル信心ナリ。善信房ノ信心モ、如来ヨリタマハ(給)ラセタマヒ(給)タル信心ナリ。サレハ、タヽヒトツ(一)ナリ。別ノ信心ニテ、オハシマサンヒト(人)ハ、源空カマヒラン(参)スル浄土ヘハ、ヨモマヒラ(参)セタマヒ(給)サフラハ(候)シ」ト、オホセ(仰)サフラヒ(候)シカハ、当時ノ一向専修ノヒト〳〵(人)ノナカ(中)ニモ、親鸞ノ御信心ニヒトツ(一)ナラヌ御コトモサフラウ(候)ラント、オホヘ(覚)サフラフ(候)。イツレモ〳〵、クリ(繰)コトニテサフラヘ(候)トモ、カキ(書)ツケサフラウ(候)ナリ。

露命ワツカニ、枯草ノ身ニカヽリテサフラウ(候)ホトニコソ、アヒトモナハシメタマフ(給)ヒト〳〵(人)、御不審ヲモ、ウケタマハリ、聖人ノオホセ(仰)ノ、サフラヒ(候)シオモムキ(趣)ヲモ、マフシ(申)キカセ、マヒラセサフラヘ(候)トモ、閉眼ノノチ(後)ハ、サコソ、シトケナキ(四度計)、コトトモニテ、サフラハン(候)スラメト、ナケキ(歎)存シサフラ(候)ヒテ、カクノコトク(如)ノ義トモ、オホセ(仰)ラレアヒサフラウ(候)ヒト〳〵(人)ニモ、イヒ(言)マヨ(迷)ハサレナント、セラルヽコトノ、サフラハ(候)ントキハ、故聖人ノ御コヽロニ、アヒカナ(叶)ヒテ、御モチ(用)ヰサフラウ(候)御聖教トモヲ、ヨク〳〵御ラン(覧)サフラウ(候)ヘシ。(中略)

聖人ノツネ(常)ノオホセ(仰)ニハ、「弥陀ノ五劫思惟ノ願ヲ、ヨクヨク案スレハ、ヒトヘ(偏)ニ親鸞一人カタメ(為)ナリケリ。サレハ、ソレホトノ業ヲ、モチ(持)ケル身ニテ、アリケルヲ、タスケ(助)ント、オホシ(思)メシタチ(立)ケル本願ノカタシケナサヨ」ト、御述懐サフラヒ(候)シコトヲ、イマ(今)マタ案スルニ、善導ノ「自身ハ、コレ現ニ罪悪生死ノ凡夫、曠劫ヨリコノカタ(以来)、ツネ(常)ニシツ(沈)ミ、ツネニ流転シテ、出離ノ縁アルコトナキ身トシレ(知)」トイフ金言ニ、スコシ(少)モタカハ(違)セ、オハシマサス。サレハ、カタシケナク、ワカ御身ニ、ヒキカケテ、ワレラ(我等)カ身ノ罪悪ノフカ(深)キホトヲモシラ(知)ス、如来ノ御恩ノタカ(高)キコトヲモシラ(知)スシテマヨ(迷)ヘルヲ、オモ(思)ヒシラセンカタメ(為)ニテサフラヒ(候)ケリ。マコト(真)ニ如来ノ御恩ト、イフコトヲハ、サタ(沙汰)ナクシテ、ワレ(我)モヒト(人)モ、ヨシ(善)アシ(悪)トイフコトヲノミ、マフシ(申)アヘリ。聖人ノオホ(仰)セニハ、「善悪ノフタツ(二)、惣シテモテ、存知セサルナリ。

ソノユヘハ、如来ノ御コヽロニ、ヨシ(善)トオホシ(思)メスホトニ、シリ(知)トヲシタラハコソ、ヨキ(善)ヲシリ(知)タルニテモアラメ。如来ノアシ(悪)ト、オホシ(思)メスホトニ、シリ(知)トホシタラハコソ、アシ(悪)サヲシリ(知)タルニテモアラメト、煩悩具足ノ凡夫、火宅無常ノ世界ハ、ヨロツ(万)ノコト、ミナ(皆)モテソラコト(空言)、タワコト(戯言)、マコト(真)アルコトナキニ、タヽ、念仏ノミソ、マコト(真)ニテオハシマス」トコソ、オホセ(仰)ハ、サフラ(候)ヒシカ。

マコトニ、ワレ(我)モヒト(人)モ、ソラコト(空言)ヲノミマフシ(申)アヒ、サフラ(候)フナカニ、ヒトツ、イタマ(痛)シキコトノサフラウ(候)ナリ。ソノユヘハ、念仏マフスニツイテ、信心ノオモムキ(趣)ヲモ、タカヒ(互)ニ問答シ、ヒト(人)ニモイヒ(言)キカ(聞)スルトキ、ヒト(人)ノクチ(口)ヲフサキ、相論ヲタヽンカタメニ、マタク(全)オホセ(仰)ニテナキコトヲモ、オホセ(仰)トノミ、マフス(申)コト、アサマ(浅)シクナケ(歎)キ存シサフラウ(候)ナリ。コノムネ(旨)ヲ、ヨクヽヽ、オモヒトキ、コヽロエ(心得)ラルヘキコト(事)ニサフラウ(候)。コレサラ(更)ニ、ワタクシ(私)ノコトハ(言葉)ニアラ(非)ストイヘトモ、経釈ノユクチモシラ(知)ス、法文ノ浅深ヲコヽロエ(心得)ワケ(分)タルコトモサフラ(候)ハネハ、サタ(定)メテ、オカシキコトニテコソサフラ(候)ハメトモ、古親鸞ノ、オホセ(仰)コトサフラ(候)ヒシオモムキ(趣)、百分カ一、カタハシ(片端)ハカリヲモ、オモヒ(思)イテマヒラセテ、カキ(書)ツケサフラウ(候)ナリ。カナ(悲)シキカナヤ、サヒハヒ(幸)ニ念仏シナカラ、直ニ報土ニムマ(生)レスシテ、辺地ニヤト(宿)ヲトランコト。一室ノ行者ノナカニ、信心コト(異)ナルコト、ナカランタメニ、ナク(泣)ヽヽフテ(筆)ヲソメ(染)テ、コレヲシル(記)ス。ナ(名)ツケテ、歎異抄トイフ(言)ヘシ。外見アルヘカラス。

正応二年（一二八九）

八月二十三日　一遍が摂津国兵庫津で死没し、時衆七人もその後を追って殉死した。

『一遍聖絵』第一二（新修日本絵巻物全集一一）

三日に一度かき(掻)給こり(垢離)を、廿日より廿二日にいたるまて、三日つゝ(続)けてかき(掻)給しかは、化をとゝ(止)め給へき事うたか(疑)ひなく思さ(定)ためて、もとは御枕のかたに給仕して侍しか、最後の夜は、正面にむかひたてまつ(奉)りて、いさゝ(聊)かも目をはなちたて（奉）まつらす。于時春秋五十一、八月廿三日の辰の始、晨朝の礼讃の懺悔の帰三宝の程に、出入のいき（息）かよ（通）ひ給もみ（見）えす、禅定にい（入）るかこと（如）くして往生し給ぬ。眼の中さはやかに、赤物もなし。かね（兼）ておほせ（仰）られしに、す（少）こしもたか（違）はさるゆへに、これを最後のきさ（刻）みとし（知）るはかりなり。かね（兼）て臨終の事をうかゝひたて（奉）まつる人のありしかは、「よき武士と道者とは、死するさまを、あた（徒）にし（知）らせぬ事そ。我、を（終）はらむをは、人し（知）るましきそ」との給（宣）しを、疑をなすともから（輩）も侍りしに、はたしてを（終）はりたか（違）ふ事なかりき。このほか病中に不思議おほ（多）しといへとも、事しけ（繁）きゆへに、これを記せつ。勢至菩薩の化身にておはしますよし、夢想ともあまた（数多）侍しに、廿三日にしも、を（終）はり給ぬるは、あや（怪）しきことなれとも、いさゝ（聊）かの霊瑞もある人をは、権者と申すことは、その詮なき事なり。さても八月二日の遺誡のこと（如）く、時衆ならひに結縁衆の中に、まへ（前）の海に身をなく（投）るもの七人なり。身をす（捨）てゝ知識をした（慕）ふ心さし、半座の契、同生の縁、あにむ（空）なしからむや。（中略）没後の事は、「我門弟におきては、葬礼の儀式をとゝ（整）のふへからす、野にす（捨）てゝけた（獣）ものにほと（施）こすへし。但在家のもの、結縁のこゝ（志）ろさしをいた（致）さむをは、いろ（綺）ふにおよはす」と申されしに、在地人等あつまりて、御孝養したて（奉）まつるへきよし、申しゝかは、遺命にまかせて、これをゆ（許）るしつ。よりて観音寺のまへ（前）の松のもとにて、荼毘したて（奉）まつりて、在家のともから（輩）墓所荘厳したて（奉）まつりけり。彼五十一年の法林、すて（既）につきて、一千余人の弟葉、むなしくのこ（残）れり。

正応三年（一二九〇）

是歳　覚如が東国巡見で御巫となった善鸞と出会い、善鸞より病悩平癒のため護符を勧められる。

『慕帰絵』巻四（日本絵巻物全集二〇）

同（正応）三年には、法印（覚如）そのとき廿一のことにや、本願寺先祖勧化し給ふ門下、ゆかしくおほ（覚）ゆるに、さることのたよ（便）りあることを、よろこひて、しはら（暫）くいとま（暇）を南都の御所（一乗院門跡）へ申賜て、東国巡見しけるに、国はもし相州にや、余綾山中といふ所にして、風瘧をいたはる事侍るに、慈信房元宮内卿公、善鸞入来ありて、「退治のために、わか封なとそ、さため(定)て験あらん」と自称し、あたへ(与)んとせらる。真弟如信ひしりも坐せられるに、法印申さは、いまた若齢そかし、其うえ病屈の最中も堅固の所存ありけれは、おもひ(思)ける様、おとさ(落)はわれ(我)とこそおとさ(落)め、この封を受用せん事、しかる(然)へからす。ゆへは師匠のまさしき厳師にて坐せらるれは、もたし(黙)かたきには似たれとも、この禅襟としひさしく(年久)田舎法師となり侍れは、あなつらはしくもおほえ(覚)、しかる(然)へくも、おもは(思)ぬうへ、おほかた門流にをいて(於)、聖人(親鸞)の御義に順せす、あまさへ(剰)堅固あらぬさまに、邪道をことゝする御子になられて、別解別行の人にて、ましますうへは、今これを許容しかたく、粛清の所存ありけれは、斟酌す。まつ請取て、のむ(飲)気色にもてなして、掌中にをさめけり。それをさすか、みとかめ(見咎)られけるにや、後日に遺恨ありけるとなん。

この慈信房は安心なとこそ、師範と一味ならぬとは申せとも、さる一道の先達となられけれは、今度東関下向のとき、法印常陸に村田といふあたりを折節ゆきすき(行過)けるに、たゝいま大殿の御浜いて(出)とて、男法師・尼女たなひきて、むしといふ物をたれ(垂)て、二三百騎にて鹿島へまいらせたまふ(給)とて、おひたゝしく(夥)の、めく所を、とおり(通)あひ(逢)けり。大殿と号しけるも、辺土さなから、かの堺なれは、先代守殿(北条貞時)をこそ、さも称すへけれとも、すこふる(頗)国中帰伏のいたりにやと、不思議にそあさみける。かゝる時も、他の本尊をはもちゐ(用)す、無碍光如来の名号はかりをかけて、一心に念仏せられけるとそ。

『最須敬重絵詞』巻五（『真宗史料集成』一）

コヽニ慈信大徳ト申人オハシケリ。如信上人ニハ厳考、本願寺聖人(親鸞)ノ御弟子ナリ。初ハ聖人ノ御使トシテ、坂東ヘ下向シ、浄土ノ教法ヲヒロメテ、辺鄙ノ知識ニソナハリ給ケルカ、後ニハ法文ノ義理ヲアラタ(改)メ、アマサヘ(剰)巫女ノ輩ニ交テ、仏法修行ノ儀ニハツレ、外道尼乾子ノ様ニテオワシ(御座)ケレバ、聖人モ御余塵ノ一列ニオホシ(思)メサス、所化ニツラ(連)ナリシ人々モステ(捨)ヽ、ミナ直ニ聖人ヘソ、マイリ(参)ケル。（中略）

カノ慈信大徳モ、カク(此)ノコト(如)ク、仏法ノ軌儀ヲヒルカヘシ(翻)、巫覡ノ振舞ニテオワシ(御座)ケルトモ、モシ外相ヲワサト(態)、カヤウニ、モテナサレケルニヤ。アヤシ(怪)クミ(見)エ給フ事トモ、アリケリ。ソノユヘハ、大和尚位、同シク斗藪ノ時、鎌倉ヲスキ(過)給ケルニ、古最勝園寺相州禅門貞時朝臣政務ノハシメ(初)ツカタ(方)ナリケルニ、オリフシ(折節)守ノ殿ノ御浜出テトテ、ヒソメキサハク(騒)ヲ見給ケレハ、塔ノ辻ヨリ浜際マテ、数多ノ勢、ミチ(道)モヨケ(避)ヤラス、ツヽキ(続)タリ。ソノ為体、僧尼士女アヒマシ(交)ハリ、蝱(ムシ)ヲタレテ、ミナ騎馬ナルカ、二三百騎モヤ、アルラントミエ(見)タリ。ソノ中ニ、カノ大徳モ、クハ(加)、ラレケルカ、聖人ヨリ、タマハ(給)ラレケル無碍光如来ノ名号ノ、イツモ身ヲハナタ(放)レヌヲ頸ニカケ、馬上ニテモ、他事ナク念仏セラレケリ。

又常陸国ヲトホリ(通)給ケルニモ、ソノ比、小田ノ総領トキコエ(聞)シハ、筑後守知頼ノ事ニヤ。カノ人、鹿島ノ社へ参詣ノ時ニモ、同道セラレケルカ、ソノトキモ、本尊ノ随身トイヒ、羇中ノ称名トイヒ、関東ノ行儀ニ、スコシ(少)モタカハ(違)ス、両度トモニ、トホリ(通)アヒテ御覧シ給ケレハ、心中ノ帰法ハ、外儀ノ軽忽ニハ、タカハ(違)レタルニヤトソ、ノ給イシ。

＊『慕帰絵詞』は覚如の伝記絵巻、十巻。覚如が亡くなった観応二年（一三五一）に、覚如の弟子である乗専の発起により、息子の従覚が詞書をしたためて制作したもの。『最須敬重絵詞』は翌年の文和元年十月十九日に乗専が述作。『慕帰絵詞』を補完する性格のもの。なお北条貞時の浜出を『慕帰絵詞』は常陸国村田とするが、『最須敬重絵詞』の鎌倉が正しい。

正応四年（一二九一）

八月　性信の弟子性海が夢告により、内管領平頼綱の了解を得て『教行信証』を印刷刊行した。

『教行信証』奥書（重見一行『教行信証の研究』）

今此教行証者、祖師親鸞法師選述也、立章於六篇、調巻於八軸、皆引経論真文、各備往生潤色、誠是真宗紹隆之鴻基、実教流布之淵源、末世相応之目足、即往安楽之指南也、而去弘安第六(一二八三)暦歳癸未春二月二日、彼親鸞自筆本一部六巻、従先師性信法師所、令相伝畢、為報仏恩、欲企開板於当時、伝弘通於遐代之刻、有度度夢想之告矣、于時正応第三天歳次庚寅冬臘月(十二月)十八日夜寅剋夢云、当副将軍相州太守平朝臣(北条貞時)乳父平左金吾禅門(頼綱)法名杲円、屈請七口禅侶、被書写大般若経、彼人数内被加於性海、而奉書写真文畢、爰白馬一疋金銭一裹、令布施之覚而夢惺畢、同四年正月八日夜夢云、当相州息男、年齢十二三許童子、来而令正坐於性海之膝上、覚而夢惺畢、同廿四日夜夢云、先師性信法師化現而云、教行証開板之時者、奉触子細於平左金吾禅門、可刻彫也言已、乃去覚而夢惺畢、同二月十二日夜夢云、有二人僧而持五葉貞松一本・松子一箇、来与於性海、覚而夢惺畢、依上来夢想、倩案事起、偏浄教感応之先兆、冥衆証誠之嘉瑞也、若爾者、機縁時至、弘通成就者歟、仍奉触子細於金吾禅門、即既蒙聴許而所令開板也、然此本者、以親鸞自筆御本校合、令成印板者、庶幾、後生勿令加減於字点矣、

于時正応四年五月始之、同八月上旬終功畢、

勧進沙門性海

＊二年後の永仁元年（一二九三）四月の平頼綱の乱で、頼綱は一族とともに自害。

正応五年（一二九二）

秋　平泉寺衆徒の襲撃により他阿真教が越前国惣社を退出した。

『遊行上人縁起絵』第六（新修日本絵巻物全集二三）

同(正応)五年秋の比、或人召請したてまつり(奉)ける間、又越前国惣社へ参詣あり。国中の帰依、尊卑首を傾すと云事なし。而に平泉寺法師等、偏執して国中を追出すへしとて、数百人の勢を引率して府中へ赴よし、粗聞けれは、結縁衆等申て云、左右なく、をしよせ(押)て狼籍(藉)をいたさんにを(於)きては、互に雌雄を決すへきよし、各憤り侍けるを、聖諌(真教)曰、「此事にをいて(於)、いさゝかなりとも喧嘩をも引出し給は丶、永師弟の契約を変すへし。在家の人をこそ引導すへき身なれ、在家にたすけ(助)らるへき謂れ侍らす。（中略）ゆめ〳〵憤給へからす。又日来申つる法門、只今、行し顕てみせたてまつら(奉)ん」など、再三いさめ(諫)られけれは、知識の命をそむ(背)かん事ををそれ(恐)て、掌を合て念仏する程に、衆徒等、是非をいはす、社壇をうちかこみ(囲)て、時をつくり廻廊の中へ責入て、飛礫を打事、しけき(繁)雨の

ことく(如)なりけれとも、時衆一人にもあた(当)らす。かくて半時はかりにも成ぬらむと思程に、念仏の声も絶す、合掌の手もみたれ(乱)さりければ、衆徒等、力及すして帰けるか、又議ていはく、「所詮聖をとりていた(出)せ」とて、重てうち入つゝ、求たてまつる(奉)に、肩をゝさへ(抑)膝をふみて過るやから(族)もありけれとも、つゐに見付奉すして、むなしく引退て、神主かもとへ使者を立て、此聖、宮中を追出せすは、神宝をふり罪科に処すへきよし、云つかはし侍りとて、神主歎申ければ、「さては、いと易き事なり」とて、其夜亥剋はかりに、社家を立出て、加州へおもむき(赴)給にけり。

永仁三年（一二九五）

九月　**『野守鏡』が著され、一遍をきびしく批判するとともに、専修念仏の誤りを一〇点にわたり非難した。**

『野守鏡』（『群書類従』二七）

一遍房といひし僧、念仏義をあやまり(誤)て、踊躍歓喜といふは、をどる(踊)べき心なりとて、頭をふり、足をあげて、をどる(踊)をもて念仏の行義としつ。又直心即浄土なりといふ文につきて、よろづいつはり(偽)てすべからずとて、はだか(裸)になれども見苦しき所をもかくさ(隠)ず、偏に狂人のごとくにして、にくし(憎)と思ふ人をば、はゞかる(憚)所なく放言して、これをゆかしくたふとき正直のいたり(至)なりとて、貴賤こぞりあつまり(集)し事、さかり(盛)なる市にもなをこえ(超)たりしかども、三の難を申侍りて、つゐにその砌へはのぞま(臨)ざりき。一には、踊躍歓喜の詞は諸経論にありといへども、諸宗の祖師、一人としてをどる(踊)義をたてず。殊更、善導和尚は、身心をうごかさずして、至誠心を表給ひけるうへは、さらにをどる(踊)べきにあらず。二には、人を放言して、見ぐるしきところをかくさ(隠)ざるは、放逸の至也。また〳〵正直の義にあらず。三には、その姿を見るに、如来解脱のたふとき(貴)法衣をあらためて、畜生愚癡のつたなき馬きぬをき(着)、たま〳〵衣の姿なる裳を略してき(着)たるありさま、偏に外道のごとし。この三の難を加て、都て信をさりしをもむき(趣)を、一遍房にかたりて侍り、（中略）此難のごとく阿弥陀仏も思召けるにや、かね(兼)ては紫雲たち蓮花ふる(降)など、をどろ〳〵しくいひ(言)たてしが、まことのきは(際)には来迎の儀式も見えず。あまり正体なかりければ、弟子往生とかやの風情だにもかな(叶)はずして、人の見ぬさき、いそぎ焰にまじへ侍ける。その時しも湊河に侍しほどに、かの最後のありさま(有様)よくきゝ(聞)侍て、三の難のあやまり(誤)なかりける事をさとり(悟)にき。（中略）

和歌よく礼楽をとゝの(整)ふるが故に、国おさまりて、異敵のためにもやぶら(破)れず。仏法の流布する事も、大国にすぐれたるは、これひとへに和歌の徳也。宋朝には和歌なくして、礼楽をたすけざるによりて、八宗みなうせ(失)つゝ、異賊のために国をうばはれたり。これを思ふに、法をあがめ国をまもり、歌をあひし給ふ神たち、さだめていま(今)の風体をにくみ(憎)つゝ、その御とがめもあるべしかし。（中略）

いまにいたる(至)まで、専修念仏の曲さかり(盛)なれば、正(聖)道の仏事をこなふ(行)人、まれなり。たび〳〵かみつかたに修せらるゝも、顕密の僧をのみめされ(召)て、音律の道を尋られざれば、おもひ〳〵の声々、みだりがはしくして、その感をもよほす(催)ことなければ、またこれを賞せられず。賞なければ、またこれを学せざるによりて、この道はやがてすたれ侍り。かの念仏は、後鳥羽院の御代の末つかたに、住蓮安楽などいひし、その長としてひろめ(弘)侍けり。これ亡国の声たるがゆへに、承久の御乱いでき(出)て王法をとろへ(衰)たりとは、古老の人は申侍し。（中略）

かつは諸法のならひ、文につき(就)て義をたつると、行にのぞみて法を修するとは、その心ざしおなじ(同)からず。しかるを、いま愚学の禅定は、わづかに頌文のことば(言葉)をきゝて、はやく(早)得法の思をなし、僻案の専修はたゞ一称の文をもて、たやすく往生の業をなす。これ釈迦弥陀おなじく国をすて、家をいでて難行苦行したまひ(給)しかども、禅念両宗の人さとり(悟)やすく、行じやすきをたて(立)ゝ、学をわづらはしく(煩)せざるによりて、人みなこれに帰して、顕密の法、学する人も稀になれり。（中略）

さかひに入りて、風をとふ(問)は古賢のをしふ(教)るところ也。しかるを禅宗のともがら、神国に入ながら死生をいま(忌)ざるがゆへに、垂迹のちかひ(誓)をうしなひて、神威皆おとろへて、其罰あらたならず。是につきて、いよ〳〵はゞか(憚)らざるがゆへに、鬼病つねにおこり、風雨おさまらずして、人民のわづらひをなす。(中略)神明の護持し給ふ所は、顕密の法也。我国にをき(於)ては、是をまなぶべし。

(中略)

又専修のあやまり(誤)をきくに、まづ難行は専修にもかぎ(限)らず、諸家にもきらふ(嫌)所也。その心はひろく(広)学せんとて、一法をもきはめ(極)ずして一生むなしく(空)はせ(馳)過は、その益をろか(疎)なるべきによりて也。専修の心、これにおなじ(同)。然て難行のもの(者)は、かの(彼)国にむまれ(生)がたしといふ義につきて、諸教をばいたづら事にのみおもひ(思)いへるがゆへ(故)に、謗法のとが(咎)をも諸宗のあだをなす。且は読誦大乗の行よりはじめて、諸行の果位を九品にわかたる(分)ゝうへは、なんぞ余行のものは、むまれ(生)ずとおもふ(思)べきや。これそのあやまり(誤)の一也。念仏の行は正法の機にかなは(叶)ざる衆生のためと説て侍るを、正法にすぐれ(優)たるおもひ(思)をなすがゆへ(故)に、十念成就する事なし。(中略)これ其あやまり(誤)の二也。次正道(聖道)専修のおなじ(同)からざる義は、この生にて正道(聖道)は証をえ(得)んとおもひ(思)、浄土にて専修はさとら(悟)んとおもふ(思)。しかる(然)にこのごろ、もはら(専)即得往生とかやの義をたて(立)ゝ、即身に成仏すといへ(云)り。すでに宗の大意をやぶり(破)て、正道(聖道)門にいる(入)にあらずや。そのあやまり(誤)の三也。次因果をわきまへ(弁)ざる十悪五逆の罪人、善知識の教化をきゝ(聞)ておどろき(驚)つゝ、ひごろ(日頃)の罪を懺悔すれば往生する義につきて、悪をつくる(造)ともくるし(苦)かるべからずとて、罪をおそれ(怖)つゝしま(慎)ざる事、たゞあみだ(阿弥陀)仏のつみ(罪)をつくれ(造)とすゝめ(勧)させ給ふににたり(似)。(中略)そのあやまり(誤)の四也。次正道(聖道)門は難行なれば生がたく、浄土門は易行なれば生じやすしとおもへ(思)り。(中略)易行と号してねんごろ(懇)に行ぜず、あまさへ(剰)正法にすぐれ(優)たりといふ。これそのあやまり(誤)の五也。

次悪をきらは(嫌)ざる事、(中略)愚学の専修、四重五逆、諸衆生一聞名号必引摂などいふ文につきて、やがて悪をきら(嫌)はざる事は、専修の徳、正道(聖道)にすぐれ(優)たりとす。これそのあやまり(誤)の六也。次称名の功能の事、法華に一称南無仏皆已成仏道といふよりはじめ(始)て、諸仏菩薩の名号多羅尼（陀）、いづれもみな一反三反乃至七反の証拠有。しかあるに一念十声の誓願は、たゞみだ（弥陀）にかぎれ（限）りとのみ心得り。是そのあやまり（誤）の七也。次弥陀如来、九品建立して衆生引摂したまふ（給）事は、極楽にをきて（於）是を教化しつゝ、一実妙道をさとら（悟）しめんがためなり。いまの専修ども、此心をしら（知）ずして、念仏のひま（暇）にあそび（遊）たはぶれ（戯）をすとも、法華経よむ（読）べからずなどいふ事、愚痴の至極なり。（中略）このごろの専修の廿五三昧には、観経をよみ（読）て法華経をよま（読）ざるあり。本願の意楽にたがひ（違）、真実の利益をうしなふ。是そのあやまり（誤）の八也。次念仏の行者、戒をたもつ（持）べからずといふ事、おほき（大）なる僻案也。（中略）善導等の師祖、をの〱持戒して念仏を行じき。彼遺言のむね（旨）も、戒をたもち（持）て念仏を行ずるは、小石を大船に入て順風にゆくがごとし。戒をたもた（持）ずして念仏を行ずるは、大石を小船に入て悪風にはしる（走）がごとし、とこそ侍るめれ。近代念仏者、指南とする所の選択集にも、一仏の制し給ふ所をば一切仏同制して、前仏の殺生十悪等のつみ（罪）を制断したまふがごとしといへり（云）。此うへは釈迦のをしへ（教）給ふ所の戒を、みだ（弥陀）をしへ（教）給はずと思ふべからず。是誤の九なり。専修も禅宗のごとく、死生をいま（忌）ざるがゆへに、みな神国の風をうしなふ（失）。神明のこれをいみ（忌）たまふ事、たゞ世間の義にあらず。この時、生死をいみ（忌）て、ながく衆生輪廻の業をもとゞめ（止）んがため也。（中略）一向専修と号して、神慮をはゞから（憚）ず、済度を思はず、是そのあやまり（誤）の十也。此十ヶの外も、そのあやまり（誤）のみありといへども、事おほければ略し侍ぬ。

凡禅念両宗は、まことに末世流布の法なるゆへに、をろか（愚）なる学者のみ有。偏執の思をふかく（深）して、邪見のそしりをさき（先）とし、諸教にすぐれ（優）たりといへり。是につきて、人皆かの両宗にをもむく（赴）所なり。（後略）

* 『野守鏡』の著者は不詳。源為房説などがある。伝統的な二条派の立場から、京極為兼の作風とその歌論を論難するのが本書の主眼である。

是歳ごろ　甲斐国小笠原の他阿真教の念仏道場に日蓮の門弟が押し寄せた。

『遊行上人縁起絵』巻八（新修日本絵巻物全集二三）

同国（甲斐）小笠原（櫛形町）といふ所におはしける時、日蓮か門弟等、念仏勧進、謂なしとて、道場へ乱入して云、「一代の教法には法華をもて本懐とし、五時の配立には妙法をあけて醍醐にたとふ。而に爾前権門の念仏をもて正因正行と名つけ、速疾頓成の妙宗をもて、雑修雑行と下す。誹謗大乗の過、のかる（逃）ゝ所なし。仍今祖師と号する善導・法然等、無間に堕在す。先祖猶しかり、況末資をや」といひて、事を法門によせて、狼藉をひき出へきけしき（気色）みえける間、委細の返答に及す。「善導・法然、地獄におちら（堕）るゝよしの事、さも侍らん。如溺水之人、急須救といへり。地獄に入て勤苦の衆生をたすくるは、これ大悲闡提の誓なり」とこたへ給に、「またく利生のためにあらす（非）。大乗誹謗の故なり」とて、重て難する間、「汝、誹謗の罪によりておちらる（堕）ゝと心得たらんによりて、かの人地獄におつ（堕）へきにあらす。おちたり（堕）と心えたらは、汝か心のうちの善導・法然は、さこそあるらめ」との給ければ、「是非をいはすへからす」とて、をし（押）よ（寄）する処に、在家人あまた立ふさかる中に、ときはのなにかし（某）とかやいふもの（者）進出ていはく、「在々処々の利益、これにかきるへからす。遺恨あらは、いつくにても謝し奉るへし。左右なく、こゝにて狼藉いたさは、一身の恥辱、万人の嘲弄也。（中略）」なといひしろ（云）ふほとに、刃をましへ（交）鋒をあらそ（争）ふへかりける間、聖（真教）、両方の中に分入ていはく、「仏法と云は、互に自他をわすれ、人我を離て談する事也。をの〳〵のけしき（気色）あしくみえ侍り。不審相貽らは、後日に来給、今日はすみやか（速）に帰らるへし」と、うちわらひ（笑）ての給ければ、偏執をたをし、慢心とらけけるにや。日蓮か門弟等、引退て事故なくしつまり（静）にけり。若雌雄を決し、是非をあらそ（争）はましかは、ゆゝしき人の大事ならましを、身命をかへりみす、な（有）ためられければにや、事故なくしつまり（静）にけり。

永仁四年（一二九六）

正月二十三日　真阿が鎌倉の浄光明寺長老職を真了房に譲った。譲状には浄光明寺が持戒念仏の寺であると記す。

「真阿譲状」（相模浄光明寺文書、『鎌倉遺文』一八九六九号）

譲渡浄光明寺長老職事

真子（了）房

右、当寺者、根本慕善導大師之遺誡、持戒念仏寺也、爰真了房適為持御秘仏之間、相副武州（北条長時）聖霊御譲状幷当寺調度之証文等、所譲渡也、修学二事、任先規無退転、可被寺務管領、所詮、固守最明殿（北条時頼）幷武州禅定聖霊等本願主御素意、精選浄土宗解行二門兼備之器量、永代可相伝付属長老職者也、仍為将来之亀鏡、勒子細、譲渡之状如件、

永仁四年正月廿三日　　沙門真阿（花押）

『法水分流記』雖未必伝上人宗義於浄土教帰学諸輩の項抄出

（『法然教団系譜選』）

○住心覚瑜――本願――真阿住鎌倉浄光明院

『浄土惣系図』抄出（西谷本、『法然教団系譜選』）

隆寛――南無鎌倉長楽寺――真阿

住心上人――本願――真阿

＊浄光明寺は浄土（諸行本願）・華厳・真言・律宗兼学の寺院でもある（『鎌倉遺文』二五二九〇号）。

是歳頃　『天狗草紙』が著され、天狗が一向衆や放下僧となって仏法を衰微させると非難し、宋の滅亡は顕密仏教の衰退が原因と主張した。

『天狗草紙』伝三井寺巻（新修日本絵巻物全集二七）

丹波国篠村といふ所に（中略）高僧おほく衆会せり。（中略）此僧達の評定しけるは、「とかく方便をめくらし、仏法を障碍すれとも、思程も障碍せす。年をおひ日をゝ（送）くりて、出離得脱のともから（輩）はおほ（多）し。いかなるはかり事をしてか、おもひ（思）のことく仏道をも障碍し、教法をも陵廃せしむへき」といひけれは、末座の僧□□（すゝ）み（出）て、申けるは、「無下にやすかるへき支度これあり。世間の道俗・男女を念仏専修になし、達磨の一行を修せさせは、聖道すたれ、教法衰微せむこと、うたかひ（疑）あるまし」と申しけれは、諸衆の云、「たとひ念仏なりとも三心具足し、禅法なりとも一切善悪の境界において、心念不動須是心意識をはなれて一念不生のところにむか（向）はゝ、得法もやすく、往生もうたかひ（疑）あるへからす。この義しかる（然）へからす」といへ（云）は、末座の僧また申さく、「ま

ことに深心・至誠心を具せは、往生も疑なく、坐禅工夫まことあらは、得脱またしか（然）るへし。めつらしく異曲をわかして、人に信をとらせ、邪見に入しむへし。或は空より花をふ（降）らし紫雲を現し、或は得法のおもひ（思）をいたき（抱）て日比しらさる法をのへ（述）させ、小通をあらはさは、一天これになひく（靡）へし」とはか（計）らひけれは、「此義尤しかるへし。いそ（急）き此趣をもちて、仏法を衰微せし□（む）へし」とて退散しぬ。

其後いくほと（幾程）なくして、世（世）間によのつね（常）ならぬすかた（姿）振舞する輩、多みえ（見）きたり侍。或は一向衆とい（云）ひて、弥陀如来の外の余仏に帰依する人をにく（憎）み、神明に参詣するもの（者）をそねむ（嫉）。衆生の得脱の因縁さま〳〵なれは、即余仏菩薩に因縁ありて、かの仏菩薩に対して出離し、神明又和光利物の善巧方便なれは、即垂迹のみもとにして解脱すへし。しかるを一向弥陀一□（仏）に限て、余行余宗をきらふ（嫌）事、愚癡の至極、偏執の深重なるか故に、袈裟をは出家の法衣なりとて、これを着せすして、慭にすかた（姿）は僧形なり。袈裟はこれ三世諸仏の解脱幢相の法衣なり。何これをすつ（捨）へき。或は馬衣をき（着）て衣の裳をつけす。念仏する時は、頭をふり肩をゆりておと（踊）る事、野馬のことし。さはかしき事、山猿にことならす。男女、根をかくす事なく、食物をつかみく（食）ひ、不当をこの（好）むありさま、併畜生道の業因とみる。

（中略）当世におほく裳無衣とてみ（見）ゆ。殊に裳はこれ法衣の形なり。しかあるを中比に付裳の（をイ）ころもとて、裳をすそ（裾）につけし。ゆへに仏法漸々衰微せり。いまは一向に裳をとりす（捨）つる。法命すてに滅亡の先兆なるへし。可悲々々。是等は偏に一遍房の所行なり。或上人の夢にみ侍る事これあり。

一遍本地身　大勢鵄（トビ）菩薩　為誑（偽カ）衆生故　度々来此土

となり。

凡我朝の仏法は中比、一向専修興行の時、聖道なか（半）はす（過）きて衰微し、近年、達磨禅法繁昌のゝち、余教大略陵廃す。夫四海の安危は教法の興廃により、百王の理乱は顕密の信不に随へり。よて宋朝の亡国になりぬる事、ひとへに教法すたれて禅□（門）さか（盛）りなるゆへなり。コレハ禅

ノトカ(咎)ニアラス。教ノスタ(廃)レタルニヨレリ。かるかゆへ
に公も臣も斟酌し給ひ、僧も俗も傷嗟し侍へきをや。

（以下、絵中の詞書）

○一遍房、あをひ(仰)て人の信するは、そら(空)より花のふれ(降)は
なりけり
○あわや、紫雲のたちて候は、あなたうと(尊)や
○なまい□(ろ)はい〳〵や。やろはい〳〵　ろはいや〳〵
○天狗の長老一辺(遍)房、いまは花もふり(降)、紫雲もたつらむ
そ、御房たち、いて(出)ゝみ□
○はな(花)のふり(降)候。人〳〵御らむ(覧)候へや
○いかなるかはな(花)にて候そ。まほし(目星)こそ、ちる(散)めれ
○□(念)仏をは三輩に□(こ)そもたする(持)に、六はい〳〵といふは、
なにそも
○念仏のふた(札)、こちへもたひ(賜)さふら(候)へ
○あれみ(見)よ。しと(尿)こ(乞)ふものゝおほ(多)さよ
○これは上人の御しと(尿)にて候。よろつのやまひ(病)のくすり(薬)
にて候
○一遍らかおとり(踊)〳〵て、きうのてにしと(尿)する□□□(ことは)往
生のいむ(因)
○しよまう(所望)の人の、あまた候に、おほく(多)しいれ(仕入)させ給候
へ
○あま(尼)はめ(目)のみへ候はぬに、□(め)あらは(洗)ん。わらはゝはら(腹)
のやまひ(病)の候へは、くすり(薬)に御しと(尿)の(飲)み候はむ
○□□(この)おとこにも、すこし(少)たひ(賜)候へ

＊『天狗草紙』の作者・成立時期ともに不明であるが、興福寺巻の序文に「于時永仁四年」とあり、このころの成立と考えられる。ここで取りあげたのは念仏と禅を批判したくだりであるが、ほかにも顕密仏教そのものの実態を辛辣に批判した延暦寺・興福寺・東寺などの巻がある。なお本文の一部は『天狗草紙』の異本である『魔仏一如絵』『七天狗絵』で補った。

正安元年（一二九九）

八月二十三日　聖戒が一遍聖絵を著した。

『一遍聖絵』奥書（新修日本絵巻物全集一一）

正安元季己亥八月廿三日　西方行人聖戒記之畢、
画図　法眼円伊
外題　三品経尹卿(世尊寺)筆

正安三年（一三〇一）

十二月　唯善が大谷坊地の相伝管領の安堵を求めて後宇多院に訴え、後宇多院がそれを安堵。それに対し覚恵と親鸞門徒はその棄却を求めて提訴。翌年二月、後宇多院は親鸞門徒による大谷廟敷地の管領を安堵した。

「唯善申文案」（山城本願寺文書、『鎌倉遺文』二〇九四五号）

唯善謹言上

欲早任由緒相伝道理、下賜安堵　院宣、被停止渡伊律師等非分競望、大谷坊地間事

右、件坊地者、親父禅念相伝私領也、而吾祖師親鸞、為法然上人弟子、伝浄土深意、勧末世浅機、仍禅念以帰敬仏法、祖師没後、於別相伝大谷敷地、去文永九曆（一二七二）、与門弟等合力、建立一草堂、安置彼影像、同十二年死去畢、唯善為一子之間、相伝菅領以来、云坊地、云影堂、已送数十ヶ廻星霜者也、爰員外非分之輩、動寄事於左右、致希望之条、存外之次第也、所詮、停止猛悪非分競望、唯善永為相伝管領、欲申賜安堵　院宣、仍粗言上如件、

正安三年十二月　日

「後宇多上皇院宣」（山城本願寺文書、『鎌倉遺文』二〇九七九号）

□□□□（親鸞上人影堂敷地事）依山僧之濫妨、唯善歎申之間、雖被下　院宣、所詮、任尼覚信置文、門弟等沙汰、不可有相違候、依

院宣、所仰如件、

正安四年二月十日　　参議（六条有房）（花押）

親鸞上人門弟等中

「後宇多上皇院宣案」（山城本願寺文書、『鎌倉遺文』二〇九八〇号）

「表書云、親鸞上人門弟御中　参議有房、号六条内大臣是也」

「院宣案：亀山院御代勅裁也」

親鸞上人影堂敷地事、依山僧之濫妨、唯善歎申之間、雖被下

院宣、所詮、任尼覚信置文、門弟等沙汰、不可有相違候、依

院宣、所仰如件、

正安四年二月十日　　参議（有房卿）在判

親鸞上人門弟中

正安四年被下門徒中院宣案正文鹿島願慶房預之、康永元壬午年十一十五下常州了、

「参議六条有房書状」（山城本願寺文書、『鎌倉遺文』二一〇二六号）

親鸞上人影堂間事、門弟沙汰、不可有相違之由、被仰許候也、其外無異子細候、唯善に被賜候院宣も、無□棄破之義候也、其次第、見参之時令申候了、恐々謹言、

四月五日　　有房

正安四年（一三〇二）

四月　親鸞門弟二一名が覚恵の御影堂留守職領掌を再確認した。覚恵は五月に留守職を覚如に譲った。

「親鸞門弟連署置文案」（山城本願寺文書、『鎌倉遺文』二一〇三一号）

（端裏書）「正安四四廿九　御門弟等連署状案、料紙継目門弟等封裏」

親鸞上人御影堂敷地事、任故覚信御房置文、進退不可有相違之由、宛御門弟等、忝被下院宣仰候条、尤以畏入候、早安置門弟等中、殊可奉尊仰候者也、然者、如日来、覚恵御房御影堂之御留守、更不可有相違、此旨等可有御存知候、仍連署之状如件、

正安四年四月八日　　順性在判

（以下、署名略）

＊省略した署名は直信・鏡願・妙性・来信・敬信・導信・唯浄・信浄・乗一・慶西・光信・明信・教覚・西光・法智・信入・覚念・西善・証信・覚明の二〇名。いずれも名前の下に「在判」と記されている。

「覚恵書状」（山城本願寺文書、『鎌倉遺文』二一〇七二号）

（端裏宛書）「上人の御もんていの御中　覚恵」

（端書）「覚恵下遣門弟中状案　留守職事」

親鸞上人の御影堂御留守の事、故覚信御房のかく（覚恵）ゑニ申つけられたるむねを、年来之間たかへられす候つる事、これまても仏法の恩徳、不可思議の事ニ候、それニつきて、世間不定のうゑ、覚恵重病の身に候へハ、にわかにめ（目）をふさく事もこそ候へと存候て、かねて御ゑいたうの

御るすの事ハ、覚如房ニ申つけ候也、かくゑ（覚恵）か候つるに
かわらす、御らんしはなたれす候へかしと、おほへ候、
かやうに申をき候ハすとも、よも御らんしはなたれ候ハ
しと、そんし候へとも、心くるしく候あひた申候、中へ
く候へとも、同御事に候へハ、このふミをひとつに申候
也、くに〳〵の御同行たち、おなし御心ニ御らん候へく
候、あなかしこ〳〵、

正安四年五月廿二日　　覚恵（花押）

国々の御門弟の御中へ

（追筆）「嘉元四年十一月二日　　覚恵「ち印やうの判也」（花押）」

「覚恵置文」（山城本願寺文書、『鎌倉遺文』二一〇七三号）

（端書）「同前」

親鸞上人の御影堂御留守の事
覚恵か候へるにかハらす、ミはなたるましきよし、国々
の御門弟の中へ申おく也、それニつきては、故覚信御房
の御事、おほせおかるゝ上人の御自筆の御せうそく、又
この御影堂の敷地の本券・証文幷具書等、こと〳〵くこ
れおわたすもの也、故覚信御房の状、これらの証文等ハ、
覚恵帯へきよしのいわれを、かきのせられたるによりて、
年年帯しつる也、而世間不定のうゑ、病おもき身なれハ、
にわかニめをふさく事もこそあれとて、かねてかやうに
かきをく状如件、

正安四年壬寅五月廿二日　　覚恵（花押）

覚如房へ

「覚恵譲状」（山城本願寺文書、『鎌倉遺文』二一〇七四号）

（端裏書）「故上御自筆」

（端書）「覚恵譲真弟覚如宗昭法印僧号状案留守職事」

親鸞上人の御影堂の敷地等の事
故尼御前亡母覚信御影堂にきしんせられて、としひさしくな
りぬ、手継証文等をは、御ゑいたうのさたせんする子に
帯せさすへしと、かきをかれたり、それにつきて。「へいせいの御自筆の状ならひニ」（花押）最後
のをき文に、御はかのさたをハ、専証「覚恵遁世のハしめの名也」御房ニ申おくなり
と、ゐ中の門弟等の中へ、おほせられおきたるによりて、
手継証文等を帯して、御影堂□御墓是也の留守、さうゐなく
て、すてにおほくの年序をへ畢、又南の地ハ、国々の門
弟合力して、御影堂の敷地のためニとて、かいよせたり、

かのうりけんも覚恵帯すへしと、門弟等申によりて、所持之、しかれハ、御影堂の敷地・南北の文書等、弟子たるによりて、覚如房ニ渡之、これらを帯して、御影堂の留守職さらにさうゐあるへからす、かつハこのむねを、別紙ニのせて、国の門弟の中へも申おくものなり、後々末代までも、御ゑいたうの留守ニおきてハ、あへて他のさまたけあるへからす、爰唯善事をさうによせて、禅念房のゆつり状を帯するよし、不実を構て、一身ニあて丶、院宣ヲかすめたまハリたるよし、そのきこへあるにより て、故尼御前のきしん状ニまかせて、門弟等の中へと、院宣を申なをしたり、彼院宣の正文は、門弟の中へわたし畢、然者、彼院宣ヲあかめたてまつりて、覚恵日来ニかハらす、御ゑいたうのるす、さうゐあるへからさるよしの、門弟等連署有之、同本券等ニあいそへて、所渡之也、世間不定のうへ、やまいおもき身なれハ、自然の事もこそあれとて、かねて如此かきをく状如件、

正安四年壬寅五月廿二日　　覚恵（花押）

覚如房へ

＊料紙継目裏に、覚恵花押二顆あり。なお覚恵の死没は徳治二年（一三〇七）四月十二日。

『存覚一期記』正安三年、四年条（龍谷大学善本叢書三）

十二歳正安三冬比、長井道信鹿島門徒依黒谷伝九巻新草所望、在京、仍大上（覚如）令草之給、其次道信申云、唯公（唯善）称有禅念坊譲状、宛唯公身、被掠賜院宣之由、有其聞、随而被捽管領之所存歟、此事不可然、其故者、当敷地為建立上人御影堂、覚信比丘尼於門弟中、可管領之由、寄進状顕然也、而構謀書、被称禅念坊譲与状之条、母子敵対、未来之牢籠也、此事争不被申披哉云々、仍大々上（覚恵）入御左大弁宰相有房卿亭、是千草（種）先祖也、宗真法印引導也、被申述上件子細之処、彼卿云、任禅念譲書畢云々、被申云、譲状之事、不実也、若令備進者、是謀書也、出門弟中覚信寄進状顕然也、若彼状被御覧歟之由、被仰之処、無其儀、禅林寺長老規庵依被申沙汰、無左右勅許、被出符案、可書進院宣之由、被仰下之間、任案計也、重被申披者、定可帰正理歟之由返答、仍令帰坊畢、

十三歳乾元々為大々上御使節、大上為勧進可申披之料足、御下向東国、無幾則御帰洛、仍被申下院宣於当方了、其詞云、親鸞上人影堂敷地事、依山僧濫妨、唯善歎申之間、雖被下院宣、所詮任尼覚信置文、門弟等沙汰、不可有相違者、依　院宣所仰如件、正安四年月日、参議有房卿判、親鸞上人門弟等中、付此宛所事、彼卿被申云、可進貴辺、如何云々、爰大々上被仰云、当方唯公共以非可自専、覚信置文顕然之上者、可宛門弟中云々、爰彼卿云、所被申廉直之至、尤可然、但彼上人門徒、一向在家下劣輩也、然者、書門徒中之条、不可叶云々、其時被申云、以前所被下唯善之　院宣、以可為同然、強彼門徒一向非可下劣、況唯公又門徒之随一也、然者、彼時所被載唯公与彼門徒、更不可有勝劣之由、詳被申之間、伏理任望、被書下門弟等中畢、

十月一日　今林准后（藤原貞子）が一〇七歳で臨終正念で薨去。顕密僧の反対を押して、准后第諸仏院で浄金剛院の僧に法事讃・往生礼讃を修させた。

『実躬卿記』正安四年十月条（大日本古記録）

一日辛酉　晴、江南朔幸甚々々、准后（今林）事、於今者無其憑、雖為勿論事、昨今只同体之由、法皇（亀山院）有御物語、（中略）富小路殿（後深草院）法皇、今日俄臨幸今林准后第諸仏院、事体無其憑之由、依被馳申也云々、後聞、亥刻為臨終正念薨去云々、件准后、常葉井入道相国（西園寺）実氏公後室、隆衡（藤原）大納言入道息女、大宮・東二条両女院御母儀、両法皇御祖母也、生年百七歳、高年之至極歟、凡所世之重、無比類、尤有其謂者歟、今出川入道相国（西園寺実兼）祖母、公私子孫繁昌、非所及言語、法皇可有御葬籠之由、被思食定云々、為両法皇御祖母之上者、当世御所々々無類此仁、入道相国又為孫子、両女院・前右府以下勿論、尤無比類者歟、

七日卯　晴、今日初七日也、早旦渡御諸仏院殿、午刻著布衣花田白裏下紐参上、恒例懺法、日仏供養等已了云々、此間、昭訓門院御幸、即被進御車於今林殿、東二条院有渡御、其後被始御仏事、（中略）又亡者翻遺札、法皇（亀山）染宸筆、令写阿弥陀妙典、御例時

之次、於命終堂場、被供養、導師憲基法印、砂金一裹、女房衣一領、賜布施云々、

又入夜有法事讃、　法皇令供行御、大蔵卿重経、師具(源)朝臣、観心(藤原定顕)、行親、良観法印、浄金剛院僧三人也、終夜被行之、前右府、大納言、別当、(実躬)予等祗候、後聞、此事未無先例歟、不可然之由、正道(聖)僧等難申云々、如此追善、於他所別被修之者、常事也、於正道(聖)厳重道場、被混行之条、可有傍難之由、称之歟、

廿一日辛巳　晴、今日三七日也、巳刻　御幸、予午刻著直衣、参彼御所、懺法・日仏供養了、(中略)事了法皇(亀山)還御、及晩又臨幸、例時之次、有阿弥陀経供養事此事、毎七日式也、翻亡者之遺札、被染宸筆、尤珍重々々、導師憲基法印付衣也、今夜有御礼讃、是又毎七日法式、両度法事讃、今夜御礼讃也、(往生礼讃)中納言入道頓覚(藤原公雄)、大蔵卿重経、左兵衛督宗氏、師具朝臣、観心、行親、浄金剛院僧両人也、予終夜祗候聴聞、東二条院同臨幸、有御聴聞、(後略)

＊今林准后（一一九六～一三〇二）は、四条隆衡と坊門信清女との間に生まれ、西園寺実氏の正室となった。後嵯峨天皇中宮大宮院と後深草天皇中宮東二条院の生母であり、後深草・亀山院の祖母に当たる。浄金剛院は西山派嵯峨流の拠点寺院で、証空の弟子である道観証恵が開く。現在は廃寺となっているが、亀山殿に隣接しており、後嵯峨院・亀山院の遺骨は浄金剛院法華堂に安置された。道観の曾孫弟子にあたる本道上人は、天皇家の葬送に関わるとともに、花園天皇に近侍した。

嘉元元年（一三〇三）

九月　鎌倉幕府が諸国横行の一向衆を禁じた。それに対し唯善は数百貫文を秘計して幕府奉行人から親鸞門流の安堵状を得た。

「唯善書状」（専修寺文書、『鎌倉遺文』二二〇六〇号）

「(端裏書)嘉元二年十二月十六日同□」

嘉元元年九月日、被禁制諸国横行人御教書偁、号一向衆成群之輩、横行諸国之由、有其聞、可被禁制云々、因茲混一向之名言、不論横行不横行之差別、一向専修念仏及滅亡之間、唯善苟依為親鸞上人之遺跡、且為興祖師之本意、且為糺門流之邪正、申披子細、忝預免許之御下知畢、早以此案文、披露于地頭方、如元可被興行之状如件、

嘉元二年十二月十六日　　沙門唯善

顕智御房

『存覚一期記』嘉元元年条（龍谷大学善本叢書三）

於関東、有専修念仏停廃事、其時唯公竊馳下、以巨多之料足、被申成安堵之御下知了、横曾禰門徒木針智信、出三百貫、其外勧進所々、以数百貫被申之間、無相違、其文章、仮令、於親鸞上人門流者、非諸国横行之類、在家止住之土民等勤行之条、為国無費、為人無煩、不可混彼等之由、唯善為彼遺跡所申、非無其謂之間、所被免許如件、嘉元々年月日、加賀守三善判、此下知無両所判形、号政所下云々、文章又非遺跡成敗、然而為混事於遺跡、申成之歟、

＊鎌倉幕府が禁じた「一向衆」が何を指すのかは、定かでない。親鸞門流に典型的にうかがえるように、幕府が「一向衆」を禁じたために、さまざまな流派が「一向衆」認定を免れようとしたのが、その原因である。

嘉元二年（一三〇四）

九月晦日　他阿真教が遊行と他阿弥陀仏の名を量阿（智徳）に譲り、相模国当麻に定住した。

「他阿弥陀仏書状」（下野東漸寺蔵直教法語集、『鎌倉遺文』二二〇〇六号）

九月晦日　　他阿弥陀仏

「他阿弥陀仏　嘉元二年十月十二日到来」

先度両通のふみに、委細まうしつかはしを(畢)はんぬ、さためて衆中にも、面々みしり有らん人の、人界の生をうくるに、その体相は別々なるに似たれとも、仏性はか(変)はる事なし、然れとも、知識のくらゐになりては、衆中の呼ところの名なれは、自今已後は、量阿弥陀仏を捨て、他阿弥陀仏と号せらるへし、この名は一代のみならす、代々みな遊行かたにうけつくへきなり、これへのふみ(文)のうら書には、本の名をかゝるとも、他所へのふみには、他阿弥陀仏とかゝるへきなり、

＊嘉元元年の鎌倉幕府の一向衆禁制では「諸国横行」の「一向衆」を禁じており、少なくともこの禁制が時衆に該当していたのは事実である。他阿真教の当麻定住と遊行の譲りの背景に、「一向衆」認定の回避があったとも考えられる。

嘉元三年（一三〇五）

九月十五日　亀山法皇が亀山殿で崩御。浄金剛院本道が入棺などを沙汰した。

「亀山院崩御以下記」嘉元三年九月条（伏見宮記録文書、『亀山天皇実録』）

（前闕、九月十五日条）御号兼被思食定亀山院、仍不及追号定、（中略）女院御方御悲歎之至、不被左右、午一点本道上人、率弟子三人、参御在所、先本道以刀、切放御座面其法有、故実等次自御座立東方了、板へ乍御莚所謂所切放之御座面也奉行下、次抜取御小袖、以御帷御服奉着之、其上覆野草衣上下奉押糸之、野草衣同定人沙汰を書□字、茶垸鉢自御所申出之入羹酢、奉置御鼻之融取物香、之料也次御枕方艮角ニ立切燈台黒漆、自御所申出之、挙常燈北面ニ、挿之不令消火事也、仍上北面玄心并景忠□近仕之者也、替々奉仕指油、次以御屏風一双如常立之立廻御座四方、次上人退出、真言僧等替之候之、至明後日出御、如此可候也、（後略）

十六日庚申　（中略）今夕、御入棺儀也、戌終尅、本道上人率門弟六七人参上、自東面遣戸、舁入御棺、持参御在所、先撤南面御屏風等并御座之西畳等、次安御棺於御座之西板、暫撤蓋、納土砂以下雑物、次上人等乍御莚、奉舁上之、被入御棺、此間予招寄本道、授可被入御棺之御物等、（中略）上人取之奉納之予示聞可入之子細、独鈷裹白薄様奉置御胸上、御存日予申定了、又可被仰禅助僧正也、御三衣奉置御枕、御念珠置御右方、御袍置御左方、御枕置御枕（ママ）、次奉掩蓋、次加覆生絹、次緘之、此間予不堪悲歎、退出了、上皇（伏見院）又雖御座此所、御泣涕之余、令入女院御方給、（後略）

嘉元四年（一三〇六）

九月十五日　他阿真教が時宗の道場制文を定めた。弘安二年以来の時衆の往生は二七五人、不往生は七人という。

「他阿真教道場制文」（二祖他阿上人法語、『定本時宗宗典』上）

夫以、法性無相之本源、流出生死之大海、唯男女愛執之一念、流転三界之妄業、輪廻於六道之嶮岨、是自身着我之迷識也、沈者即入身於阿鼻之泥梨、湯火焚焼之患苦、無止時、浮者亦駐心於有頂之快楽、五衰退没之悲嘆、猶難忍、（中略）我等適発心、不厭此一事者、得出家修道之名、心者与名利相応、仏日不宿景（影）、衣者為度世之姿、被畜生之皮、今度不遂往生者、如入宝山空手、早回心発心、可乗仏願、三心者、金剛心、金口誓、譲身命於知識之南無当体、是也、法者阿弥陀、所係誓之仏、是也、不破制戒、不出衆中之願者、納無始生死之業識於光中、不任心於心、輪回（廻）此断絶、即機法不離者、常仏所護念、然者、所入時衆之金、即為三心之間、不可尋例於他所、自修行之初弘安二年（一二七九）、至嘉元四年九月、遂往生僧尼二百七十五人、此内不往生者七人、乍破制戒、不回心向大之故也、自今日、尽未来際、始此下、処処道場僧尼、不破制戒、至命終、称名念仏不懈、必可遂往生、不用之輩者、止一室同座、可追出衆中、仍避魔界、相応本願、為決定往生、所示也矣、

嘉元四年九月十五日　　他阿弥陀仏

十一月　唯善が覚恵に大谷御影堂の鎰を要求。覚恵は衣服寺に移住した。

『存覚一期記』徳治元年条（龍谷大学善本叢書三）

十七歳徳治元今年唯善房騒乱漸更発、霜月之比大々上（覚恵）受重病、御平臥之最中、奉乞御影堂鎰、嗷々之間、竊逃出、令移住衣服寺給了、

＊覚恵は徳治二年（一三〇七）四月十二日に二条朱雀の衣服寺で死没。

徳治三年（一三〇八）

五月二十日　破戒の念仏者と法華宗の僧徒を洛外に追放するよう朝廷が命じた。

「後宇多上皇院宣案」（仁和寺諸記抄、『鎌倉遺文』二三二五九号）

被院宣偁、近来破戒之僧・邪法之族、或結異類異形之党、称念弥陀、或号法華法門之宗、誹謗諸教、称念之功雖尊、其体偏為戒律違犯之狂人、誹謗之罪是重、其心更非止観明静之行者、仏法之魔障也、国家之凶毒也、濫悪淵源、職而斯由、早捜索草庵、宜追却華洛之由、可令下知諸官給者、

院宣如此、仍執達如件、

徳治三年
五月廿日　参議宣房（万里小路）

蔵人左衛門権佐殿

＊この時、後宇多院が治天の君であった。

延慶元年（一三〇八）

十一月三十日　親鸞影堂と敷地に対する唯善の押領を退け、親鸞門弟と覚如らによる領掌を検非違使別当が認めた。さらに伏見院から安堵の院宣を得たが、唯善は青蓮院に訴えてそれに対抗した。

「検非違使庁別当宣」（山城本願寺文書、『鎌倉遺文』二三四六六号）

安堵別当宣案

親鸞上人影堂幷敷地事、任尼覚信置文、覚恵帯安堵　院宣、留守職無相違、仍覚恵以当所申付覚如畢、爰唯善無故致非分之押領之間、就訴申、可停止彼押領之由、度々雖被仰遣之、一切不叙用之条、自由之至、太以不可然、云勅裁、云別当宣、違背之科、無所遁歟、此上者、早任相伝、先可進退領掌之由、可令下知彼門弟覚如等給之旨、別当殿仰所候也、仍執達如件、

延慶元年十一月卅日　前丹後守為清奉

進上　高倉大志殿

『存覚一期記』延慶元年条（龍谷大学善本叢書三）

十九歳（徳治同三、延慶元）（中略）御門弟三方使者上洛（法興寺辻子御宿（覚如宿所））、鹿島順性（順慶父）使浄信、高田顕智（定専曾祖父）使善智、和田信寂使寂静（子息也）、各々申云、以巨多之料足、申改院宣、門弟多年致管領之処、唯公一向押領、被置山僧等於北殿之間、門弟等参入、且有憚、又背本意、早被申披、令安堵之様、可有御沙汰云々、而其時洛中雑訴等、不及勅裁、偏可為使庁沙汰之由、被定之間、任法経其沙汰了、于時大理、三条坊門宰相中将通顕（中院）（後至内大臣、于時十九才）、刑部卿入道顕盛（冷泉）朝臣（于時前宮内大輔）納（細）々読書之師範也、大理父内大臣通重（于時大納言）者、右少弁有正（冷泉）（于時前甲斐司）無双之文友知己也、仍叔姪父子所縁異他之間、被申下安堵之庁裁了、如此当方雖令安堵、敵方之山徒不及退出、然而使庁下部等、非可致嗷義之間停滞、此人々申云、重又不申賜伏見院

宣者、此事難道断(行カ)歟云々、仍属故日野大納言俊光卿于時中納言、被述此子細之処、可伺試之由領状、仍経七八ケ日之後、為催促随身小酒肴、渡御彼亭之時、彼卿云、経奏聞之処、使庁成敗之由、被聞食之旨、仰下之条、不可有子細之由勅答也、仍畏悦無極、然者則拝領、可為何様哉之由、被仰之間、於当座記書渡了、其詞云、

親鸞上人影堂幷敷地事、任正安　院宣・使庁成敗之由、被聞食者、院宣如此、仍執達如件、延慶元年月日、判、

表書、親鸞上人門弟等中、俊光云々、如此致沙汰之処、唯公又廻異方便、申青蓮院、令申成院宣於門跡、大旨云、妙香院領法楽寺敷地事、任先規、一同可有計御沙汰之由、院宣所候也、仍言上如件、俊光恐惶頓首謹言、

正(延カ)慶元年月日、判奉、表書云、進上青蓮院法印御房、俊光云々、此青蓮院者慈深、後光明峯寺摂政(一条)家経御息、僧正之後御遁世、号海津僧正御房大乗院(尊円)御師、此院宣以後、自跡被仰当方之様、自元於門跡、可有成敗之処、及院宣・使庁之沙汰之条、存外之次第也、於本所可究訴陳之由、被仰之間、仰天無極、仍三方使節大略退屈、其上無足之在京難治之間、先帰国了、此沙汰不慮延引、

（後略）

＊同年八月二十五日に後二条天皇が死去し、翌日花園天皇が即位したため、後宇多院政から伏見上皇の院政に替わった。

延慶二年（一三〇九）

七月十九日　青蓮院門跡慈深が親鸞御影堂を門弟の進止として安堵。それをうけて覚如は門弟に起請文を提出した。唯善は親鸞の御影・遺骨を奪って鎌倉常葉の堂にそれを安置。諸人の崇敬をうけたという。

「青蓮院慈深御教書案」（山城本願寺文書、『鎌倉遺文』二三七三〇号）

(ウハ書)「親鸞上人門弟子御中　　法眼泰任奉」

追申、

本願主覚信之素意、専為全上人之影堂云々、而相論之最中、唯善潜渡影像遺骨於他所之条、太以不可然之間、忩可返渡之由、度々被仰下畢、可被存知之由、同被仰下候也、

親鸞上人門弟覚如等、与唯善相論御影堂幷敷地等事、両方申趣雖多子細、所詮、如財主尼覚信寄進状者、可為上人門弟進退旨分明也、随而唯善可相伝領掌之由、竊雖申賜　院宣、門弟等捧覚信寄進状等、申披子細、預二代勅裁、蒙使庁裁許畢、唯善猶押領之条、不可遁違勅之科、就中、背亡母覚信之遺誡、入置敷地於質券之条、招不孝之咎者歟、唯善有亡父禅念之後状、頻雖申子細、令懇望門弟等之状等、已以歴然也、以禅念之後状、可破覚信之寄進状者、唯善何可令懇望門弟等哉、加之、以関東御下知、雖申子細、彼御下知全非影堂敷地相論之上、唯善為門弟等之代官、令申沙汰之条、両方所進之前後状等炳焉也、非唯善自専之証歟、又号門弟等者僅五六輩、擯出之族也、更非惣衆之由、唯善雖申之、顕智・信寂以下門弟等数千人、令散在諸国之上、覚信寄進状・唯善懇望状以下、二代　勅裁・使庁成敗状等、皆以帯之、為惣衆之条、不可有御不審之由、令申之条、非無其謂歟、早任本願主覚信之素意、為門弟等之進止、可専祖師之追孝、於覚信之子孫等之許否者、宜可在門弟等之意歟者、依青蓮院法印(慈深)御房御気色、執達如件、

延慶二年七月十九日　　法眼(泰任)判奉

親鸞上人門弟御中

(端裏書)「青蓮院御下知案」

＊青蓮院門主慈深は前年十一月二十二日の僧事で法印に叙せられ、当時、妙香院門主も兼帯していた。親鸞門弟が「数千人」の「惣衆」からなるとの記事にも留意したい。

「青蓮院慈深御教書」（専修寺文書、『鎌倉遺文』二三七三二号）

親鸞上人影像遺骨石塔等事、被申之趣、令披露処、相論之最中、唯善潜取隠影像遺骨於他所之間、如元可返置之由、度々雖被仰下、遂以不叙用、剰又破取金物石塔等逐電、不被知食在所之上者、無拠于尋沙汰、所詮、彼御影者、為門弟顕智等之造立令、然者為顕智以下門弟、念仏可専追孝之由、被仰下候也、仍執達如件、

延慶二年七月廿六日　　法眼(泰任)（花押）

親鸞上人門弟御中

「覚如起請文案」（山城本願寺文書、『鎌倉遺文』二三七三三号）

(端書)「出御門弟中愚状案又一通書与善智房、已上二通、内一通者、留三川云々、書渡善智房事、延慶二年八月一日、依所望也」

親鸞聖人御門弟御中江令懇望条々事

一　毎日御影堂御勤、不可闕怠事、

一　不可背財主尼覚信建治・弘安寄進状事、

一　自御門弟等御中、縦雖被申付御留守職、於相背御門弟御意者、雖為一日片時、被追出影堂敷内之時、不可申一言子細事、

一　御門弟等忝被賜両御代　院宣幷庁裁・本所御成敗之上者、雖為留守職、一切不可申子細事、

一、於向後者、任本所御成敗之旨、不可背御門弟等御計事、

一　以私仁所取之借上、不可奉懸御門弟等事、

一、聖人御門弟等者、縦雖田夫野人、任祖師之遺誡、全成蔑如之思、不可致過言事、

一　雖被申付影堂留守職、全不可成我領之思事、

一　自御門弟御中、賜御状之時、以彼文章備後日之亀鏡、不可申子細於御門弟御中事、

一　影堂敷内仁招入好色傾城等、不可酒宴、自他共可禁制事、

一　不蒙御門弟免許、細々罷下向諸国、或称勧進、或号不諧定員数、不可奉諂御門弟事、

一　奉対諸国御門弟、不可自称有忠節由事

以前条々、雖為一事、不可背御門弟御計、現不調不善、或於背財主尼覚信寄進状幷両御代　勅裁・使庁成敗・本所御下知等者、為御門弟等御計、不廻日時、可被追出御影堂敷内者也、且唯善坊敵対御影堂幷御門弟等、現種々不調、或以御影堂敷幷房舎、入置質券、或捨置御書状等、備後日之亀鏡、雖掠申子細、既被棄置之上者、雖無子細、今覚如於毛准彼唯善、自御門弟御中、懸之間、取出此状也、雖向後、令敵対于御門徒、称有証文、以門弟之御書状等、若有申子細之事者、皆悉被処今案之謀計、努力々々、不可有叙用者也、如此乍出状、猶以後日申子細者、以此状為証文、本所幷公家・武家江被訴申、可被処遠流之重科、抑上件条々等、於覚如者、自元無其企、雖不現不調、併為未来、如此出状者也、若偽申者、惣三朝浄土高祖、別蒙祖師聖人冥罰、而可失現当之悉地、仍為未来之亀鏡、状如件、

延慶二季己酉七月廿六日　　覚如在判

「**本願寺留守職相伝系図**」（山城本願寺文書、『鎌倉遺文』二七七四五号）

本願寺留守職相伝系図

尼覚信（元久我太政大臣通光公女房、号兵衛督局、日野皇太后宮大進有範孫、親鸞上人女、日野左衛門佐広綱妾、以当所寄附影堂敷財主也、）
　僧宗恵（山、元中納言阿闍梨、大原二品親王（尊助）門人、棄有僧都入室弟子、遁世号云□証後改覚恵、日野左衛門佐広綱子、日野中納言家光卿猶子、母覚信就申付、居住当所、）
　僧宗昭（興、中納言法印、西林院法印行寛入室弟子、宗恵真弟、一乗院門人、勘解由小路中納言兼仲卿為子、依宗恵阿闍梨申付、居住当所、遁世坊号覚如、）

当所留守職、他人不相承之次第如斯、

『**存覚一期記**』**延慶二年条**（龍谷大学善本叢書三）

廿歳延慶二（中略）去年三方使節、夏比上洛、為執沙汰此事也、仍罷向門跡奉行伊与法眼承任宿所、連々問答、所詮不可及訴陳、両方参候門跡参候（衍カ）、以雑掌可遂対決之由治定、仍大上自三宝戸（室）御出京（覚如）、七月上旬之比出対、青蓮院被置両方之正員於別所、以雑掌重々対決、不審事等各被尋正員、両方申状悉被記置退散、此時不及是非也（之）評判、其後当方顕（預）本所御下知了、其詞大途者、任正安院宣庁宣又重院宣、領掌不可有子細之由御下知也、如此及厳密之御沙汰之間、唯公没落関東之刻、奉取御影御骨、奉安置鎌倉常葉、田舎人々群集彼所云々、御留守職之事、可為何様哉、如此落居之上者、可移住歟、如何之由、被尋使節之処、吾等無左右、難計申之間、以門徒一同之衆儀、可有沙汰之由返答、仍御影堂御留守性善也、

＊唯善が親鸞の遺骨を安置した「鎌倉常葉」は、現在の鎌倉市常盤。鎌倉から大仏坂切通を越えた谷間にあり、北条政村など北条一門の別邸がおかれていた。常盤の東山麓には小字一向堂があり、戦国時代まで唯善の草庵がここにあったという。鎌倉大仏の北西に当たる。

応長元年（一三一一）

十一月　顕智・法智ら門弟の努力で親鸞の御影堂が再建されたことを、本所妙香院が賞した。

「**妙香院慈慶御教書案**」（山城本願寺文書、『真宗史料集成』一）

（本書云、同御下知状案）親鸞聖人門弟御中　法眼泰仁奉

親鸞上人影堂幷敷地等事、門弟等与唯善相論之間、被尋究真偽、任証文之道理、門弟等可進退之旨、被裁許了、爰唯善無理之間、可被棄捐之子細、遮依令存知歟、御沙汰之最中、盗隠影像遺骨、剰破取堂舎庵室之条、雖為希代珍事、則逐電之間、依不被知食在所、無抅于尋沙汰之上、彼影像者、為門弟顕智等之造立云々、然者、為門弟等之沙汰、造立影像、置所残遺骨、守本願主覚信素意、全影堂可興行念仏之由、被仰下了、依之於影像遺骨之安置者、顕智存生之時、去年雖致其沙汰、至堂舎庵室之造営者、未及其沙汰之処、法智以下門弟等、終造営之功云々、彼是共急速之功、殊所被感思食也、倍興念仏之勤、可専追孝之志由、所被仰下也、仍執達如件、

応長元年十一月廿八日　　法眼　判奉

親鸞上人門弟中

＊応長元年八月に青蓮院門跡は慈深から尊円に譲られ、妙香院は慈深から慈慶に相承された。慈慶（一二九六～一三四〇）は内大臣一条内実の息。慈深の弟子である。妙香院は青蓮院門跡が兼帯することが多いが、この時は分離していた。本願寺の本所は青蓮院ではなく、妙香院である。

正和元年（一三一二）

夏頃　法智の発案で大谷影堂に専修寺の額を掲げたが、専修の号は禁止されているとの延暦寺の申し入れにより、同年秋に額を撤去した。

『存覚一期記』正和元年条（龍谷大学善本叢書三）

廿三歳（正和元）青蓮院宮門跡三方（常寿院宮也 良助親王、尊円親王、慈道親王）御相論、大上（覚如）尤可宜之由被仰、訴陳事労功異他、此時、光玄（存覚）為光顕、夏比為法智発起、被打額、寺号専修寺、同人計申之、勘解由小路二位入道経尹卿（法名寂尹）書之、予申錦小路僧正（玄智）誂之、秋比山門事書到来、其旨趣、一向専修者往古所停廃也、而今専修号不可然、早可破却云々、座主裏築地僧正公什也、付弟慈什僧正者、鷹司禅尼（冬雅卿伯母）曾孫之間、以彼縁令談座主、仍無為也、然而猶定不休歟、枉（可カ）卿改寺号、然者先可撤額之間、座主幷玄智僧正相計之間、被撤其額、後日法智申下、吾寺用彼

寺号打之云々、

＊正和元年には天台座主は不在。覚雲が応長元年（一三一一）六月に座主を辞任してから、公什が正和二年正月十二日に補任されるまで、一年半の間、天台座主は不在であった。公什の在任は正和三年七月末まで（『天台座主記』）。『存覚一期記』が存覚晩年の口述であることからすれば、専修寺号の記事は正和二年の思い違いであった可能性もある。なお錦小路僧正玄智（?〜一三三二）は花園天皇から「山門英才無双者」「天台之明匠」と讃えられた人物であり（『花園天皇宸記』元応二年九月二日条、元亨三年九月一日条）、存覚はその入室の弟子。

正和二年（一三一三）

是歳頃　越前鯖江長泉寺の孤山隠士が『愚闇記』を著し、親鸞門徒など諸宗を批判。元応元年（一三一九）八月に大町如導が『愚闇記返札』を著してそれに反論した。

『愚闇記』（『真宗史料集成』四）

愚闇記　上

孤山隠士ヲロカナル心ニテ、管見ノ所レ及二十箇条ヲ記シテ、名テ二愚闇記一ト、有ル二人誹謗一者、其ノ才学ヲ見テ、我カ愚意ヲヒルカヘシ、自他共ニ仏道修行スヘキハカリコト也、此記ヲ見人、必可レシ有ニ返札一、

一　踊躍念仏、無ニ本説一事
一　踊躍ノ衆、面々飯汁御菜混合スル事
一　踊躍ノ衆、網衣ヲ死人ノ上ニ引覆事
一　踊躍於ニ道場一ニ連歌之事
一　踊躍門弟等、六字名号ニ、南無之義立事
一　念仏ノ行者、臨終端坐合掌ヲ勧ル事
一　念仏ノ行者、日ノ所作ト号シテ早念珠事
一　念仏ノ功徳、為ニ亡者一無キ二得益一事
一　聖道門ハ無ニ学文一事
一　堂社参詣ノ次テニ、縁者ニ詣スル事
一　聖道門ニ陰陽師ヲ請用ヲ好事
一　聖道門如法経ニ旁々不法事
一　堂舎造ルトテ他所ノ材木切ル事
一　持律之比丘、猿楽白拍子ヲ見聞事
一　聚洛田里ニ寺院建立事
一　禁忌ヲ破シテ神明ニ参詣ノ事
一　其身酒ヲ飲ミ酒ヲ沽ル不相応ノ事

一　師匠貧賤成ハ其弟子無ニ音信一事
一　日蓮坊ノ流ニ六字名号ヲ破ル事
一　一向念仏ト号シテ、浄不浄ヲ不レル嫌ハ事
　阿弥陀経ヲ不ル読事

当世一向念仏シテ、在家ノ男女ヲ集メ、愚禿善信ト云為ニル流人作シ和讃ヲ謡イ、長メ同音ニ念仏ヲ唱ル事有リ、無量寿経ニ三輩往生ノ相ヲ説ニ、一向専念無量寿仏ノ有リ文、為ニ是ヲ本説ト、一向念仏云名言出テ来ル云テ、阿弥陀経モ不レ読、六時礼讃ヲモ不ニ勧(勤)行一、但男女行道シテ六字ノ名号計唱ヘ、彼ノ和讃ヲ同音ニ為リ謡長、肉食等不浄ヲモ不レ禁シメ、袈裟衣数珠具足ノ無ニ沙汰一、衣ヲ着レ共不レ懸ニ袈裟ヲ、色々ノ絹小袖ヲ重著テ、死人之追善トテ率都婆ヲモ不レ立、禁忌云事不トレ可レ有ル為ニ教化一事、愚闇也、(中略)摂取門計ヲ執シテ、浄不浄無レ隔テ、逆罪モ預ルト来迎ニ信シテ、本願ホコリ有ナラハ、可レシ成ニヌ悪見一ト、清浄ノ仏土ヲ不レル願ハ人ハ、身口意ヲ浄テ、可ニ修行一ス者也、上品上生ヲ可ニ志指一、強チニ下品下生ノ不レ有レ可ニ悪人ヲ望一ム也、去ハ正業ノ念仏ニ、助業ノ阿弥陀経ヲモ読ミ、六時礼讃モ勤行シテ、可ニ往生一者也、何事モ因縁不ニ和合一者、不レ可ニ成仏一ス、愚禿非ニ善信ノ和讃モ念仏助クル義一ニ也、

次ニ浄不浄ヲ嫌ハヌ所作ナレハ、不ニ儵(テウ)ツヲモ仕一、不ニ沐浴ヲモ云リノ、如来リ説教ニ有ニ観(ママ)誡ノ二門一、勧ル時ハ、六字ノ名号ヲ唱ニ、行往坐臥ヲ嫌ス、時節ノ不レ問ニ久近一ヲ、念々ニ不レ捨、設イ五逆十悪ノ罪人成供、一念十念唱ハ、有ニ来迎引接一、大悲門是也、善導和尚摂取門ト名タリ、可レ成ニ観無量寿経下品下生往生人一、誡ムル時ハ、唯除五逆誹謗正法ト嫌ヒ、具諸戒行供説リ、大智門是也、善導和尚ハ是ヲ抑止門名タリ、然ヲ何ソ但摂取門計ヲ執シテ、不浄等モ不トレ苦談スルハ、非ヤ是又愚癡ノ至一、

次ニ為ニ死人追善一、率都婆ヲ不トレ可レ立教化ス、夫率都婆者、地水火風空ノ為ニ五体一ニ、大日如来ノ三摩耶形也、

(中略)

次ニ又別時ノ寄会イ、女ハ綾羅錦繍之類ニ身ヲ粧(カサ)リ、面ニ粉塗リ眉青シ、歯ヲ黒シ頭ニ長キ髪(カツラ)ヲ懸、衣ニ焼物ヲ薫セリ、偏ニ傾城ノ姿也、男女雑居シテ通夜シ、行住坐臥

心ニ任スレハ、潜ニ心ヲ通スル在レン人モ哉、唱ル念仏モ穢テ、虚仮ノ行トモ成ラン、塗餝ヲ番(香)蔓ハ、戒門ノ制イマシメ也、念仏ノ道場ニシテ、紙ノ衾藤衣ノ可ニ姿成一ル、浮世ノ中ヲ厭捨テ、真ノ道ニ可レシ入ルト可レ有ニ教化一、

男ハ弓箭兵杖ヲ帯シテ、知識ノ道場ヲ守護セリ、道場参詣ノ時ハ、魚類美物ヲ随身シ、知識幷ニ念仏衆ニ饗応スト披露セリ、在家人成共、念仏三昧修行セシ時ハ、随分戒行ヲモ可レシ持、肉食等ノ依法ハ、更ニ難ニ心得一也、善導和尚ノ遺言記ニ曰ク、未来世ノ比丘不レ捨レ戒、念ニ仏経一ヲ為ニ念仏一共、捨ハ戒往生即チ難レ得云云、捨家棄欲而作沙門ト説ク、寄ラハ文ニ、知識ノ為レメ身、家不レ可レ有ニ造作一、況亦世財ヲ畜エ持テ、可ニト警固一ス不レ覚ヘ、

次ニ為ニテ禁忌一、神門垂迹門ニ其有レ禁イマシメ、死人ヲ忌テ、常住ノ仏道ニ令レ入也、可レ任ス其ノ服忌令一ニ、

愚晴(闇)記難状

長泉寺法印別当

『愚闇記返札』（『真宗史料集成』四）

謹テ以ハ、浄土真宗者一代聖教ノ肝心、一尊諸仏ノ秘懐也、（中略）我等薄地ノ凡夫ナリ、忝ナク以ニテ浅智愚案一ヲ、憖ニ仏智ノ深奥ヲ測ルコト、惣シテ他宗ノ毀ソシリ、別シテ自宗ノ嘲ケリ歟、雖レモ然振ニイ孤山隠士広覚深才一ヲ、研精ノ文筆ヲ嗜ンテ、致ニシテ二十条ノ疑端一、加ニ聖道浄土ノ難破一ヲ、其ノ所難随一ニハ、挙ニケタリ専修門弟一ヲ、出ニ爰弟子既ニ俗塵ノ家一ヲ、偏ニ仏法ノ蔵入、永依ニリ禅林道ニ趣一シ已来タ、専ラ一向専修ノ門葉タリ、因レテ茲ニ為ニレ遁一カ自門難破一、致ニス少分ノ愚答一ヲ、（中略）

抑々、二十箇条ノ問端ノ内、自他宗ノ事多雖レ載セラル、ト、自宗猶ヲ妙解ニ闇シ、況ヤ於ニ他宗ノ才覚一ニ、依レ之暫ク他家之難破閣サシオキ、先ツ自門ノ加ニ返答一ヲ、

第一ニ無ニシ踊躍念仏本説一云者ノ難勢何事哉、文題是非、難レシ見、若念仏踊躍本説無可レ云歟、然ニ双巻経ニ説曰ク、其有レ得レ聞ニ彼仏名号一ヲ歓喜踊躍乃至一念等云リ、其外導和尚大経ノ初夜ノ礼讃ヲ指シテ、踊躍皆歓喜云リ、踊躍大歓喜ト云、尤可レ為ニス踊躍一ヲ見タリ、又諸経ノ之中ニ例ヲ求レハ、坐禅三昧経ニ説曰ク、極楽教主弥陀尊ハ、念仏諸衆生毎日千反、為ニシテ随順一住所ニ来リ給テ、踊躍歓喜シ

比スルニ無レ喩ヘ曰リ、所念仏体、猶ヲ能念ノ衆生ヲ踊躍給リ、能念衆生、何ゾ所念仏体ヲ不ニ踊躍一哉、踊躍ノ名言、経文分明也、有ト二本説一可レ云歟、

第六、念仏ノ行者、臨終端坐合掌ヲ勧ムルト云事、（中略）

第七、早念珠之事、

必浄土一宗ニ非レ用、諸宗此例多シ、非レ一ニ、不レ及ニ返答一也、

第八、念仏功徳、為ニ亡者一ノ無シ得益一云事、（中略）

凡二十箇条之疑端之内、愚存所レ及少々非答ヲ付畢ル、文題雖ニ多残一、自宗非ハ所談一ニ、他宗ニ譲リテ不レ及ニ返答一スルニ、或ハ経教之非レ判スル所ニ者一、雑談無益也、

（中略）

第六ニ浄不浄ヲ不レ嫌ハ所作ナレハ、不ルニ沐浴一由之事、

此難、自力聖道之法則ハ尤爾也、他力浄土ノ行義ニ向テハ、不レ可レ有ニ此難一歟、但此一門ニ必不浄ヲ不ルニ論ゼ願ナレハ、一片ノ義理ニ属シテ、不浄ヲ非ニ好ミ行一スルニ、但是レ勧化ノ方便也、（中略）俗家ハ乍ニ俗家一唱テ遂ニ往生一ヲ、女人ハ乍ニ女人一、称セハ可レ有ニ来迎一、穴勝ニ身ノ不レ嫌ニハ浄不浄一ヲハ、行住坐臥ノ作業也、敢テ心ノ専不専ヲ不レ論、時所諸縁ノ行義也ト云テ、悪人ヲ為レ令ニカ西路ニ誘引一也、但是レ利他ノ方便也、（中略）

次ニ抑止門ヲ以テ、左右ナク此義篇ヲ防事、弥ヨ無理也、彼ノ願之唯除五逆誹謗正法ノ文ハ、未造業ノ訳スル抑止ノ方便也、抑難スル所ノ抑止ヲ、弥陀ノ抑止カ、亦釈迦ノ抑止カ、二仏ノ中ニハ、何ノ抑止ト知テ難スルヤ、今之難勢ヲ見ルニ、無善常没ノ機、念仏往生ノ願力ニ乗シテ、高妙ノ報土ニ帰詫スル上ハ、浄不浄ヲ不論ト談ス、然ヲ無レ謂可レ云カ、其故ハ如来ノ説教ヲ勧誡ノ二門有リト云テ、今ノ抑止接取之二門帯ヒケリ、従（縦）令ヒ弥陀ノ抑止成ト云供、摂取アラン上ハ、難ニアラサル処也、何況ヤ今ノ抑止者、釈迦之抑止也、彼両経ノ説相ヲ見ルニ、但是釈迦之抑止也、唯除五逆等ノ言者、不取正覚ノ有レ外ニ、弥陀ノ誓言ニアラサル事也、然レ者、祖師ノ解尺ニモ、如来此二ツ之科ヲ造ラン事ヲ恐レテ、而モ方便ヲ以テ、往生スル事ヲ不得、ト説玉ヘリ、（中略）

次ニ浄不浄ヲ不嫌バ、悪見成リト云、此ノ義、上ニ解シ畢也、文証分明成ル故ハ、義者還テ難者ニユツリテ、クワシカラス也、

次ニ清浄ノ仏土ヲ願ニハ、三業ヲキヨメヘシト云、此難ニ於テ、シハラク委悉ノ料簡ヲ可レ加、（中略）其レ過去ヨリ今身ニ至ル迄、修スルトコロノ功徳ノ尽キ、自力煩悩ノ雲ニ覆テ出離ノ光ヲ失フト雖、本願他力ノ風一度吹ハ、煩悩ノ雲忽ニ消ヱ、功徳ノ月帰テ朗カ成リ、有為ノ東山ヲ出テ、無為ノ西礼ニ入事、正ニ名号ノ神力ニ依ル成リ、従(縦)令ヒ海底ヲカタムケテ、自心ノ不浄ヲ洗ト雖、浄マラスヤ、

次ニ、身口意ノ三業ヲキヨメテ修業シテ、上品上生ヲ可レ志サス、強ニ下品下生ノ悪人ヲ不レ可レ望ト云事、此義亦以テ有レ疑、名号執持ノ人ニ不レ非ト雖、三業ヲキヨメバ上品ニ生シ、念仏ノ衆生也ト雖、心不浄ナラバ下下品ニ可レ生ト云カ、若然ハ此ノ義、汝カヒカミ成リ、（中略）近代ノ学者ノ中ニ、諸行ノ往生ノヒキヲ立ル輩ラ有リ、若シ今ノ難者モ彼義ニ同シテ、如レ是ノ義篇ヲ致スカ、然バ問曰ク、抑々四十八願ノ中ニハ、何ノ願文ヲ指シテ諸行本願ノセ(証)ウストスルヤ、（中略）何ヲ以テカ上々品ノ人ハ、三業清浄成故ニ上品ニ生スト云、況ヤ九品トモニ念仏ヲ正因シテ、而モ雖レ生、三業清浄ニシテ念仏スル輩ラハ上品ニ生シ、三業不浄ニシテ念仏ヲ行スル輩ハ下品ニ生ス、然ハ心ヲ浄メテ上品ニ生セヨ、不浄ニシテ下輩之往生ヲノソム事ナカレト云カ、是但シ文読テ理ヲウカヽワサルモノ也、（中略）

次ニ死人追善ニ、必率塔婆ヲ可レ立ト云事、一往シカナリ、ツラ〳〵正教ヲ聞ニ、率都婆ト云ハ是大日如来ノ分身、満月世尊ノ垂シヤク也、恵風アヲク時ハ、早ク暗瞑ノ霧ヲ払ヒ、法水ヲソヽク所ニ、忽ニ煩悩ノ垢ヲスヽク者也、何ニ況ヤ、建立センモノ、滅罪生善ノ益無レ疑、謁仰ノ輩ラ、転禍具福ノ徳、究リナシ、爰ヲ以テ諸経ノ論ノ中ニ、広ク讃シテ、偏ニ此ノ理ヲ明ス処也、此理不レ知ルニハ非ス、去レトモ、而モ宗義各別也、依テ強ニ依用セサル処也、自宗之内ニ於テ、先ツ学ノ者ノワ同ク受ト雖、異義蘭菊也、然ニ当流相伝ノ心ハ、率都婆ノ造立

ヲ好マス、其故ハ、彼都婆ハ大日遍照ノ覚体、五智五仏ノ表カ、然ニ此宗ノ阿弥陀仏ハ、般舟三昧経ニ言ク、三世諸仏依念仏三昧成等正覚ト宣リ、三世ノ諸仏、皆念ニ弥陀ヲ故ニ、成仏スト見得タリ、其外十方ノアラユル所ノ諸仏菩薩、皆無量寿仏ノ所開ノ分身ニ不レル非ト云事無シ、率都婆ノ功徳モ尤トモ、何ソ惣ノ万徳所帰ノ名号ヲ唱テ、亡者ノ増進証果ヲ不レ祈、一徳ノ率都婆ヲ造立センヤ、シツシテ称名ヲ傍ニセバ、豈流ヲクンテ源ヲ不レ知ニ異ランヤ、是率都婆ヲ謗ルニ非ス、満徳ノ根源ヲ知リテ、分流ヲコトセバ、屋舎ヲ執シテ一中ヲ不レ取者也、（中略）

次ニ別時ノ寄合ニ、タモトヲカイツクロイ、色ヲ好ムコト、是ハ是汝カ宗ノ憂成リ、全ク我宗ノ痛ム処ニ非ス、一度弥陀ニ帰嘱シテ後、二度帰命ノ心ヲ退失スル事ナシ、放逸ト可レ云、

次ニ男ハ弓箭兵杖ヲ対（帯）シテ、智識ノ道場ヲ守護スト云事、盗賊ノ難ヲノカレテ、而モ寺中安隠ナラン為也、末法濁乱ノ当時者、貪欲熾盛ノ輩ラノミ有テ、寺塔ヲタヲシ、仏物ヲ帰リ見ス盗取、是ニ依テ、時々道場ヲ守護シテ、賊難ヲ払ント発スル也、（中略）何ソ道場ヲ守護セスシテ、賊盗ノ為ニ堂舎ヲ破滅セラレンヤ、伝聞、伝教大師記文ニハ、我山ハ是武道ヲ以テ仏法ヲ持ツヘシト宣リ、ワレラ他財ヲウハイ取カ為ニ非ス、自門ノ仏法ヲ守ランカ為ニ非ス也、アヱテ是ヲ難スヘカラス、魚食等ハ旨ト用イルニ非ス、時ニ寄ル也、余常ノ行往ニ非ス、往生ノ威儀ヲ失ッスルニ不レ寄、他力ノ摂取ヲ頼ム計也、

（中略）

次ニ禁忌ヲ不レ用ュト云事、唯本地ヲ仰テ、スイシヤク（垂迹）ヲ不レ守者也、仏仏平等ノ知見ノ前ニハ、全ク禁忌ヲ不レ用也、和光利物ノ化儀ヲタレテ、衆生ノ異類ニ応同スル時、死ハ流転ニシマツセリトテ戒ル処成リ、我等生死ノ根源ヲ、一念称名ノ位ニ断尽シテ、果徳涅槃ノ境ニ直到スルウヱハ、強チニ禁忌ヲ用ユ、即ニ八幡大菩薩ノ御託宣ニ言ハク、設イ七重ノ註蓮ヲ引ト云トモ、不善ノ輩ラノ家ニハ不レ寄レ立、亦重服ノ輩ラ成トモ、弥陀ノ名号ヲ唱ン者ノ頂ニ、我宿ラント宣ニ依テ、是ヲ思ト也、

凡ソ二十箇条ノ問端ノ自門ノ難破ヲ取テ、小分ノ愚答ヲ作ル処ナリ、自余ノ疑端文題雖レ有ト、是非ヲ難レ知、愚存ノ及処、大略以テ如レ是、

去ル正和ノ年中ニ、或高徳疑謗シテ而モ是ヲ備フ、即此書ハ是記録シテ、其レ問答シ畢ヌ、甚深ノ義有ト云トモ、文端ニ是ヲソナヘス、本ニ残ス処、是ヲ教ユ、彼草案ヲ末代門弟ノ為ニ、是ヲ留置ク成リ、タヤスク他見不レ可レ有者也、

＊『愚闇記』の完本は発見されておらず、二〇箇条の事書と、念仏を批判した箇所だけが部分的に伝わっている。「踊躍衆」と「念仏行者」が別立されており、前者が時衆に該当すると思われる。他阿真教が越前に布教するなど、越前の時衆は相当な広がりをもっていた。ただし、如導が、第一条の踊躍念仏批判に反論していることからすれば、如導門下に踊躍念仏が浸透していた可能性もある。また『愚闇記』には律僧・法華宗や顕密仏教への批判もみえる。長泉寺は鯖江市にある天台宗寺院で平泉寺の末寺。戦国時代には寺領数千石・寺坊三六を数えたというが、天正二年（一五七四）の一向一揆で焼亡。『愚闇記』の著者・孤山隠士の詳細は不明。『愚闇記返札』を著した如導は三門徒派の祖とされ、生没年は不詳。密教の伝法灌頂をうけたのち、三河国和田の円善に帰して、越前大町に専修寺を開創。近江・若狭にも多くの信者を擁した。応長元年（一三一一）覚如は越前に下向して如導のもとに逗留。観応二年（一三五一）に覚如が没すると、如導は上洛してその葬儀に参列した。『慕帰絵詞』は「自余修学の門徒」ながら覚如の弟子となった者の筆頭に、如導を挙げる。なお、『愚闇記返札』上巻末に「元応元歳己未八月晦日／此時如道上人御論旨(ママ)頂戴」の奥書あり。

文保元年（一三一七）

九月三日　伏見法皇が臨終正念で死没。頓恵・如空が臨終善知識であり、浄金剛院長老本道上人がその入棺・火葬を一向沙汰した。

「伏見上皇御中陰記」（『群書類従』二九）

九月三日　寅刻、法皇(伏見)有御事、自一昨日、御悩御危急、終以及珍事云々候、仍忩参仙洞持明院殿、謁四条宰相、語云、御臨終吉祥御正念、正知御称名数反云々候、御善知識頓恵・如空両上人也云々候、少時祗候、欲罷出之処、宰相内々来示云、只今欲被披御遺誡、暫祗候可然之由云々候、仍不及退出、奉待之処、可候御前僧之

由、被載御遺誡、可存知之旨、被仰下也、（後略）
四日天晴　今日有御葬礼事山作所深草也、一向上人沙汰云々、御火葬、先是昨日浄
金剛院長老本道上人参候、於御終焉之所、有御入棺之
儀、即奉渡御持仏堂御聴聞所了、
今日戌刻時刻、陰陽定撰申歟、奉寄御車庇於御鞠壺織戸内、西園
寺大納言実衡卿候御持仏堂北西、立御屏風、上人等奉
移入御棺於御車、此時上皇（後伏見）降地御平伏御剣役忠冬朝臣、御沓光業朝臣、
諸竹園同以令平伏給、引出御車於中門外、懸御牛、自
西北唐門、令出御、（中略）丑刻、奉入深草殿、（後略）
九日　（中略）今夜、女房二品（顕親門院季子）禁裡（花園天皇）御母儀、御出家御戒師本道上人
（後略）
廿八日　延明門院今夜御出家御戒師本道上人、御法名信正恵

＊本史料は御前僧となった慈什法印権大僧都の著。御前僧は房憲前僧正（仁）、慈厳権僧正（山）、兼澄法印権大僧都（山）、円伊（寺）、顕俊（興）、慈什（山）、澄俊権少僧都（山）、忠性（山）、憲守擬講（山）の顕密僧九名。頓恵は浄土宗西山派東山義の三福寺長老で（『法水分流記』）、伏見・後伏見院の臨終善知識。如空は北小路智恩寺の僧侶。花園天皇にも近侍し『選択集』を講じている（元亨元年の項参照）。本道は浄金剛院の本道上人尊空。西山派の定観真空の弟子で、浄金剛院を相承。『法水分流記』は「元応元三十四往生、心意識抄一巻造之」と記す。元応元年以降にも本道の活動が確認できるので、取り扱いに留意が必要。

十月二日　伏見法皇の中陰仏事に法事讃・六時礼讃を行う件につき朝廷で協議。後嵯峨院・大宮院の先例をもとに実施を決定。但し頓恵の病で法事讃は中止、一念僧顕智らが六時礼讃を行った。

「日野俊光記」文保元年十月条（『改訂史籍集覧』二四）

一日甲子　雨降、日仏供養御導師、澄俊僧都云々、（中略）
以資朝（日野）被仰下（後伏見院）云、明日可被行法事讃、高座頓恵上人、
僧衆顕智・順教・行正、其外三四人、相計可参云々、
仍可参之由、仰頓恵、又念仏衆可相催之由、仰行正了、
二日乙未　天晴、未明向北山第、入道相国（西園寺）実兼対面、及巳
斜、云世上事、云御仏事（伏見法皇）、云自他、相談之、此次法事
讃・御別時等事、予申出之処、御中陰之間、御前僧之
外、以他僧有御仏事之条、先例不審也、東二条院御中
陰、被行法事讃歟、於其条者、不可足准拠乎、如此事
無傍難之様、可有沙汰歟云々、直参御所、御念仏間事、

入道相国令申之趣、申入処、文永御中陰(後嵯峨院)、被行法事讃、又大宮院御中陰、法事讃幷六時礼讃等、度々有之、後深草院御記、分明被載之、然而有成不審輩歟之由、被聞食之間、以資朝、被仰合入道相国了、可依彼左右云々、而資朝帰参、文永・正応例分明之上、被行之条、可在時儀之由、入道相国令申之由申之、此上者可為必定之由、被仰下之、頓恵上人高座事、依風気申子細、仍被止法事讃、今夕六時礼讃、自日没可始也、明日々中時可結願云々、頓恵令参者、今日昼間法事讃、入夜六時礼讃、明日可被結願之由、有沙汰之処、高座無其仁之間、所被止法事讃也、自日没時、被始之、僧衆顕智・順教・忍覚・道円・行正・了明・円浄等也、宿所仰庁、点給之、僧膳料以代物、可下行之間、僧衆品用(不カ)意也、

今日之仏供養御導師、忠性僧都也、

三日丙申　天晴、巳剋日中礼讃、順教調声結願了、次懺法如例、次日仏供養、御導師憲守已講勤之、次旧院(伏見院)宸筆釈迦弥陀二尊名号幷上皇(後伏見)宸筆阿弥陀経被供養（後略）、

「伏見上皇御中陰記」（『群書類従』二九）

十月二日　今夕於御持仏堂、被行六時礼讃、一念僧侶七人参勤云々、

三日　件礼讃結願之後、被行御懺法之間、及未刻、諸僧参集了（後略）

＊後嵯峨法皇は文永九年（一二七二）二月十七日、大宮院は正応五年（一二九二）九月九日、東二条院は嘉元二年（一三〇四）正月二十一日にそれぞれ死没している。本史料によれば、後嵯峨院より王家の中陰仏事では法事讃・六時礼讃を行うことが恒例となったようである。今のところ、その事実を史料で確認することはできないが、今林准后の初七日等で法事讃が実施されたことについては、正安四年（一三〇二）の項を参照。顕智を一念僧と判断したのは、十月二日の六時礼讃を「伏見上皇御中陰記」が「一念僧侶七人参勤」とし、「日野俊光記」がその僧衆を「顕智・順教・忍覚・道円・行正・了明・円浄等也」と記していることに拠る。一念僧による活動は室町時代においても確認できる。『愚管記』延文元年（一三五六）四月六日条には「自今日、以一念僧令修別時、覚空上人相具僧衆来、自日没始也」とあり、『同』延文三年（一三五八）四月八日条では「先公御月忌也、於覚空上人本房、有仏経供養事、如例年、自昨日々中、至今日晨朝、修別時、一念僧衆等勤行之」とあり、近衛道嗣が父の月忌に一念僧に別時念仏を行わせている。また『後愚昧記』応安六年（一三

七三）十一月二十九日条では、「武家於等持寺、禅僧等拈香諷経、其後一念々仏者、行法事讃、清和院長老読高座云々」とあり、足利義満が父義詮七回忌に一念僧に法事讃を修させている。『徒然草』二二七段に「六時礼讃は、法然上人の弟子、安楽と云ける僧、経文を集めて造て、勤めにしけり。其後、太秦の善観房といふ僧、節博士を定めて、声明になせり。一念の念仏の最初也。後嵯峨の院御代より始まれり。法事讃も、同じく善観房始めたるなり」とあり、一念僧を念仏声明の担い手としている。なお、ここに登場する顕智は『法水分流記』などにその名がみえず、詳細が不明。藤原宗子千日忌仏事や室町院三十三回忌法要でも、法事讃が修されている（元亨三年（一三二三）・元弘二年（一三三二）の項を参照）。ちなみに近衛道嗣は法事讃を勤修させただけでなく、「招或僧令講談法事讃、善導和尚九帖書、次第可令講談也」（『愚管抄』貞治六年（一三六七）六月二十日条）とあるように、法事讃やその他の善導の著についても、講じさせている。西山派の活動により、鎌倉中期以降、善導への信仰が貴族社会で広く浸透していたことが分かる。

文保二年（一三一八）

十一月十三日　唯善と親鸞門徒とが相論している影堂と敷地について、本所の妙香院が延慶二年七月十九日の下知を再確認して、門徒を安堵した。

「妙香院慈慶御教書」（山城本願寺文書、『鎌倉遺文』二六八四九号）

（端裏書）
「本所御下知案 文保二年十一月十五日」

親鸞上人門弟等与唯善相論影堂幷敷地等事、両方申趣雖多子細、所詮、如財主尼覚信寄進状者、可為上人門弟等進退之旨分明也、而唯善可相伝領掌之由、雖申賜　院宣、門弟等捧覚信寄進状等、申披子細、預二代勅裁、蒙使庁裁（断）料了、唯善猶押領之条、不可遁違　勅之科、就中、背亡母覚信之遺誡、令質券敷地之条、招不孝之咎者歟、唯善称有亡父禅念後状、頻雖申子細、為覚信於財主、可守彼寄進状之条、唯善承伏之上、令懇望門弟等之状等、已以歴然也、以禅念之後状、可破覚信之寄進状者、唯善何可令懇望門弟等哉、加之、以関東御下知、雖申子細、彼御下知、全非影堂敷地等相論之上、唯善為門弟等代官、令致沙汰之条、両方所進前後状等炳焉也、非唯善自専之証歟、号門弟等者、僅五六輩、擯出之族也、更非惣衆之由、唯善雖申之、顕智・順性・法智・信寂以下門弟等数千人、令散在諸国之由、載訴状之上、覚信寄進状・唯善懇望状以下、二代　勅裁・使庁成敗等、皆以帯之、為惣衆之条、不可有御不審之由令申之条、非無其謂歟、早任本領主覚信之素意、為門弟等之進止、可専彼追孝、凡法楽寺領者、本所一円之管領、更非勅裁之地、而閣本所、両方仰　聖断之条、雖不可然、諸国散在之門弟等、無案内之由、令申之上、已可為本所成敗之旨、被下　院宣之間、不及別沙汰之由、去延慶二年七月十九日、被下本所御下知之間、彼正文預置信寂之処、他界之刻、理厳猥抑留之間、為後証、重可被申下之由、法智以下門弟等申請之趣、非無子細歟、然者、御下知之旨、更不可相違者、依妙香院（慈慶）僧正御房御気色、執達如件、

文保二年十一月十三日

親鸞上人門弟御中

表書云、
親鸞上人門弟等御中　　法眼泰任奉

元応元年（一三一九）

九月　花園上皇が浄金剛院本道を招請して念仏法門を談じた。上皇は現在流布している念仏宗が、一向専修と称して余行を捨てることを慨嘆。

『花園天皇宸記』元応元年九月条（史料纂集）

八日（中略）今日遇本道上人、談念仏法文、

十八日　召本道上人、談念仏宗法文、当時流布念仏宗、称一向専修、偏棄余行、只事念仏、他力之義、尤雖可然、大小乗権実顕密教法、徒以可廃、悲哉々々、故朕殊欲興真言天台之両宗、而五相三密之観行、猶未成、止観中道之智定、力未発、故暫以念仏為往生之業、遇弥陀可行甚深法也、然而全不捨練行、観念若成者、可捨念仏也、（後略）

元応二年（一三二〇）

正月二十八日　空性房了源が聖徳太子像を造立し、了海の遺骨を奉納した。

「空性造聖徳太子像願文」（山城仏光寺聖徳太子像胎内文書、『鎌倉遺文』二七三六五号）

奉造立　皇太子之像一体

右、彼尊像者、尾張法印湛幸之作也、
絵仏子源円法眼　願主釈空性（花押）
　　元応弐年正月廿八日開眼之、
　　　　　　　　　釈円空書之、（花押）

「了海骨蔵記」（山城仏光寺聖徳太子像胎内文書、『鎌倉遺文』二七三六六号）

了海聖人御遺骨
元応弐年正月廿八日
於太子御頭中奉入之、
（ウハ書）「了海聖人御遺骨」

八月　空性房了源が山科に仏光寺を造立するため勧進を行う。また了源が大谷に参じ、その求めにより存覚が了源の指導に当たることとなった。

「沙門空性勧進状」（龍谷大学図書館蔵本、『真宗史料集成』四）

勧進沙門空性敬白
　コトニ十方檀那ノ助成ヲカウフリテ、山城ノ国山科ノホトリニオイテ（於）、一宇ノ小堂ヲ建立シテ、弥陀如来ナラヒニ聖徳太子ノ尊容ヲ安置シタテマツリ（奉）、念仏三昧ヲ勤行シテ、有縁無縁ノ幽霊ヲ、トフラハントコフ（乞）子細ノ状

右、弥陀如来ハ浄土ノ導師ナリ、衆機ヲ妙蓮台ノウヘニ引接ス、聖徳太子ハ和国ノ教主ナリ、諸典ヲ豊葦原ノウチニ弘宣ス、モトモソノ大悲ヲ、タノム（頼）ヘシ、モトモカノ厚徳ヲ、ムクフ（報）ヘシ、弟子コノ二尊ニ帰シテ、モハラ寸心ヲヌキイツ（抽）、コレニヨリテ、弥陀ノ尊形ニオイテ（於）ハ、有縁ノ古像ヲエテ、モテコレヲ渇仰シ、太子ノ聖容ニイタリテハ、彫刻ノ微功ヲイタシテ、モテコレヲ帰敬ス、シカルニ住持ノ本尊アリトイヘトモ、ウラム（恨）ラクハ、安置ノ精舎ナキコト、コヽニ雍州ノウチ、山科ノホトリニ、一所ノ霊地アリ、ケタシ無双ノ勝境ナリ、ヤマフカク（深）、地シツカニシテ、サラニ憒閙（クワイネウ）ノコヱ（声）ナク、サトトヲ（遠）ク、ミチサカリテ、ハルカニ囂喧（ケウクエン）ノキヽヲヘタ（隔）ツ、観念ニタヨリアリ、練行ニサマタケナシ、仍コノ名区ニツイテ、梵閣ヲカマヘントオモフ、シカレトモ、碧檻朱軒ノモトヰ、一身ノ微力ヲハケマス（励）ニアタハス、星鎚霜鋸ノワサ、

ヒトヘ（偏）ニ衆人ノ洪哀ヲアフ（仰）クニアリ、洛陽ノウチヨリハシメテ、田舎ノホカ（外）ニイタルマテ、アマネ（遍）ク勧進ヲタレ、ヒロク来縁ヲムスフ、フ（伏）シテコ（乞）フ、十方一切、尊卑緇素、門千戸万、男女老少、オノ〳〵ソノコヽロサシヲ、オナシクシテ、ワカ願ヲタスケ（助）シメヨ、於戯、一生ス（過）キヤスシ、石火ノヒカリ、ヒサ（久）シキニアラス、三途マヌカレカタシ、鑊湯（クワクタウ）ノケフリ、オソルヘシ、イカニイハンヤ、ヒトミナ父母アリ、ヒトミナ恩愛アリ、アニ（豈）恩ヲ報セサランヤ、アニ（豈）徳ヲ謝セサランヤ、カナラ（必）スコノ善ニクミシテ、アルヒハ自身ノ逆修ニ擬シ、コトニソノチカラ（力）ヲアハセテ、アルヒハ亡魂ノ追福ニ資セヨ、ナカク念仏勤修ノ浄場トシテ、諸人得脱ノ覚路ヲトフラフヘキモノナリ、ソレ堂舎ハ、タシナミテ一宇ヲタツレハ、一万余仏ノ供養ヲノフルニヒトシク、ムカヒテ七歩ヲ行スレハ、サタメテ七千万劫ノ罪障ヲ滅ス、モシ小縁ヲムス（結）ハヽ、ナンソ大果ヲ感セサラン、ヤマ（山）ハ一簣ノツチ（土）ヨリナル、カルカユヘニ、軽塵ヲモイヤ（卑）シトセス、ウミ（海）ハ百川ノ流ヨリタヽフ、カルカユヘニ、一滴ヲモキラ（嫌）フコトナシ、ハヤク善苗ヲ福田ニウ（植）ヘテ、ヨロシク覚蘂ヲ楽邦ニヒラクヘシ、シカレハスナハチ、寿域ハ現世ノノソミ（望）ナリ、ハルカニ仙齢ヲ蓬嶋ノユフヘノクモ（雲）ニチキリ、浄国ハ来生ノ果ナリ、ツキ（月）ニ聖位ヲ華台ノアカツキ（暁）ノツキニ証セン、オホヨソ、ソノ随喜讃嘆ノ因、オナシク西刹教王ノ済度ニアツカリ、誹謗悪賤ノ縁、カヘリテ上宮聖霊ノ吸引ニアツカラン、乃至、鉄囲砂界、蠢々ノタクヒ、コト〳〵ク華池宝閣、巍々ノ衆ニツラナラン、仍トナ（唱）フルトコロ、クタン（件）ノコトシ、敬白、

元応二年八月　日　　勧進沙門空性敬白

＊この勧進状は存覚の草と思われる。

〈参考史料〉
『存覚一期記』元応二年条（龍谷大学善本叢書三）

卅一歳　同二（元応）　仏光寺空性（了源）初参 俗体弥三郎、六波羅南方 越後守維貞 家人比留左衛門大郎維広之中間也、初参之時、申云、於関東承此御流念仏、知識者甘縄了円、是阿佐布門人也、而雖懸門徒之名字、法門已下御門流事、更不存知、適令在洛之間、所参詣也、毎事可預御諷諫云々、其時

大上(覚如)御対(時)向窪、依中入此由、雖有御対面、於如然之扶持者、一向可為予(存覚)沙汰之由、被仰付之上、直此旨被仰含彼男之間、其後連々入来、依所望、数十帖聖教、或新草、或書写、入其功了、

＊存覚が了源のために著述した作品を参考として以下に掲げる。

〈参考史料〉

『浄土真要鈔』奥書（『大日本史料』六―三七）

元亨四歳甲子正月六日、コレヲカキシル(記)シテ釈了源ニ授与シヲハリヌ。ソモ〳〵コノフミ(文)ヲシル(記)スヲコリハ、日コロ浄土文類集トイフ書アリ。コレ当流ノ先達ノカキ(書)ノヘラレタルモノナリ。平生業成ノ義、不来迎ノヲモムキ(趣)、ホ、カノ書ニミエタリ。シカルニ、ソノコトハ、クハシ(詳)カラサルアヒタ、初心ノトモカラ(輩)、コヽロ(心)ヲエ(得)カタキニヨリテ、ナヲ要文ヲソヘ、カサネテ料簡ヲクハヘ(加)テ、シルシ(記)アタフヘキヨシ、了源所望ノアヒタ(間)、浅才ノ身、シキリニ固辞ヲイタ(致)ストイヘトモ、連々懇望ノムネ、黙止カタキニヨリテ、イサヽカ領解スルオモムキ(趣)ヲ、シルシヲハリヌ。カノ書ヲ地体トシテ、文言ヲクハ(加)フルモノナリ。マタソノ名ヲアラタム(改)ルユヘハ、聖人(親鸞)ノ御作ノナカニ浄土文類聚鈔トイヘルフミ(文)アリ。ソノ題目、アヒマカヒヌヘシ。コレサタメテ作者ノ題スル名ニアラシ。他人ノチニコレヲ案スル歟ノアヒタ、ワタクシニ、イマコレヲ浄土真要鈔トナツク(名)ルモノナリ。オホヨソ、イマノ(述)フルトコロノ義趣ハ、当流ノ一義ナリ。シカレトモ、常途ノ義勢ニアラ(非)サルカユヘニ、一流ノナカニヲヒテ、ナヲコノヲモムキ(趣)ヲ、存セサルヒト(人)アリ。イハンヤ他人コレニ同スヘカラサレハ、左右ナク一義ヲノ(述)フル条、荒涼ニニ(似)タリ。カタ〳〵、ソノハヽカリ(憚)アリトイヘトモ、願主(了源)ノ命ノ、サリ(去)カタキニヨリテ、コレヲシル(記)スモノナリ。文字ニウトカラン人ノ、コヽロエ(心得)ヤスカランコトヲ、サキ(先)トスヘキヨシ、本主ノノソミ(望)ナルユヘニ、重々コトハヲヤハラ(和)ケテ、一々ニ訓釈ヲモチヰルアヒタ、タ、領解シヤスカランヲムネ(旨)トシテ、サラニ文体ノイヤシキ(卑)ヲカヘリミ(顧)ス。ミ(見)ンヒト(人)イヨ〳〵アサケリヲナスヘシ。カレニツケ、コレニツケ、ユメ〳〵外見アルヘカラズ。アナカシコ、〳〵。

釈存覚

〈参考史料〉
『諸神本懐集』 内閣文庫本奥書（『大日本史料』六—三七）

元亨四歳甲子正月十二日、依釈了源託、染筆訖、此書雖有日来流布之本、文言似令相違、義理非無不審之間、大略加添削畢、是則依為願主之命也、定招諸人之嘲歟、

〈参考史料〉
『持名鈔』 加賀本誓寺本奥書（『大日本史料』六—三七）

元亨四歳甲子三月十三日、抄記之、授与釈了源、蓋依彼命、不顧其憚、更不可及外見而已、

存覚

〈参考史料〉
『弁述名体鈔』 山城仏光寺本奥書（『大日本史料』六—三七）

嘉暦第三戊辰六月二十三日、コレヲカキ（書）ハシメ、オナシ（同）キ七月五日筆ヲ山科ノ閑窓ニサシヲク。ソモ〳〵コノフミ（文）ヲカキ（書）シルス（記）ヲコリハ、日コロ、カノテラ（寺）ニ光明本尊トイヘル一軸アリ。コレ当流先達ノナカニ、巧ミイタサレタルトコロナリ。シカルニソノ中ニ図スルトコロノ二尊ノ形像、ナラヒニ三名号ノ徳義、ナオ三国伝来ノ高祖ノ伝記等、初心ノトモカラ（輩）、ココロヘ（心得）カタキニヨリテ、コレヲカキ（書）アタフ（与）ヘキヨシ、了源上人貴命ノアヒタ（間）、連々カタク固辞イタストイヘトモ、再三懇望ノムネ、黙止カタキニヨリテ、イサヽカ見聞スルオモムキ（趣）ヲ、ノヘ（述）シルシ（記）テ、ナツケテ弁述名体鈔トイフ。コレサラ（更）ニ自見ノタメニアラス（非）。コヒネカハクハ、有縁ノヒト（人）ヲシテ法味ヲアシハ（味）ヽシメ、カツハ教授ノ恩徳ヲシラ（知）シメンカタメニ、所存ヲシルシ（記）オハンヌ。ノチニミンヒト（人）、アサケ（嘲）リヲナスヘシ。シカリトイヘトモ、願主ノ命サリカタキニヨリテ、イサヽカ領解スルヲモムキ（趣）ヲ、ノヘ（述）オハリヌ。ネカハクハ、信謗トモニ因トシテ、ミナ（皆）マサニ浄土ニムマル（生）ヘシ。今生ハユメ（夢）ノウチノチキリ（契）ナリ。後生ハ永生ノ楽果ナリ。ソレサキニ生ル、モノハ、ノチヲミチヒキ（導）、ノチニ生ル、モノハ、サキヲ訪フ。連続無窮ニシテ、アヘ（敢）テト、マラス。カノ無辺ノ生死海ヲツクサンカタメニ、善友トナリテ互ニ仏道ヲ修セシメ、ヨヽ（世々）ニ善知識トナリテ、トモニ一蓮ノアカツキ（暁）ヲ期セン。アナカシコ〳〵。

釈存覚

〈参考史料〉
『浄典目録』龍谷大学本（『大日本史料』六―三七）

（前略）

持名鈔一巻本末
浄土真要鈔一巻本末
弁述名体鈔一巻
破邪顕正申状三巻
諸神本懐集一巻本末
女人往生聞書一巻

已上、依空性了源望草之、

元応三年（一三二一）

二月二十三日　覚証の勧進と一向専修の輩の奉加により、下総国下幸島郡聖徳寺の鐘を造立した。

「下総聖徳寺鐘願文」（下総聖徳寺鐘銘、『鎌倉遺文』二七七二五号）

敬白

鋳顕聖徳寺鐘

右、志者、奉為旧主聖霊幕下阿証、往生極楽出離生死頓証菩提、鋳顕槌鐘、下総国下幸島郡辺田村郷戒法之時、奉懸報徳寺幷為法界衆生平等利益也、仍状如件、

大勧進沙門覚証

元応三年辛酉二月廿三日

奉加衆一向専修之輩

＊二月二十三日に元亨に改元。

元亨元年（一三二一）

二月　鎌倉幕府の一向衆禁制により処々で親鸞門徒が停廃されたため、本願寺親鸞門弟が幕府への挙状を本所妙香院に要請。妙香院がそれにこたえた。本願寺の寺号の初見でもある。

「本願寺親鸞門弟申状案」（山城本願寺文書、『鎌倉遺文』二七七四三号）

「（端裏書）申状案　奥州浅香法智房申間、予秘計之」

本願寺親鸞上人門弟等謹言上

欲早賜御挙状、愁申関東、且任先規、且依興隆仏法政化、任往跡可令勤行旨、蒙裁許、令紹隆専修念仏間事

右、当寺者、山門妙香院之御進止、親鸞上人之霊跡也、云四海安寧之祈願、三九品詫生之教行、専酌源空・親鸞之貴流、諸国散在門弟等、長日不退勤行、敢無懈緩者也、爰去乾元之比、号一向衆、諸国横行放埒輩、若依有非分之行儀歟、被禁遏之刻、以当門徒則令混乱彼浪人等、可令停廃之由、在々所々結構之条、尤不便之次第也、門徒等偏守列祖之規矩、卜道場於有縁之地、令弘通末世相応教法之条、有何咎、曾無所謬、只魔障塞理途、卑聴未上達之故歟、具被聞食披者、当于徳政御代、争可被禁遏濁世末代之目足哉、一期之護持、何事如正法之再興哉、然早賜御挙状、為愁申関東、蒙御下知、粗言上如件、

元亨元年二月　日

「**妙香院慈慶御教書案**」（山城本願寺文書、『鎌倉遺文』二七七四四号）

（端裏書）
「本所妙香院御挙状案奥州浅香法智坊申間、予秘計之、元亨元辛酉」

本願寺親鸞上人門弟等申、専修念仏興行事、申状如此候、子細見状候歟之由、妙香院僧正御房可申旨候也、恐々謹言、

二月廾日　　　　権大僧都経尋

謹上　（北条高時）相模守殿

三月六日　念仏宗を興隆していた智恩寺如空が臨終正念で死没した。

『**花園天皇宸記**』**元亨元年三月条**（史料纂集）

七日辛巳　晴、（中略）去夜、如空上人入滅、臨終正念、日来所存不違云々、近来念仏宗興隆人也、定一宗衰微之基歟、可歎息々々々、

＊如空は如一ともいう。源智の系統の道意の弟子であるとともに、鎮西義の系譜にも連なり、『法水分流記』は「良忠―良空―如空」とする。伏見天皇の臨終善知識であり、花園天皇にも近侍した。『花園天皇宸記』元応二年十二月十六日条には「如空上人参法談、読選択、釈之」とあり、『選択集』を講説している。『法水分流記』は如空について「住北小路智恩寺」とする。この智恩寺が後の百万遍知恩寺であろう。

元亨二年（一三二二）

五月十二日　花園上皇が浄金剛院本道の念仏説法に感服した。

『**花園天皇宸記**』**元亨二年五月条**（史料纂集）

十二日己卯　晴、本道上人参、於御持仏堂、談念仏法文、良久退出、法文之大綱、一宗之趣、誠以有義、不似他流歟、通一宗之深奥者、尤可有義之宗也、尋常只下愚者所知之念仏、偏浅略義也、於往生者、雖無不足、於義理者、誠有不尽、於所証者、与大乗不可有差異者歟、

六月二十五日　覚如が存覚を義絶し、存覚は本願寺を退去した。東国門弟は父子和解に口入することを約した。

『存覚一期記』元亨二年条（龍谷大学善本叢書三）

卅三歳元亨二　（中略）此両年、口舌事相続、遂預御勘気之間、六月廿五日令退出、寄宿牛王子辻子、七月廿日出京、参着江州瓜生津、是年於奥州越年、是者東国同行等、和睦口入之為也、来秋必可申云々、

元亨三年（一三二三）

十一月八日　後伏見院・花園院が椎野に御幸し、藤原宗子の一周忌追善供養を行う。導師の浄金剛院本道が一向念仏の教えを説き、法事讃を修した。

『花園天皇宸記』元亨三年十一月条（史料纂集）

八日丙申　晴、（中略）申尅許、有御幸于椎野、先之准后（藤原経子）参、両院・予（花園）・准后同車也、於椎野、自門下車、上皇（後伏見）同之、是旧院（伏見院）仙骨御坐之故也、櫛丸持御剣、自余公卿・殿上人十余輩歩行供奉、相続御車引入、女院下御、有如法念仏結願事、酉半事了、一日経遅々、及戌半、被供養阿弥陀一尊、浄土三部経又被別供養、本道上人為導師、又鏡面三尊像彫刻之供養也此鏡故従三位宗子遺物也、仍刻仏、又火取金壺等、為仏具也、此事非御沙汰、覚観法師沙汰也　表白更非他事、一向法文也、経釈等委細一向念仏之義也、於当世者、一向讃嘆施主亡者也、而於此上人者、一切無其義、以法文為宗、尤可然事也、事了還御、抑聴聞之間、以観法々楽仙骨了、奉置此二階堂故也、於竹中殿被召俊光（日野）卿、有被仰談事等、予同候、及子尅有法事讃、本道已下浄金剛院僧衆也、（中略）此日仏事、一向故三品（藤原宗子）追善也、今日当一廻也、法事讃後、有礼讃云々、今日布施被送二衣女院御衣也、説法布施也、法事讃布施各別歟、御衣内々以経顕（勧修寺）被送之也、

＊藤原宗子は洞院公守の孫、正親町実明の女。幼少より伏見院

に仕えて道煕親王を生み、伏見院出家後は後伏見院に仕えて長助・寛胤・亮性法親王や章徳門院を生んだ。元亨二年十一月九日に流産で死去した。

十二月二十四日　花園上皇が伏見院・北白河院の菩提を弔うため、浄金剛院本道に不断念仏を始めさせた。

『花園天皇宸記』元亨三年十二月条（史料纂集）

廿四日壬午　晴、（中略）今日奉為伏見院并北白河院御菩提、可始不断念仏之由、以院宣仰本道上人以定資令書之、以小高御庄役（坊城）、充料物、同以院宣、仰大宮前大納言也、此事年来為北白川院御菩提、於北白川法華堂、有不断念仏事、而安楽光院御八講等供料、都以無御沙汰、仍又同止之也、其故者、安楽光院予管領後、法王（後宇多）更無仏事以下之御沙汰、然而予又何致此仏事之沙汰乎、仍不可致沙汰之由仰之、但御仏事転退（ママ）不可然之間、仰本道上人也、山田庄日来仰付本道上人、而知恩院有申旨之間、返付之、伏見院御菩提又不可黙止、仍為両院御仏事、仰此趣也

＊北白河院（一一七三～一二三八）は後高倉院の妃陳子。権中納言藤原基家女で、後堀河天皇の母。承久の乱後、後高倉院政の発足により、院号宣下をうけ、春華門院領を管領した。北白河院の没後、この所領が式乾門院、さらに室町院によって相承された後、大覚寺統・持明院統で折半された。持明院統の分は花園院が伝領している。

元亨四年（一三二四）

四月六日　親鸞上人影堂留守職について、妙香院は覚如を安堵し、存覚の競望と存覚への門弟の支援を禁じた。親鸞門弟は覚如・存覚父子の和解を図ったが失敗に終わった。

「妙香院慈慶御教書案」（本願寺文書、『真宗史料集成』一）

「（端裏書）謹上　勘解由小路中納言律師御房（覚如）　法眼泰任奉」

親鸞上人影堂留守職事、延慶年中、門弟等与唯善確論之刻、如所被下之御下知状者、於覚信子孫等之許否者、宜在門弟等意云々、而今如御所進之証文者、就本願主覚信寄付、門弟等雖令進止敷地、為財主子孫、於留守職者相承之儀、非無所見歟、門弟等強非自専之限哉、何況寄事於左右、門弟等中、動欲相妨留守職之条、一類別心輩張行歟、太以不可然、加之御真弟光玄（存覚）律師、依条々不義、義絶之由被聞食候処、門弟等之間、有贔屓彼律師輩云々、以義絶之身、争可令競望留守職哉、更非沙汰之限、所詮任財主之素意、於留守職者、永守付属状、敢不可有他妨之旨、妙香院前権僧正（慈慶）御房所候也、仍執啓如件

元亨四年四月六日　　法眼（花押）奉

謹上　勘解由小路中納言律師御房

『存覚一期記』元亨三年条（龍谷大学善本叢書三）

卅四歳元亨三　三月晦日、自奥州着江州瓜生津、五月赴帰洛、了源所建立寺山科也、奥州人々上洛、以連署被申、長井明源道信、鹿島順慶、成田信性以下也、此後数年、信海門流不及参詣、近年上洛、此後対所被来之同行達、如此有連署、為後証被載署哉之由、令申候間、四十余輩上足加判、然者不及進覧、世上擾乱之時、焼失了、無念了、

＊覚如は元亨二年六月に存覚を義絶した。なお建武元年（一三三四）五月九日にも、青蓮院慈道は覚如の留守職を安堵し、存覚の競望を否定している（本願寺文書）。

八月二十二日　存覚が空性房了源の要請で破邪顕正抄を著し、専修念仏行人の本宅還住を認める裁許を求めた。

『破邪顕正抄』（龍谷大学善本叢書七）

専修念仏ノ行人某等謹テ言上

ハヤク山寺聖道ノ諸僧、ナラヒニ山臥・巫女・陰陽師等カ無実非分ノ讒言濫妨ヲ停止セラレテ、カツ(且)ハ帰仏信法ノ懇志ニ優セラレ、カツ(且)ハ治国撫民ノ恩憐ヲタレ(垂)ラレテ、モトノコトク(如)本宅ニ還住シテ念仏ヲ勤行スヘキヨシ、裁許ヲカウフ(蒙)ラントオモ(思)フ子細ノ事

右、専修念仏ノ勝業ハ決定往生ノ正因ナリ。（中略）当流ノ祖師親鸞聖人、明師源空聖人ノヲシヘ(教)ヲウケ(受)ラレシヨリコノカタ(以降)、コヽロ(心)ヲ弘誓ノ仏地ニタテ、念ヲ難思ノ法海ニナカス。帰依ノコヽロ(心)他事ナク、渇仰ノオモヒ(思)余念ナシ。コノユヘニ、トヲク(遠)末代罪濁ノ愚鈍ヲカヽミ(鑑)、コトニ在家無智ノ群類ヲアハレミ(哀)テ、ヲシフル(教)ニ弥陀ノ一行ヲモテ(以)シ、スヽムル(勧)ニ西方ノ一路ヲモテ(以)セリ。シカルアヒタ(間)京中洛外、遠邦近国、カノ(彼)ナカレ(流)ヲクミ、ソノヲシヘ(教)ヲツタ(伝)フルヒト済々焉タリ。ワレラ(我等)スナハチ、ソノ随一ナリ。オホヨソ当流ノ勧化ニヲイテ(於)ハ、アナカチ(強)ニ捨家棄欲ノスカタ(姿)ヲ標セス、出家発心ノ儀ヲコトヽセサルアヒタ(間)、農業ヲツトムル(勤)モノ(者)ハ、ツトメ(勤)ナカラコレヲ行シ、官仕ヲイタス(致)モノハ、イタシ(致)ナカラコレヲ信ス。シカレハ、ツトム(勤)ヘキ所役ヲヲコタ(怠)ラス、カキリ(限)アル公

務ヲイルカセ(忽)ニスルコトナシ。クニ(国)、ヲイテ(於)、ワツラヒ(煩)ナク、トコロニヲイテ(於)、ツヰエ(費)ナシ。タ、愚痴闇鈍ノアマ(尼)入道等、聖道諸宗ノ修行ニタヘ(堪)サルアヒタ(間)、涯分相応ノ易行ヲ修シテ、順次ノ往生ヲ期スルハカリナリ。コレスナハチ(即)時機ヲハカルカユヘ(故)ナリ。仏法ニツケ、世間ニツケテ、サラニ(更)ソノアヤマツ(誤)トコロナシ。シカルニ山寺聖道ノ僧徒ヲハシメトシテ、別解異学、偏執邪見ノトモカラ(輩)、種々ノ無実ヲタクミ(巧)、条々ノ悪名ヲカマヘ(構)テ、ミタリカハシク(濫)上訴ニヲヨヒ(及)、アマサヘ(剰)在所ヲ追出セラル、条、愁吟ノイタリ(至)、ナニコト(何事)カコレニシカン(如)。浄土ノ大祖善導和尚、トヲク(遠)コノコトヲカ、ミテ(鑑)、見有修行起瞋毒、方便破壊競生怨ト釈シタマヘリ。ハシメテオトロク(驚)ヘキニアラス(非)、末代ノ邪悪ヲカヘリミ(顧)テ、シリソイ(退)テ正法ノ再興ヲマツ(待)ヘシトイヘ(雖)トモ、耳目ニフ(触)ル、トコロノ無実、イカテカ(争)披陳セサラン。ホ、一端ヲアケ(挙)テ、タ、万察ヲアヲク(仰)。ツフサニ高聞ニ達シテ、恩裁ニアツカ(預)ラントオモフ(思)モノナリ。

一　一向専修念仏トイフハ、仏法ニアラス(非)、外道ノ法ナルニヨリテ、コレヲ停止セラルヘキ事

コノ条、オソラクハ、経釈ヲウカ(窺)、ハサルヒト(人)ノコトハ(言葉)歟。(中略)オホヨソ八万四千ノ教門ハ、衆生入聖ノ要路ナリ。トモニ釈迦一仏ノ所説ナレハ、イツレヲ是シ、イツレヲ非(非)スヘキニアラス。コノユヘニ善導和尚、アルヒハ随縁者即皆蒙解脱ト釈シ、アルヒハ仏教多門八万四、正為衆生機不同ト判セリ。機ニシタカヒ(随)テ、コレヲ行スレハ、ミナ生死ヲイテ(出)、縁ニオモムイ(赴)テ、コレヲ修スレハ、コト〳〵ク菩提ニイタ(至)ル。イマ専修ノ行人ハ、弥陀有縁ノ機ナルカユヘ(故)ニ、念仏ヲ行シテ往生ヲネカフ(願)。カノ(彼)聖道ノ学者ハ、諸教有縁ノ機ナルカユヘ(故)ニ、衆行ヲ修シテ成仏ヲ期スル歟。ナンソ(何)アナカ(強)チニ、ワカ(我)有縁ノ要行ニアラサルヲモテ(以)、他人ノ行用ヲサマタ(妨)クルヤ。シカレハ本願薬師経ニハ、自是非他、嫌謗正法、為魔伴党トトキ(説)、智度論ニハ自法愛染故、毀呰他人法、雖持戒行人、不脱地獄苦ト判セリ。ナカンツクニ誹謗正法ノモノハ、弥陀ノ本願ニ除却セリ。タレ(誰)カコレヲ、オソレ(恐)サランヤ。シカノミナラス、善

導和尚ハ他ノ有縁ノ教行ヲ軽毀シテ、自ノ有縁ノ要法ヲ讃スルコトヲエ(得)サレ。スナハチコレ(是)、ミツカラ諸仏ノ法眼ヲ、アヒ破壊スルナリ。法眼ステニ滅シナハ、菩提ノ正道、履足スルニヨシ(由)ナシ。浄土ノ門、ナンソ(何)ヨク、イ(入)ルコトヲエ(得)ント、イマシ(誡)メラレタリ。コレニヨリテ、イマコノ一向専念ノ行者ハ、コレラノ文理ヲマモ(守)リテ、サラニ余行ヲ謗セス。アヘテ諸宗ヲ非セス。シカルニ、カ(彼)ノ僧徒等ハ、スカタ(姿)ハ仏法修行ノウツハモノニ、ニ(似)タリトイヘ(雖)トモ、コヽロ(心)ハタヽ、撥無因果ノタクヒ(類)ニオナ(同)シ。ソノユヘハ、在々処々ニヲイ(於)テ、念仏者ノ堂舎ヲ破壊シ、コトニフ(触)レ、オリニツケテ、浄土門ノ行者ヲ阿党ス。弥陀ノ画像木像ヲハ、外道ノ形像ナリトイヒテ、アシ(足)ヲモ(以)テ、コレヲ蹂躙シ、真宗ノ法門聖教ヲハ、外道ノ所説ナリト称シテ、ツハキ(唾)ヲハ(吐)イテ、コレヲ毀破ス。アマサ(剰)ヘ浄土ノ本書三部経以下、五祖ノ釈等、数十帖ヲシテ、コレヲウハ(奪)ヒト(取)ラシメオハ(畢)リヌ。世間ノ財宝ニアラ(非)ストイヘ(雖)トモ、盗犯ノ罪責、ソノトカ(咎)、オナ(同)シカルヘキ歟。ソノトキ、クタン(件)ノ諸僧等、人勢悪徒ヲ引率シテ、念仏ノ行者ノ住宅ニ発向ス。行者ノ所犯ナニコト(何事)ソヤ。ワレラ(我等)ガ贓物ナニモノ(何物)ソヤ。ソノトカ(咎)トイフハ仏法ノ修行、ソノ贓物トイフハ念仏ノ一行歟。言語道断ノ所行ナリ。ソノ体タラク、解脱幢相ノコロモ(衣)ノウヘ(上)ニハ、カタシケナク(忝)、放逸ノヨロヒ(鎧)ヲ帯シ、剃除鬢髪ノイタヽキ(頂)ノアヒタ(間)ニハ、ホシイマヽ(恣)ニ邪見ノカフト(兜)ヲ着セリ。弓箭ヲヨコタ(横)ヘ、刀剣ヲサヽケ(捧)テ、ヨソホ(装)ヒ目ヲオトロ(驚)カシ、高天ニサケ(叫)ヒ厚地ヲイタヽヒテ、コエ(声)ミヽ(耳)ニ徹ス。オホヨソ、ソノ勢力、大千界ヲヒヽ(響)カス。ホト〳〵修羅ノ軍衆ニスキ(過)タリ。シカリトイヘ(雖)トモ、ワレラ(我等)、ホカ(外)ニハ合戦ノ重犯ヲ眼前ニオソレ、ウチ(内)ニハ出離ノ大事ヲ生後ニカナ(悲)シムカユ(故)ヘニ、一分ノ遺恨ヲサシ(差)ハサ(挟)マス、一言ノ返答ニヲヨ(及)ハス、スミヤ(速)カニ住所ヲシリソ(退)イテ、オタヤ(穏)カニ訴訟ヲフ(経)ルトコロナリ。イマカ(彼)ノ僧徒ニサ(先)イタチテ、穢土ヲイ(出)テンオモ(思)ヒヲナシテ、年来ノ在所ヲイ(出)ツルワレラ(我等)ハ、三世ノ諸仏モ、サタ(定)メテ随喜ヲク(加)ハヘ、十方ノ薩埵モ、アラタニ納受ヲタ(垂)レタマ(給)フラン。シカルニ、トキ末代ニヲヨ(及)ヘリトイヘ(雖)トモ、日月ナヲ天ニカヽレリ。世五濁ニ属ストイヘ(雖)トモ、仏法イマタ地ニオ(堕)チス。イマノ所行、ステニ常篇ニタエタリ。冥ノ照覧ハ、カ(憚)リアリ。ヒト(人)ノ謗難イクソハクソヤ。一向専念ノ行者等ニヲ(於)イテハ、身ノウヘニキ(来)タレル災難、ナヲカク(如)ノコトク、コレヲフ(防)セカス。イハンヤ、ミツカ(自)ラソノワサ(災)ハヒヲオコ(起)サス。コノユヘニ、イニシ(古)ヘヨリ、イマ(今)ニイタ(至)ルマテ、イマタ悪行ノク(企)ハタテニ、ヲヨ(及)ハサルモノナリ。身ニヲ(於)イテ、アヤ(誤)マリナキ条、コレラヲモ(以)テ御還迹アルヘキモノ歟。

一　法華真言等ノ大乗ヲモ(以)テ雑行ト称スル条、シカ(然)ルヘカラサルヨ(由)シノ事

コノ条、シツカニ善導和尚ノ解釈ヲヒ(披)ライテ、ツラ〳〵浄土一家ノ廃立ヲ案スルニ、弥陀一仏ニヲ(於)イテ、帰スルトコロノ行体ヲモ(以)テ正行ト称シ、自余ノ仏経ニヲ(於)イテ、ナ(成)ストコロノ行業ヲモ(以)テ雑業ト号ス。タトヒ法華真言等ノ甚深ノ教ナリトイフトモ、ナン(何)ソ雑行ノコトハニ、オサ(収)マラサランヤ。コレ、弥陀如来ノ往生ノ本願ニ、アラ(非)サルカユ(故)ヘナリ。ケタ(蓋)シ、教ノ浅深ヲ論スルニアラ(非)ス。行ノ優劣ヲ比スルニアラ(非)ス。（中略）

一　念仏ハ天台法相等ノ八宗ノウチニアラ(非)ス、浄土宗ト号シテ宗ノ名ヲタ(立)ツルコト自由タルヨ(由)シノ事

コノ条、モトヨリ宗ノ名ヲタ(立)ツルコトハ、仏説ニアラ(非)ス。滅後ノ人師、コヽロサストコロノ経論ニツイテ、ソノ名ヲタ(立)ツルトコロナリ。（中略）シカレハ、善導一師ノミニアラス、元暁・迦才・慈恩等ノ諸師、ミナ念仏ノ門ニヲ(於)イテ、宗ノ名ヲタ(立)テラレタリ。ハシメテ難破ニヲヨ(及)フヘカラサルモノヲヤ。

一　念仏ハ小乗ノ法ナルカユ(故)ヘニ、真実出離ノ行ニアラ(非)サルヨ(由)シノ事

コノ条、安養ハ大乗善根ノ妙土、念仏ハ大乗無上ノ勝行ナリ。ナンソ小乗ノ修行ヲモ(以)テ、タヤスク大乗ノ国土ニイ(入)ランヤ。（中略）

一　念仏ハ世間ノタメ不吉ノ法ナルニヨリテ、停止セラルヘキヨ(由)シノ事

コノ条、マタ員外ノ次第歟。念仏ノ行ハ、タトヒ世間

ノタメ不吉ノ法ナリトイフトモ、往生ノタメ決定ノ業ナラハ、コレヲ制止セラルヘキニ(非)アラス。生アルモノハ、カナラス滅シ、サカン(盛)ナルモノハ、ツキニオトロ(衰)フ。世間ハ一旦ノ浮生、出世ハ永劫ノ楽果ナルカユヘ(故)ナリ。イカニイハンヤ(況や)、念仏ノ行ハ現当カネテ利シ、存没トモニ益ス。弥陀ハ諸仏ノ本師、念仏ハ万善ノ惣体ナルカユヘ(故)ナリ。シカルアヒタ(間)、コレヲ念シ、コレヲ行スレハ、タヽ浄土ノ往生ヲウル(得)ノミニアラス、マタ今生ノ災難ヲハラフ(払)モノナリ。（中略）ステニ長命ノ業因ナリ。ナンソ不吉ノ劣行タランヤ。謗難ノムネ(旨)、言語ノヲヨフ(及)トコロニアラス。

一　戒行ヲタモツハ、仏法ノ修行ニアラス(非)トイヒテ、コレヲ停止スヘキムネ(旨)、勧化セシムルヨシ(由)ノ事

コノ条、持戒持斎ノ行ヲモテ、仏法ノ修行ニアラサル(非)ヨシ宣説ノムネ(旨)、マフサ(申)シムル条、不可説ノ謀言ナリ。戒ハコレ仏法ノ大地、衆行ノ根本ナリ。コレヲ受持センハ、仏法ノ威儀ナリ。タレ(誰)カコレヲ非センヤ。タヽシ在家愚鈍ノ道俗ヲコシラヘテ、専修念仏ノ一法ヲ行セヨト、ヲシフル(教)トキ、アナカチ(強)ニ持戒ヲコト(事)、スヘキヨシ、勧化ヲイタサ(致)ヽルコトハ、シカ(然)ナリ。（中略）持戒ノ行ニヲイテ(於)ハ、ヲノレ(己)カ分ニアラサル(非)アヒタ(間)、コレヲ楽行セストイヘトモ(雖)、敬重ノオモヒ(思)ニヲイテ(於)ハ、モトモ(尤)アサ(浅)カラス。ナニヽヨリテカ、仏法ニアラサル(非)ヨシ、悪言ヲハク(吐)ヘキヤ。末世ノナカニハ名字ノ比丘、ナヲクニ(国)ノタカラ(宝)ナリ。イハンヤ末代ナリトモ、モシ持得ノヒト(人)アラハ、コトニ(殊)コレヲ、タウトム(尊)ヘシ、イカテカ慢想ヲ生スヘキヤ。シカシナカラ(併)上察ヲアフク(仰)トコロナリ。

一　阿弥陀経ナラヒニ礼讃ヲモテ(以)、外道ノ教トナツケ(名付)テ地獄ノ業ト称シ、ワカ流ニモチキル(用)和讃ヲハ、往生ノ業ナリト号スルヨシ(由)ノ事

コノ条、不可思議ノ虚誕ナリ。（中略）念仏ヲモテ(以)仏ノ本願ニ順スト釈スレハ、ソノホカハ本願ニ順セストシラレタリ(知)。カルカユヘ(故)ニ読経ニモタヘ(堪)ヌヘク、礼讃ヲモ行シツヘカランヒト(人)ハ、コレヲ修センコト、浄土ノ正行ニソムカ(背)ス。コレモトモ(尤)往生ノ助業ナリ。タト

ヒマタ、コレヲ行セストイヘ（雖）トモ、往生ノ業ニハ、念仏ヲ本トスルカユヘ（故）ニ、不足アルコトナシ。シカレトモ、イタリテツタナキ（拙）一文不通ノアマ（尼）入道等ハ、阿弥陀経ヲ読誦スルコトモ、ハナハタ（甚）カタク（難）、六時礼讃ヲ勤行スルコトモ、カナヒ（叶）カタシ（難）。タトヒマタ、イサヽカ黒白ヲワキマフル（弁）タクヒ（類）ナレトモ、アルヒハ主君ニツカヘ（仕）テ奉公ヲハケム（励）モノ、アルヒハ商売ヲコト（事）ヽシテ、世路ヲワシルヤカラ（族）、六字ノ名号スラ、コレヲトナフル（称）ニ、ナヲモノウク（物憂）、ナヲイトナマ（営）シ。イハンヤ、長日ニ阿弥陀経ヲ誦セヨトスヽメ（勧）、六時ニ礼讃ヲ行セヨトヲシヘ（教）ハ、浄土ヲネカフ（願）モノ（者）ハ、イトアリカタ（有難）カルヘシ。コノユヘニ祖師親鸞聖人、モトヨリ下根ノ衆生ヲサキ（先）トシテ、オコシ（起）タマヘル本願ノ意趣ヲシリ（知）テ、コヽロ（心）ヲ四種ノ助業ニカクヘカラス、行ヲ第四ノ正業ニモハラ（専）ニスヘキヨシ（由）、コレヲスヽメ（勧）ラルヽトコロナリ。（中略）往生ノ正業ハ、タヽ南無阿弥陀仏ノ一行ナリ。

一　神明ヲカロシメ（軽）タテマツルヨシ（由）ノ事

コノ条、アトカタ（跡形）ナキ虚誕ナリ。ソノユヘハ、神明ニツイテ（就）権実ノ不同アリトイヘ（雖）トモ、オホク（多）ハコレ諸仏菩薩ノ変化ナリ。衆生ヲ利益センカタメ、群類ヲ化度センカタメニ、カリ（権）ニ凡惑ノチリ（塵）ニマシハリ（交）テ、シハラク分段ノサカヒニ現シタマヘリ。コレスナハチ（即）仏法ニヲイテ（於）、サシタル善因ヲタクハヘ（蓄）サル無縁無怙ノトモカラ（輩）、信ヲイタシテ、ワカ（我）マエ（前）ニイタラハ、コレヲモテ来縁トシテ、ツヰニ三界ノ火宅ヲイタ（出）サシメテ、スミヤカ（速）ニ一実ノ金刹ニイタラ（到）シメントナリ。イマ念仏ノ行者ハ、フカク（深）ソノ垂迹ノ本意ヲシリ（知）、カノ大悲ノ恩致ヲサトリ（悟）テ、専心ニ往生ヲモトメ（求）、一向ニ念仏ヲ修ス。サタメ（定）テ釈迦弥陀ナラヒニ六方恒沙諸仏、ヲヨヒ（及）一切ノ菩薩等ノ本懐ニカナフ（叶）ヘシ。仏菩薩ノ本懐ニカナハ（叶）ヽ、ソノ垂迹タラン神明、シタカヒテマタ随喜ヲイタシ（致）タマフ（給）ヘシト、イフコト、ソノ道理必然ナリ。コレニヨリテ、カミ（上）梵天帝釈、四大天王ヨリハシメテ、シモ琰魔法王・五道冥官、乃至六十余州普天卒土、大小権実ノ神祇冥道ニイタルマテ、コト〳〵ク随逐シテ行者ヲ影護シタマフ。コノユヘニ、神明ハ擁護ヲ一向専修ノ行人ニタレ（垂）、行人ハ尊敬ヲ一切諸神ノ明徳ニヌキ（抽）イツ。西方欣求ノ行者、ナニ（何）、ヨリテカ、神明ヲ忽諸シタテマツランヤ。ヒト、タトヒ讒言ヲイタ（致）ストイフトモ、神ムシロ照鑑ヲタレ（垂）タマハサランヤ。

一　触穢ヲハヽカラ（憚）ス、日ノ吉凶等ヲエラ（選）ハサル条、不法ノ至極タルヨシ（由）ノ事

コノ条、仏法ノナカニハ生死煩悩ヲモテ（以）穢トシ、功徳善根ヲモテ（以）浄トス。コレスナハチ（即）仏陀ノ教ヲタル（垂）、オモムキ、菩薩ノ生ヲ利スルミチ（道）ナリ。世間ノ儀ニハ、死生等ノ禁忌ヲモテ（以）穢トシ、コレヲサル（去）ヲモテ（以）浄トス。コレスナハチ神明ノ、ヒトヲイマシムル（誡）法、王法ノ制ヲサタ（定）ムル式ナリ。カルカユヘ（故）ニ、俗塵ヲイテ（出）、山林ニマシハリ、世務ヲステ（捨）、仏法ヲ行センヒト（人）ハ、タトヒ死生ノ穢ニマシハル（交）トイフトモ、仏陀マナシリ（眦）ヲ、メクラシタマフ（給）ヘカラサル歟。シカレトモ、イマ一向専修ノ行者ニヲキテ（於）ハ、サラニ世俗ヲハナレス、公役ヲツトメ（勤）ナカラ、シカモ内心ニ仏道ヲネカフ（願）ユヘニ、アルヒハ、神職ニツカフル（仕）ヤカラ（族）モアリ。アルヒハ、奉公ヲツトム（勤）ルタクヒ（類）アリ。カクノコトキノトモカラ（輩）、タトヒ仏法ノナカニ、死生・浄穢等ノ差別ナキコトヲシル（知）トイフトモ、イカテカ世間ノ風俗ヲワスレ（忘）テ、ミタリ（濫）カハシク、触穢ヲハヽカラ（憚）サランヤ。不法ヲイタ（致）スヨシ（由）、カスメ（掠）マフス（申）条、毛ヲフイ（吹）テ、キス（疵）ヲモトム（求）ルイヒ、マコトニコノタクヒ（類）歟。ツキ（次）ニ日月ノ吉凶ノ事、涅槃経ノ説ヲ案スルニ、如来ノ法ノナカニハ、良日吉辰ヲ選択スルコト、ナシトイヘリ。コノユヘニ、アルヒハ恒例、アルヒハ臨時、念仏ヲ勤行シ、追善ヲイトナム（営）トキ、サラニ日ノ吉凶ヲエラ（選）ハス。コレ公方ニムケ（向）テ、不忠ヲ存スルニアラ（非）ス、他人ニ対シテ不法ヲイタ（致）スニアラ（非）ス。カノ僧徒等、ナン（何）ソコレヲ、トカ（咎）メマフス（申）ヘキヤ。モシ如来ノ法ノナカニ、吉日ヲエラ（選）フヘキコトハリナキ（無）ムネ、信知セシムル条、邪見ノイタリ（至）ニシテ、仏神ノ照覧ニソム（背）カハ、神ハ非礼ヲウ（享）ケス、仏ハ質直ヲサキ（先）トスルカユヘ（故）ニ、ソノ罰ステニ

自身ニアルヘシ。ソノワサハヒ(災)、他人ニヲヨフ(及)ヘカラス。シカレハ、カミトシテ(上)禁遏セラルヘキニアラス、ヒト(人)、シテ、マタ説諫ニアタハサル歟。イカニイハン(況)ヤ、モシハ神事ニシタカヒ(従)、公役ヲツトムル(勤)トキ、トコロノ法ニマカセ(任)、ツネノ式ニツイテ、日ツイテ(次)ヲマモル(守)コト、子細ニヲヨハス(及)。タ、アナカチ(強)ニ吉凶ヲ、ヲノレカコ、ロ(心)ニ、カケ(懸)サルハカリナリ。アエテ普通ノ儀ヲ違失セス。ウタヘ(訴)マフス(申)ムキ、カタ〳〵ヨトコ(拠)ロナキモノヲヤ。

一　仏法ヲ破滅シ王法ヲ忽諸スルヨシ(由)ノ事

コノ条、仏法王法ハ一双ノ法ナリ。トリ(鳥)ノフタツ(二)ノツハサ(翼)ノコトシ。クルマ(車)ノフタツ(二)ノ輪ノコトシ。ヒトツモカケ(欠)テハ、不可ナリ。カルカユヘニ、仏法ヲモテ王法ヲマモリ(護)、王法ヲモテ仏法ヲアカム(崇)。コレニヨリテ、上代トイヒ(云)、当時トイヒ(云)、国土ヲオサメ(治)マシマス明主、ミナ仏法紹隆ノ御願ヲモハラ(専)ニセラレ、聖道トイヒ(云)、浄土トイヒ(云)、仏教ヲ学スル諸僧、カタシケナク、天下安穏ノ祈請ヲイタシ(致)タテマツル。一向専念ノトモカラ(輩)、ナンソ(何)コノコトハリ(理)ヲ、ワスレンヤ。（中略）専修念仏ノ行者、在々所々ニシテ一滞ヲノミ(飲)、一食ヲウクル(受)ニイタル(至)マテ、惣シテハ公家関東ノ恩化ナリト信シ、別シテハ領主地頭ノ恩致ナリトシル(知)。公私ニツケテ、サラニ違背ノ儀ナシ。タ、自身得道ノタメニ、コレヲ修スルハカリナリ。ケタシ(蓋)コレ、末法ニイタリ、濁世ニヲヨヒ(及)ヌレハ、智目行足トモニカケ(欠)テ、出離ノミチ(道)ニマトヘル(惑)在家無智ノヤカラ(輩)、後生ノ悪果ハオソル(恐)ヘシトイヘトモ(雖)、自余ノ諸行ハ修スルコトアタハサルカユヘ(故)ニ、ヒトヘ(偏)ニ易行ノ一道ニオモムイ(赴)テ、タ、西方ノ往生ヲ、ネカフ(願)モノナリ。コレナンソ(何)王法ヲソムク(背)ナランヤ。コレムシロ(寧)仏法ヲ破スルナランヤ。タチマチニ国中ヲ追出セラル、条、不便ノ次第ナリ。ソモ〳〵王法ヲイノリ(祈)、仏法ヲアカム(崇)ト称スル山寺聖道ノ僧徒等、所行ノクハタテ(企)、モトモ穏便ナラス。一天四海ノ要器トシテ、公家武家ノ人民タルワレラ(我等)、後世ヲネカヒ(願)仏法ヲ信スル、サラニナニ(何)ノトカ(咎)、アラン。シカルニ、コレヲモテ(以)重科ト称シ、コレヲモテ(以)大罪ト号シテ、アルヒハ在所ニ発向シテ追出ヲイタシ、アルヒハ住宅ヲ破却シテ愁歎ヲクハ(加)ウ。濫吹ノハナハ(甚)タシキコト、スコフル是非ニマト(惑)フモノナリ。シカノミナラス(加之)、アルヒハ念仏ヲ行スヘカラサルヨシ(由)、起請文ヲカ(書)、シメテ、三塗ノ苦患ヲウレ(憂)ヘシメ、アルヒハ国中ヲ追放スヘキムネ(旨)、綸旨アリト称シテ自由虚誕ヲカマ(構)ヘ、アルヒハ打擲刃傷ヲクハ(加)ヘテ、面々ニ恥辱ヲアタヘ、アルヒハ逃脱牢籠ニヲヨ(及)ンテ、一々ニ山林ニマシ(交)ハラシムル条、悪行ノイタ(至)リ、オホヨソ常篇ニコエ(超)タリ。ステニ人民ヲワツラ(煩)ハスハ、王法ヲカロ(軽)シムルナリ。マタ念仏ヲサマタ(妨)クルハ、仏法ヲ滅スルナリ。ナニヲモ(以)テカ、王法ヲイノ(祈)ルト称シ、ナニ、ヨリテカ、仏法ヲアカ(崇)ムト号スヘキヤ。ミツカラ(自)ノトカ(咎)ヲモ(以)テ、他人ニユツ(譲)ル条、奸曲ノ至極ナリ。

一　念仏ノ行者ハ、ヒトノ死後ニミチ(道)ヲシ(教)エサル条、邪見ノキハ(極)マリナルヨシ(由)ノ事

コノ条ニヲ(於)イテハ、マコトニシカ(然)ナリ。一向専修ノ行者、死人ニミチ(道)ヲシ(教)ヘサル条、サラニアラカ(抗)ヒマフ(申)スヘカラス。タ、シ、ヲシ(教)ヘサルハ邪見ノヨシ、マフ(申)サシムル条、理不尽ノ申状ナリ。ソノユヘハ、田舎等ニミチ(道)ヲシ(教)フト称シテ、モチ(用)ヰルトコロノ無常導師ノ作法ハ、六道方角ヲヲシ(教)ヘ、極楽ノ方所ヲシメス歟。シカレハ念仏往生ノヒトニヲ(於)イテハ、コレヲシ(教)フヘキニアラ(非)ス。六道ノ幽途ニマヨ(迷)フヘカラス。西方ノ浄刹ニイタ(至)ルヘキカユヘナリ。(中略)

一　仏前ニヲ(於)イテ、山野江河ノモロ〱ノ畜類ノ不浄ノ肉味ヲ、ソナ(供)フルヨシ(由)ノ事

コノ条、ホト〱言上ニヲヨ(及)ハス。虚誕ノイタリ、シカシ(併)ナカラ御推量ニタ(足)リヌヘキモノヲヤ。(中略)タ、シ結衆ノ同行、一味ノ道俗、ソノカス(数)、ステニモ(以)テオホ(多)シ。タヤスク、タツ(尋)ネアナクルニヲヨ(及)ハス。モシ万カ一ニ、カクノ(如)コトキノ非法ヲイタ(致)スヒト(人)アラハ、スミヤ(速)カニ交名ヲサ(指)、ルヘシ。コトモシ実ナラハ、ステニ仏法破滅ノトモカラ(輩)ナリ。コレ放逸邪見ノタクヒ(類)ナリ。ハヤク門徒ヲ追放スヘシ。タ、展転ノ浮言ヲ信シテ、偏執ノ上訴ニヲヨ(及)ハ、、カツ(且)ハ荒涼ナリ、カツ(且)

ハ奸謀ナリ。コト(殊)ニアキラメ(明)御沙汰アルヘキモノナリ。

一　魚鳥ニ別名ヲツケテ、念仏勤行ノ時中ニ、道場ニシテ、コレヲ受用セシムルヨシ(由)ノ事

コノ条、サラニ御承引ニヲヨフ(及)ヘカラス。イマコノ専修ノ行者ハ、オホク(多)ハコレ在家止住ノトモカラ(輩)ナリ。コノユヘニ、アルヒハ妻子ニトモナヒ(伴)テ愛欲ニマツハレ、アルヒハ主君ニツカヘ(仕)テ弓箭ヲ帯セリ。アルヒハマタ、耕作ヲコト(事)、シテ、鋤鍬ヲヒサクルモノ(者)モアリ。アルヒハ、商沽ヲ業トシテ、朝夕ノサ、ヘ(支)トスルモノ(者)モアリ。（中略）モトヨリ煩悩ヲ断セス、山林ニマシハラサル根機ナレハ、魚鳥ヲ食スルヲモテ(以)、ヒトニハ、カラ(憚)ス。イハンヤ念仏勤行ノ日ハ、一道場ノ分、大旨ハ一月ニ一度ナリ。シカレハ長時ニ、ハ、カリ(憚)ヲナサスシテ、魚鳥ヲ食用スルトモカラ(輩)、イツレノ篇ニヨリテカ、カタマシク別名ヲツケテ、念仏勤行ノ片時ノアヒタ(間)ニ、コレヲモチヰル(用)ヘキヤ。サラニ御信用ノカキリ(限)ニ、アラサル(非)モノナリ。

一　念仏勤行ノツイテニ、仏前ニシテ親子ノ儀ヲ存セス、自他ノ妻ヲイハス、タカヒ(互)ニコレヲユルシ(許)モチヰル(用)ヨシ(由)ノ事

コノ条、子細マタ、サキニオナシ(同)カルヘシ。（中略）希有ノ仏法ニアヒ(遇)テ、今度ノ出離ヲネカフ(願)身、ナニ、ヨリテカ、山野ノトリ・ケタモノ(獣)ニ同シテ、シカノコトキ(如)ノ不調ヲイタ(致)サンヤ。モトモ(尤)高察アルヘキモノナリ。

一　一向専修ノ行者、燈明トナツケ(名付)テ、銭貨ヲ師範ニ沙汰スル条、邪法ノイタ(致)ストコロナルヨシ(由)ノ事

コノ条、仏教ニ帰依スルヤカラ(族)、仏前ノ燈明料ヲ沙汰セム条、道理ニソムク(背)ヘカラサル歟。（中略）一向専修ノ行人等、カツハ師恩ヲ報謝センカタメ、カツハ自身ノ冥加ノタメ、仏前ノ燈明ニ擬シ、後生ノ資糧ニアテ(宛)テ、、ワタクシニ、モチヰ(用)ルトコロノ活計ノ上分ヲモテ(以)テ、師範ノトコロニ、ヲクリ(送)アケン条、コレステニ信心ノイタ(致)ストコロナリ。サラニ他人ノイロフ(綺)トコロニアラ(非)ス。ワタクシノチカラ(力)ヲモチイ(用)テ、公事ヲ減セサレハ、カミ(上)トシテ、禁セラルヘキニアラ(非)ス。ワカ(我)コ、

ロサシヲ、ハケマシテ(励)、国土ヲツヰヤサ(費)、レハ、ヒト(人)
、シテ、ウタヘ(訴)ヲイタスヘキニアラス(非)。(中略)

一　念仏モシ往生ノ業ナラハ、ミツカラ(自)コレヲトナヘン(称)ニ往生ヲウ(得)ヘシ。アナカチ(強)ニ知識ヲアフイテ(仰)、師資相承ヲタツ(立)ヘカラサルヨシ(由)ノ事

コノ条、惣シテ仏法修行ノ法ヲミルニ、ミナ師資相承アリ、ナンソ浄土ノ一家ニヲイテ(於)、血脈ナカランヤ。

(中略)

一　念仏ヲ修セハ自行ノタメニ、コレヲツトメテ(勤)往生ヲネカフ(願)ヘシ、無智ノ身ヲモテ(以)、ヒトヲ教化セシムル条、シカル(然)ヘカラサルヨシ(由)ノ事

コノ条、上求菩提・下化衆生ハ菩薩ノ行願ナリ。シタカヒテ、浄土門ノ行者、コノコヽロ(心)ナキニアラス(非)。イハユル願作仏心・度衆生心、コレナリ。シカレハ善知識ニアヒ(逢)テ、ワカ往生ノ信心ヲウル(得)ユヘニ、踊躍歓喜ノアマリ、在家無智ノヤカラ(族)ヲ、アヒカタラ(語)ヒテ、末代相応ノ易行ヲ修スヘキヨシ、縁ニシタカヒテ、コレヲスヽメ(勧)ン条、仏法修行ノ大意ニソムク(背)ヘカラサル歟。無智ノ身ヲモテ(以)、有智ノヒト(人)ヲヲシ(教)ヘハ、マコトニ、オホケナキニニ(似)タリ。無智ノ身ナリトイフトモ、無智ノヒト(人)ヲコシラヘテ、念仏セシメンコト、ナンソ(何)如来ノ本懐ニタカ(違)ハンヤ。(中略)難破ノムネ、モトモ存知シカタキモノナリ。

以前条々、風聞ノ説ニツイテ、子細ヲ勒シテ言上スルコト、カクノコ(如)トシ。(中略)当今末法ノアリサマ(有様)ヲミルニ、剃髪染衣ノトモカラ(輩)、オホシ(多)トイヘ(雖)トモ、在家ノ出家ノ作法ノコ(如)トク、マコトニ身ヲ亡シ、イノチ(命)ヲスツル(捨)ヒト(人)、ハナハタ(甚)マレ(稀)ナリ。オホク(多)ハコレ住処ヲ在家・出家ニワ(分)カタス。オナシ(同)キ妄念ヲ愛塵・欲塵ニオコス(起)モノナリ。カウヘ(頭)ヲソル(剃)トイヘ(雖)トモ、俗家ニツカ(仕)ヘテ弓箭ヲ帯シ、剣戟ヲサヽ(捧)クルヒト(人)モアリ。コロモ(衣)ヲソム(染)トイヘ(雖)トモ、妻子ニマツハレテ、田畠ヲタカヘ(耕)シ、屠沽ヲコト(事)、スルモノ(者)モアリ。出家ノヒト(人)ノナカニ、ナヲカクノコ(如)トキノ、タクヒ(類)アリ。ケタ(蓋)シコレ末代ノナラ(習)ヒ、法ノコトク(如)ナルコト、モトモカタキ(難)カユヘナリ。イカニイハンヤ、イマワレラ(我等)カトモカラ(輩)ハ、モトヨリ在家止住ノタクヒ(類)、愚癡

無智ノアマ（尼）入道等ナレハ、五欲ヲ貪スルヲモテ（以）、朝夕ノオモヒ（思）トシ、三毒ニマツハル、ヲモテ（以）、昼夜ノ能トセリ。カクノコトキ（如）ノ機、コノ法ニヨラスハ、タヤスク生死ヲイテ（出）カタキ（難）カユヘニ、一心ニ帰依シ、一向ニ勤修スルモノナリ。コレスナハチ（即）、弥陀ノ本願ハ、モト凡夫ヲスク（救）ヒ、如来ノ大悲ハ、コトニ（殊）罪人ニカウフラ（蒙）シムルカユヘ（故）ナリ。オホヨソ仏法修行ノナラヒ（習）、ヲノ〳〵自行ヲツト（勤）メシムルニ、アヘテ（敢）余業ヲ遮セス。縁ニシタカヒ（随）テ、行ヲオコセハ、ミナ解脱ヲウ（得）。一向専修ノ行人ニカキリ（限）テ、ナンソ（何）アナカチ（強）ニ種々ノ無実ヲカマ（構）ヘ、条々ノ悪名ヲア（挙）ケテ、在所ヲ追放セシメ、念仏ヲ停止セラル、ヤ。末弟モシ、アヤマツ（誤）トコロアラハ、トカ（咎）ヲ制シ、非ヲアラタ（改）ムヘキヨシ（由）、示誨ヲクワ（加）ヘラレン条、コレ自他宗ノ学者ノ本意ナリ。シカルニ、コト（事）ヲ左右ニヨセ（寄）、トカ（咎）ヲ縦横ニモトメ（求）テ、仏道ノ修行ヲ障碍セラル、条、言語道断ノ所行ナリ。マコトニコレ、悪世ノサタマレル法、邪見ノ至極ナリ。和尚（善導）ノ未来記、ミキ（右）ニノセテ炳焉ナリ。カナ（悲）シムヘシ〳〵。ナケカ（歎）スハ、アルヘカラス。シカレハ、ハヤク御哀隣ヲタレ（垂）ラレテ、山寺聖道ノ諸僧、ナラヒニ山臥・巫女・陰陽師等ノ念仏誹謗ノトモカラ（輩）ト、一向専念ノ行者ト、両方ヲメシ（召）決セラレテ、称名念仏ノ勝行、外道邪見ノ法ニアラス（非）、西方往生ノ要路、時機相応ノ教タル条、理致ノ淵源ヲキワ（究）メラレテノチ（後）、モトノコトク（如）本宅ニ還住シテ専修念仏ヲ勤行スヘキヨシ（由）、御成敗ヲカウフラ（蒙）ハ、イヨ〳〵憲政ノ無偏ヲアフイ（仰）テ、マサニ真宗ノ巨益ヲシラントオモフ。ヨテ（仍）、ホ、言上クタン（件）ノコトシ（如）。

＊上巻・中巻・下巻のそれぞれに「大谷本願寺親鸞聖人之御流之正理也／本願寺住持　存如（花押）」の奥書がある。

『破邪顕正抄』大谷大学所蔵本下巻奥書（『大日本史料』六―三七）

元亨四歳甲子八月廿二日　仮惑材弁、記此綱要、蓋是為防謗家、為立真門、所撰集也、努力々々不可外見而已、

八月　空性房了源が山科興正寺を造立した。寺号は覚如がつけ、存覚が供養導師をつとめた。

『存覚一期記』正中元年条（龍谷大学善本叢書三）

卅五歳正中元七月廿四日愛光誕生在所仏光寺也、八月時正中日、

山科興正寺空性建立之寺、寺号大上被付也、予致供養了、装束鈍色甲袈裟也、

＊存覚は元亨二年に覚如から義絶され、元亨三年夏から了源のもとに寄寓していた。

十月十一日　後伏見上皇の母である准后藤原経子が死去。その仏事・葬送を三福寺頓恵がすべて請け負った。

『花園天皇宸記』元亨四年十月条（史料纂集）

十一日甲子　雨下、暁更卯終許云々准后従三位藤原朝臣経子薨去、准后者参議経氏（五辻）卿女也、正応中補典侍、正、、叙従三位、延慶、、准后、上皇（後伏見）御母儀也、然而永福門院為准母之儀、収養之儀、不異実事、仍無国母之礼、随今又上皇無御着服、触穢又不混合、忌陰仏事等、一向頓恵上人致沙汰云々、葬礼同上人沙汰也、終焉如日来所存、念仏百廿返許云々、

十三日丙寅　今夕准后葬礼云々、先移粟田口如平生、於件所有葬礼云々、（後略）

＊藤原経子（?～一三二四）は伏見天皇との間に後伏見天皇を生み、中園准后と呼ばれた。文保元年（一三一七）、伏見上皇の死去で出家。

正中二年（一三二五）

八月　後伏見院が藤原宗子没後千日の仏事を行い、顕智・頓恵が別時念仏と法事讃をつとめた。

『花園天皇宸記』正中二年八月条（史料纂集）

二日己卯　陰、入夜大雨、有小弓、昏黒有御幸、即御幸（後伏見院）衣笠殿、今夜有別時念仏、顕智法師已下八人被召、自初夜被始之、

三日庚辰　晨朝時了、午剋許有法事讃、頓恵談高座、法事讃了、有日中礼讃、是今日故従三品宗子朝臣千日也、為彼廻向有此修善、（後略）

九月二十六日　頓恵の法事讃を聴聞するため、後伏見・花園上皇と永福門院・広義門院・昭訓門院が菊亭に御幸した。

『花園天皇宸記』正中二年九月条（史料纂集）

廿六日癸酉　陰雨時々灑、今日御幸菊亭、為法事讃御聴

聞也、両女院（永福・広義）・予（花園）同之、昭訓門院又有御幸、未尅法事讃、其後礼讃一時、及人定事了、内々尼二品（藤原孝子カ）可弾箏之由、以右府（近衛経忠）被仰、其次昭訓門院、同可令弾給之由、被申之、再往御問答、遂有音楽之興、上皇（後伏見）・右府比巴、昭訓門院・二品等箏、及半更事了還御、雖密儀千載一遇歟、（中略）今日法事讃、頓恵法師読、高座聊令啓白、言約、旨趣分明、尤可謂能説乎、

正中三年（一三二六）

三月　空性房了源が名帳にくわえて絵系図を作成し、その趣旨を述べるとともに、門徒の衆議によって教団を運営することを定めた。

「一流相承系図置文」（摂津光用寺所蔵、『真宗史料集成』四）

一流相承系図

右、親鸞聖人ハ真宗ノ先達、一流ノ明徳ナリ。勧化都鄙ニアマネク、化導道俗ヲカネ（兼）タマヘリ。カノ御門徒アマタニ、アヒワカレ（分）タマヘ（給）ルナカニ、予カ信知シタテマツ（奉）ルトコロノ相承ハ、真仏・源海・了海・誓海・明光、コレナリ。コ、ニ了源、カノ明光ノヲシヘ（教）ヲタモチテ、ミツカラ（自）モ信シ、ヒト（人）ヲシテモ行セシム。無智ノ身ナリトイヘトモ、仏法ヲアカムル（崇）コ、ロ（心）アサカラス。愚鈍ノ性ナリトイヘトモ、他力ヲアフク（仰）ヲモヒ、フタコ、ロ（二心）ナシ。シカルニ、予カス、メ（勧）ヲウケテ、ヲナシク後世ヲネカヒ（願）、トモニ念仏ヲ行スルトモカラ（輩）、ソノカス、マタヲホシ（多）。仏力ノ加被、マコト（誠）ニワタクシ（私）ニアラサルモノヲヤ。コレニヨリテ、道場ヲカマヘ（構）テ本尊ヲ安シ、有縁ヲス、メ（勧）テ念仏ヲヒロムル（弘）タクヒ（類）、先年名字ヲシルシ（記）テ、系図ヲサタム（定）トイヘトモ、カサネテイマ（今）、コノ画図ヲアラハストコロナリ。コレスナハチ、カツハ次第相承ノ儀ヲタ、シ（正）クセシメンカタメ、カツハ同一念仏ノヨシミヲ、オモフニヨリテ、現存ノトキヨリ、ソノ面像ヲウツシ（写）テ、スヱノ世マテモ、ソノカタミ（形見）ヲノコサントナリ。シカレハ、名字ヲワカ門徒ニツラネ（連）テ、コノ系図ニツラナル（連）トモカラ（輩）、コトニ堅固ノ信心ヲサキ（先）トシテ、身命ヲオシ（惜）マサルコ、ロ（心）ヲヌキ（抽）ヰテ、フカク仏法ニツカフル（仕）マコトヲ、ハケマス（励）ヘシ。仏法トイヒ、世間トイヒ、サラ（更）ニ邪

執ヲステ、随順ヲ本トシテ、カタク門徒ノ衆議ヲマモリ、一流ノ儀ヲソム(背)クヘカラス。カネテハマタ、コノ門葉ノナカニ、惣ノユ(許)ルサレヲカウ(蒙)フラスシテ、師匠ノ影像等ヲカキタテマツルコト、ソノキコ(聞)ヘアリ。タヽ他門ノ嘲哢ヲマネ(招)クノミニアラス、マコトニ仏法ノ破滅トイヒツヘシ。向後ナカク停止スヘシ。モシ入滅ノヽチ、教授ノ恩ヲオモ(思)ヒ、ソノナコリ(名残)ヲシタ(慕)ハンヒトハ、コノ系図ニムカハンニ、タリ(足)ヌヘキモノナリ。ソノウヘニ、コヽロサシアラン行者ハ、惣ノナカニナケカントキ、評議ヲクハ(加)ヘテ、ソノ期ニイタ(至)リ利益アリヌヘカランヲハ、衆議トシテ、ソノユ(許)ルサレアルヘキウヘハ、サラ〱自由ノクハタ(企)テヲ、トヽムヘシ。モシコノ制法ヲソム(背)カンヤカラ(族)ニヲ(於)イテハ、ハヤクカノ知識ノ沙汰トシテ、本尊聖教ヲカヘ(返)シヲサ(収)メタテマツルヘシ。カツハ条々、日コロ度々ノ置文ニ誓文等ヲノセテ、クハシク、シルシヲキヲハンヌ。ユメ〱違犯ノ儀アルヘカラス。ナヲ〱カクノコトク、サタ(定)メヲク(置)コトハ、仏法ヲシテ、ミナ一味ナラシメンカタメ、門徒ヲシテ、混乱セシメサランカタメナリ。面々ノ行者、各々ノ門人、当時トイヒ、向後トイヒ、カタクコノムネ(旨)ヲマモリテ、違失ナカランカタメニ、サタ(定)メヲク(置)トコロ、クタン(件)ノコトシ。

正中三年丙寅五月　日

＊置文につづく絵系図は省略した。また一部、他本で補訂した。なお、覚如は建武四年（一三三七）に『改邪抄』を著して、名帳・絵系図の作成を激しく批判している。

〈参考史料〉
『改邪抄』一条・二条（『真宗史料集成』一）

一　今案ノ自義ヲモテ、名帳ト称シテ、祖師ノ一流ヲミタル事

曾祖師黒谷ノ聖人(法然)ノ御製作、選択集ニノヘ(述)ラル、カコト(如)ク、大小乗顕密ノ諸宗ニ、ヲノ〱師資相承ノ血脈アルカコト(如)ク、イママタ浄土ノ一宗ニヲ(於)イテ、オナシク師資相承ノ血脈アルヘシト云々。シカレハ、血脈ヲタ(立)ツル肝要ハ、往生浄土ノ他力ノ心行ヲ獲得スル時節ヲ治定セシメテ、カツハ師資ノ礼ヲシ(知)ラシメ、カツハ仏恩ヲ報尽センカタメナリ。カノ心行ヲ獲得センコト、念仏往生ノ願成就ノ信心歓喜、乃至一念等ノ文ヲモテ

依憑トス。コノホカ、イマタキカス(聞)、曾祖師源空、祖師親鸞、両師御相伝ノ当教ニヲイテ(於)、名帳ト号シテ、ソノ人数ヲシルシ(記)テ、モテ往生浄土ノ指南トシ、仏法伝持ノ支証トストイフコトハ。コレオソラク(恐)ハ、祖師一流ノ魔障タルヲヤ。ユメ〳〵カノ邪義ヲモテ、法流ノ正義ト、スヘカラサルモノナリ。（中略）オホヨス、本願寺ノ聖人御門弟ノウチニヲイテ(於)、二十余輩ノ流々ノ学者達、祖師ノ御口伝ニアラサル(非)トコロヲ禁制シ、自由ノ妄義ヲ停廃アルヘキモノヲヤ。ナカンツクニ、カノ名帳ト号スル書ニヲイテ(於)、序題ヲカキ(書)、アマサヘ(剰)意解ヲノフ(述)ト云々。カノ作者ニヲイテ(於)、誰ノトモカラ(輩)ソヤ。オホヨス師伝ニアラサル(非)謬説ヲモテ、祖師一流ノ説ト称スル条、冥衆ノ照覧ニ違シ、智者ノ謗難ヲマネク(招)モノ歟。オソル(恐)ヘシ、アヤフムヘシ。

一　絵系図ト号シテ、オナシク自義ヲタツル(立)条、謂ナキ事

ソレ、聖道浄土ノ二門ニツイテ、生死出過ノ要旨ヲタクハフルコト、経論章疏ノ明証アリトイヘトモ、自見スレハ、カナラス(必)アヤマル(誤)トコロアルニヨリテ、師伝口業ヲモテ最トス。（中略）祖師聖人ノ御遺訓トシテ、タトヒ念仏修行ノ号アリトイフトモ、道俗男女ノ形体ヲ、面々各々ニ図絵シテ所持セヨトイフ御ヲキテ(掟)、イマタキカサル(聞)トコロナリ。シカルニイマ、祖師先徳ノヲシヘ(教)ニアラサル(非)自義ヲモテ、諸人ノ形体ヲ安置ノ条、コレ渇仰ノタメ歟、コレ恋慕ノタメ歟。不審ナキニアラサル(非)モノナリ。（中略）末学自己ノ義、スミヤカニ、コレヲ停止スヘシ。

元徳二年（一三三〇）

二月　了源が山科興正寺を洛東渋谷に移転して仏光寺と改称し、存覚が供養。仏光寺は、間もなく火災で焼亡。困窮した存覚は鎌倉に居を移したが、幕府滅亡により帰洛。再建された仏光寺に住んだ。

『存覚一期記』元徳二年～建武元年条（龍谷大学善本叢書三）

四十一歳元徳二二月時正中日、供養仏光寺本寺号興正寺、一両年以前、自山科移之、改仏光寺、予(存覚)導師予也、聖道出仕儀式也、（後略）

四十二歳元弘元正月廿二日進発関東汁谷炎以後、窮困之故也、先着瓜生津、奈有（存覚室）・光御前・光徳（存覚子女）令同道、預置彼所了、（中略）二月十一日着甘縄願念誓海宿所、三月八日於江州瑠璃光女生、十二月比、為倉栖沙汰、留置江州、大晦日着倉栖宿所、（後略）

四十四歳同二（正慶）関東没落之後、予党住大倉谷（鎌倉）、是静昭法印下向関東之間、依申通也、於光徳丸者、預彼法印、予両人京上之時、念性一人召具了、是空性同朋也、後日聞之、念性預置阿護於沼戸上洛、而長途痢病之間、於遠江国麻田逝仏光寺下父定専、預置奈有於彼所、一身上洛、六月九日立鎌倉、至四十九院四十余日也、自瓜生津、着仏光寺、（後略）

四十五歳建武元仏光寺本尊開眼、夜陰内々之儀也、春比光女上洛、同七日於彼寺光威丸生、

＊参考として正平七年（一三五二）閏二月、延暦寺が妙顕寺法華堂とともに仏光寺を破却しようとした関係記事を抜粋掲載しておく。

〈参考史料〉

『祇園執行日記』正平七年二月条、閏二月条、五月条（増補続史料大成『八坂神社記録』）

二月廿一日　法花堂可破却由、西塔院事書、今日到来之由、他行之由返答了、事書案文副状、遣目代許、沈酔云々、状付置了、

廿九日　法花宗住所可破却由事書、又到来、第三度也、山門公人不相副、罷向事無先規之由、犬神人等申之旨、返答了、使者尺迦堂御聖供備進公人云々、神供直会不及所望間、不及給之、（後略）

閏二月二日　尋公来、法花宗辺仁、先日対面、自先日存知之由申之云々、

一　一向衆住所可破却由、事書始到来、彼事書云、如風聞者、於法花宗者、依有退治之沙汰、悉以赴辺境畢、事為実者神妙也、至一向衆者、曾無沙汰云々、所詮任妙顕寺之近例、相（触脱）祇園執行、以犬神人、可徹却一向衆奴原之住宅云々、事書使者一人持来、神供一前給了、

三日　一向衆事、昨日事書案、副状遣目代許、他行之間、付置留守了、

十五日　今朝自国島立、申刻京着、

一　今日留守間、未刻就下北少路白川一向衆堂仏光寺破却事、寺家公人十余人、帯政所集会事書閏二月九日云々下洛、即可召具犬神人之由申間、以寄方催促、仍廿人計罷出之間、山門公人・当社公人・犬神人等罷向之処、山徒曼殊院同宿大進注記、自元住彼寺、問答云、当寺事、先年山門就有其沙汰、歎申間、東西両塔学頭出連判免状了、而俄今度無左右、及破却沙汰之条不可然、此趣於山上可有其沙汰、先可罷帰之由申間、山門公人等不遂其節、退散之間、当社公人幷犬神人等、同罷帰了、山門公人下洛刻、今日社家酒肴可致之由申間、先為執行代顕聖法眼沙汰、壱結下了、山門公人等、自仏光寺直帰了、発向以前事書案文一通、書遣犬神人許、又一本□□□持向仏光寺了、今日発向事、不申別当目代許、

十八日　山門事書到来、一向衆堂仏光寺破却事、暦応年中東西両院学頭、申連署免状之処、一類輩近日可破却之由、有其沙汰条無謂、向後不可許用、且申入貫首之由事書十禅師彼岸所、三塔集会之事書也、使専当松犬法師代鈴法師云々、神供一前給之、及晩之間、明旦可罷帰之由申間、今夕明旦食物也、

一　今朝行目代許、去十五日仏光寺沙汰事、物語了、此次ニ目代申云、法花堂事、大塔僧正(忠雲)舎弟大慈院法印(任憲カ)引汲彼寺、不可有物忩沙汰之由、以或山徒申座主(慈厳)之処、為衆徒沙汰之間、難自専、経　奏聞可被申下　綸旨歟之由、被返答了、雖向後不可有物忩遂行之由、内々自別当被仰之云々、諸事大進公於住吉参会之時、物語了、

十九日　（中略）

一　一向衆堂不可破却由事書昨日到来案、今日遣目代許了、

五月十二日　去夜八幡(石清水)主上(後村上)御没落、北畠中納言顕能伯耆守以下三百余騎、被召具之、将軍方軍勢馳向而合戦、宮方勢数輩討死云々、主上経奈良路、御下向大和三輪城之由有風聞、（中略）

一　今比叡一向衆堂破却事、々書昨日直付彼堂云々、正文曼殊院大進注記持来、今朝申遣坂本云々、

十四日　一向衆堂事、自大進注記許、尋遣寺家之処、不存知之由申之、此上者無左右、公人不可出京歟之由、自大注許申之、

廿六日　（中略）

一　今比叡一向堂破却事、直公人等罷向之間、曼殊院大進注記問答帰之、其後及西半刻、以犬神人可破却由事書、東塔預観勝・観慶二人持来、返答云、就賢聖房事、犬神人罷向事、難治由申間、其子細申寺家、披露衆中之間、有其謂之由、有其沙汰、公人直被付了、此上者、此事又犬神人不可罷向之条、勿論之由返答之間、今日公人罷帰了、

廿八日　（中略）

一　大谷一向衆堂可破却之由、山門事書此間連々到来、本所定又相触祇園歟、無左右不可向犬神人之由、梶井殿公観僧都口入状有之、重又青蓮院御教書到来、

六月二十八日　延暦寺が専修念仏を弾圧しようとしたところ、朝廷から自専の沙汰を慎んで奏聞せよとの綸旨が出た。そこで三塔集会で奏聞の是非を協議するよう、山門大衆が政所集会で決議した。

「東寺執行日記」元徳二年六月条（内閣文庫蔵）

廿八日　元徳二年六月廿八日政所集会議曰、

不廻時剋、可相触寺家事

一向専修群党事、為一朝之国賊、八宗之虫害之間、山門依訴申之、嘉禄・建保重々有御沙汰、隆寛・幸西・空阿弥陀仏等、被処配流以降、彼凶類等洛中経廻之時者、山門加治罰者、故実也、旧慣也、而頃年之間、殊更専修之輩令充満、鎮成散乱放逸之行、常高踊躍叫喚之声之間、去比差遣公人等、欲令追放彼凶類之処、止自専之沙汰、

穏可経

奏聞之由、被下　綸旨之間、今月廿二日有厳密蜂起、録綍子細於　奏状、付于寺家了、　奏達定不移時日者歟、所詮今月晦日遂三塔会合、可有厳密之評定、於其砌、可被披露　勅奏之是非者也、若及無沙汰者、政罰（治カ）不可廻踵、定有後悔歟之由、衆儀了、

元弘二年（一三三二）

五月三日　花園上皇が室町院三十三回忌の追善供養を行い、頓恵・顕智ら一念声明の輩が持明院殿で善導の法事讃を読した。仙洞での法事讃は後嵯峨院以来の流例。室町院は念仏を宗としたという。

『花園天皇宸記』元弘二年五月条（史料纂集）

三日辛未　晴、午剋御幸持明院殿（後伏見）、御月忌如例、貞仙（海カ）為導師、其後於寝殿西面、有法事讃事、高座頓恵上人、顕智法師以下九人、読法事讃下巻了、後講尺新写経阿弥陀経、染故室町院御筆縹色、以金泥写阿弥陀経、其外摺写浄土三部経也、是今年相当卅三年之故、朕修此仏事、卅三年追善本説不分明、然而近年為習俗、仍内々修之、凡故女院以念仏為宗之故也、一念声明輩参仕、仙洞雖不可然、後嵯峨院以来為流例之間如此、頓恵弁舌如涌、尤能説也、法事讃了、有一昼夜念仏、顕智老声猶以殊勝、都以無老気、其音如玉、可謂動梁塵者歟、終夜有念仏、乍平臥聴聞、卅三年仏事、近年世俗多以修之、未勘旧例、後嵯峨院以後、代々都無此事、（中略）今日開題之次、説法云、人間三十三年相当冥道之千日之旨、委算勘之、尤有其興、凡於遁世門人、能説之僧也、但強非宏才、音声殊勝之上、得其骨之故歟、

四日壬申　午剋日中礼讃了、於道場傍、分取捧物、有其興、顕智為宿老、其芸抜群、叡感之余、可給別禄歟之由、有上皇（後伏見）仰、仍給之（合衣一領）、以資名（日野）、不堪感、有別禄之由仰之、恐悦退出、（後略）

＊室町院（一二二八～一三〇〇）は後堀河天皇の皇女。春華門院が有していた膨大な所領を建長元年（一二四九）式乾門院から相承。室町院の没後、その所領は幕府の介入で大覚寺統と持明院統に折半され、その持明院統分を花園上皇が手にした。花園上皇が室町院三十三回忌を勤仕した背景には、室町院領の相承があった。

六月十六日　本願寺と洛西の久遠寺を祈禱所とし、親鸞影堂敷地を安堵する護良親王の令旨が出された。

「護良親王令旨」（山城本願寺文書、『鎌倉遺文』三一七六三号）

「謹上　中納言法印御房　左少将隆貞」

本願寺幷久遠寺可為御祈禱所由事、先度已被仰下了、随則親鸞上人影堂敷地、門弟等進止幷彼留守職事、任証文道理、可令全管領給者、依宮将軍令旨、執達如件、

元弘二年六月十六日　　左少将（四条隆貞）（花押）

謹上　中納言法印（覚如）御房

＊『花園天皇宸記』同年六月条によれば、「大塔宮令旨」を帯びた熊野の軍勢が伊勢を襲撃している。

元弘三年（一三三三）

五月二十八日　混乱する鎌倉で時衆が念仏を勧めた。

「他阿弥陀仏書状」（信濃金台寺所蔵文書、『鎌倉遺文』三二二一八号）

鎌倉は、おひたゝしきさわき（騒）にて候つれとも、道場は殊に閑に候つる也、其故は、はけしく来候殿原は、皆合戦の場へ向候つれは、留守跡にて無別時候、たゝかひの中にも、よせ手、城のうちとも、皆念仏にて候ける、としうちしたりとて、後日に頸めさるゝ殿原、これの御房達、まへはまに出て、念仏者には、皆念仏すゝめて往生させ、いくさの以後は、これらを皆見知して、人々念仏の信心、弥々興行、忝なく候、命延候者、又々可申承候、あなかしく、南無阿弥陀仏、

五月廿八日　　他阿弥陀仏

証阿弥陀仏御返事

＊同年五月七日に足利高氏が六波羅探題を滅ぼし、二十一日に新田義貞が鎌倉を攻撃。翌二十二日に、北条高時は東勝寺で一族とともに自害し、二十七日に将軍守邦が出家。後醍醐天皇は六月四日に帰洛した。ここに見える他阿は安国と思われる。

第二部　親鸞・恵信尼消息

親鸞消息・法語・譲状

一　真蹟史料

1　親鸞書状（東本願寺文書）

かさまの念仏者のうたかひとわれたる事、

それ浄土真宗のこゝろは、往生の根機に他力あり、自力あり、このことすてに天竺の論家、浄土の祖師のおほせられたることなり、まつ自力と申ことは、行者のおの〳〵の縁にしたかひて、余の仏号を称念し、余の善根を修行して、わかみをたのみ、わかはからひのこゝろをもて、身口意のみたれ、こゝろをつくろい、めてたうしなして浄土へ往生せむとおもふを自力と申なり、また他力と申ことは、弥陀如来の御ちかひの中に、選択摂取したまへる第十八の念仏往生の本願を信楽するを他力と申なり、如来の御ちかひなれは、他力には義なきを義とすと、聖人のおほせことにてありき、義といふことは、はからうことはなり、行者のはからひは自力なれは、義といふなり、他力は本願を信楽して往生必定なるゆへに、さらに義なしとなり、しかれは、わかみのわるけれは、いかてか如来むかへたまはむとおもふへからす、凡夫はもとより煩悩具足したるゆへに、わるきものとおもふへし、またわかこゝろよけれは往生すへし、とおもふへからす、自力の御はからいにては、真実の報土へむまるへからさるなり、行者のおの〳〵の自力の信にては、懈慢・辺地の往生、胎生・疑城の浄土まてそ、往生せらるゝことにてあるへきとそ、うけたまはりたりし、第十八の本願成就のゆへに、阿弥陀如来とならせたまひて、不可思議の利益きわまりましまさぬ御かたちを、天親菩薩は尽十方無碍光如来とあらわしたまへり、このゆへに、よきあしき人をきらはす、煩悩のこゝろをえらはす、へたてすして、往生はかならすするなりとしるへしとなり、しかれは恵心院の和尚は往生要集に、本願の念仏を信楽するありさまをあらわせるには、行住座臥をえらはす、時処諸縁をきらわす、とおほせられたり、真実の信心をえたる人は、摂取のひかりにおさめとられまいらせたり、とたしかにあらわせり、しかれは、無明煩悩を具して安養浄土に往生すれは、かならすすなわち無上仏果にいたると、釈迦如来ときたまへり、しかるに、五濁悪世のわれら、釈迦一仏のみことを信受せむこと、ありかたかるへしとて、十方恒沙の諸仏、証人とならせたまふ、と善導和尚は釈したまへり、釈迦・弥陀・十方の諸仏、みなおなし御こゝろにて、本願念仏の衆生には、かけのかたちにそえるかことくして、はなれたまはす、とあかせり、しかれは、この信心の人を、釈迦如来は、わかしたしきともなり、とよろこひまします、この信心の人を真の仏弟子といへり、この人を正念に住する人とす、この人は摂取してすてたまはされは、金剛心をえたる人と申なり、この人を上上人とも、好人とも、妙好人とも、最勝人とも、希有人ともまふすなり、この人は正定聚のくらゐにさたまれるなりとしるへし、しかれは、弥勒仏とひとしき人とのたまへり、これは真実信心をえたるゆへに、かならす真実の報土に往生するなりとしるへし、この信心をうることは、釈迦・弥陀・十方諸仏の御方便よりたまはりたるとしるへし、しかれは諸仏の御おしえをそしることなし、余の善根を行する人をそしることなし、この念仏する人をにくみそしる人おも、にくみそしることあるへからす、あわれみをなし、かなしむこゝろをもつへしとこそ、聖人はおほせことありしか、あなかしこ〳〵、仏恩のふかきことは、懈慢・辺地に往生し、疑城・胎宮に往生するたにも、弥陀の御ちかひのなかに、第十九・第廿の願の御あわれみにてこそ、不可思議のたのしみにあふことにて候へ、仏恩のふかきこと、そのきわもなし、いかにいはんや、真実の報土へ往生して、大涅槃のさとりをひらかむこと、仏恩よく〳〵御安とも候へし、これさらに性信坊・親鸞かはからひ申にはあらす候、ゆめ〳〵、

建長七歳乙卯十月三日

愚禿親鸞八十三歳書之

＊専修寺古写本「念仏者疑問」は、冒頭の事書を「念仏スル人〳〵ノナカヨリ、ウタカヒトワル、事」とし、末尾を「建長八歳丙辰四月十三日／愚禿親鸞八十四歳書之」とする。『血脈文集』所載のものは、署名の後に「ナホ〳〵ヨク〳〵念仏マウサセタマハン人々ハ、本願ノ念仏ヲ信セサセタマフヘシ」の文章が加わる。また末燈鈔は「此御書者、自性信聖之遺跡、以聖人御自筆之本、写与彼門弟中云々」と附記する。

2　親鸞書状（専修寺文書）

専信坊、京ちかくなられて候こそ、たのもしうおほえ候へ、

又、御こゝろさしのせに三百文、たしかに〳〵かしこまりてたまはりて候、

四月七日の御ふみ、五月廿六日たしかに〳〵み候ぬ、さてはおほせられたる事、信の一念、行の一念、ふたつなれとも、信をはなれたる行もなし、行の一念をはなれたる信の一念もなし、そのゆへは、行と申は、本願の名号をひとこゑとなえてわうしやうすと申ことをきゝて、ひとこゑをもとなへ、もしは、十念をもせんは行なり、この御ちかいをきゝて、うたかふこゝろのすこしもなきを、信の一念と申せは、信と行とふたつときけとも、行をひとこゑするをきゝて、うたかはねは、行をはなれたる信はなしときゝて候、又、信はなれたる行なしとおほしめすへし、これみなみたの御ちかいと申ことをこゝろうへし、行と信とは、御ちかいを申なり、あなかしこ〳〵、いのち候はゝ、かならす〳〵のほらせ給へく候、

五月廿八日　（花押）

覚信御房　御返事

「建長八歳丙辰五月廿八日　親鸞聖人御返事」（別筆）

3　親鸞書状（専修寺文書）

このゐん仏はう、くたられ候、こゝろさしのふかく候ゆ

へに、ぬしなとにもしられ申さすして、のほられて候そ、こゝろにいれて、ぬしなとにも、おほせられ候へく候、この十日のよ、せうまうにあふて候、この御はう、よく〳〵たすね候て候なり、こゝろさしありかたきやうに候そ、さためてこのやうは申され候はんすらん、よく〳〵きかせ給へく候、なにことも〳〵いそかしさに、くはしう申さす候、あなかしこ〳〵、

十二月十五日　（花押）（親鸞）

真仏御房へ

4　慶信書状幷親鸞返状（専修寺文書）

（慶信上書）

追申上候、

念仏申候人〳〵の中に、南無阿弥陀仏ととなへ候ひまには、無碍光如来ととなへまいらせ候人も候、これをきゝて、ある人の申候なる、南無阿弥陀仏ととなへてのうへに、くゐみやう尽十方無碍光如来ととなへまいらせ候ことは、おそれある事にてこそあれ、いまめかわしくと申候なる、このやういかゝ候へき、

（親鸞返書）

南無阿弥陀仏をとなえてのうへに、無碍光仏と申さむは、あしき事なりと候なるこそ、きわまれる御ひかことゝきこえ候へ、帰命は南無なり、無碍光仏は光明なり、智慧なり、この智慧はすなわち阿弥陀仏、阿弥陀仏の御かたちをしらせ給はねは、その御かたちを、たしかに〳〵しらせまいらせんとて、世親菩薩御ちからをつくして、あらわし給へるなり、このほかのことは、せう〳〵もしをなをしてまひらせ候也、

（慶信上書と親鸞加筆、加筆は「　」部分、消除は〻）

畏申候、

「大無量寿」経ニ信心歓嘉〻「喜」ト候、「華厳経ヲ引テ浄土」和讃ニモ、信心ヨロコフ其人ヲ、如来トヒトシト説キタマフ、大信心ハ仏性ナリ、仏性即如来ナリト仰セラレテ候ニ、専修ノ人ノ中ニ、アル人、心得チカエテ候ヤラン、信心ヨロコフ人ヲ、如来トヒトシト同行達ノノ

タマフハ、自力ナリ、真言ニカタヨリタリト申候ナル、人ノウエヲ可知ニ候ハネトモ申候、マタ真実信心ウル人ハ、即定聚ノカスノ「ニ」入ル、不退ノ位ニ入リヌレハ、必滅度ヲサトラシムト候、滅度ヲサトラシムト候ハ、此度此身ノ終候ハン時、真実信心ノ行者ノ心、報土ニイタリ候ヒナハ、寿命無量ヲ体トシテ、光明無量ノ徳用ハナレタマワサレハ、如来ノ心光ニ一味ナリ、此故、大信心ハ仏性ナリ、仏性ハ即如来ナリト、仰セラレテ候ヤラン、是ハ十一・二・三ノ御誓ト心得ラレ候、罪悪ノ我等カタメニオコシタマエル、大悲ノ御誓ノ目出タク、アワレニマシマス、ウレシサ、コヽロモオヨハレス、コトハモタエテ、申ツクシカタキ事、カキリナク候、自ニ無始広「曠」劫ニ以来、過去遠々ニ、恒沙ノ諸仏ノ出世ノ所ニテ、自力ノ「大」菩提心オコストイヱトモ、サトリ「自力」カナハス、二尊ノ御方便ニ、モヨヲサレマイラセテ、雑行雑修、自力疑心ノオモヒナシ、無碍光如来ノ摂取不捨ノ御アワレミノ故ニ、疑心ナク、ヨロコヒマイラセテ、一念スルニ「マテノ」往生、定テ誓願不思議ト心得候ヒナン「ム」ニハ、聞見ル「候」ニアカヌ浄土ノ御「聖」教モ、知識ニアイマイラセントオモハンコトモ、摂取不捨モ、信モ、念仏モ、人ノタメトオホエラレ候、今師主ノ「御」教ニヨリテ「ヘノユエ」、心ヲヌキテ、御コヽロムキヲ、ウカヽヒ候ニヨリテ、願意ヲサトリ、直道ヲモトメエテ、正シキ真実報土ニイタリ候ハンコト、此度、一念ニトケ候ヒヌル「聞名ニイタルマテ」、ウレシサ、御恩ノイタリ、其上弥陀経義集ニ、オロ〳〵明ニオホヘラレ候、然ニ世間ノソウ〳〵ニマキレテ、一時若ハ二時、三時、オコタルトイエトモ、昼夜ニワスレス、御アワレミヲヨロコフ業力ハカリニテ、行住座臥ニ、時所ノ不浄ヲモキラハス、一向ニ金剛ノ信心ハカリニテ、仏恩ノフカサ、師主ノ御トク「恩徳」ノウレシサ、報謝ノタメニ、タ、ミナヲ、トナウルハカリニテ、日ノ所作トセス、此様、ヒカサマニカ候ラン、一期ノ大事、タヽ是ニスキタルハナシ、可然者、ヨク〳〵コマカニ仰ヲ蒙リ候ハントテ、ワツカニオモフハカリヲ記シテ申上候、サテハ、京ニ久候シニ、ソウ〳〵ニノミ候テ、コヽロシツカニオホヘス候シ事ノ、ナケカレ候テ、ワサト、イカニシテモ、マカリノホリテ、コヽロシツカニ、セメテハ五日、御所ニ候ハヤトネカヒ候也、ア「噫」カウマテ申候モ、御恩ノチカラナリ、

進上、聖人ノ御所へ、蓮位御房申サセ給へ、

十月十日　　慶信上（花押）

＊『善性本御消息集』の蓮位添状は本史料と密接な関わりがあるため、参考として次に掲げる。

蓮位書状案（善性本御消息集）

コノ御フミノヤウ、クワシクマフシアケテ候、スヘテコノ御フミノヤウ、タカワス候トオホセ候也、タヽシ、一念スルニ往生サタマリテ、誓願不思議トコヽロエ候トオホセ候、オソヨキヤウニハ候ヘトモ、一念ニトヽマルトコロ、アシク候トテ、御フミノソハニ御自筆ヲモテ、アシク候ヨシヲ、イレサセオハシマシテ候、蓮位ニカクイレヨト、オホセヲカフリテ候ヘトモ、御自筆ハツヨキ証拠ニオホシメサレ候ヌトオホエ候アヒタ、オリフシ御カイヒヤウニテ、御ワツラヒニワタラセタマヒ候ヘトモ、マフシテ候也、マタノホリテ候シ人〳〵、クニ、論シマフストテ、アルイハ弥勒トヒトシトマフシ候人〳〵候ヨシヲマフシ候シカハ、シルシオホセラレテ候フミノ候、シルシテマイラセ候也、御覧アルヘク候、マタ弥勒トヒトシト候ハ、弥勒ハ等覚ノ分ナリ、コレハ因位ノ分ナリ、コレハ十四・十五ノ月ノ円満シタマフカ、ステニ八日・九日ノ月ノ、イマタ円満シタマハヌホトヲマフシ候也、コレハ自力修行ノヤウナリ、ワレラハ信心決定ノ凡夫、クラヰ正定聚ノクラヰナリ、コレハ因位ナリ、コレ等覚ノ分ナリ、カレハ自力也、コレハ他力ナリ、自他ノカワリコソ候ヘトモ、因位ノクラヰハヒトシトイフナリ、マタ弥勒ノ妙覚ノサトリハオソク、ワレラカ滅度ニイタルコトハ、トク候ハムスルナリ、カレハ五十六億七千万歳ノアカツキヲ期シ、コレハチクマクヲヘタツルホトナリ、カレハ漸・頓ノナカノ頓、コレハ頓ノナカノ頓ナリ、滅度トイフハ妙覚ナリ、曇鸞ノ註ニイハク、樹アリ、好堅樹トイフ、コノ木、地ノソコニ百年ワタカマリヰテ、オウルトキ一日ニ百丈オイ候ナルソ、コノ木、地ノソコニ

百年候ハ、ワレラカ娑婆世界ニ候テ、正定聚ノクラヰニ住スル分ナリ、一日ニ百丈オイ候ナルハ、滅度ニイタル分ナリ、コレニタトヘテ候也、コレハ他力ノヤウナリ、松ノ生長スルハ、トシコトニ寸ヲスキス、コレハオソシ、自力修行ノヤウナリ、マタ如来トヒトシトイフハ、煩悩成就ノ凡夫、仏ノ心光ニテラサレマイラセテ、信心歓喜ス、信心歓喜スルユヘニ、正定聚ノカスニ住ス、信心トイフハ智也、コノ智ハ、他力ノ光明ニ摂取セラレマイラセヌルユヘニ、ウルトコロノ智也、仏ノ光明モ智也、カルカユヘニ、オナシトイフナリ、オナシトイフハ、信心ヲヒトシトイフナリ、歓喜地トイフハ、信心ヲ歓喜スルナリ、ワカ信心ヲ歓喜スルユヘニ、オナシトイフナリ、クハシク御自筆ニシルサレテ候ヲ、カキウツシテマイラセ候、マタ南無阿弥陀仏トマフシ、マタ無碍光如来トトナエ候御不審モ、クワシク自筆ニ、御消息ノソハニアソハシテ候也、カルカユヘニ、ソレヨリノ御フミヲマイラセ候、アルイハ阿弥陀トイヒ、アルイハ無碍光トマフシ、御名コトナリトイヱトモ、心ハ一ナリ、阿弥陀トイフハ梵語ナリ、コレニハ無量寿トモイフ、無碍光トモマフシ候、梵・漢コトナリトイヱトモ、心オナシク候也、ソモ〳〵覚信坊ノ事、コトニアワレニオホヘ、マタタフトクモオホヘ候、ソノユヘハ、信心タカハスシテオハラレテ候、マタタヒ〳〵信心ソンチノヤウ、イカヤウニカト、タヒ〳〵マフシ候シカハ、当時マテハタカフヘクモ候ハス、イヨ〳〵信心ノヤウハ、ツヨクソンスルヨシ候キ、ノホリ候シニ、クニヲタチテ、ヒトイチトマフシシトキ、ヤミイタシテ候シカトモ、同行タチハ、カヘレナムトマフシ候シカトモ、死スルホトノコトナラハ、カヘルトモ死シ、ト丶マルトモ死シ候ハムス、マタヤマヒハヤミ候ハ、カヘルトモヤミ、ト丶マルトモヤミ候ハムス、オナシクハ、ミモトニテコソオハリ候ハヽ、オワリ候ハメトソンシテ、マイリテ候也ト、御モノカタリ候シ也、コノ御信心マコトニメテタクオホヘ候、善導和尚ノ釈ノ二河ノ譬喩ニオモヒアハセラレテ、ヨニメテタクソンシ、ウラヤマシク候也、オハリノトキ、南無阿弥陀仏、南無無碍光如来、南無不可思議光如来トトナエラレテ、テヲクミテ、シツカニオワラレテ候シナリ、マタオクレサキタツタメシハ、アハレニナケカシクオホシメサレ候トモ、サキタチテ滅度ニイタリ候ヌレハ、カナラス最初引接ノチカヒヲオコシテ、結縁・眷属・朋友ヲミチヒクコトニテ候ナレハ、シカルヘクオナシ法文ノ門ニイリテ候ヘハ、蓮位モタノモシクオホヘ候、マタオヤトナリ、コトナルモ、先世ノチキリトマフシ候ヘハ、タノモシクオホシメサルヘク候也、コノアワレサ、タフトサ、マフシツクシカタク候ヘハ、トヽメ候ヌ、イカニシテカ、ミツカラコノコトヲマフシ候ヘキヤ、クハシクハナホ〳〵マフシ候ヘク候、コノフミノヤウヲ、御マヘニテ、アシクモヤ候トテ、ヨミアケテ候ヘハ、コレニスクヘクモ候ハス、メテタク候ト、オホセヲカフリテ候也、コトニ覚信坊ノトコロニ、御ナミタヲナカサセタマヒテ候也、ヨニアワレニオモハセタマヒテ候也、

十月廿九日　　　蓮位

慶信御坊へ

5　親鸞書状（専修寺文書）

閏十月一日の御文、たしかにみ候、かくねむはうの御事、かた〳〵あはれに存候、親鸞はさきたちまいらせ候はんすらんと、まちまいらせてこそ候つるに、さきたゝせ給候事、申はかりなく候、かくしんはうふるとしころは、かならす〳〵さきたちてまたせ給候覧、かならす〳〵まいりあふへく候へは、申におよはす候、かくねんはうのおほせられて候やう、すこしも愚老にかはらすおはしまし候へは、かならす〳〵一ところへまいりあふへく候、明年の十月のころまでもいきて候は丶、このよの面謁うたかいなく候へし、入道殿の御こゝろも、すこしもかわらせ給はす候へは、さきたちまいらせても、まちまいらせ候へし、人〳〵の御こゝろさし、たしかに〳〵たまはりて候、なにことも〳〵、いのちの候らんほとは申へく候、又おほせをかふるへく候、この御ふみ、みまいらせ候こそ、ことにあはれに候へ、中〳〵申候もおろかなるやうに候、又〳〵追申候へく候、あなかしこ〳〵、

閏十月廿九日　　　親鸞（花押）

たかたの入道殿御返事

6 親鸞書状（専修寺文書）

「（押紙）浄信御坊御返事　親鸞」

如来の誓願を信する心のさたまる時と申は、摂取不捨の利益にあつかるゆへに、不退の位にさたまると、御こゝろえ候へし、真実信心さたまると申も、金剛信心のさたまると申も、摂取不捨のゆへに申なり、されはこそ、無上覚にいたるへき心のおこると申なり、これを不退のくらゐとも、正定聚のくらゐにいるとも申、等正覚にいたるとも申也、このこゝろのさたまるを、十方諸仏のよろこひて、諸仏の御こゝろにひとしと、ほめたまふなり、このゆへに、まことの信心の人をは、諸仏とひとしと申なり、又、補処の弥勒とおなしとも申也、このよにて真実信心の人をまほらせ給へばこそ、阿弥陀経には、十方恒沙の諸仏護念すとは申事にて候へ、安楽浄土へ往生してのちは、まもりたまふと申ことにては候はす、娑婆世界ゐたるほと護念すと申事也、信心まことなる人のこゝろを、十方恒沙の如来のほめたまへは、仏とひとしとは申事也、又、他力と申ことは、義なきを義とすと申なり、義と申ことは、行者のおの〳〵のはからう事を義とは申也、如来の誓願は不可思議にましますゆへに、仏と仏との御はからいなり、凡夫のはからいにあらす、補処の弥勒菩薩をはしめとして、仏智の不思議をはからうへき人は候はす、しかれは、如来の誓願には、義なきを義とすとは、大師聖人の仰に候き、このこゝろのほかには、往生にいるへきこと候はすと、こゝろえてまかりすき候へは、人の仰ことには、いらぬものにて候也、諸事恐々謹言、

「（別筆）親鸞（花押）」

＊異筆の「親鸞（花押）」の箇所は、『末燈鈔』では「二月廿五日　親鸞／浄信御房御返事」とし、「私云、浄信ハ高田門人ㇾ」の細注あり。『善性本御消息集』は、これに続けて次の浄信上書を掲げる。

浄信書状案（善性本御消息集）

無碍光如来ノ慈悲光明ニ摂取セラレマイラセ候ユへ、名

号ヲトナヘツヽ、不退ノクラヰニイリサタマリ候ナムニハ、コノミノタメニ、摂取不捨ヲハシメテタツヌヘキニハアラスト、オホヘラレテ候、ソノウヘ、華厳経ニ、聞此法歓喜信心無疑者、速成無上道、与諸如来等トオホセラレテ候、マタ第十七ノ願ニ、十方無量ノ諸仏ニホメトナエラレムト、オホセラレテ候、マタ願成就ノ文ニ、十方恒沙ノ諸仏トオホセラレテ候ハ、信心ノ人トコヽロエテ候、コノ人ハスナワチ、コノヨヨリ如来トヒトシト、オホヘラレ候、コノホカハ、凡夫ノハカラヒオハ、モチヰス候ナリ、コノヤウヲ、コマカニオホセカフリ給ヘク候、恐々謹言、

二月十二日　　　　浄信

7　親鸞書状（専修寺文書）

たつねおほせられて候摂取不捨の事は、般舟三昧行道往生讃と申におほせられて候を、みまいらせ候へは、釈迦如来・弥陀仏、われらか慈悲の父母にて、さま〳〵の方便にて、我等か無上信心をは、ひらきおこさせ給と候へは、まことの信心のさたまる事は、釈迦・弥陀の御はからいとみえて候、往生の心うたかいなくなり候は、摂取せられまいらするゆへとみえて候、摂取のうへには、ともかくも行者のはからい、あるへからす候、浄土へ往生するまては、不退のくらゐにて、おはしまし候へは、正定聚のくらゐとなつけて、おはします事にて候なり、まことの信心をは、釈迦如来、弥陀如来二尊の御はからいにて、発起せしめ給候とみえて候へは、信心のさたまると申は、摂取にあつかる時にて候なり、そのゝちは、正定聚のくらゐにて、まことに浄土へむまるゝまては候へしとみえ候なり、ともかくも行者のはからいを、ちりはかりもあるへからす候へはこそ、他力と申事にて候へ、あなかしこ〳〵、

十月六日　　　　親鸞（花押）

しのふの御房の御返事

＊末燈鈔は宛名を「真仏御房御返事」とする。

8　親鸞書状（専修寺文書）

たつねおほせられて候事、返々めてたう候、まことの信心をえたる人は、すてに仏にならせ給へき御みとなりておはしますゆへに、如来とひとしき人と経にとかれ候なり、弥勒はいまた仏になりたまはねとも、このたひかならす〳〵仏になりたまふへきによりて、みろくをは、すてに弥勒仏と申候なり、その定に、真実信心をえたる人をは、如来とひとしとおほせられて候也、又、承信房の弥勒とひとしと候も、ひか事には候はねとも、他力によりて信をえてよろこふこゝろは、如来とひとしと候を、自力なりと候覧は、いますこし、承信房の御こゝろのそこのゆきつかぬやうに、きこへ候なり、よく〳〵御あん候へくや候覧、自力のこゝろにて、わかみは如来とひとしと候らんは、まことにあしう候へく候、他力の信心のゆへに、浄信房のよろこはせ給候らんは、なにかは自力にて候へき、よく〳〵御はからい候へし、このやうは、この人〳〵にくはしう申て候、承信の御房といまいらせさせ給へし、あなかしこ〳〵、

十月廿一日　　親鸞

浄信御房御返事

＊『親鸞聖人御消息集』は日付を「十月廿七日　親鸞」、宛名を「慶信御房　御報」とする。『末燈鈔』は日付を「十月廿七日　親鸞」とし、宛名を欠く。

9　いや女譲状（西本願寺文書）

（端書）「いや女をあま御前よりゆつりたまうふみなり」

ゆつりわたすいや女事

みのかわりをとらせて、せうあミた仏かめしつかう女なり、しかるを、せうあミた仏、ひむかしの女房にゆつりわたすものなり、さまたけをなすへき人なし、ゆめ〳〵わつらいあるへからす、のちのために、ゆつりふみをたてまつるなり、あなかしこ〳〵、

寛元元年癸卯十二月廿一日　　（親鸞）（花押）

10　親鸞書状（西本願寺文書）

いやおむなのこと、ふみかきてまいらせられ候なり、い

また、ゐところもなくて、わひゐて候なり、あさまし
く〳〵、もてあつかいて、いかにすへしともなくて候な
り、あなかしこ、

三月廿八日　(花押〈親鸞〉)

(切封墨引)

わ□こせんへ　しんらん

11 親鸞書状 (西本願寺文書)

「(端ウワ書)御返事　(花押〈親鸞〉)」

(切封墨引)

ひたちの人〳〵の御中へ、このふみをみせさせ給へ、す
こしもかはらす候、このふみにすくへからす候へは、こ
のふみを、くにの人〳〵、おなしこゝろに候はんすらん、
あなかしこ〳〵、

十一月十一日　(花押〈親鸞〉)

いまこせんのはゝに

12 親鸞書状 (西本願寺文書)

このいまこせんのはゝの、たのむかたもなく、そらうを
もちて候はゝこそ、ゆつりもし候はめ、せんしに候なは、
くにの人〳〵、いとをしふせさせたまふへく候、このふ
みを、かくひたちの人〳〵を、たのみまいらせて候へは、
申をきて、あはれみ、あはせたまふへく候、このふみを
こらんあるへく候、このそくしやうはうも、すくへきや
うもなきものにて候へは、申おくへきやうも候はす、み
のかなはす、わひしう候ことは、たゝこのこと、おなし
ことにて候、ときにこのそくしやうはうにも、申をかす
候、ひたちの人〳〵はかりそ、このものともをも、御あ
はれみ、あはれ候へからん、いとをしう、人〳〵あはれ
みおほしめすへし、このふみにて、人〳〵おなし御こゝ
ろに候へし、あなかしこ〳〵、

十一月十二日　せんしん　(花押)

(切封墨引)

ひたち人〳〵の御中へ

ひた□の人〳〵の御□へ　(花押〈親鸞〉)

二　古写消息

1　親鸞書状案（専修寺文書）

このふみをもて、人〳〵にもみせまいらせさせ給へく候、他力には、義なきを義とは申候也、

御ふみくわしくうけ給候ぬ、さてはこの御ふしん、しかるへしともおほえす候、そのゆへは、誓願・名号と申て、かはりたること候はす候、誓願をはなれたる名号も候はす候、名号をはなれたる誓願も候はす候、かく申候も、はからひにて候也、たゝ誓願を不思議と信、又名号を不思議と一念信しとなへつるうへは、なんてうわかはからひをいたすへき、きゝわけしりわくるなんと、わつらはしくはおほせ候やらん、これみなひかことにて候也、たゝ不思議と信しつるうへは、とかく御はからひあるへからす候、わうしやうのこうには、わたくしのはからひはあるましく候也、あなかしこ〳〵、如来にまかせまいらせおはしますへく候、あなかしこ〳〵、

五月五日　親鸞（花押影）

けうやうの御房へ

＊顕智の書写本。

2　親鸞書状案（専修寺文書）

他力と申候は、とかくのはからひなきを申候也、

御ふみくわしくうけ給候ぬ、さてはこほうもんのこふしんに、一念発起信心のとき、無碍の心光にせふこせられまいらせ候ゆへ、つねに浄土のこふいん、決定すとおほせられ候、これめてたく候、かくめてたくはおほせ候へとも、これみなわたくしの御はからひになりぬとおほえ候、たゝ不思議と信せさせ給候ぬるうへは、わつらはしきはからひは、あるへからす候、又、ある人の候なること、しゆつせのこゝろおほく、しやうとのこふいん、すくなしと候なるは、こゝろへかたく候、しゆつせと候も、浄土のこういんと候も、みな一にて候也、すへ候て、これなましゐなる御はからひとそんし候、仏智不思議と信せさせ給候なは、へちにわつらはしく、とかくの御はか

らひあるへからす候、た丶人〳〵のとかく申候はんことをは、こふしんあるへからす候、た丶如来の誓願に、まかせまいらせ給へく候、とかくの御はからひ、あるへからす候也、あなかしこ〳〵、

五月五日　　　親鸞（花押影）

しやうしんの御はうへ

＊顕智の書写本。

3　親鸞義絶状案（専修寺文書）

オホセラレタル事、クハシクキ丶テサフラウ、ナニヨリハ、アイミムハウトカヤト、マフスナル人ノ、京ヨリフミヲエタルトカヤト、マフサレサフラウナル、返々フシキニサフラウ、イマタカタチオモミス、フミ一度モタマハリサフラハス、コレヨリモ、マフスコトモナキニ、京ヨリフミヲエタルトマフスナル、アサマシキコトナリ、又慈信房ノホフモンノヤウ、ミヤウモクヲタニモキカス、シラヌコトヲ、慈信一人ニ、ヨル親鸞カオシエタルナリト、人ニ慈信房マフサレテサフラウトテ、コレニモ常陸・下野ノ人〳〵ハ、ミナシムラムカ、ソラコトヲマフシタルヨシヲ、マフシアハレテサフラエハ、今ハ父子ノキハ、アルヘカラスサフラウ、又母ノアマニモ、フシキノソラコトヲ、イヒツケラレタルコト、マフスカキリナキコト、アサマシウサフラウ、ミフノ女房ノ、コレエキタリテマフスコト、シシムハウカタウタルフミトテ、モチテキタレルフミ、コレニオキテサフラウメリ、慈信房カフミトテ、コレニアリ、ソノフミ、ツヤ〳〵イロハヌコトユエニ、マ丶ハ丶ニイヰマトワサレタルト、カ丶レタルコト、コトニアサマシキコトナリ、ヨニアリケルヲ、マ丶ハ丶ノアマノ、イヰマトワセリトイフコト、アサマシキソラコトナリ、又コノ世ニ、イカニシテアリケリトモシラヌコトヲ、ミフノニヨハウノモトエモ、フミノアルコト、コ丶ロモオヨハヌホトノソラコト、コ丶ロウキコトナリトナケキサフラウ、マコトニカ丶ルソラコトトモヲイヒテ、六波羅ノヘム、カマクラナムトニ、ヒロウセラレタルコト、コ丶ロウキコトナリ、コレラホトノソラコトハ、コノヨノコトナレハ、イカテモアルヘシ、ソ

レタニモ、ソラコトヲイウコト、ウタテキナリ、イカニイハムヤ、往生極楽ノ大事ヲイヒマトワシテ、ヒタチ・シモツケノ念仏者ヲマトワシ、オヤニソラコトヲ、イヒツケタルコト、コヽロウキコトナリ、第十八ノ本願ヲハ、シホメルハナニタトエテ、人コトニ、ミナステマイラセタリトキコユルコト、マコトニハウホフノトカ、又五逆ノツミヲコノミテ、人ヲソムシ、マトワサルヽコト、カナシキコトナリ、コトニ破僧ノ罪トマフスツミハ、五逆ノソノ一ナリ、親鸞ニソラコトヲ、マフシツケタルハ、チヽヲコロスナリ、五逆ノソノ一ナリ、コノコトトモツタエキクコト、アサマシサ、マフスカキリナケレハ、イマハオヤトイフコト、アルヘカラス、コトオモフコト、オモイキリタリ、三宝・神明ニマフシキリオワリヌ、カナシキコトナリ、ワカホウモンニニストテ、ヒタチノ念仏者ミナマトワサムト、コノマルヽトキクコソ、コヽロウクサフラエ、シムラムカオシエニテ、ヒタチノ念仏マフス人〳〵ヲ、ソムセヨト慈信坊ニオシエタルト、カマクラマテキコエムコト、アサマシ〳〵、

同六月廿七日到来

五月廿九日　　　　　　在判

建長八年六月廿七日註之

慈信房　御返事

嘉元三年七月廿七日書写了、

＊顕智の書写にかかり、末尾の「嘉元三年七月廿七日書写了」は顕智の書き込み。「同六月廿七日到来」と「建長八年六月廿七日註之」はこの消息の受取人（性信ヵ）の書き込み。

4　親鸞法語（専修寺文書）

来迎ハ諸行往生ニアリ、自力ノ行者ナルカユヘニ、臨終トイフコトハ、諸行往生ノ人ニイフヘシ、イマタ真実ノ信心ヲエサルカユヘナリ、マタ十悪五逆ノ罪人ノ、ハシメテ善知識ニアフテ、スヽメラルヽトキニ、イフコトナリ、真実信心ノ行人ハ、摂取不捨ノユヘニ、正定聚ノクラヰニ、信心ノサタマルトキ住ス、コノユヘニ臨終ヲマツコトナシ、来迎ヲタノムコトナシ、信心ノサタマルトキニ、往生ハサタマルナリ、来迎ノ儀則ヲマタス、正念トイフハ、本弘誓願ノ信楽サタマルヲイフナリ、コノ信

心ヲウルユヘニ、カナラス無上涅槃ニイタルナリ、コノ信心ヲ一心トイフ、コノ一心ヲ金剛心トイフ、コノ金剛心ヲ大菩提心トイフナリ、コレスナワチ他力ノ中他力ナリ、マタ正念トイフニツキテ、二アリ、一ハ定心ノ行人ノ正念、二ハ散心ノ行人ノ正念アルヘシ、コノ二ノ正念ハ、他力中ノ自力ノ正念ナリ、定散ノ善ハ、諸行往生ノコトハニオサマルナリ、コノ善ハ他力ノ中ノ自力ノ善ナリ、コノ自力ノ行人ハ、来迎ヲマタスシテハ、胎生・辺地・懈慢界マテモ、ムマルヘカラス、コノユヘニ第十九ノ誓願ニ、モロ〱ノ善ヲシテ、浄土ニ回向シテ往生セムト、ネカフ人ノ臨終ニハ、ワレ現シテムカヘムト、チカヒタマヘリ、臨終ヲマツトイウコトト、来迎往生ヲタノムトイフコトハ、コノ定心・散心ノ行者ノイフコトナリ、選択本願ハ有念ニアラス、無念ニアラス、有念、スナワチ色形ヲオモフニツキテ、イフコトナリ、無念トイフハ、形ヲコヽロニカケス、色オモコヽロニオモハスシテ、念モナキヲイフナリ、コレミナ聖道ノオシエナリ、聖道トイフハ、ステニ仏ニナリタマヘル人、ワレラカコヽロヲ、スヽメムカタメニ、仏心宗・真言宗・法華宗・華厳宗・三論宗等ノ大乗至極ノ教ナリ、仏心宗トイフハ、コノヨニヒロマル禅宗コレナリ、マタ法相宗・成実宗・倶舎宗等ノ権教、小乗等ノ教ナリ、コレミナ聖道門ナリ、権教トイフハ、スナワチステニ仏ニナリタマヘル仏菩薩ノ、カリニサマ〱ノカタチヲアラハシテ、スヽメタマフカユヘニ、権トイフナリ、浄土宗ニマタ有念アリ、無念アリ、有念ハ散善ノ義、無念ハ定善ノ義ナリ、浄土ノ無念ハ聖道ノ無念ニハニス、コノ聖道ノ無念ノ中ニ、マタ有念アリ、ヨク〱トフヘシ、浄土宗ノ中ニ真アリ、仮アリ、真トイフハ選択本願ナリ、仮トイフハ定散二善ナリ、選択本願ハ浄土真宗ナリ、定散二善ハ方便仮門ナリ、浄土真宗ハ大乗ノ中、至極ナリ、方便仮門ノ中ニマタ大小権実ノ教アリ、釈迦如来ノ御善知識者、一百一十人ナリ、華厳経ニミエタリ、

建長三歳辛亥閏九月廿日

釈親鸞七十九歳

＊一時、親鸞真筆とも、顕智筆ともいわれたが、いずれも正し

くない。十三世紀末の書写本である。本文冒頭に「有念無念愚禿親鸞曰」の文言あり。『末燈鈔』はその一文を欠く。また、『末燈鈔』は末尾「華厳経ニミエタリ」の後に「南無阿弥陀仏」の語あり。

5　顕智聞書（専修寺文書）

獲字ハ、因位ノトキウルヲ獲トイフ、得字ハ、果位ノトキニイタリテウルコトヲ、得トイフナリ、名字ハ、因位ノトキノナヲ名トイフ、号字ハ、果位ノトキノナヲ号トイフ、

自然トイフハ、自ハオノツカラトイフ、行者ノハカライニアラス、シカラシムトイフコトハナリ、然トイフハ、シカラシムトイフコトハ、行者ノハカライニアラス、如来ノチカヒニテアルカユヘニ、法爾トイフハ、コノ如来ノオムチカヒナルカユヘニ、シカラシムルヲ法爾トイフ、法爾ハ、コノオムチカヒナリケルユヘニ、スヘテ行者ノハカラヒノナキヲモテ、コノ法ノトクノユヘニ、シカラシムトイフナリ、スヘテ、人ノハシメテハカラハサルナリ、コノユヘニ、他カニハ、義ナキヲ義トスト、シルヘシトナリ、自然トイフハ、モトヨリシカラシムトイフコトハナリ、

弥陀仏ノ御チカヒノ、モトヨリ行者ノハカラヒニアラスシテ、南無阿弥陀ト、タノマセタマヒテムカヘムト、ハカラハセタマヒタルニヨリテ、行者ノヨカラムトモ、アシカラムトモオモハヌヲ、自然トハマフスソトキ、テ候、チカヒノヤウハ、無上仏ニナラシメムト、チカヒタマヘルナリ、無上仏トマフスハ、カタチモナクマシマス、カタチノマシマサヌユヘニ、自然トハマフスナリ、カタチマシマストシメストキニハ、無上涅槃トハマフサス、カタチモマシマサヌヤウヲ、シラセムトテ、ハシメテ弥陀仏トソ、キヽナラヒテ候、ミタ仏ハ、自然ノヤウヲシラセムレウナリ、コノ道理ヲコヽロエツルノチニハ、コノ自然ノコトハ、ツネニサタスヘキニハ、アラサルナリ、ツネニ自然ニサタセハ、義ナキヲ義トストイフコトハ、ナホ義ノアルニナルヘシ、コレハ仏智ノ不思議ニテアルナリ、

愚禿親鸞八十六歳

正嘉二歳戊午十二月日、善法坊僧都御坊、三条トミノコウチノ御坊ニテ、聖人ニアイマイラセテノキ、カキ、ソノトキ顕智コレヲカクナリ、

＊『末燈鈔』は冒頭「獲字ハ」から「ナヲ号トイフ」までの四行を欠く。また末尾「愚禿親鸞八十六歳」以下に代わって「正嘉弐年十二月十四日　愚禿親鸞八十六歳」と記す

三　末燈鈔

本願寺親鸞大師御己証幷辺州所々御消息等類聚鈔

1　親鸞書状案（二　古写消息　4と同文）

2　親鸞書状案（一　真蹟史料　1と同文）

3　親鸞書状案（末燈鈔、慈敬寺蔵乗専本）

信心ヲエタルヒトハ、カナラス正定聚ノクラヰニ住スルカユヘニ、等正覚ノクラヰトマフスナリ、大無量寿経ニハ、摂取不捨ノ利益ニサタマルモノヲ、正定聚トナツケ、無量寿如来会ニハ、等正覚トトキタマヘリ、ソノ名コソカハリタレトモ、正定聚・等正覚ハ、ヒトツコヽロ、ヒトツクラヰナリ、等正覚トマフスクラヰハ、補処ノ弥勒トオナシクラヰナリ、弥勒トオナシク、コノタヒ無上覚ニイタルヘキユヘニ、弥勒ニオナシト、トキタマヘリ、サテ大経ニハ、次如弥勒トハマフスナリ、弥勒ハステニ

仏ニチカクマシマセハ、弥勒仏ト諸宗ノナラヒハマフスナリ、シカレハ、弥勒ニオナシクラヰナレハ、正定聚ノヒトハ、如来トヒトシトモマフスナリ、浄土ノ真実信心ノヒトハ、コノ身コソ、アサマシキ不浄造悪ノ身ナレトモ、コヽロハステニ如来トヒトシケレハ、如来トヒトシト、マフスコトモアルヘシト、シラセタマヘ、弥勒ステニ無上覚ニソノ心サタマリテアルヘキニナラセタマフニヨリテ、三会ノアカツキトマフスナリ、浄土真実ノヒトモ、コノコヽロヲコヽロウヘキナリ、光明寺ノ和尚ノ般舟讃ニハ、信心ノヒトハ、コノ心ステニツネニ浄土ニ居スト釈シタマヘリ、居ストイフハ、浄土ニ信心ノヒトノコヽロ、ツネニヰタリトイフコヽロナリ、コレハ弥勒トオナシトイフコトヲマフスナリ、コレハ等正覚ヲ弥勒トオナシトマフスニヨリテ、信心ノヒトハ如来トヒトシト、マフスコヽロナリ、

正嘉元年丁巳十月十日　　　親鸞

性信御房

＊『親鸞聖人血脈文集』は日付・宛所を欠く。そして末尾に「コレハ親鸞上人御信心ノムネヲ、アソハシタリ、ヒサウノコトナリ、ヒトニ、ヒヤウカイニ、シラシムヘカラス、ユメ〳〵」と記す。

4　親鸞書状案（末燈鈔、慈敬寺蔵乗専本）

コレハ経ノ文ナリ、華厳経ニノタマハク、信心歓喜者、与諸如来等トイフハ、信心ヨロコフヒトハ、モロ〳〵ノ如来トヒトシトイフナリ、モロ〳〵ノ如来トヒトシトイフハ、信心ヲエテ、コトニヨロコフヒトヲ、釈尊ノミコトニハ、見敬得大慶、則我善親友トトキタマヘリ、マタ弥陀ノ第十七ノ願ニハ、十方世界、無量諸仏、不悉咨嗟称我名者、不取正覚トチカヒタマヘリ、願成就ノ文ニハ、ヨロツノ仏ニホメラレ、ヨロコヒタマフトミエタリ、スコシモウタカフヘキニアラス、コレハ如来トヒトシトイフ文トモヲ、アラハシシルスナリ、

正嘉元年丁巳十月十日　　　親鸞

真仏御房

5　顕智聞書（二　古写消息　5と同文）

6　親鸞書状案（末燈鈔、慈敬寺蔵乗専本）

ナニヨリモ、コソ・コトシ、老少男女オホクノヒト〳〵ノ、シニアヒテ候ランコトコソ、アハレニサフラヘ、タヽシ生死無常ノコトハリ、クハシク如来ノトキヲカセオハシマシテサフラフウヘハ、オトロキオホシメスヘカラスサフラフ、マツ善信カ身ニハ、臨終ノ善悪ヲハマフサス、信心決定ノヒトハ、ウタカヒナケレハ、正定聚ニ住スルコトニテ候ナリ、サレハコソ愚癡無智ノヒトモ、オハリモメテタク候へ、如来ノ御ハカラヒニテ往生スルヨシ、ヒト〳〵マフサレ候ケル、スコシモタカハス候ナリ、トシコロ、ヲノ〳〵ニマフシ候シコト、タカハスコソ候へ、カマヘテ学生沙汰セサセタマヒ候ハテ、往生ヲトケサセタマヒ候ヘヘシ、故法然聖人ハ、浄土宗ノヒトハ愚者ニナリテ往生スト候シコトヲ、タシカニウケタマハリ候シウヘニ、モノモオホエヌアサマシキ人々ノ、マイリタルヲ御覧シテハ、往生必定スヘシトテ、エマセタマヒシヲ、ミマイラセ候キ、フミサタシテ、サカ〳〵シキヒトノマイリタルヲハ、往生ハイカヽアランスラント、タシカニウケタマハリキ、イマニイタルマテ、オモヒアハセラレ候ナリ、ヒト〳〵ニスカサレサセタマハテ、御信心タチロカセタマハスシテ、ヲノ〳〵御往生候ヘキナリ、タヽシ、ヒトニスカサレタマヒ候ハストモ、信心ノサタマラヌヒトハ、正定聚ニ住シタマハスシテ、ウカレタマヒタルヒトナリ、乗信房ニカヤウニマフシサフラフヤウヲ、ヒト〳〵ニモマフサレ候ヘシ、アナカシコ〳〵、

文応元年十一月十三日　　善信八十八歳

乗信御房

コノ御消息ノ正本ハ、坂東下野国オホウチノ庄高田ニコレアルナリト云々、

7　親鸞書状案（末燈鈔、慈敬寺蔵乗専本）

往生ハ、ナニコトモ〳〵凡夫ノハカラヒナラス、如来ノ御チカヒニマカセマイラセタレハコソ、他力ニテハ候へ、ヤウ〳〵ニハカラヒアフテ候ラン、オカシク候、如来ノ

誓願ヲ信スル心ノサタマルトマフスハ、摂取不捨ノ利益ニアツカルユヘニ、不退ノクラヰニサタマルト、御コヽロエサフラフヘシ、真実信心ノサタマルトマフスモ、金剛ノ信心ノサタマルトマフスモ、摂取不捨ノユヘニマフスナリ、サレハコソ、無上覚ニイタルヘキ心ノオコルトマフスナリ、コレヲ不退ノクラヰトモマフシ、正定聚ノクラヰニイルトモマフシ、等正覚ニイタルトモマフスナリ、コノコヽロノサタマルヲ、十方諸仏ノヨロコヒテ、諸仏ノ御コヽロニヒトシト、ホメタマフナリ、コノユヘニ、マコトノ信心ノヒトヲハ、諸仏トヒトシトマフスナリ、マタ補処ノ弥勒トオナシトモマフスナリ、コノ世ニテ真実信心ノヒトヲ、マモラセタマヘハコソ、阿弥陀経ニハ、十方恒沙ノ諸仏護念ストハマフスコトニテ候ヘ、安楽浄土ヘ往生シテノチニ、マモリタマフト、マフスコトニテハサフラハス、娑婆世界ニヰタルホト護念ストマフスコトナリ、信心マコトナルヒトノコヽロヲ、十方恒沙ノ如来ノホメタマヘハ、仏トヒトシトハ、マフスコトナリ、マタ他力トマフスコトハ、義ナキヲ義トスト、マフスナリ、義トマフスコトハ、行者ノヲノ〳〵ノハカラフコトヲ、義トハマフスナリ、如来ノ誓願ハ、不可思議ニマシマスユヘニ、仏ト仏トノ御ハカラヒナリ、凡夫ノハカラヒニアラス、補処ノ弥勒菩薩ヲハシメトシテ、仏智ノ不思議ヲハカラフヘキヒトハ候ハス、シカレハ、如来ノ誓願ニハ、義ナキヲ義トストハ、大師聖人ノオホセニ候キ、コノコヽロノホカニ、往生ニイルヘキコト候ハストコヽロエテ、マカリスキ候ヘハ、ヒトノオホセコトニハ、イラヌモノニテ候ナリ、

二月廿五日　　　　親鸞

浄信御房御返事

8　親鸞書状案（末燈鈔、慈敬寺蔵乗専本）

マタ五説トイフハ、ヨロツノ経ヲトカレ候ニ、五種ニハスキス候ナリ、一ニハ仏説、二ニハ聖弟子ノ説、三ニハ天仙ノ説、四ニハ鬼神ノ説、五ニハ変化ノ説トイヘリ、コノイツヽノナカニ、仏説ヲモチヰテ、カミノ四種ヲタノムヘカラス候、コノ三部経ハ、釈迦如来ノ自説ニテマ

シマストシルヘシトナリ、四土トイフハ、一ニハ法身ノ土、二ニハ報身ノ土、三ニハ応身ノ土、四ニハ化土ナリ、イマコノ安楽浄土ハ報土ナリ、三身トイフハ、一ニハ法身、二ニハ報身、三ニハ応身ナリ、イマコノ弥陀如来ハ、報身如来ナリ、三宝トイフハ、一ニハ仏宝、二ニハ法宝、三ニハ僧宝ナリ、イマコノ浄土宗ハ仏宝ナリ、四乗トイフハ、一ニハ仏乗、二ニハ菩薩乗、三ニハ縁覚乗、四ニハ声聞乗ナリ、イマコノ浄土宗ハ菩薩乗ナリ、二教トイフハ、一ニハ頓教、二ニハ漸教ナリ、イマコノ教ハ頓教ナリ、二蔵トイフハ、一ニハ菩薩蔵、二ニハ声聞蔵ナリ、イマコノ教ハ菩薩蔵ナリ、二道トイフハ、一ニハ難行道、二ニハ易行道ナリ、イマコノ浄土宗ハ易行道ナリ、二行トイフハ、一ニハ正行、二ニハ雑行ナリ、イマコノ浄土宗ハ、正行ヲ本トスルナリ、二超トイフハ、一ニハ竪超、二ニハ横超ナリ、イマコノ浄土宗ハ横超ナリ、竪超ハ聖道自力ナリ、二縁トイフハ、一ニハ無縁、二ニハ有縁ナリ、イマコノ浄土ハ有縁ノ教ナリ、二住トイフハ、一ニハ正住、二ニハ不住ナリ、イマコノ浄土教ハ、法滅百歳マテ住シタマヒテ、有情ヲ利益シタマフトナリ、不住ハ聖道諸善ナリ、諸善ハミナ龍宮ヘカクレイリタマヒヌルナリ、思不思トイフハ、思不思議ノ法ハ、聖道八万四千ノ諸善ナリ、不思トイフハ、浄土ノ教ハ不可思議ノ教法ナリ、コレラハカヤウニ、シルシマフシタリ、ヨクシレランヒトニ、タツネマフシタマフヘシ、マタクハシクハ、コノフミニテマフスヘクモ候ハス、目モミエス候、ナニコトモ、ミナワスレテ候ウヘニ、ヒトナトニ、アキラカニマフスヘキ身ニモアラス候、ヨク〳〵浄土ノ学生ニトヒマフシタマフヘシ、アナカシコ〳〵、

閏三月二日　　親鸞

9 **親鸞書状案**（二　古写消息　1と同文）

10 **親鸞書状案**（二　古写消息　2と同文）

11 **親鸞書状案**（一　真蹟史料　2と同文）

12 **親鸞書状案**（末燈鈔、慈敬寺蔵乗専本）

タツネオホセラレ候念仏ノ不審ノコト、念仏往生ト信ス

ルヒトハ、辺地ノ往生トテキラハレ候ランコト、オホカタコヽロエカタク候、ソノユヘハ、弥陀ノ本願トマフスハ、名号ヲトナヘンモノヲハ、極楽ヘムカヘント、チカハセタマヒタルヲ、フカク信シテ、トナフルカメテタキコトニテ候ナリ、信心アリトモ、名号ヲトナヘサランハ、詮ナク候、マタ一向名号ヲトナフトモ、信心アサクハ往生シカタク候、サレハ念仏往生トフカク信シテ、シカモ名号ヲトナヘンスルハ、ウタカヒナキ報土ノ往生ニテアルヘク候ナリ、詮スルトコロ、名号ヲトナフトイフトモ、他力本願ヲ信セサランハ、辺地ニムマルヘシ、本願他力ヲフカク信セントモカラハ、ナニコトニカハ辺地ノ往生ニテサフラフヘキ、コノヤウヲ、ヨク〳〵御コヽロエ候テ、御念仏サフラフヘシ、コノ身ハ、イマハ、トシキハマリテサフラフヘハ、サタメテサキタチテ往生シサフラハンスレハ、浄土ニテ、カナラス〳〵マチマイラセサフラフヘシ、アナカシコ〳〵、

七月十三日　　　　親鸞

有阿弥陀仏御返事

13　親鸞書状案（一　真蹟史料　7と同文）

14　慶信書状幷親鸞返状案（一　真蹟史料　4と同文）

15　親鸞書状案（一　真蹟史料　8と同文）

16　親鸞書状案（末燈鈔、願得寺蔵乗専本）

ナニヨリモ、聖教ノヲシヘヲモシラス、マタ浄土宗ノマコトノソコヲモシラスシテ、不可思議ノ放逸無慚ノモノトモノナカニ、悪ハオモフサマニフルマフヘシト、オホセラレサフラフナルコソ、カヘス〳〵アルヘクモサフラハス、北ノ郡ニアリシ善乗房トイヒシモノニ、ツヰニアヒムツルヽコトナクテヤミニシヲハ、ミサリケルニヤ、凡夫ナレハトテ、ナニコトモ、オモフサマナラハ、ヌスミヲモシ、ヒトヲモコロシナントスヘキカハ、モトヌスミコヽロアランヒトモ、極楽ヲネカヒ、念仏ヲマフスホトノコトニナリナハ、モトヒカウタルコヽロヲモ、オモヒナヲシテコソアルヘキニ、ソノシルシモナカランヒトヽ〳〵ニ、悪クルシカラストイフコト、ユメ〳〵アルヘカラスサフラフ、煩悩ニクルハサレテ、オモハサルホカ

ニ、スマシキコトヲモフルマヒ、イフマシキコトヲモイヒ、オモフマシキコトヲモ、オモフニテコソアレ、サハラヌコトナレハトテ、ヒトノタメニモ、ハラクロク、スマシキコトヲモシ、イフマシキコトヲモイハヽ、煩悩ニクルハサレタル儀ニハアラテ、ワサトスマシキコトヲモセハ、カヘス〳〵アルマシキコトナリ、鹿島・ナメカタノヒト〳〵ノ、アシカランコトヲハ、イヒトヽメ、ソノ辺ノヒト〳〵ノ、コトニヒカフタルコトヲハ、制シタマハヽ、コソ、コノ辺ヨリイテキタルシルシニテハサフラハメ、フルマヒハ、ナニトモコヽロニマカセヨト、イヒツルトサフラフラン、アサマシキコトニサフラフ、コノ世ノワロキヲモステ、アサマシキコトヲモ、セサランコソ、世ヲイトヒ念仏マフスコトニテハサフラヘ、トシコロ念仏スルヒトナントノ、ヒトノタメニアシキコトヲモシ、マタイヒモセハ、世ヲイトフシルシモナシ、サレハ、善導ノ御ヲシヘニハ、悪ヲコノムヒトヲハ、ツヽシンテトヲサカレトコソ、至誠心ノナカニハ、ヲシヘヲカセオハシマシテサフラヘ、イツカワカコヽロノワロキニマカセテ、フルマヘトハサフラフ、オホカタ経釈ヲモシラス、如来ノ御コトヲモシラヌ身ニ、ユメ〳〵ソノ沙汰アルヘクモ候ハス、アナカシコ〳〵、

十一月廿四日　　親鸞

17　親鸞書状案（末燈鈔、願得寺蔵乗専本）

他力ノナカニハ自力トマフスコトハ候ト、キキサフラヒキ、他力ノナカニ、マタ他力トマフスコトハ、キキサフラハス、他力ノナカニ自力トマフスコトハ、雑行雑修・定心念仏トコヽロニカケラレテサフラフ人々ハ、他力ノナカノ自力ノヒト〳〵ナリ、他力ノナカニマタ他力トマフスコトハ、ウケタマハリサフラハス、ナニコトモ専信房ノシハラクヰタラントサフラヘハ、ソノトキ、マフシサフラフヘシ、アナカシコ〳〵、

銭弐拾貫文慥々給候、穴賢々々、

十一月廿五日　　親鸞

＊『親鸞聖人御消息集』は末尾「銭弐拾貫文慥々給候、穴賢々々」の一節なし。また宛先に「真仏御坊御返事」と記す。

18　親鸞書状案（末燈鈔、願得寺蔵乗専本）

御タツネサフラフコトハ、弥陀他力ノ廻向ノ誓願ニアヒタテマツリテ、真実ノ信心ヲタマハリテ、ヨロコフコヽロノサタマルトキ、摂取シテ、ステラレマイラセサルユヘニ、金剛心ニナルトキヲ、正定聚ノクラヰニ住ストモマフス、弥勒菩薩トオナシクラヰニナルトモ、トカレテ候メリ、弥勒トヒトツクラヰニナルユヘニ、信心マコトナルヒトヲハ、仏トヒトシトモマフス、マタ諸仏ノ真実信心ヲエテヨロコフヲハ、マコトニヨロコヒテ、ワレトヒトシキモノナリト、トカセタマヒテサフラフナリ、大経ニハ、釈尊ノミコトハニ、見敬得大慶、則我善親友ト、ヨロコハセタマヒサフラヘハ、信心ヲエタルヒトハ、諸仏トヒトシト、トカレテサフラフメリ、マタ弥勒ヲハ、ステニ仏ニナラセタマハンコトアルヘキニ、ナラセタマヒテサフラヘハトテ、弥勒仏トマフスナリ、シカレハステニ、他力ノ信ヲエタルヒトヲモ、仏トヒトシト、マフスヘシトミエタリ、御ウタカヒアルヘカラスサフラフ、御同行ノ、臨終ヲ期シテトオホセラレサフラフランハ、チカラヲヨハヌコトナリ、信心マコトニナラセタマヒテサフラフヒトハ、誓願ノ利益ニテサフラフウヘニ、摂取シテステストサフラヘハ、来迎・臨終ヲ期セサセタマフヘカラストコソ、オホエサフラヘ、イマタ信心サタマラサランヒトハ、臨終ヲモ期シ、来迎ヲモマタセタマフヘシ、コノ御フミ、ヌシノ御名ハ、随信房トオホセラレサフラハヽ、メテタフサフラフヘシ、コノ御フミノカキヤウ、メテタクサフラフ、御同行ノオホセラレヤウハ、コヽロエスサフラフ、ソレヲハチカラヲヨハスサフラフ、アナカシコ〳〵、

十一月廿六日　　　親鸞

随信御房

19　親鸞書状案（末燈鈔、願得寺蔵乗専本）

御フミタヒ〳〵マイラセサフラヒキ、御覧セスヤサフラヒケン、ナニコトヨリモ、明法御房ノ往生ノ本意トケテオハシマシサフラフコソ、常陸国ウチノ、コレニコヽロサシオハシマスヒト〳〵ノ御タメニ、メテタキコトニテ

サフラヘ、往生ハ、トモカクモ凡夫ノハカラヒニテ、スヘキコトニテモサフラハス、メテタキ智者モ、ハカラフヘキコトニモサフラハス、大小ノ聖人タニモ、トモカクモハカラハテ、タヽ願力ニマカセテコソ、オハシマスコトニテサフラヘ、マシテヲノ〱ノヤウニオハシマスヒト〱ハ、タヽコノチカヒアリトキヽ、南無阿弥陀仏ニアヒマイラセタマフコソ、アリカタク、メテタクサフラフ御果報ニテハサフラフナレ、トカクハカラハセタマフコト、ユメ〱サフラフヘカラス、サキニクタシマイラセサフラヒシ唯信鈔・自力他力ナトノフミニテ、御覧サフラフヘシ、ソレコソ、コノ世ニトリテハ、ヨキヒト〱ニテオハシマス、ステニ往生ヲモシテオハシマスヒト〱ニテサフラヘハ、ソノフミトモニ、カヽレテサフラフニハ、ナニコトモ〱、スクヘクモサフラハス、法然聖人ノ御ヲシヘヲ、ヨク〱御コヽロエタルヒト〱ニテオハシマスニサフラヒキ、サレハコソ、往生モメテタクシテオハシマシサフラヘ、オホカタハ、トシコロ念仏マフシアヒタマフヒト〱ノナカニモ、ヒトヘニ、ワカオモフサマナルコトヲノミ、マフシアハレテ候ヒト〱モサフラヒキ、イマモ、サソサフラフラント、オホエサフラフ、明法房ナトノ往生シテオハシマスモ、モトハ不可思議ノヒカコトヲ、オモヒナントシタルコヽロヲモ、ヒルカヘシナトシテコソサフラフシカ、ワレ往生スヘケレハトテ、スマシキコトヲモシ、オモフマシキコトヲモオモヒ、イフマシキコトヲモ、イヒナトスルコトハ、アルヘクモサフラハス、貪欲・煩悩ニクルハサレテ欲モオコリ、瞋恚ノ煩悩ニクルハサレテ、ネタムヘクモナキ因果ヲヤフルコヽロモオコリ、愚癡ノ煩悩ニマトハサレテ、オモフマシキコトナトモ、オコルニテコソサフラヘ、メテタキ仏ノ御チカヒノアレハトテ、ワサトスマシキコトトモヲモシ、オモフマシキコトトモヲモオモヒナトセンハ、ヨク〱コノ世ノイトハシカラス、身ノワロキコトヲ、オモヒシラヌニテサフラヘハ、念仏ニコヽロサシモナク、仏ノ御チカヒニモ、コヽロサシノオハシマサヌニテサフラヘハ、念仏セサセタマフトモ、ソノ御コヽロサシニテハ、順次ノ往生モ、カタクヤサフラフヘカラン、ヨク〳〵コノヨシヲ、ヒト〳〵ニキカセマイラセサセタマフヘクサフラフ、カヤウニモマフスヘクモサフラハネトモ、ナニトナク、コノ辺ノコトヲ、御コヽロニカケアハセタマフヒト〳〵ニテオハシマシアヒテサフラヘハ、カクモマフシサフラフナリ、コノ余ノ念仏ノ義ハ、ヤウ〳〵ニカハリアフテサフラフメレハ、トカクマフスニヲヨハスサフラヘトモ、故聖人ノ御ヲシヘヲ、ヨク〳〵ウケタマハリテオハシマスヒト〳〵ハ、イマモモトノヤウニ、カハラセタマフコトサフラハス、世カクレナキコトナレハ、キカセタマヒアフテサフラフラン、浄土宗ノ義、ミナカハリテオハシマシアフテサフラフヒト〳〵モ、聖人ノ御弟子ニテサフラヘトモ、ヤウ〳〵ニ義ヲモイヒカヘナトシテ、身モマトヒ、ヒトヲモマトハカシアフテサフラフメリ、アサマシキコトニテサフラフナリ、京ニモオホクマトヒアフテサフラフメリ、ヰナカハサコソ候ラメト、コヽロニクヽモサフラハス、ナニコトモ、マフシツクシカタクサフラフ、マタ〳〵マフシサフラフヘシ、

コノ明教房ノノホラレテサフラフコト、マコトニアリカタキコトヽ、オホエサフラフ、明法御房ノ御往生ノコトヲ、マノアタリキキサフラフモ、ウレシクサフラフ、ヒト〳〵ノ御コヽロサシモ、アリカタクオホエサフラフ、カタ〳〵コノヒト〳〵ノノホリ、不思議ノコトニサフラフ、コノフミヲ、タレ〳〵ニモ、オナシコヽロニ、ヨミキカセタマフヘクサフラフ、コノフミハ、奥郡ニオハシマス同朋ノ御ナカニ、ミナオナシク御覧サフラフヘシ、アナカシコ〳〵、

トシコロ念仏シテ往生ヲネカフシルシニハ、モトアシカリシワカコヽロヲモ、オモヒカヘシテ、トモ同朋ニモ、ネンコロニ、コヽロノオハシマシアハヽコソ、世ヲイトフシルシニテモサフラハメトコソ、オホエサフラヘ、ヨク〳〵御コヽロエサフラフヘシ、

善知識ヲヲロカニオモヒ、師ヲソシルモノヲハ、謗法ノモノトマフスナリ、親ヲソシルモノヲハ、五逆ノモノトマフスナリ、同座セサレトサフラフナリ、サレハ北ノ郡ニサフラフシ善乗房ハ親ヲノリ、善信ヲヤウ〳〵ニソシ

リサフラヒシカハ、チカツキムツマシクオモヒサフラハテ、チカツケスサフラヒキ、明法御房ノ往生ノコトヲキキナカラ、アトヲヲロカニセンヒト〱ハ、ソノ同朋ニアラスサフラフヘシ、無明ノ酒ニヱヒタルヒトニ、イヨ〱ヱヒヲスヽメ、三毒ヲヒサシクコノミクラフヒトニ、イヨ〱毒ヲユルシテ、コノメトマフシアフテサフラフラン、不便ノコトニサフラフ、無明ノ酒ニヱヒタルコトヲカナシミ、三毒ヲコノミクフテ、イマタ毒モウセハテス、無明ノヱヒモ、イマタサメヤラヌニオハシマシアフテサフラフソカシ、ヨク〱御コヽロエサフラフヘシ、

＊『親鸞聖人消息集』はこの末尾に、更に以下の文が続く。「ナニコトモ、マフシツクシカタクサフラフ、マタ〱マウスヘシ、アナカシコ〱、　親鸞」。

20　親鸞書状案（末燈鈔、願得寺蔵乗専本）

方々ヨリノ御コヽロサシノモノトモ、カスノマヽニ、タシカニタマハリサフラフ、明教房ノホラレテサフラフコト、アリカタキコトニサフラフ、カタ〱ノ御コヽロサシ、マフシツクシカタクサフラフ、明法御房ノ往生ノコト、ヲトロキマフスヘキニハアラネトモ、カヘス〱ウレシクサフラフ、鹿島・ナメカタ・奥郡、カヤウノ往生ネカハセタマフヒト〱ノ、ミナノ御ヨロコヒニテサフラフ、マタヒラツカノ入道殿ノ御往生ノコト、キキサフラフコソ、カヘス〱マフスニカキリナクオホエサフラヘ、メテタサ、マフシツクスヘクモサフラハス、ヲノ〱ミナ往生ハ一定トオホシメスヘシ、サリナカラモ往生ヲネカハセタマフヒト〱ノ御ナカニモ、御コヽロエヌコトモサフラヒキ、イマモサコソサフラフラメト、オホエサフラフ、京ニモコヽロエスシテ、ヤウ〱ニマトヒアフテサフラフメリ、クニ〱ニモ、オホクキコエサフラフ、法然聖人ノ御弟子ノナカニモ、ワレハユヽシキ学生ナトヽオモヒアヒタルヒト〱モ、コノ世ニハ、ミナヤウ〱ニ法文ヲイヒカヘテ、身モマトヒ、ヒトヲモマトハシテ、ワツラヒアフテサフラフメリ、聖教ノヲシヘヲモミスシラヌ、ヲノ〱ノヤウニオハシマスヒ

ト〱ハ、往生ニサハリナシトハカリイフヲキキテ、アシサマニ御コヽロエアルコト、オホクサフラヒキ、イマモサコソサフラフラメト、オホエサフラフ、浄土ノ教モシラヌ信見房ナトカマフスコトニヨリテ、ヒカサマニイヨ〱ナリアハセタマヒサフラフランヲ、キキサフラフコソ、アサマシクサフラヘ、マツヲノ〱ノ、ムカシハ弥陀ノチカヒヲモシラス、阿弥陀仏ヲモマフサスオハシマシサフラフシカ、釈迦・弥陀ノ御方便ニモヨホサレテ、イマ弥陀ノチカヒヲモ、キキハシメテオハシマス身ニテサフラフナリ、モトハ無明ノサケニヱヒフシテ、貪欲・瞋恚・愚癡ノ三毒ヲノミ、コノミメシアフテサフラフツルニ、仏ノチカヒヲキキハシメシヨリ、無明ノヱヒモ、ヤウ〱スコシツヽサメ、三毒ヲモ、スコシツヽコノマスシテ、阿弥陀仏ノクスリヲツネニコノミメス身トナリテ、オハシマシアフテサフラフソカシ、シカルニナヲ、ヱヒモサメヤラヌニ、カサネテヱヒヲスヽメ、毒モキエヤラヌニ、ナヲ毒ヲスヽメラレサフラフランコソ、アサマシクサフラヘ、煩悩具足ノ身ナレハトテ、コヽロニマカセテ、身ニモスマシキコトヲモユルシ、クチニモ、イフマシキコトヲモユルシ、コヽロニモ、オモフマシキコトヲモユルシテ、イカニモコヽロノマヽニテアルヘシト、マフシアフテサフラフランコソ、カヘス〱不便ニオホエサフラヘ、ヱヒモサメヌサキニ、ナヲサケヲスヽメ、毒モキエヤラヌニ、イヨ〱毒ヲスヽメンカコトシ、クスリアリ、毒ヲコノメトサフラフランコトハ、アルヘクモサフラハストソオホエ候、仏ノ御名ヲモキキ、念仏ヲマフシテ、ヒサシクナリテオハシマサンヒト〱ハ、後世ノアシキコトヲイトフシルシ、コノ身ノアシキコトヲハイトヒステントオホシメスシルシモ、サフラフヘシトコソ、オホエサフラヘ、ハシメテ仏ノチカヒヲキヽハシムルヒト〱ノ、ワカ身ノワロク、コヽロノワロキヲオモヒシリテ、コノ身ノヤウニテハ、ナンソ往生センスルトイフヒトニコソ、煩悩具足シタル身ナレハ、ワカコヽロノ善悪ヲハサタセス、ムカヘタマフソトハ、マフシサフラヘ、カクキキテノチ、仏ヲ信セントオモフコヽロフカクナリヌルニハ、マコトニコノ身ヲモイトヒ、流転センコトヲモカナシミテ、フカクチカヒヲモ信シ、阿弥陀仏ヲモコノミマフシナントスルヒトハ、モトモコヽロノマヽニテ、悪事ヲモフルマヒナントセシト、オホシメシアハセタマハヽコソ、世ヲイトフシルシニテモサフラハメ、マタ往生ノ信心ハ、釈迦・弥陀ノ御スヽメニヨリテオコルトコソ、ミエテサフラヘハ、サリトモマコトノコヽロ、オコラセタマヒナンニハ、イカヽムカシノ御コヽロノマヽニテハ候ヘキ、コノ御ナカノヒト〳〵モ、少々ハアシキサマナルコトノキコエ候メリ、師ヲソシリ、善知識ヲカロシメ、同行ヲモアナツリナント、シアハセタマフヨシキキ候コソ、アサマシク候ヘ、ステニ謗法ノヒトナリ、五逆ノヒトナリ、ナレムツフヘカラス、浄土論トマフスフミニハ、カヤウノヒトハ、仏法信スルコヽロノナキヨリ、コノコヽロハオコルナリト候メリ、マタ至誠心ノナカニハ、カヤウニ悪ヲコノマンニハ、ツヽシンテトヲサカレ、チカツクヘカラストコソ、トカレテ候ヘ、善知識・同行ニハシタシミチカツケトコソ、トキヲカレテ候ヘ、悪ヲコノムヒトニモ、チカツキナントスルコトハ、浄土ニマイリテノチ、衆生利益ニカヘリテコソ、サヤウノ罪人ニモシタシミ、チカツクコトハ候ヘ、ソレモワカハカラヒニハアラス、弥陀ノチカヒニヨリテ、御タスケニテコソ、オモフサマノフルマヒモサフラハンスレ、当時ハコノ身トモノヤウニテハ、イカヽ候ヘカルラントオホエ候、ヨク〳〵案セサセタマフヘク候、往生ノ金剛心ノオコルコトハ、仏ノ御ハカラヒヨリオコリテ候ヘハ、金剛心ヲトリテ候ハンヒトハ、ヨモ師ヲソシリ、善知識ヲアナツリナントスルコトハ候ハシトコソ、オホエ候ヘ、コノフミヲモテ、カシマ・ナメカタ・南ノ庄、イツカタモ、コレニコヽロサシオハシマサンヒトニハ、オナシ御コヽロニ、ヨミキカセタマフヘク候、アナカシコ〳〵、

建長四年二月廿四日

＊『親鸞聖人御消息集』は日付部分を「建長四年壬子八月十九日　親鸞」とする。

21　親鸞書状案（末燈鈔、願得寺蔵乗専本）

安楽浄土ニイリハツレハ、スナハチ大涅槃ヲサトルトモ、マタ無上覚ヲサトルトモ、滅度ニイタルトモマフスハ、御名コソカハリタルヤウナレトモ、コレミナ法身トマフス仏ノサトリヲヒラクヘキ正因ニ、弥陀仏ノ御チカヒヲ、法蔵菩薩ワレラニ廻向シタマヘルヲ、往相ノ廻向トマフスナリ、コノ廻向セサセタマヘル願ヲ、念仏往生ノ願トハマフスナリ、コノ念仏往生ノ願ヲ、一向ニ信シテ、フタコヽロナキヲ、一向専修トハマフスナリ、如来二種ノ廻向トマフスコトハ、コノ二種ノ廻向ノ願ヲ信シ、フタコヽロナキヲ、真実ノ信心トマフス、コノ真実ノ信心ノオコルコトハ、釈迦・弥陀二尊ノ御ハカラヒヨリ、オコリタリトシラセタマフヘシ、アナカシコ〳〵、

二月廿五日　　　親鸞

浄信御房　御返事

＊『善性本御消息集』は末尾に次の日付等を記す。

22　親鸞法語（末燈鈔、願得寺蔵乗専本）

宝号経ニノタマハク、弥陀ノ本願ハ、行ニアラス、善ニアラス、タヽ仏名ヲタモツナリ、名号ハコレ善ナリ、行ナリ、行トイフハ、善ヲスルニツイテ、イフコトハナリ、本願ハモトヨリ、仏ノ御約束トコヽロエヌルニハ、善ニアラス、行ニアラサルナリ、カルカユヘニ、他力トマフスナリ、本願ノ名号ハ、能生スル因ナリ、能生ノ因トイフハ、スナハチコレ父ナリ、大悲ノ光明ハ、コレ所生ノ縁ナリ、所生ノ縁トイフハ、スナハチコレ母ナリ、

＊以下に参考として、末燈鈔の奥書を掲げる。

康永元歳（壬子）七月十二日　終書写筆功、遂校合労見訖、凡斯御消息者、念仏成仏之咽喉、愚癡愚迷之眼目也、可秘々々而已、

執筆釈乗専

願主釈［　］

四　親鸞聖人御消息集（広本）

1　親鸞書状案（三　末燈鈔　20と同文）

2　親鸞書状案（三　末燈鈔、19と同文）

3　親鸞書状案（三　末燈鈔、16と同文）

4　親鸞書状案（親鸞聖人御消息集、京都永福寺蔵本）

ナニコトヨリハ、如来ノ御本願ノヒロマラセタマヒテサフラフコト、カヘス〳〵メテタク、ウレシクサフラフ、ソノコトニ、ヲノ〳〵トコロ〳〵ニ、ワレハトイフコトヲオモフテ、アラソフコト、ユメ〳〵アルヘカラスサフラフ、京ニ一念多念ナントマフス、アラソフコトノオホクサフラフヤウニアルコト、サラ〳〵サフラフヘカラス、タヽ詮スルトコロハ、唯信鈔・後世物語・自力他力、コノ御文トモヲ、ヨク〳〵ツネニミテ、ソノ御コヽロニタカヘスオハシマスヘシ、イツカタノヒト〳〵ニモ、コノコヽロヲ、オホセラレサフラフヘシ、ナヲオホツカナキコトアラハ、今日マテイキテサフラヘハ、ワサトモコレヘ、タツネタマフヘシ、マタ便ニモオホセタマフヘシ、鹿島・行方、ソノナラヒノヒト〳〵ニモ、コノコヽロヲ、ヨク〳〵オホセラルヘシ、一念多念ノアラソヒナントノヤウニ、詮ナキコト論シコトヲノミマフシアハレテ、サフラフソカシ、ヨク〳〵ツヽシムヘキコトナリ、アナカシコ〳〵、カヤウノコトヲ、コヽロエヌヒト〳〵ハ、ソノコトヽナキコトヲ、マフシアハレテサフラフソ、ヨク〳〵ツヽシミタマフヘシ、カヘス〳〵、

二月三日　　親鸞

5　親鸞書状案（親鸞聖人御消息集、京都永福寺蔵本）

六月一日ノ御文、クハシクミサフラヒヌ、サテハ鎌倉ニテノ御ウタヘノヤウハ、オロ〳〵ウケタマハリテサフラフ、コノ御文ニタカハス、ウケタマハリテサフラヒシニ、別ノコトハヨモサフラハシト、オモヒサフラヒシニ、御クタリ、ウレシクサフラフ、オホカタハ、コノウタヘノヤウハ、御身ヒトリノコトニハアラスサフラフ、スヘテ

浄土ノ念仏者ノコトナリ、コノヤウハ、故聖人ノ御トキ、コノ身トモノ、ヤウ〳〵ニマフサレサフラヒシコトナリ、コトモアタラシキウタヘニテサフラハス、(底フナリ)性信房ヒトリノ沙汰アルヘキコトニハアラス、念仏マフサンヒトハ、ミナオナシコヽロニ、御沙汰アルヘキコトナリ、御身ヲワラヒマフスヘキコトニハ、アラスサフラフヘシ、念仏者ノモノニコヽロエヌハ、性信坊ノトカニマフシナサレンハ、キハマレルヒカコトニサフラフヘシ、念仏マフサンヒトハ、性信坊ノカタフトニコソ、ナリアハセタマフヘケレ、母・姉・妹ナント、ヤウ〳〵ニマフサル丶コトハ、フルコトニテサフラフ、サレハトテ、念仏ヲト丶メラレサフラヒシカ、世ニクセコトノヲコリサフラヒシカハ、ソレニツケテモ、念仏ヲフカクタノミテ、世ノイノリニ、コヽロイレテ、マフシアハセタマフヘシトソ、オホエサフラフ、御文ノヤウ、オホカタノ陳状、ヨク御ハカラヒトモサフラヒケリ、ウレシクサフラフ、詮シサフラフトコロハ、御身ニカキラス、念仏マフサンヒト〳〵、ワカ御身ノ料ハオホシメサストモ、朝家ノ御タメ国民ノタメニ、念仏ヲマフシアハセタマヒサフラハヽ、メテタフサフラフヘシ、往生ヲ不定ニオホシメサンヒトハ、マツワカ身ノ往生ヲオホシメシテ、御念仏サフラフヘシ、ワカ御身ノ往生一定トオホシメサンヒトハ、仏ノ御恩ヲオホシメサンニ、御報恩ノタメニ、御念仏コヽロニイレテマフシテ、世ノナカ安穏ナレ、仏法ヒロマレト、オホシメスヘシトソ、オホエサフラフ、ヨク〳〵御按サフラフヘシ、コノホカハ、別ノ御ハカラヒアルヘシトハオホエスサフラフ、ナヲ〳〵トク御クタリノサフラフコソ、ウレシクサフラヘ、ヨク〳〵御コヽロニイレテ、往生一定トオモヒサタメラレサフラヒナハ、仏ノ御恩ヲオホシメサンニハ、コト〳〵ハサフラフヘカラス、御念仏コヽロニイレテ、マフサセタマフヘシト、オホエサフラフ、アナカシコ〳〵、

七月九日　　　　親鸞

性信御坊

＊一部、異本で本文を補い、傍注「(底)」として底本の表記を示した。

6　親鸞書状案（親鸞聖人御消息集、京都永福寺蔵本）

護念坊ノタヨリニ、教忍御坊ヨリ銭二百文、御コヽロサシノモノ、タマハリテサフラフ、サキニ念仏ノスヽメノモノ、カタ〳〵ノ御ナカヨリトテ、タシカニタマハリテサフラヒキ、ヒト〳〵ニ、ヨロコヒマフサセタマフヘクサフラフ、コノ御返事ニテ、オナシ御コヽロニ、マフサセタマフヘクサフラフ、サテハコノ御タツネサフラフコトハ、マコトニヨキ御ウタカヒトモニテサフラフヘシ、マツ一念ニテ往生ノ業因ハタレリト、マフシサフラフハ、マコトニサルヘキコトニテサフラフヘシ、サレハトテ、一念ノホカニ、念仏ヲマフスマシキコトニハサフラハス、ソノヤウハ唯信鈔ニクハシクサフラフ、ヨク〳〵御覧サフラフヘシ、一念ノホカニアマルトコロノ念仏ハ、十方ノ衆生ニ廻向スヘシトサフラフモ、サルヘキコトニテサフラフヘシ、十方ノ衆生ニ廻向スレハトテ、二念・三念センハ往生ニアシキコトヽ、オホシメサレサフラハヽ、ヒカコトニテサフラフヘシ、念仏往生ノ本願トコソ、オホセラレテサフラヘハ、オホクマフサンモ、一念・一称モ、往生スヘシトコソ、ウケタマハリテサフラヘ、カナラス一念ハカリニテ往生ストイヒテ、多念ヲセンハ往生スマシキトマフスコトハ、ユメ〳〵アルマシキコトナリ、唯信鈔ヲヨク〳〵御覧サフラフヘシ、マタ有念・無念トマフスコトハ、他力ノ法文ニハアラヌコトニテサフラフ、聖道門ニマフスコトニテサフラフナリ、ミナ自力聖道ノ法文ナリ、阿弥陀如来ノ選択本願念仏ハ、有念ノ義ニモアラス、無念ノ義ニモアラスト、マフシサフラフナリ、イカナルヒト、マフシサフラフトモ、ユメ〳〵モチヰサセタマフヘカラスサフラフ、聖道ニマフスコトヲ、アシサマニキヽナシテ、浄土宗ニマフスニテソサフラフラン、サラ〳〵ユメ〳〵、モチヰサセタマフマシクサフラフ、マタ慶喜トマフシサフラフコトハ、他力ノ信心ヲエテ往生ヲ一定シテンスト、ヨロコフコヽロヲマフスナリ、常陸国中ノ念仏者ノナカニ、有念・無念ノ念仏沙汰ノキコエサフラフハ、ヒカコトニサフラフト、マフシサフラヒニキ、タヽ詮スルトコロハ、他力ノヤウハ、行者ノハカラヒニテハアラスサフラヘハ、有念ニアラス、無念ニアラストマフスコトヲ、アシフキヽナシテ、有念・無念ナントマフシサフラヒケルト、オホエサフラフ、弥陀ノ選択本願ハ行者ノハカラヒノサフラハネハコソ、ヒトヘニ他力トハ、マフスコトニテサフラヘ、一念コソヨケレ、多念コソヨケレナントマフスコトモ、ユメ〳〵アルヘカラスサフラフ、ナヲ〳〵一念ノホカニアマルトコロノ御念仏ヲ、法界衆生ニ廻向ストサフラフハ、釈迦・弥陀如来ノ御恩ヲ報シマイラセントテ、十方衆生ニ廻向セラレサフラフランハ、サルヘクサフラヘトモ、二念・三念マフシテ往生センヒトヲ、ヒカコトヽハサフラフヘカラス、ヨク〳〵唯信鈔ヲ御覧サフラフヘシ、念仏往生ノ御チカヒナレハ、一念・十念モ、往生ハヒカコトニアラスト、オホシメスヘキナリ、アナカシコ〳〵、

十二月廿六日　親鸞

教忍御坊御返事

7　親鸞書状案（親鸞聖人御消息集、京都永福寺蔵本）

マツヨロツノ仏・菩薩ヲカロシメマイラセ、ヨロツノ神祇・冥道ヲアナツリステタテマツルトマフスコト、コノコトユメ〳〵ナキコトナリ、世々生々ニ、無量無辺ノ諸仏・菩薩ノ利益ニヨリテ、ヨロツノ善ヲ修行セシカトモ、自力ニテハ生死ヲイテスアリシユヘニ、曠劫多生ノアヒタ、諸仏・菩薩ノ御スヽメニヨリテ、イマヽウアヒカタキ弥陀ノ御チカヒニ、アヒマヒラセテサフラフ御恩ヲシラスシテ、ヨロツノ仏・菩薩ヲアタニマフサンハ、フカキ御恩ヲシラスサフラフヘシ、仏法ヲフカク信スルヒトヲハ、天地ニオハシマスヨロツノカミハ、カケノカタチニソヘルカコトクシテ、マモラセタマフコトニテサフラヘハ、念仏ヲ信シタル身ニテ、天地ノカミヲ、ステマフサントオモフコト、ユメ〳〵ナキコトナリ、神祇等タニモステラレタマハス、イカニイハンヤ、ヨロツノ仏・菩薩ヲアタニモマフシ、オロカニオモヒマヒラセサフラフヘシヤ、ヨロツノ仏ヲオロカニマフサハ、念仏ヲ信セス、弥陀ノ御名ヲトナヘヌ身ニテコソサフラハンスレ、詮スルトコロハ、ソラコトヲマフシ、ヒカコトヲコトニフレテ、念仏ノヒト〳〵ニオホセラレツケテ、念仏ヲト、メ

ント、トコロノ領家・地頭・名主ノ御ハカラヒトモノサフラフランコト、ヨク〳〵ヤウアルヘキコトナリ、ソノユヘハ、釈迦如来ノミコトニハ、念仏スルヒトヲ、ソシルモノヲハ、名無眼人トトキ、名無耳人トオホセヲカレタルコトニサフラフ、善導和尚ハ

五濁増時多疑謗、道俗相嫌不用聞、
見有修行起瞋毒、方便破壊競生怨

トタシカニ釈シヲカセタマヒタリ、コノ世ノナラヒニテ念仏ヲサマタケンヒトハ、ソノトコロノ領家・地頭・名主ノヤウアルコトニテコソサフラハメ、トカクマフスヘキニアラス、念仏センヒト〳〵ハ、カノサマタケヲナサンヒトヲハ、アハレミヲナシ、不便ニオモフテ、念仏ヲモネンコロニマフシテ、サマタケナサンヲ、タスケサセタマフヘシトコソ、フルキヒトハ、マフサレサフラヒシカ、ヨク〳〵御タツネアルヘキコトナリ、ツキニ念仏セサセタマフヒト〳〵ノコト、弥陀ノ御チカヒハ、煩悩具足ノヒトノタメナリト信セラレサフラフハ、メテタキヤウナリ、タヽシワロキモノヽタメナリトテ、コトサラニ、ヒカコトヲコヽロニモオモヒ、身ニモ口ニモマフスヘシ（底脱）・トハ、浄土宗ニマフスコトナラネハ、ヒト〳〵ニモカタルコトサフラハス、オホカタハ、煩悩具足ノ身ニテ、コヽロヲモトヽメカタクサフラヒナカラ、往生ヲウタカハスセントオホシメスヘシトコソ、師モ善知識モ、マフスコトニテサフラフニ、カヽルワルキ身ナレハ、ヒカコトヲ、コトサラニコノミテ、念仏ノヒト〳〵ノサハリトナリ、師ノタメニモ善知識ノタメニモ、トカトナサセタマフヘシトマフスコトハ、ユメ〳〵ナキコトナリ、弥陀ノ御チカヒニ、マウアヒカタクシテ、アヒマイラセテ、仏恩ヲ報シマヒラセントコソ、オホシメスヘキニ、念仏ヲトヽメラルヽコトニ沙汰シナサレテサフラフランコソ、カヘス〳〵コヽロエスサフラフ、アサマシキコトニサフラフ、ヒト〳〵ノヒカサマニ御コヽロエトモノサフラフユヘニ、アルヘクモナキコトヽモ、キコエサフラフ、マフスハカリナクサフラフ、タヽシ念仏ノヒト、ヒカコトヲマフシサフラハヽ、ソノ身ヒトリコソ地獄ニモヲチ、天魔トモナリサフラハメ、ヨロツノ念仏者ノトカニナル

ヘシトハ、オホエスサフラフ、ヨク〳〵御ハカラヒトモ
サフラフヘシ、ナヲ〳〵念仏セサセタマフヒト〳〵、ヨ
ク〳〵コノ文ヲ御覧シトカセタマフヘシ、アナカシ
コ〳〵、

九月二日　　　親鸞

念仏人々御中

＊一部、異本で本文を補い、傍注「(底)」として底本の表記を示した。

8　親鸞書状案（親鸞聖人御消息集、京都永福寺蔵本）

フミカキテマヒラセサフラフ、コノフミヲ、ヒト〳〵ニ
モヨミテキカセタマフヘシ、遠江ノ尼御前ノ御コヽロニ
イレテ御沙汰サフラフラン、カヘス〳〵メテタクアハレ
ニオホエサフラフ、ヨク〳〵京ヨリヨロコヒマフスヨシ
ヲ、マフシタマフヘシ、信願坊カマフスヤウ、カヘ
ス〳〵不便ノコトナリ、ワルキ身ナレハトテ、コトサラ
ニヒカコトヲコノミテ、師ノタメ善知識ノタメニ、アシ
キコトヲ沙汰シ、念仏ノヒト〳〵ノタメニ、トカトナル
ヘキコトヲシラスハ、仏恩ヲシラス、ヨク〳〵ハカラヒ
タマフヘシ、マタ、モノニクルフテ死ケンヒトノコトヲ
モチテ、信願坊カコトヲ、ヨシアシト、マフスヘキニハ
アラス、念仏スルヒトノ死ニヤウモ、身ヨリヤマヒヲス
ル人ハ、往生ノヤウヲマフスヘカラス、コヽロヨリヤマ
ヒヲスル人ハ、天魔トモナリ、地獄ニモヲツルコトニテ
サフラフヘシ、コヽロヨリヲコルヤマヒト、身ヨリヲコ
ルヤマヒトハ、カハルヘケレハ、コヽロヨリヲコリテ死
ヌルヒトノコトヲ、ヨク〳〵御ハカラヒサフラフヘシ、
信願坊カマフスヤウハ、凡夫ノナラヒナレハ、ワルキコ
ソ本ナレハトテ、オモフマシキコトヲコノミ、身ニモス
マシキコトヲシ、口ニモイフマシキコトヲ、マフスヘキ
ヤウニ、マフサレサフラフコソ、信願坊カマフシヤウト
ハコヽロエスサフラフ、往生ニサハリナケレハトテ、ヒ
カコトヲコノムヘシトハ、マフシタルコトサフラハス、
カヘス〳〵コヽロエスオホエサフラフ、詮スルトコロ、
ヒカコトマフサンヒトハ、ソノ身ヒトリコソ、トモカク
モナリサフラハメ、スヘテヨロツノ念仏者ノサマタケト

ナルヘシトハ、オホエスサフラフ、マタ念仏ヲトヽメン
ヒトハ、ソノヒトハカリコソ、イカニモナリサフラハメ、
ヨロツノ念仏スルヒトノトカトナルヘシトハオホエスサ
フラフ、

五濁増時多疑謗、道俗相嫌不用聞、
見有修行起瞋毒、方便破壊競生怨

ト、マノアタリ、善導ノ御ヲシヘサフラフソカシ、釈迦
如来ハ、名無眼人、名無耳人トトカセタマヒテサフラフ
ソカシ、カヤウナルヒトニテ、念仏ヲモトヽメ、念仏者
ヲモ、ニクミナントスルコトニテモサフラフラン、ソレ
ハカノヒトヲニクマスシテ、念仏ヲヒト〳〵マフシテタ
スケント、オモヒアハセタマヘトコソ、オホヘサフラヘ、
アナカシコ〳〵、

九月二日　　　親鸞

慈信坊御返事

入信坊・真浄坊・法信坊ニモ、コノフミヲヨミキカセタ
マフヘシ、カヘス〳〵不便ノコトニサフラフ、性信坊ニ
ハ、春ノホリテサフラヒシニ、ヨク〳〵マフシテサフラ
フ、クケトノニモ、ヨク〳〵ヨロコヒマフシタマフヘシ、
コノヒト〳〵ノ、ヒカコトヲマフシアフテサフラヘハト
テ、道理ヲハウシナハレサフラハシトコソ、オホエサフ
ラヘ、世間ノコトニモ、サルコトノサフラフソカシ、領
家・地頭・名主ノヒカコトスレハトテ、百姓ヲマトハス
コトハ、サフラハヌソカシ、仏法ヲハヤフルヒトナシ、
仏法者ノヤフルニタトヘタルニハ、師子ノ身中ノ虫ノ、
師子ヲクラフカコトシトサフラヘハ、念仏者ヲハ仏法者
ノヤフリサマタケサフラフナリ、ヨク〳〵コヽロエタマ
フヘシ、ナヲ〳〵御フミニハ、マフシツクスヘクモサフ
ラハス、

9　親鸞書状案（親鸞聖人御消息集、京都永福寺蔵本）

九月廿七日ノ御フミ、クハシクミサフラヒヌ、サテハ御
コヽロサシノ銭伍貫文、十一月九日ニタマハリテサフラ
フ、サテハヰナカノヒト〳〵、ミナトシコロ念仏セシハ、
イタツラニテアリケリトテ、カタ〳〵ヒト〳〵ヤウ〳〵
ニマフスナルコトコソ、カヘス〳〵不便ノコトニテキコ

エサフラヘ、ヤウ〱ノフミトモヲ、カキテモテルヲ、イカニミナシテサフラフヤラン、カヘス〱オホツカナクサフラフ、慈信坊ノクタリテ、ワカキヽタル法文コソ、マコトニテハアレ、ヒコロノ念仏ハ、ミナイタツラコトナリトサフラヘハトテ、オホフノ中太郎ノカタノヒト〱ハ、九十ナン人トカヤ、ミナ慈信坊ノカタヘトテ、中太郎入道ヲステタルトカヤ、キヽサフラフ、イカナルヤウニテ、サヤウニハサフラフソ、詮スルトコロ、信心ノサタマラサリケルトキヽサフラフ、イカヤウナルコトニテ、サホトニオホクノヒト〱ノ、タチロキサフラフラン、不便ノヤウトキヽサフラフ、マタ、カヤウノキコエナントサフラヘハ、ソラコトモ、オホクサフラフヘシ、マタ親鸞モ偏頗アルモノトキヽサフラヘハ、チカラヲツクシテ、唯信鈔・後世物語・自力他力ノ文ノコヽロトモ、二河ノ譬喩ナントカキテ、カタ〱ヘヒト〱ニクタシテサフラフモ、ミナソラコトニナリテサフラフト、キコエサフラフハ、イカヤウニスヽメラレタルヤラン、不可思議ノコトヽキヽ、サフラフコソ、不便ニサフラヘ、ヨク〱キカセタマフヘシ、アナカシコ〱、

十一月九日　親鸞

慈信御坊

真仏坊・性信坊・入信坊、コノヒト〱ノコト、ウケタマハリサフラフ、カヘス〱ナケキオホエサフラヘトモ、チカラヲヨハスサフラフ、マタ余ノヒト〱ノ、オナシコヽロナラスサフラフランモ、チカラヲヨハスサフラフ、ヒト〱ノ、オナシコヽロナラスサフラヘハ、トカクマフスニヲヨハス、イマハ、ヒトノウヘモ、マフスヘキニアラスサフラフ、ヨク〱コヽロエタマフヘシ、

親鸞

慈信御坊

10　親鸞書状案（親鸞聖人御消息集、京都永福寺蔵本）

サテハ念仏ノアヒタノコトニヨリテ、トコロセキヤウニ、ウケタマハリサフラフ、カヘス〱コヽロクルシクサフラフ、詮スルトコロ、ソノトコロノ縁ソ、ツキサセタマヒサフラフラン、念仏ヲサヘラルナントマフサンコトニ、

トモカクモ、ナケキオホシメスヘカラスサフラフ、念仏ト、メンヒトコソ、イカニモナリサフラハメ、マフシタマフヒトハ、ナニカクルシクサフラフヘキ、余ノヒト〳〵ヲ縁トシテ、念仏ヲヒロメント、ハカラヒアハセタマフコト、ユメ〳〵アルヘカラスサフラフ、ソノトコロニ、念仏ノヒロマリサフラハンコトモ、仏天ノ御ハカラヒニテサフラフヘシ、慈信坊カヤウヤウニマウシサフラフナルニヨリテ、ヒト〳〵モ御コヽロトモノ、ヤウ〳〵ニナラセタマヒサフラフヨシ、ウケタマハリサフラフ、カヘス〳〵不便ノコトニサフラフ、トモカクモ仏天ノ御ハカラヒニ、マカセマイラセサセタマフヘシ、ソノトコロノ縁ツキテオハシマシサフラハヽ、イツレノトコロニテモ、ウツラセタマヒサフラフテオハシマスヤウニ、御ハカラヒサフラフヘシ、慈信坊カマフシサフラフコトヲ、タノミオホシメシテ、コレヨリハ余ノヒトヲ強縁トシテ、念仏ヒロメヨトマフスコト、ユメ〳〵マフシタルコトサフラハス、キハマレル(底脱)ヒカコトニテサフラフ、コノ世ノナラヒニテ、念仏ヲサマタケントセンコトハ、

カネテ仏ノトキヲカセタマヒテサフラヘハ、オトロキオホシメスヘカラス、ヤウ〳〵ニ慈信坊カマフスコトヲ、コレヨリマフシサフラフト、御コヽロエサフラフ、ユメ〳〵アルヘカラスサフラフ、法門ノヤウモ、アラヌサマニマフシナシテサフラフナリ、御耳ニキヽイレラルヘカラスサフラフ(底脱)、キハマレルヒカコトトモノ、キコエサフラフ、アサマシクサフラフ、入信坊ナントモ不便ニオホエサフラフ、鎌倉ニナカヰシテサフラフラン、不便ニサフラフ、当時ソレモワツラフヘクテソ、サテモサフラフラン、チカラヲヨハスサフラフ、奥郡ノヒト〳〵、慈信坊ニスカサレテ、信心ミナウカレアフテオハシマシサフラフナルコト、カヘス〳〵アハレニ、カナシフオホエサフラフ、コレモヒト〳〵ヲ、スカシマフシタルヤウニ、キコエサフラフコト、カヘス〳〵アサマシクオホエサフラフ、ソレモ日コロヒト〳〵ノ、信ノサタマラスサフラヒケルコトノ、アラハレテキコエサフラフ、カヘス〳〵不便ニサフラヒケリ、慈信坊カマフスコトニヨリテ、ヒト〳〵ノ日コロノ信ノタチロキアフテオハシマシサフラ

フモ、詮スルトコロハ、ヒト〱ノ信心ノマコトナラヌコトノ、アラハレテサフラフ、ヨキコトニテサフラフ、ソレヲヒト〱ハ、コレヨリマフシタルヤウニ、オホシメシアフテサフラフコソ、アサマシクサフラヘ、日コロヤウヤウノ御フミトモヲ、カキモチテオハシマシアフテサフラフ、甲斐モナクオホエサフラフ、唯信鈔ヤウ〱ノ御文トモハ、イマハ詮ナクナリテサフラフト、オホエサフラフ、ヨク〱カキモタセタマヒテサフラフ法門ハ、ミナ詮ナクナリテサフラフナリ、慈信坊ニミナシタカヒテ、メテタキ御フミトモハ、ステサセタマヒアフテサフラフト、キコエサフラフコソ、詮ナクアハレニオホエサフラヘ、ヨク〱唯信鈔・後世物語ナントヲ、御覧アルヘクサフラフ、年コロ信アリトオホセラレアフテサフラヒケルヒト〱ハ、ミナソラコトニテサフラヒケリト、キコエサフラフ、アサマシクサフラフ〱、ナニコトモ〱マタ〱マフシサフラフヘシ、

正月九日　　親鸞

真浄御坊

＊一部、異本で本文を補い、傍注「(底)」として底本の表記を示した。

11　親鸞書状案（親鸞聖人御消息集、京都永福寺蔵本）

クタラセタマヒテノチ、ナニコトカサフラフラン、コノ源藤四郎殿ニ、オモハサルニ、アヒマイラセテサフラフ、便ノウレシサニ、マフシサフラフ、ソノヽチ、ナニコトカサフラフ、念仏ノウタヘノコト、シツマリテサフラフヨシ、カタ〱ヨリウケタマハリサフラヘハ、ウレシフコソサフラヘ、イマハヨク〱、念仏モヒロマリサフラハンスラント、ヨロコヒイリテサフラフ、コレニツケテモ、御身ノ料ハ、イマサタマラセタマヒタリ、念仏ヲ御コヽロニイレテ、ツネニマフシテ、念仏ソシランヒト〱、コノ世、ノチノ世マテノコトヲ、イノリアハセタマフヘクサフラフ、御身トモノ料ハ、御念仏ハ、イマハナニカハ、セサセタマフヘキ、タヽヒカフタル世ノヒト〱ヲイノリ、弥陀ノ御チカヒニイレト、オホシメシアハヽ、仏ノ御恩ヲ報シマイラセタマフニ、ナリサフラ

フヘシ、ヨク〳〵御コヽロニイレテ、マフシアハセタマフヘクサフラフ、聖人ノ廿五日ノ御念仏モ、詮スルトコロハ、カヤウノ邪見ノモノヲ、タスケン料ニコソ、マフシアハセタマヘト、マウスコトニテサフラヘハ、ヨク〳〵念仏ソシランヒトヲ、タスカレトオホシメシテ、念仏シアハセタマフヘクサフラフ、マタナニコトモ、度々ノ便ニハマフシサフラヒキ、源藤四郎殿ノ便ニウレシフテマフシサフラフ、アナカシコ〳〵、入西御坊ノカタヘモ、マフシタフサフラヘトモ、オナシコトナレハ、コノヤウヲ、ツタエタマフヘクサフラフ、アナカシコ〳〵、

親鸞

性信御坊へ

12　親鸞書状案（一　真蹟史料　2と同文）

13　親鸞書状案（一　真蹟史料　8と同文）

14　親鸞書状案（三　末燈鈔　17と同文）

15　親鸞書状案（親鸞聖人御消息集、京都永福寺蔵本）

ヒト〳〵ノオホセラレテサフラフ十二光仏ノ御コトノヤウ、カキシルシテ、クタシマヒラセサフラフ、クワシクカキマイラセサフラフヘキヤウモサフラハス、オロ〳〵カキシルシテサフラフ、詮スルトコロハ、無碍光仏トマフシマヒラセサフラフコトヲ、本トセサセタマフヘクサフラフ、無碍光仏ハ、ヨロツノモノヽ、アサマシキ、ワルキコトニ、サハリナク、タスケサセタマハン料ニ、無碍光仏トマフスト、シラセタマフヘクサフラフ、アナカシコ〳〵、

十月廿一日　親鸞

唯信御坊　御返事

16　親鸞書状案（親鸞聖人御消息集、京都永福寺蔵本）

諸仏称名ノ願トマフシ、諸仏咨嗟ノ願トマフシサフラフナルハ、十方衆生ヲスヽメンタメトキコエタリ、マタ十方衆生ノ疑心ヲトヽメン料トキコエテサフラフ、弥陀経ノ十方諸仏ノ証誠ノヤウニテキコエタリ、詮スルトコロ

ハ、方便ノ御誓願ト信シマヒラセサフラフ、念仏往生ノ願ハ、如来ノ往相廻向ノ正業正因ナリト、ミエテサフラフ、マコトノ信心アルヒトハ、等正覚ノ弥勒トヒトシケレハ、如来トヒトシトモ、諸仏ノホメサセタマヒタリトコソ、キコエテサフラヘ、マタ弥陀ノ本願ヲ信シサフラヒヌルウヘニハ、義ナキヲ義トストコソ、大師聖人ノオホセニテサフラヘ、カヤウニ義ノサフラフランカキリハ、他力ニハアラス、自力ナリトキコエテサフラフ、ランカキリハ、他力ニハアラス、自力ナリトキコエテサフラフ、他力トマフスハ、仏智不思議ニテサフラフナルトキニ、煩悩具足ノ凡夫ノ、無上覚ノサトリヲエサフラフナルコトヲハ、仏ト仏トノミ御ハカラヒナリ、サラニ行者ノハカラヒニアラスサフラフ、シカレハ、義ナキヲ義トストサフラフナリ、義トマフスコトハ、自力ノヒトノハカラヒヲマフスナリ、他力ニハシカレハ、義ナキヲ義トストサフラフナリ、コノヒト〱ノオホセノヤウハ、コレニハツヤ〱トシラヌコトニテサフラヘハ、トカクマフスヘキニアラスサフラフ、マタ来ノ字ハ、衆生利益ノタメニハキタルトマフス、方便ナリ、サトリヲヒラキテハ、カヘルトマフス、トキニシタカヒテ、キタルトモ、カヘルトモ、ミエテサフラフ、ナニコトモ〱、マタ〱マフスヘクサフラフ、

二月廿五日　　親鸞

慶西御坊　御返事

＊本文の左傍点は衍字箇所。

五　御消息集（善性本）

1　**慶信書状并親鸞返状案**（一　真蹟史料　4と同文）

2　**浄信書状案**（一　真蹟史料　6参考に掲出）

3　**親鸞書状案**（三　末燈鈔　21と同文）

4　**親鸞書状案**（一　真蹟史料　6と同文）

5　**蓮位書状案**（一　真蹟史料　4参考に掲出）

6　**親鸞書状案**（一　真蹟史料　7と同文）

7　**親鸞書状案**（三　末燈鈔　3と同文）

8　**親鸞書状案**（三　末燈鈔　4と同文）

9　**専信書状并親鸞返状案**（善性本御消息集、専修寺蔵本）

一　或人云、

往生ノ業因ハ一念発起信心ノトキ、無碍ノ心光ニ摂護セラレマイラセ候ヌレハ同一也、コノユヘニ不審ナシ、コノユヘニ、ハシメテマタ信・不信ヲ論シ、タツネ申ヘキニアラストナリ、コノユヘニ他力ナリ、義ナキカナカノ

義トナリ、タヽ無明ナルコト、オホハルヽ煩悩ハカリトナリ、恐々謹言、

十一月一日　　　専信上

オホセ候トコロノ往生ノ業因ハ、真実信心ヲウルトキ、摂取不捨ニアツカルトオモヘハ、カナラス〳〵如来ノ誓願ニ住スト悲願ニミエタリ、設我得仏、国中人天、不住定聚、必至滅度者、不取正覚トチカヒ給ヘリ、正定聚ニ信心ノ人ハ住シ給ヘリトオホシメシ候ナハ、行者ノハカライノナキユヘニ、義ナキヲ義トスト他力オハ申ナリ、善トモ悪トモ、浄トモ穢トモ、行者ノハカラヒナキミナラセ給テ候ヘハコソ、義ナキヲ義トストハ申コトニテ候ヘ、十七ノ願ニ、ワカナヲトナエラレムトチカヒ給テ、十八ノ願ニ、信心マコトナラハ、モシムマレスハ、仏ニナラシトチカヒ給ヘリ、十七・十八ノ悲願ミナマコトナラハ、正定聚ノ願ハ、セムナク候ヘキカ、補処ノ弥勒ニオナシクラキニ、信心ノ人ハナラセタマフユヘニ、摂取不捨トハ、サタメラレテ候ヘ、コノユヘニ他力ト申スハ、

行者ノハカライノチリハカリモイラヌナリ、カルカユヘニ、義ナキヲ義トスト申ナリ、コノホカニ、マタマフスヘキコトナシ、タヽ仏ニマカセマイラセ給ヘト、大師聖人ノミコトニテ候ヘ、

十一月十八日　　　親鸞

専信御坊御報

弥陀ノ本願信スヘシ　本願信スルヒトハミナ
摂取不捨ノ利益ニテ　無上覚オハサトルナリ
願力成就ノ報土ニハ　自力ノ心行イタラネハ
大小聖人ミナヽカラ　如来ノ弘誓ニ乗スナリ

六　親鸞聖人血脈文集

1　親鸞書状案（一　真蹟史料　1と同文）

2　親鸞書状案（親鸞聖人血脈文集、上宮寺蔵本）

一　コノ御フミトモノヤウ、クハシクミ候ヌ、サテハ慈信カ法文ノヤウユヘニ、ヒタチ・シモツケノ人々、念仏申サセタマヒ候コトノ、トシコロ、ウケタマハリタルヤウニハ、ミナカハリアフテオハシマスト、キコエ候、カヘス〳〵コヽロウク、アサマシクオホヘ候、トシコロ往生ヲ一定トオホセラレ候人々、慈信トオナシヤウニ、ソラコトヲミナ候ケルヲ、トシコロ、フカクタノミマヒラセテ候ケルコト、カヘス〳〵アサマシフ候、ソノユヘハ、往生ノ信心トマウスコトハ、一念モウタカフコトノ候ハヌヲコソ、往生一定トハオモヒテ候ヘ、光明寺ノ和尚ノ、信ノヤウヲ、オシヘサセタマヒ候ニハ、マコトノ信ヲサタメラレテノチニハ、弥陀ノコトクノ仏、釈迦ノコトクノ仏、ソラニミチ〳〵テ、釈迦ノオシヘ、弥陀ノ本願ハ

ヒカコトナリト、オホセラルトモ、一念モウタカヒアルヘカラストコソ、ウケタマハリテ候ヘハ、ソノヤウヲコソ、トシコロマウシテ候ニ、慈信ホトノモノヽマウスコトニ、ヒタチ・シモツケノ念仏者ノ、ミナ御コヽロトモノウカレテ、ハテハサシモタシカナル証文ヲ、チカラヲツクシテ、カスアマタカキテ、マヒラセテ候ヘハ、ソレヲミナステアフテオハシマシ候ト、キコヘ候ヘハ、トモカクモマウスニオヨハス候、マツ慈信カ申候法文ノヤウ、名目ヲモキカス、イハンヤ、ナラヒタルコトモ候ハネハ、慈信ニヒソカニオシフヘキヤウモ候ハス、マタヨルヒルモ慈信一人ニ、ヒトニハカクシテ法文オシヘタルコト候ハス、モシコノコト慈信ニ申ナカラ、ソラコトオモ申カクシテ、人ニモ（底脱）シラセスシテ、オシヘタルコト候ハヽ、三宝ヲ本トシテ、三界ノ諸天善神、四海ノ龍神八部、閻魔王界ノ神祇冥道ノ罰ヲ、親鸞カミニ、コト〳〵クカフリ候ヘシ、自今已後ハ、慈信ニオキテハ、親鸞カ子ノ儀オモヒキリテ候ナリ、世間ノコトニモ、不可思議ノソラコト、申スカキリナキコトトモヲ、マウシヒロメテ候ヘハ、出世ノミニアラス、世間ノコトニオキテモ、オソロシキ申コトヽモ、カスカキリナク候ナリ、ナカニモ、コノ法文ノヤウキヽ候、コヽロモオヨハヌ申コトニテ候、ツヤ〳〵親鸞カミニハ、キヽモセス、ナラハヌコトニテ候、カヘス〳〵アサマシフ、コヽロウク候、弥陀ノ本願ヲステマイラセテ候、コトニヒト〳〵ノツキテ、親鸞ヲモ、ソラコト申タルモノニナシテ候、コヽロウク、ウタテキコトニ候、オホカタハ、唯信抄・自力他力ノ文・後世モノカタリノキヽカキ・一念多念ノ証文・唯信抄ノ文意・一念多念ノ文ノコヽロ、コレラヲ御ラムシナカラ、慈信カ法文ニヨリテ、オホクノ念仏者タチノ弥陀ノ本願ヲステマイラセアフテ候ラムコト、マウスハカリナク候ヘハ、カヤウノ御フミトモ、コレヨリノチニハ、オホセラルヘカラス候、又真宗ノキヽカキ、性信房ノカヽセタマヒタルハ、スコシモコレニマフシテ候ヤウニ、タカハス候ヘハ、ウレシウ候、真宗ノキヽカキ一テウハ、コレニトヽメオキテ候、又哀愍房トカヤノ、イマタミモセス候、マタフミ一トモマイラセタルコトモナシ、クニヨリモ、フミタヒタルコトモナシ、親鸞カフミエタルト申候ナルハ、オソロシキコトナリ、コノ唯信抄カキタルヤウ、アサマシウ候ヘハ、火ニヤキ候ヘシ、カヘス〳〵コヽロウク候、コノフミヲ人々ニ、ミセサセタマフヘシ、アナカシコ〳〵、

五月廿九日　　　親鸞

性信房　御返事

ナホ〳〵ヨク〳〵念仏者タチノ信心ハ、一定ト候シコトハ、ミナ御ソラコトヽモニテ候ケリ、コレホトノ第十八ノ本願ヲ、ステマイラセアフテ候ヒト〳〵ノ御コトハヲ、タノミマイラセテ、トシコロ候ケルコソ、アサマシウ候、コノフミヲ、カクサルヘキコトナラネハ、ヨク〳〵人々ニミセマウシタマフヘシ、

＊一部、異本で本文を補い、傍注「(底)」として底本の表記を示した。

3　親鸞書状案（四　親鸞聖人御消息集　16と同文）

4　親鸞書状案（親鸞聖人血脈文集、上宮寺蔵本）

一　ムサシヨリトテ、シムシノ入道トノトマウス人ト、正念房トマウスヒトノ、オホハムニノホラセタマヒテ候ト、オハシマシテ候、ミマイラセテ候、御念仏ノコヽロサシオハシマスト候ヘハ、コトニウレシウ、メテタフオホヘ候、御スヽメト候、カヘス〳〵ウレシウアハレニ候、ナホ〳〵、ヨク〳〵スヽメマイラセテ、信心カハラヌヤウニ、ヒト〳〵ニマウサセタマフヘシ、如来ノ御チカヒノウヘニ、釈尊ノミコトナリ、又十方恒沙ノ諸仏ノ御証誠ナリ、信心ハカハラシトオモヒ候ヘトモ、ヤウ〳〵ニカハリアハセタマヒテ候コト、コトニナケキオモヒ候、ヨク〳〵スヽメマイラセタマフヘク候、アナカシコ〳〵、

九月七日　　　親鸞在判

性信御房

念仏ノアヒタノコトユヘニ、御サタトモノヤウ〳〵ニキコヘ候ニ、コヽロヤスクナラセタマヒテ候ト、コノ人々ノ御モノカタリ候ヘハ、コトニメテタフ、ウレシウ候、ナニコトモ〳〵、マウシツクシカタク候、イノチ候ハヽ、

又々マウスヘク候、

5　親鸞記録（親鸞聖人血脈文集、上宮寺蔵本）

一　法然聖人者　流罪土佐国、御名俗姓藤井元彦

善信者　流罪越後国、俗姓藤井善信

坐罪科之時勅宣偁、

藤井元彦

善信者　俗姓藤井、俗名善信

善恵者　無動寺ノ大僧正御坊アツカラシメオハシキ

幸西者　俗姓物部、常覚坊

愚禿者、坐流罪之時、望勅免之時、改藤井姓、以愚禿之字、中納言範光卿ヲモテ、勅免ヲカフラムト経奏聞、範光ノ卿ヲハシメトシテ、諸卿ミナ愚禿ノ字ニアラタメカキテ奏聞ヲフルコト、メテタクマウシタリトテアリキ、ソノトキホトナク聖人モ、ユリマシ〳〵ニ、御弟子八人アヒ具シテ、ユルサレタリシナリ、京中ニハ、ミナコノヤウハ、シラレタルナリ、

教行証六末云、愚禿釈鸞、建仁辛酉暦、棄雑行兮帰本願、元久乙丑歳、蒙恩恕兮書選択、同年初夏中旬第四日、選択本願念仏集内題字、幷南無阿弥陀仏、往生之業念仏為本、与釈綽空字、以空真筆、令書之、同日真影申預奉図画、同二年閏七月下旬第九日、真影銘以真筆、令書南無阿弥陀仏、与若我成仏、十方衆生、称我名号、下至十声、若不生者、不取正覚、彼仏今現在成仏、当知本誓重願不虚、衆生称念必得往生之真文、又依夢告、改綽空字、同日以御筆、令書名之字畢、本師聖人今年七旬三御年也、

右、以此真文、性信所尋申、早所預彼本尊也、源空聖人、奉譲親鸞上人、本尊銘文、

若我成仏、十方衆生、称我名号、下至十声、若不生者、不取正覚、彼仏今現在成仏、当知、本誓重願不虚、衆生称念、必得往生　　　　釈善信

南無阿弥陀仏

建暦二年壬申歳正月廿五日

黒谷法然聖人御入滅春秋八十

善信字、上人御真筆以書之也、

建保四丙子歳七月下元日奉書之、

6 **親鸞書状案**（三　末燈鈔　3と同文）

恵信尼消息

1　恵信尼書状（西本願寺文書）

「（端裏書）わかさ殿の御つほね申させ給へ　　ちくせん」
もんそもやかせ給てや候らんとて申候、それへまいるへきものは、けさと申候めのわらは、としさん十六、又そのむすめなてしと申候は、ことし十六、又九になり候むすめと、おや子さんにん候也、又はつね、そのむすめのいぬまさ、今年十二、又ことりと申おんな、としさん十四、又あんとうしと申おとこ、さて、けさかことしみつになり候おのこゝは、人の下人にくしてうみて候へは、ちゝをやにとらせて候也、おほかたは、人の下人にうちのやつはらのくして候は、よにところせき事にて候也、
　已上、合、おんな六人、おとこ一人、七人也、
けんちやう八ねんひのえたつのとし
七月九日　　（恵信尼花押）

2　恵信尼書状（西本願寺文書）

「（端裏書）わかさ殿申させ給へ　　ちくせん」
又いつもかことは、にけて候しのちは、さうたいなき事にて候うへ、子一人も候はぬうへ、そらうのものにて候か、けふともしらぬものにてさふらへとも、おとゝし、そのやうは申て、物まいらせて候しかは、さためて御心へは候らむ、御わすれ候へからす候、
あなかしこ〳〵、　　（恵信尼花押）
いまは、あまりとしより候て、てもふるへて、はんなとも、うるはしくは、しへ候はし、されはとて、
御ふしんはあるへからず候、　　（恵信尼花押）

わうこせんにゆつりまいらせて候し下人とものせうもんを、せうまうにやかれて候よし、おほせられさふらへは、はしめ、たよりにつけて申て候しかとも、たしかにや候はさるらんとて、これはたしかのたよりにて候へは申さふらふ、まいらせて候し下人、けさおんな、おなしきむすめなてし、めならはとし十六、そのおとゝいぬわう、めのわらは、とし九、又まさおんな、おなしきむすめいぬまさ、とし十二、そのおとゝ、とし七、又ことりおんな、又あんとうしおとこ、

已上、合、大小八人なり、これらは、ことあたらしく、たれかはしめて、とかく申さふらふへきなれとも、けすはしせんの事も候はんためにて候也、

けんちやう八ねん九月十五日　　ゑしん（恵信尼花押）

わうこせんへ

3　恵信尼書状（西本願寺文書）

（端裏書）「恵信御房御筆」

このもんそ、殿ゝひへのやまに、たうそうつとめておはしましけるか、やまをいてゝ、六かくたうに百日こもらせ給て、こせの事いのり申させ給ける、九十五日のあか月の御しけんのもんなり、こらん候へとて、かきしるしてまいらせ候、

こその十二月一日の御ふみ、同はつかあまりに、たしかにみ候ぬ、なによりも、殿ゝ御わうしやう、中〳〵はしめて申におよはす候、

やまをいてゝ、六かくたうに、百日こもらせ給て、こせをいのらせ給けるに、九十五日のあか月、しやうとくたいしのもんをむすひて、しけんにあつからせ給て候けれは、やかてそのあか月いてさせ給て、こせのたすからんするえんに、あいまいらせんと、たつねまいらせて、ほうねん上人にあいまいらせて、又六かくたうに百日こもらせ給て候けるやうに、又百か日、ふるにもてるにも、いかなるたい事にもまいりてありしに、たゝこせの事は、よき人にもあしきにも、おなしやうに、しやうしいつへきみちをは、たゝ一すちにおほせられ候しを、うけ給は

りさためて候しかは、しやうにんのわたらせ給はんところには、人はいかにも申せ、たとひあくたうに、わたらせ給へしと申とも、せゝしやう〳〵にも、まよいけれはこそありけめとまて、思まいらするみなれはと、やう〳〵に人の申候し時もおほせ候しなり、

さて、ひたちのしもつまと申候ところに、さかいのかうと申ところに候しとき、ゆめをみて候しやうは、たうくやうかとおほへて、ひんかしむきに、御たうはたちて候に、しんかくとおほえて、御たうのまへには、たてあかししろく候に、たてあかしのにしに、御たうのまへに、とりゐのやうなるに、よこさまにわたりたるものに、ほとけをかけまいらせて候か、一たいはたゝほとけの御かほにてはわたらせ給はて、たゝひかりのま中、ほとけの、つくわうのやうにて、まさしき御かたちは、みへさせ給はす、たゝ、ひかりはかりにてわたらせ給、いま一たいは、まさしき仏の御かほにてわたらせ給候しかは、これはなにほとけにてわたらせ給そと申候へは、申人はなに人ともおほえす、あのひかりはかりにてわたらせ給は、あれこそほうねん上人にてわたらせ給へ、せいしほさつにてわたらせ給そかしと申せは、さて又いま一たいはと申せは、あれはくわんおんにてわたらせ給そかし、あれこそせんしんの御房よと申とおほえて、うちおとろきて候しにこそ、ゆめにて候けりとは思て候しか、さは候へとも、さやうの事をは、人にも申さぬとき、候しうへ、あまかさやうの事申候らむは、けに〳〵しく人も思ましく候へは、てんせい人にも申さて、上人の御事はかりをは、とのに申て候しかは、ゆめにはしなわいあまたある中に、これそしちむにてある、上人をはしよ〳〵に、せいしほさつのけしんと、ゆめにもみまいらする事、あまたありと申うへ、せいしほさつは、ちゑのかきりにて、しかしなから、ひかりにてわたらせ給と候しかとん、くわんおんの御事は申さす候しかとも、心はかりは、そのゝちうちまかせては、思まいらせす候しなり、かく御心へ候へし、されは御りんすは、いかにもわたらせ給へ、うたかひ思まいらせぬうへ、おなし事なから、ますかたも御りむすにあいまいらせて候ける、おやこのちきりと

申なから、ふかくこそおほえ候へは、うれしく候〳〵、
（以下、別紙）又このくには、こそのつくりもの、ことにそんし候て、あさましき事にて、おほかた、いのちいくへしともおほえす候、中にところともかはり候ぬ、一ところならす、ますかたと申、又おたほかたはたのみて候人のりやうとも、みなかやうに候うへ、おほかたのせけんも、そんして候あひた、中〳〵とかく申やるかたなく候也、かやうに候ほとに、としころ候つるやつはらも、おとこ二人正月うせ候ぬ、なにとしてものをもつくるへきやうも候はねは、いよ〳〵せけんたのみなく候へとも、いくほといくへきみにても候はぬに、せけんを心くるしく、思へきにも候はねとも、み一人にて候はねは、これらかあるいは、おやも候はぬおくろの女はうの、おんなこ・おのこゝ、これに候うへ、ますかたか子ともも、たゝこれにこそ候へは、なにとなく、はゝめきたるやうにこそ候へ、いつれもいのちもありかたきやうにこそ、おほえ候へ、

4　恵信尼書状（西本願寺文書）

（端裏書）「ゑちこの御文にて候」（別筆）「此御表書ハ、覚信御房御筆也」
（端書、別筆）「此一枚ハ端ノ御文ノウヘニ、マキ具セラレタリ」

このもんを、かきしるしてまいらせ候も、いきさせ給て候しほとは、申てもえう候はねは、申さす候しかと、いまはかゝる人にてわたらせ給けりとも、御心はかりにもおほしめせとて、しるしてまいらせ候也、よくかき候はん人に、よくかゝせて、もちまいらせ給へし、又あの御えいの一ふく、ほしく思まいらせ候也、おさなく御みの、やつにておはしまし候しとしの四月十四日より、かせ大事におはしまし候しときの事ともを、かきしるして候也、ことしは八十にゝなり候也、おとゝしのしも月より、こその五月まては、いまや〳〵と時日をまち候しかとも、けふまてはしなて、ことしのけかちにや、うへしにもせんすらんとこそおほえ候へ、かやうのたよりに、なにもまいらせぬ事こそ、心もとなくおほえ候へとも、ちからなく候也、ますかた殿にも、このふみをおなし心に御つたへ候へ、ものかく事ものうく候て、へちに申候はす、

二月十日
「弘長三年癸亥」(別筆)

5 恵信尼書状（西本願寺文書）

「此一紙ハ、ハシノ御文ニソヘラレタリ」(別筆)

せんしんの御房、くわんき三年四月十四日むまの時はかりより、かさ心ちすこしおほえて、そのゆうさりよりふして、大事におはしますに、こしひさをもうたせす、てんせいかんひやう人をもよせす、たゝおともせすして、ふしておはしませは、御身をさくれは、あたゝかなる事、火のことし、かしらのうたせ給事もなのめならす、さてふして四日と申あか月、くるしきに、まはさてあらんとおほせらるれは、なにことそ、たわことゝかや申事かと申せは、たわことにてもなし、ふして二日と申日より、大きやうをよむ事ひまもなし、たま〳〵めをふさけは、きやうのもんしの、一時(字)ものこらす、きららかにつふさにみゆる也、さてこれこそ心へぬ事なれ、念仏の信しんよりほかには、なにことか心にかゝるへきと思て、よく〳〵あんしてみれは、この十七八ねんかそのかみ、けに〳〵しく、三ふきやうをせんふよみて、すさうりやくのためにとて、よみはしめてありしを、これはなにことそ、しゝんけう人しん、なんちうてんきやうなむとて、身つから信し、人をおしへて信せしむる事、まことの仏おんをむくゐたてまつるものと信しなから、みやうかうのほかには、なにことのふそくにて、かならすきやうをよまんとするや、と思かへして、よまさりしことの、されはなほもすこしのこるところのありけるや、人のしうしん、しりきのしんは、よく〳〵しりよあるへし、とおもひなしてのちは、きやうよむことはとゝまりぬ、さてふして四日と申あか月、まはさてあらんとは申也とおおほせられて、やかてあせたりて、よくならせ給て候し也、

三ふきやうけに〳〵しく、千ふよまんと候し事は、しんれんはうの四のとし、むさしのくにやらん、かんつけのくにやらん、さぬきと申ところにて、よみはしめて、四五日はかりありて、思かへしてよませ給はて、ひたちへ

はおはしまして候しなり、しんれんはうは、ひつしのとし三月三日のひに、むまれて候しかは、ことしは五十三やらんとそおほえ候、

こうちやう三ねん二月十日　　ゑ信

この御うはかきは、こ上の御て也、覚如しるす」「(別筆)徳治二年丁未四月十六日

「(別筆)上人の御事
ゑちこのあまこせんの御しるし文」

6　恵信尼書状（西本願寺文書）

御ふみの中に、せんねんに、くわんき三ねんの四月四日より、やませ給て候し時の事、かきしるして、ふみの中にいれて候に、その時のにきには、四月の十一日のあか月、きやうよむ事は、まはさてあらん、とおほせ候しは、やかて四月の十一日のあか月としるして候けるに候、それをかそへ候には、八日にあたり候けるに候、四月の四日よりは八日にあたり候也、

「(端書)わかさとの申させ給へ、　　恵しん」

7　恵信尼書状（西本願寺文書）

一人候、又おとほうしと申候しわらはをは、とう四郎と申候そ、それへまいれと申候、さ御心へあるへく候、けさかむすめは十七になり候也、さてことりと申女は、こも一人も候はぬ時に、七になり候めならはを、やしなはせ候也、それはおやにつきて、それへまいるへく候也、よろつつくしかたくて、かたくてと、め候ぬ、あなかしこ〳〵、

もしたよりや候とて、ゑちうへこのふみはつかはし候也、さてもひとゝせ八十と申候しとし、大事の所らうをして候しにも、八十三のとしそへ候てと、ものしりたる人のふみともにも、おなし心に申候とて、ことしはさる事と思きりてさふらへは、いきて候時、そとはをたてゝみ候はゝやとて、五ちうに候いしのたうを、たけ七さくに、あつらへて候へは、たふしつくると申候へは、いてきて候はんにしたかひて、たてゝみはやと思候へとも、こそのけかちに、なにもますかたのと、これのと、なにとな

くおさなきものとも、上下あまた候を、ころさしとし候しほとに、ものもきすなりて候うへ、しろきものを一もきす候へは、（後闕）

8　恵信尼書状（西本願寺文書）

これはたしかなるたよりにて候、時にこまかに〳〵申たく候へとも、たゝいまとて、このたよりいそき候へは、こまかならす候、又このゐもんにうたう殿ゝ御ことは、かけられまいらせて候とて、よろこひ申候也、このたよりは、たしかに候へは、なにことも、こまかにおほせられ候へし、あなかしこ〳〵、

たよりをよろこひて申候、たひ〳〵ひんには申候へとも、まいりてや候らん、ことしは八十三になり候か、こそことしは、しにとしと申候へは、よろつつねに申うけたまはりたく候へとも、たしかなるたよりも候はす、さていきて候時と思候て、五ちうに候たうの、七しやくに候いしのたうを、あつらへて候へは、このほとは、しいたすへきよし申候へは、いまはところともはなれ候て、下人ともみなにけうせ候ぬ、よろつたよりなく候へとん、いきて候時、たてゝもみはやと思候て、このほとしいたして候なれは、これへもつほとになりて候ときゝ候へは、いかにしても、いきて候時たてゝみはやと思候へとも、いかやうにか候はんすらん、そのうちにも、いかにもなり候はゝ、ことゝもたて候へかしと思て候、なにことも、いきて候時は、つねに申うけたまはりたくこそ、おほえ候へとも、はる〳〵と、くものよそなるやうにて候事、まめやかに、おやこのちきりもなきやうにてこそ、おほえ候へ、ことにはおとこにておはしまし候へは、いとをしきことに、思まいらせて候しかとも、みまいらするまてこそ候はさらめ、つねに申うけたまはる事たにも候はぬ事、よに心くるしくおほえ候、

（別筆）「文永元年甲子」
五月十三日

せんあく、それへのとの人ともは、もと候しけさと申も、むすめうせ候ぬ、いまそれかむすめ一人候、は、めもそらうものにて候、さておとほうしと申候

しは、おとこになりて、とう四郎と申と、又めのわらはの、ふたはと申めのわらは、ことしは十六になり候めのわらはゝ、それへまいらせよと申て候也、なにことも御ふみにつくしかたく候て、とゝめ候ぬ、又もとよりのことり、七こやしなはせて候、

五月十三日　（恵信尼）（花押）

9

恵信尼書状（西本願寺文書）

又わかさ殿も、いまはとしすこしよりてこそ、おはしまし候らめ、あはれゆかしくこそ思候へ、としよりては、いかゞしくみて候人も、ゆかしくみたくおほえ候けり、かこのまへの事のいとをしさ、上れんはうの事もとはせられて、ゆかしくこそ候へ、あなかしこ／＼、

たよりをよろこひて申候、さてはこその八月のころより、とけはらのわつらはしく候しか、ことにふれて、よくもなりへす候はかりそ、わつらはしく候へとも、そのほかは、としのけにて候へは、いまはほれてさうたいなくこそ候へ、ことしは八十六になり候そかし、とらのとしのものにて候へは、又それへまいらせて候しやつはらも、とかくなり候て、ことりと申候としころのやつにて、三郎たと申候しかあいくして候か、入道になり候て、さいしんと申候、入道めにはちあるものゝなかの、むまのせうとかや申て、御け人にて候ものゝむすめの、ことしは十やらんになり候を、はゝはよにおたしくかく候しかゝと申てつかひ候しか、ひとゝせのうむひやうのとし、しにて候、をやも候はねは、ことりもこなきものにて□（係カ）、時にあつけて候也、それ又けさと申候しむすめの、なてしと申候しか、よによく候しも、うむひやうにうせ候ぬ、そのはゝの候も、としころかしらに、はれものゝとしころ候しか、それもたふし□□にて、たのみなきと申候、そのむすめ一人候は、ことしは廿になり候、それとことり、又い□く、又それにのほりて候し時、おとほうしとて候しか、このころ□う四郎と申候は、まいらせんと申候へは、ちゝはゝうちすてゝはまいらしと、こゝろにはまうし候と申候へとも、それはいかやうにも、はからい

候、かくゐ中に□にみをいれて、かはりをまいらせんと
も、くりさわか候はんすれは、申候へし、たゝしかはり
は、いくほとかは候へきとそおほえ候、これらほとのお
とこは、よに□□なく申候也、又こそてたひ〳〵たまは
りて候、うれしさ、いまはよみちこそてにてきぬも候は
んすれは、申はかり候はす、うれしく□候也、いまはあ
まかきて候ものは、さいこの時の事、はなしては思はす
候、いまは時日をまつみにて候へは、又たしかならんひ
んに、こそてたふへきよし、おほせられて候し、このゑ
もん入道のたよりは、たしかに候はんすらん、又さいし
やう殿は、ありつきておはしまし候やらん、よろつきん
たちの事とも、みなうけ給りたく候也、つくしかたくて、
とゝめ候ぬ、あなかしこ〳〵、

九月七日

（切封墨引）

わかさ殿申させ給へ　　ちくせん

とひたの

まきより

10 恵信尼書状（西本願寺文書）

（端裏書）
「わかさとの　□」

あまりにくらく候て、いかやうにかき候やらん、
よもこらんしへ候はし、

三月十二日ゐの時

たよりをよろこひて申候、さてはことしまて、あるへし
と思はす候つれとも、ことしは八十七やらむになり候、
とらのとしのものにて候へは、八十七やらん、八やらむ
になり候へは、いまは時日をまちてこそ候へとも、とし
こそおそろしくなりて候へとも、しわふく事候はねは、
つわきなとは□事候はす、こしひさ、うたすると申□と
も、たふしまては候はす、たゝいぬのやうにてこそ候へ
とも、ことしになり候へは、あまりにものわすれをし候
て、ほれたるやうにこそ候へ、さてもこそよりは、よに
おそろしき事ともおほく候也、又すりいのものゝたより
に、あやのきぬたひて候し事、申はかりなくおほえ候、
いまは時日をまちてゐて候へは、これをやさいこにて候
はむすらん、とのみこそおほえ候へ、たふしまても、そ

れよりたひて候しあやのこそてをこそ、さいこの時のと思てもちて候へ、よにうれしくおほえ候、きぬのおもても、いまたもちて候也、又きんたちの事、よにゆかしく、うけ給はりたく候也、上のきんたちの御事も、よにうけ給りたくおほえ候、あはれこのよにて、いまいちとみまいらせ、又みへまいらする事候へき、わか身はこくらくへ、たゝいまにまいり候はむすれ、なに事もくらからすみそなはしまいらすへく候へは、かまへて御念仏申させ給て、こくらくへまいりあはせ給へし、なほ〱こくらくへ、まいりあひまいらせ候はんすれは、なにこともくらからすこそ候はんすれ、又このひんは、これにちかく候みこの、おいとかやと申もの、ひんに申候也、あまりにくらく候て、こまかならす候、又かまへてたしか□らんたよりには、わたすこしたひ候へ、おわりに候ゑもん入道のたよりそ、たしかのたよりにて候へき、それも、このところに□□ることの候へきやらんとき、候へとも、いまたひろうせぬ事にて候也、又くわうす御せんの、しゆきやうにくたるへきとかや、おほせられて候しかとも、

これへはみへられす候也、又わかさとのゝ、いまはおとなしくとしよりておはし候らんと、よにゆかしくこそおほえ候へ、かまへてねんふつ申て、こくらくへ、まいりあはせ給へと候へし、なによりも〱きんたちの御事、こまかにおほせ候へ、うけたまはりたく候也、おとゝしやらん、むまれておはしまし候けると、うけ給はり候しは、それもゆかしく思まいらせ候、又それへまいらせ候はむと申候しめのわらはも、ひとゝせのおゝうむひやうに、おほくうせ候ぬ、ことりと申候めのわらはも、はやとしよりて候、ちゝは御けん人にて、むまのせうと申ものゝむすめの候も、それへまいらせんとて、ことりと申にあつけて候へは、よにふたうけに候て、かみなとも、よにあさましけにて候也、たゝのわらはへにて、いまいましけにて候めり、けさかむすめの、わかはと申めのわらはの、ことしは廿一になり候かはらみて、この三月やらんに、こうむへく候へとも、おのこゝならは、ちゝそとり候はんすらん、さきにもいつゝになるおのこゝうみて候しかとも、ちゝさうてんにて、ちゝかとりて候、こ

れもいかゝ候はんすらん、わかはかはゝは、かしらにないやらん、ゆゝしけなるはれものゝいてき候て、はや十よねんになり候なるか、いたつらものにて、時日をまつやうに候と申候、それにのほりて候しおり、おとほうしとて、わらはにて候しか、それへまいらすへきと申候へとも、めこの候へは、よもまいらんと申候はしとおほえ候、あまかりんすし候なんのちには、くりさわに申おき候はんすれは、まいれとおほせ候へし、又くりさわゝなに事やらん、のつみと申やまてらに、ふたん念仏はしめ候はむするに、なにとやらんせんし申ことの候へきとかや、申けに候、五てうとのゝ御ためにと申候めり、なにごとも申たき事おほく候へとも、あか月たよりの候よし申候へは、よるかき候へは、よにくらく候て、よもこらんしへ候はしとて、とゝめ候ぬ、又はりすこしたひ候へ、このひんにても候へ、御ふみの中にいれてたふへく候、なほ〳〵きんたちの御事、こまかにおほせたひ候へ、うけ給はり候てたに、なくさみ候へく候、よろつつくしかたく候て、とゝめ候ぬ、又さいさう殿、いまたひめきみにておはしまし候やらん、

解題

平　雅行

まず、「本書」第一部に収録した史料のうち、主な出典について解説を加えておく（五十音順）。

『吾妻鏡』 は鎌倉幕府の歴史を幕府みずからが編年体で編纂した書物。治承四年（一一八〇）の源頼政の挙兵から文永三年（一二六六）宗尊親王の帰洛までを収める。成立年代は不詳。前半の源氏三代の時代を文永年間に、それ以降を正応～嘉元年間（一二八八～一三〇六）に編纂されたとする説と、全体が一四世紀初頭に編纂されたとする説とがある。鎌倉幕府に関する基本資料であるが、幕府や北条得宗家の立場からの偏りもある。史料批判の際には原史料を引用した部分と、編纂者が記した地の文とを区別する必要がある。原本は散逸し、完本で伝わった中世の写本もない。徳川家康はその所持本に、北条氏直旧蔵本とを合わせた北条本五一冊を慶長十年（一六〇五）に刊行させた。ほかに吉川本や島津本などの写本があり、新訂増補国史大系は北条本を底本とし、吉川本・島津本などを対校に用いている。「本書」では新訂増補国史大系『吾妻鏡』（吉川弘文館、一九六八）を使用した。

『一遍聖絵』『遊行上人縁起絵』 は一遍の伝記絵巻。一遍の伝記絵巻には聖戒編の『一遍聖絵』一二巻と、宗俊編『一遍上人絵詞伝』一〇巻とに分かれる。ただし後者は一〇巻のうち、一遍の伝記が最初の四巻だけであり、後の六巻は他阿真教の伝記絵巻であるため、近年は『遊行上人縁起絵』と呼ぶことが多い（以下、同名を使用）。『一遍聖絵』の原本は絹本着色（国宝）。「六条縁起」ともいう。京都の歓喜光寺旧蔵であったが、現在は藤沢の清浄光寺の所蔵となっており、第七巻のみ東京国立博物館蔵。その奥書は次の通り。

正安元季己亥八月廿三日　西方行人聖戒記之畢、
画図　法眼円伊
外題　三品経尹卿筆（世尊寺）
応安二季乙酉卯月三日　破損之間、修補之畢、于時僧阿
延徳四季壬子六月廿三日　及大破間、修理之、于時満願寺住持　覚阿

詞書きによれば、『一遍聖絵』は「一人」（いちのひと）の勧めによって制作された。その「一人」は関白九条忠教（一二四八〜一三三二）と推測されている。九条忠教は、六条道場（歓喜光寺）の寺地を提供して聖戒を庇護した人物である。『一遍聖絵』は一遍没後十年の祥月命日である正安元年（一二九九）八月二十三日に完成。聖戒が詞書きを作成して画僧の円伊に絵を描かせ、各巻の外題は世尊寺経尹の筆。詞書きは四人の手になるとみられる。応安二年（一三六九）と延徳四年（一四九二）に修補された。編者の聖戒は、一遍の「従弟」とも、実子ともいわれる。一遍から最初に法門を受けて随逐し、その没後に京都の六条道場を開いた。内容的に教団色はあまり強くないが、他阿真教の遊行派に対し、自らの六条派が正統であることを示す意図があったと考えられる。

宗俊編『遊行上人縁起絵』の原本は伝存しない。写本には京都金蓮寺蔵（四条道場本）二〇巻や藤沢清浄光寺蔵一〇巻、山形光明寺蔵一〇巻などがある。建長年間に一遍が襲われたところから始まり、正応二年（一二八九）八月の一遍の死没、そして他阿真教による布教の始まりから、嘉元元年（一三〇三）十二月、真教が相模国当麻で歳末の別時念仏を行なった場面で終わる。全体的に、他阿真教が一遍の後継者であることを強調する箇所が多い。「本書」では新修日本絵巻物全集一一『一遍聖絵』（角川書店、一九七五）、新修日本絵巻物全集二三『遊行上人縁起絵』（同、一九七九）の翻刻に拠った。

『玉蘂』は九条道家の日記。九条道家（一一九三〜一二五二）は九条兼実の孫であり、摂政九条良経の長男。母は一条能保の女で、源頼朝の姪にあたる。正妻は西園寺公経の女。光明峰寺殿・峰殿と号した。建永元年（一二〇六）に父良経が急死したため、幼くして家を継いだ。承久三年（一二二一）に摂政・氏長者、安貞二年（一二二八）〜寛喜三年（一二三一）に関白・氏長者となり、嘉禎四年（一二三八）に出家。法名は行恵。以後も大殿・禅閤として権勢を振るっている。子息頼経は幕府に迎えられて摂家将軍となり、娘の藻壁門院は四条天皇を産んで道家は天皇の外祖父となった。娘仁子は近衛兼経の妻となり、子息の九条教実・二条良実・一条実経はいずれも摂関・氏長者となった。また他の子息に法助・慈源・円実・行昭がおり、それぞれ仁和寺御室・天台座主・興福寺別当・園城寺長吏となっている。大きな力を有したが、頼経の宮騒動や宝治合戦で失脚し、孫の頼嗣も建長四年（一二五二）に鎌倉から追放。道家はその直後、失意の中で没した。

『玉蘂』は承元三年（一二〇九）から仁治三年（一二四二）までの記録であるが、欠けている年次も多い。自筆原本は存在せず、写本はいずれも江戸時代からのもの。高橋貞一氏所蔵本一〇巻（近世初期写本）を底本とする今川文雄校訂『玉蘂』（思文閣出版、一九八四）が刊行されており、「本書」は同書に拠った。

『玉葉』は九条兼実の日記。九条兼実（一一四九〜一二〇七）は月輪殿・後法性寺殿ともよばれ、父は藤原忠通、母は太皇太后宮大進藤原仲光女である。保元三年（一一五八）に元服し、永暦元年（一一六〇）に権中納言。さらに権大納言・内大臣を経て仁安元年（一一六六）には右大臣に任じられた。文治元年（一一八五）後白河院が源義経に頼朝追討の院宣を与えたことから、同年十二月、源頼朝の要請によって兼実が内覧に、さらに翌年三月に摂政・氏長者となる。その後、関白に転じ建久七年（一一九六）十一月までその任にあったが、源通親によって失脚（建久七年の政変）。のち後鳥羽院によって息子の良経が登用され、良経は建仁二年（一二〇二）に摂政・氏長者となるが、元久三年（一二〇六）三月に急逝した。建久元年に娘の任子（宜秋門院）を後鳥羽天皇に入内させ、昇子内親王（春華門院）を産んだが、皇子をもうけるには至らなかった。

法然とは文治五年より親交を深め、建久九年には兼実の要請によって法然が『選択本願念仏集』を著す。建仁元年の宜秋門院の出家、翌年の九条兼実の出家では法然に戒師を依頼した。建永の法難では弾圧回避に奔走したが、法然流罪から間もない建永二年（一二〇七）四月、法然の流罪を歎きながら死没した。その遺託により、異母弟尊忠は法然の勝尾寺逗留を実現したし、慈円は、流罪赦免後に法然が住した京都大谷坊をもうけている。

『玉葉』は『玉海』とも呼ばれ、長寛二年（一一六四）から建仁三年の四〇年にわたって記されている。自筆本は伝存せず、宮内庁書陵部所蔵の九条家旧蔵本五〇巻などの写本がある。刊本としては図書寮叢刊『九条家本玉葉』一四冊（明治書院、二〇一三）があるが、「本書」は『玉葉』三冊（国書刊行会、一九七一）に拠った。

『**金綱集**』は日向の著。日向（一二五三〜一三一四）は日蓮の遺弟六老僧の一人であり、身延山久遠寺の二世となった僧侶。日蓮の講説とみずからの見聞をもとに著したのが『金綱集』である。一四巻から成り、諸宗の大綱と、日蓮宗の立場から他宗派への批判点を記している。巻五「浄土宗見聞　下」に嘉禄の法難関係の記事を収める。それは次の一五点の史料である。①定照『弾選択』付記、②六月二十九日後堀河天皇宣旨、③七月四日後堀河天皇綸旨、④七月五日後堀河天皇綸旨、⑤七月十三日後堀河天皇綸旨、⑥十月二十日関白家近衛家実御教書、⑦十月二十日関白家近衛家実御教書、⑧九月二十六日関白家近衛家実御教書、⑨嘉禄三年十月十五日関東御教書、⑩嘉禄三年十月十五日永尊竪者書状、⑪永尊書状、⑫十二月十五日俊範大僧都書状、⑬十一月二日宗源大僧都書状、⑭隆真法橋『弾選択』解題、⑮定照付記。これらはいずれも定照のもとにあった史料であり、嘉禄の法難が一段落した段階で、定照がこれらを取りまとめて『弾選択』に付した。ただし、『弾選択』は伝存せず、その付載史料だけが伝わった。

以上のうち、『停止一向専修記』は②④を収載し、日蓮の『念仏者令追放宣旨御教書集列五篇勘文状』には②④⑤⑥⑦⑧⑨が掲出されているので、『金綱集』の独自記事は①③⑩⑪⑫⑬⑭⑮ということになる。文章の一部に誤脱があるものの、同時代史料とを照らし合わせて、これらの記事に特に不審な点はない。「浄土宗見聞　下」の自筆原本はなく、正中二年（一三二五）の書写本を嘉暦二年（一三二七）に再写した写本と、奥書のない写本が身延文庫に収蔵されている。「本書」では立正大学日蓮教学研究所編『日蓮宗宗学全書』一三（山喜房仏書林、一九五九）に拠ったが、これらの写本によって補訂したところもある。

『**愚管抄**』は慈円が著した歴史書。全七巻。神武天皇から順徳天皇までの時代を、「道理」を基軸に叙述。摂関家による天皇の補弼や、鎌倉幕府が朝家を守護することを強調し、皇室・藤原氏と源氏との協力は、それぞれの守護神である天照大神・天児屋根命・八幡大菩薩の約諾にもとづくとする。その成立は、承久の乱前説と乱後説とに分かれており、なお決着をみていない。「本書」では日本古典文学大系『愚管抄』（岩波書店、一九六七）に拠った。

『摧邪輪』は明恵房高弁が建暦二年（一二一二）十一月に著した書物、三巻。書名は「邪輪（よこしまな教説）を摧く」の意。正式名称は『於一向専修宗選択集中摧邪輪』。建暦二年九月に法然の『選択本願念仏集』が公開・刊行されたのをうけて、それを読んだ明恵が『選択集』を論難したもの。菩提心を否定する失と、聖道門を群賊に喩える失とを中心に批判しており、法然の考えは善導の教えにも違背していると主張し、法然を「悪魔の使い」と断じた。明恵（一一七三〜一二三二）の父は平重国、母は湯浅宗重の女であり、ともに紀伊国有田郡に勢力をもった武士団の出身。八歳で両親を亡くして母方の湯浅一族に養われたが、翌年、伯父の上覚房行慈に預けられて神護寺で修学。文治四年（一一八八）に出家・受戒した。行慈は神護寺文覚の弟子であり側近であった。明恵も、文覚から神護寺の将来を託されている。建久四年（一一九三）より東大寺僧の身分を兼帯するが、そこで見聞した僧侶の振る舞いに失望し建久六年に遁世。建仁二年（一二〇二）に行慈から伝法灌頂を授けられ、やがて後鳥羽院の帰依をうけて高山寺を開創した。生涯、不犯を貫き「あるべきやうわ」（人としてのあるべき姿）を追い求めた人物でもあった。『摧邪輪』は明恵四十歳の著。跋文によれば、当初は公にしなかったが、翌建暦三年三月にある貴人の命により進上したとのことである。六月には、これを補足する『摧邪輪荘厳記』一巻も成った。自筆本は伝存せず、主な写本に仁和寺蔵本がある。仁和寺本は上巻が正和五年（一三一六）、中巻が元応二年（一三一九）、下巻が寛喜三年（一二三一）の書写である。また、寛永三年（一六二六）には『摧邪輪荘厳記』とともに板本で刊行された。「本書」では『浄土宗全書』第八巻（山喜房仏書林、一九七一）に拠った。なお、日本思想大系『鎌倉旧仏教』（岩波書店、一九七一）には『摧邪輪』上巻が収録され、書き下しと注が付されている。

『実躬卿記』は権大納言正親町三条実躬の日記。『愚林記』『貫弓記』『先人記』ともいう。藤原実躬（一二六四

〜?）は公貫（きんつら）の三男、母は権中納言藤原為経の女。文永二年（一二六五）に叙爵、弘安八年（一二八五）に右近衛中将、永仁三年（一二九五）に蔵人頭、同六年に参議、乾元二年（一三〇三）権中納言、正和五年（一三一六）に権大納言に補され、文保元年（一三一七）二月に出家した。法名は実円。その日記は弘安六年（一二八三）正月から延慶三年（一三一〇）にわたっており、亀山・後深草・伏見・後宇多による院政・親政をうかがわせる重要史料。自筆本は尊経閣文庫に二三巻、武田科学振興財団に五一巻が架蔵されている。「本書」では大日本古記録『実躬卿記』（岩波書店、一九九一〜）に拠った。

『三長記』は三条中納言藤原長兼の日記。そこから『三長記』と呼ばれた。『長兼卿記』『三中記』『三黄記』ともいう。三条長兼（生没年不詳）は葉室中納言顕隆（一〇七二〜一一二九）の曾孫であり、八条中納言長方（一一三九〜九一）の次男。母親は藤原通憲女。安元二年（一一七六）に叙爵され、甲斐守・弁官・蔵人頭を経て建永元年（一二〇六）に参議。翌年には従三位に叙せられ、承元三年（一二〇九）に権中納言に補された。建保二年（一二一四）二月に出家し法名は覚阿。九条家の家司でもあり、九条兼実・良経に仕えている。学識と清廉さを誇って傍輩を批判したため、晩年は後鳥羽院の意に叶わず、捨て置かれたという。『三長記』の自筆本は伝存せず、書写本が建久六年（一一九五）七月より承元五年（一二一一）三月まで残るが、その間にも欠失がある。「本書」では増補史料大成『三長記』（臨川書店、一九七五）に拠ったが、国立歴史民俗博物館蔵の鎌倉時代の写本（田中穣氏旧蔵典籍古文書）によって補訂したところもある。九条家の家司であったこと、また摂政九条良経のもとで勧学院政所別当をつとめていたこともあり、専修念仏に関する記事を多く収載する。ちなみに、勧学院は藤原氏出身の大学寮学生の寄宿舎として創設された施設。のちに興福寺や春日社など氏寺・氏社の事務もつかさどるようになり、藤氏長者の長者宣が発せられる場合には、多く勧学院政所下文が添付された。

『善信聖人絵』は親鸞の伝記絵巻。本願寺覚如が永仁三年（一二九五）に制作。一般に『親鸞伝絵』と呼ばれ、詞書きの部分を『御伝鈔』、絵幅を『御絵伝』ともいう。覚如在世中に成立したと考えられるのは、次の五本である。

①善信聖人絵　永仁三年十月十二日　本派本願寺所蔵
②善信聖人親鸞伝絵　永仁三年十二月十三日　高田専修寺所蔵
③本願寺聖人伝絵　康永二年（一三四三）十一月二日　大谷派本願寺所蔵
④本願寺親鸞聖人伝絵　康永三年十一月一日　千葉県照願寺所蔵
⑤本願寺聖人親鸞伝絵　貞和二年（一三四六）十月四日　大谷派本願寺所蔵

親鸞が法然門下の俊英であったとの記述がめだち、親鸞が法然門流の正統であることを顕彰するところに、制作意図があったことを示している。「本書」では新修日本絵巻物全集二〇『善信聖人絵・慕帰絵』（角川書店、一九七八）所収の①本派本願寺蔵本の翻刻に拠った。

『存覚上人一期記』は存覚の自伝。正式には『常楽台主老衲一期記』という。識語によれば、存覚が口述したものを子息の綱厳が筆録したもので、七十二歳以後は綱厳が書き加えた。存覚（一二九〇～一三七三）は本願寺覚如の長子、母は僧教弘の女。嘉元元年（一三〇三）に東大寺で出家受戒。翌年、延暦寺で受戒して尊勝院玄智や心性院経恵、証聞院観高などに師事した。延慶三年（一三一〇）に遁世して父覚如を補佐。正和三年（一三一四）に大谷廟堂の留守職を継いだが、元亨二年（一三二二）に義絶された。暦応元年（一三三八）に一旦和解したものの、康永元年（一三四二）に再び義絶され、観応元年（一三五〇）に和解している。その間、空性房了源を指導して興正寺（仏光寺）の創建に協力した。著書は『六要鈔』『浄土真要鈔』『諸神本懐集』『存覚上人袖日記』など、多数にのぼる。

『存覚上人一期記』の原本は享禄年間（一五二八～三二）に焼失。完本の写本もない。現存本は大永年間（一五二一～二八）に加賀光教寺の顕誓が要点を抄録したもの。「本書」では龍谷大学善本叢書三『存覚上人一期記・存覚上人袖日記』（同朋舎出版、一九八二）の翻刻に拠ったが、記事の一部は同書掲載の写真によって補訂した。

『停止一向専修記』一冊は、筑後善導寺の江藤澂英師の襲蔵で、専修念仏の弾圧にかかわる五点の史料から成る。収録されているのは、①貞応三年五月十七日延暦寺大衆解、②（嘉禄三年）六月二十九日後堀河天皇宣旨、③（嘉禄三年）六月二十九日天台座主円基御教書、④（嘉禄三年）七月五日後堀河天皇綸旨、⑤（嘉禄三年）七月五日天台座主円基御教書の五点である。このうち②④は『金綱集』にも収載され、①の略本と②が日蓮の『念仏者令追放宣旨御教書集列五篇勘文状』にも収められている。

表紙裏の右下に墨印二個あり、左下には本文と別筆で「山門横川兜率渓雞頭院」の墨書がある。奥書は次のとおりである。

右、以嵯峨二尊院本、書写之、

承応三年三月日　　西北 舜興

寛文十二年卯月七日　以右本、書之　　西東妙観地 公憲

宝永四年丁亥四月初四謄写

四明兜率谷雞頭院厳覚

これによれば、嵯峨二尊院の蔵本を承応三年（一六五四）に舜興が書写し、さらに寛文十二年（一六七二）に公憲が書写。それを宝永四年（一七〇七）に厳覚が再写している。伊藤真徹氏によれば、舜興は万治三年（一六六〇）に葛川総一和尚となり、公憲は寛文七年に出羽の立石寺を兼帯し、恵心院前大僧正厳覚は享保五年（一七二〇）に死没したとのことである。このほかの写本としては、寛永十九年（一六四二）に書写されて二尊院尊慶から天海に献上したもの、および文化二年（一八〇五）に台岳法曼院真超が魚山理覚本を筆写したものがあるという。「本書」では伊藤真徹『日本浄土教文化史研究』（隆文館、一九七五）の校訂をもとに、対校本を参看した。

『念仏者令追放宣旨御教書集列五篇勘文状』は日蓮の著。正元元年（一二五九）の成立と推測されている。原本はなく、写本しか伝来していない。専修念仏が鎌倉に進出してきたことに危機感を抱いた日蓮が、専修念仏が朝廷より禁遏されただけでなく、北条泰時によって関東でも禁じられてきたことを、諸史料によって明らかにしようとしたもの。本書にはもともと広本があったが、煩雑なため一部を抜粋して五篇にまとめ直して略本を作成した。広本は伝わらず、略本五篇のうち「奏状篇」「宣旨篇」の二篇だけが伝存、「勘文篇」以下が欠本である。

「奏状篇」は①南都奏状（元久二年十月興福寺奏状の一部）、②山門奏状（貞応三年五月十七日延暦寺大衆解の一部）から成り、「宣旨篇」は③嘉禄三年十月十五日永尊竪者書状、④十月二十日関白家（近衛家実）御教書（修理権亮宛）、⑤嘉禄三年十月十五日関東御教書、⑥六月二十九日後堀河天皇宣旨、⑦嘉禄三年七月六日官宣旨、⑧太政官符（嘉禄三年七月十三日付カ）、⑨七月十三日後堀河天皇綸旨（天台座主宛）、⑩後堀河天皇綸旨（中納言律師宛）、⑪九月二十六日関白家（近衛家実）御教書（修理権亮宛）、⑫十月二十日関白家（近衛家実）御教書（武蔵守宛）、⑬建保七年閏二月四日後鳥羽上皇院宣、⑭建保七年閏二月五日清涼寺請文、⑮建保七年年閏二月八日官宣旨、⑯建保七年年閏二月二十二日綱所請文、⑰天福二年六月晦日四条天皇宣旨、⑱延応二年五月十四日延暦寺公文審賢書状、⑲延応二年延暦寺牒状、⑳延暦寺大衆解の合計二〇点から成る。このうち『念仏者令追放宣旨御教書集列五篇勘文状』の独自史料は、⑦⑧⑩⑬⑭⑮⑯⑰⑱⑲である。文章の脱文・誤脱も多いが、その記事内容はおおむね信頼することができる。「本書」では立正大学日蓮教学研究所編『昭和定本日蓮聖人遺文』（身延久遠寺、一九八二）に拠ったが、千葉本土寺の『平賀本　録内御書』写真版によって補訂したところもある。

『花園天皇宸記』は花園天皇の日記。延慶三年（一三一〇）十月から正慶元年（一三三二）十一月までが伝存。花園天皇（一二九七～一三四八）は伏見天皇の第四皇子、母は洞院実雄の女（顕親門院季子）。名は富仁（とみひと）。在位は延慶元年（一三〇八）八月から文保二年（一三一八）二月まで。兄である後伏見上皇の猶子となり、永福門院に養育された。正安三年（一三〇一）に親王宣下をうけ、後二条天皇の皇太子となった。後二条天皇の死没をうけて十二歳で践祚し、延慶四年正月に元服。在位中の前半は父の伏見上皇が院政を行い、後半は兄の後伏見上皇が院政を行った。文保二年に二十二歳で後醍醐天皇に譲位した。元弘の乱（一三三三年）では六波羅探題の北条仲時の護衛のもと、光厳天皇・後伏見上皇とともに東国に逃れようとしたが、佐々木道誉の軍勢に行く手を阻まれ京都に還幸。建武二年（一三三五）に出家、法名は遍行。のちに洛西花園の萩原殿を居とし、暦応五年（一三四二）に御所を寺に改め妙心寺を開創した。自筆原本が宮内庁書陵部に蔵されている。「本書」では史料纂集『花園天皇宸記』（続群書類従完成会、一九八六）に拠った。

『平戸記』は民部卿平経高の日記。民部卿の唐名は戸部尚書であるため、その「戸」と経高の氏「平」とを加えて書名とした。『経高卿記』ともいう。平経高（一一八〇〜一二五五）は治部大輔行範の子で、歴代、実務官僚として活躍した一門。幼少期に吉田経房の猶子となったが、後に平姓に復した。建久元年（一一九〇）に叙爵、紀伊守・蔵人・右少弁・右大弁を経て承久二年（一二二〇）正月に蔵人頭となる。元仁元年（一二二四）に従三位に叙され、嘉禄二年（一二二六）に参議に任じられた。朝儀・公事に通じたその学識によって歴代天皇の信任があつく、仁治元年（一二四〇）に民部卿となった。建長二年（一二五〇）に民部卿を辞し、同七年六月に七十六歳で死没している。『平戸記』は安貞元年（一二二七）十二月から寛元四年（一二四六）三月までが伝存。自筆本はなく、南北朝時代の写本である伏見宮本が宮内庁書陵部に架蔵されているほか、内閣文庫蔵の二二冊本は諸本を集成した性格のもの。「本書」では増補史料大成『平戸記』（臨川書店、一九七五）に拠った。

『法水分流記』は法然門流の古系譜。冒頭に「仏子静見勘録永和四年戊午卯月十四日」とあり、西山派深草義の静見が永和四年（一三七八）に編纂したことが分かる。ただし文明年間以降の記事もあり、静見が編纂したものを書き継いでいる。内容的には、信空の白川門徒、隆寛の多念義、弁長の鎮西義、幸西の一念義、親鸞の大谷門徒、湛空の嵯峨門徒、証空の西山義、源智の紫野門徒、長西の九品寺義のほか、「雖未必伝上人宗義於浄土教帰学諸輩」に覚愉・明遍・静遍などの記事を収載。西山派の僧の手に成るが、自派に偏らない客観的な編纂姿勢がうかがえる。本書の記載によれば、編者の了日房静見は寿覚房凝空の弟子で、大和の三光院に住し、大和来迎寺の開山となった。永徳三年（一三八三）十二月に七十歳で往生している。大谷大学には元禄期の写本が蔵されており、本奥書は次の通り。

右、此系図者、粗依承及、頻致競望之間、以御哀憐、預許可者也、但於初心者之見聞者、斟酌之子細等在之、努力不可令他見云々、仍後代之持者、尤可被察之者也、

于時永正七年庚午十一月廿八日　於和州山辺庄戒長寺光舒軒写之

住所三州　立信寺

深草苗裔　康翁廿四歳

康翁判

右、依難背賢命、雖為秘書、令相伝之畢、

「本書」では、野村恒道・福田行慈編『法然教団系譜選』（青史出版、二〇〇四）に拠った。

『法然上人行状絵図』は法然の伝記絵巻。知恩院蔵（国宝）。弥陀の四十八願にちなんで四八巻から成り、法然だけでなく帰依者や門弟などの伝記も収載する。その成立は定かでないが、一三世紀末から一四世紀前半の典型的な画風であることから、その頃の制作と考えられている。制作のきっかけとしては、応長元年（一三一一）の法然の百年遠忌が想定できるが、確証はない。

一般に勅修御伝といわれるが、その根拠は近世にまでくだる。忍澂上人（一六四五～一七一一）が作成した『勅修円光大師御伝縁起』によれば、①後伏見上皇が叡山功徳院の舜昌法印に勅して撰修させた、②舜昌はこれまで著されていた伝記を取捨して大成した、③後伏見上皇は侍臣に命じて文章を添削させ、絵所に命じて絵を描かせた、④行状の

詞書きは、後伏見上皇と後二条帝・伏見法皇が染筆したほか、能書の青蓮院尊円法親王や三条太政大臣実重・世尊寺行尹らに命じて清書させた、⑤この四十八巻伝は官庫に収めたが、紛失を恐れて副本を作成した、⑥これらの正副本の制作は徳治二年（一三〇七）に着手して、一〇年あまりを経て完成した、という。

しかし、徳治二年は大覚寺統の後宇多上皇が治天の君であったうえ、持明院統の当主は伏見上皇であって、後伏見（二十歳）ではない。また、青蓮院尊円はわずか十歳、入室はおろか出家もしていないし、正和三年（一三一四）には門跡和談を進めた父・伏見院に反発して青蓮院を出奔（十七歳）。その後、一〇年以上にわたって籠居している。さらに後二条天皇は徳治三年の在位中に急逝したし、伏見院が出家して法皇となるのは、正和二年（一三一三）十月のことである。また、詞書きの筆跡を伏見・後二条・後伏見院や尊円らの遺墨と比較してみると、いずれも一致しない。以上からして、後伏見上皇の勅修説は信を置くことができず、近世になって創作されたものと考えられる。ただし澄円の著『浄土十勝節箋論』によれば、

従上引上人法語、人皆知之、汝胡不見乎、匪啻小師独得之、又知恩院別当法印大和尚位舜昌、得之而為祖師行状画図之詞、

とあり、舜昌が法然の「祖師行状画図」を作成したと述べている。『節箋論』の自序は正中元年（一三二四）十一月、跋文は元応二年（一三二〇）正月であるので、『法然上人行状絵図』はそれ以前に、知恩院別当の舜昌によって制作されていたことになる。

絵画形式の法然伝でもっとも古いものは、久留米市善導寺蔵の『本朝祖師伝記絵詞』四巻（伝法絵）で、奥書は次の通り。

嘉禎三年丁酉五月に始之、同十一月廿五日於相州鎌倉八幡宮本社之辺、図之、
鎮西筑前国之住人左兵衛尉源光忠法名観空、行年卅三云々

願主沙門躭空六十九

嘉禎三年（一二三七）に鎌倉の鶴岡八幡宮で作成されている。ただし善導寺蔵本は原本ではなく、永仁二年（一二九四）九月に寛恵が書写したものを、室町時代に転写したものである。鎌倉中期には『法然上人伝絵詞』九巻（琳阿本）が制作されている。完本は東京・妙定院蔵の近世の写本しかないが、鎌倉後期の写本が部分的に伝存している。琳阿本を参照しながら作成された絵伝が『拾遺古徳伝』である。『存覚一期記』正安三年（一三〇一）条によれば、鹿島門徒長井道信の要請で覚如が詞書きを草したものである。絵も含めた形での完成年次は不明であり、原本も伝わらないが、元亨三年（一三二三）制作の『拾遺古徳伝』が、茨城県瓜連の常福寺に伝わっている。「本書」では新修日本絵巻物全集一四『法然上人絵伝』（角川書店、一九七七）の翻刻に拠ったが、一部の詞書きは同書掲載の写真によって補訂した。

『明義進行集』は法然の孫弟子にあたる敬西房信瑞（?～一二七九）の著。『法水分流記』によれば、信瑞は法蓮房信空の弟子であり、また隆寛の弟子でもあった。ほかに『広疑瑞決集』『泉涌寺不可棄法師伝』『浄土三部経音義集』の著がある。大正七年（一九一八）に河内金剛寺で古写本が発見された。ただし完本ではなく、巻二と巻三のみである。その奥書には、「于時弘安六年五月廿二日　於泉州山直郷多治米村安楽寺之砌、為仏法興隆書写畢、願以書写功徳力、我等二親及法界、共生西方極楽界、頓証菩提利群生、所迎法師之、僧恵鏤之」とあり、和泉国山直郷多治米村（現岸和田市田治米町）にあった安楽寺で恵鏤が弘安六年（一二八三）に書写したことがわかる。諸書での引用から、巻一には法然の事蹟が記されていたと推測されている。巻二は静遍・明遍・隆寛・空阿弥陀仏・信空、巻三には覚愉・聖覚・明禅の事蹟が記され、巻三の後半部は無観称名義を説いている。仏教古典叢書『明義進行集』（中外出版社、一九二四）から採録したが、大谷大学文学史研究会編『明義進行集　影印・翻刻』（法藏館、二〇〇一）を参照した。

『民経記』は権中納言藤原経光の日記。「経光卿記」「中光記」などの別称もあるが、「民経記」が一般に通用。その名称は経光晩年の官職である民部卿に由来。嘉禄二年（一二二六）四月より文永九年（一二七二）七月までが伝存。記主である藤原経光（一二一二～七四）は、権中納言頼資の息、母は源兼資の女。嘉禄二年（一二二六）に十五歳で昇殿。翌年四月に従五位上に叙され、六月に右大臣九条教実の政所別当、八月には関白近衛家実の家司に任じられている。安貞二年（一二二八）に蔵人、天福元年（一二三三）には右少弁・右衛門権佐を兼ねた。延応元年（一二三九）に蔵人頭、仁治二年（一二四一）に参議、宝治元年（一二四七）に権中納言、文応元年（一二六〇）に民部卿に任じられ、文永十一年（一二七四）四月十五日に出家して、同日に没している。国立歴史民俗博物館に自筆の「経光卿記」四二巻と自筆別記六巻を所蔵。「本書」では大日本古記録『民経記』（岩波書店、二〇〇七）に拠ったが、本書で収録した嘉禄二年九月から翌年八月はいずれも自筆原本が存在する。

『明月記』 は権中納言藤原定家の日記。治承四年（一一八〇）二月から嘉禎元年（一二三五）十二月まで現存するが、本来は仁治年間（一二四〇～四三）まであったようである。藤原定家（さだいえ）（一一六二～一二四一）は新古今調の代表的な歌人。正三位皇太后宮大夫俊成の次男、母は若狭守藤原親忠女。諱は「ていか」と音訓みされることが多い。仁安元年（一一六六）に叙爵、文治五年（一一八九）に左近衛少将、建仁二年（一二〇二）左近衛中将、承元四年（一二一〇）に内蔵頭、翌年従三位に叙せられて公卿に列した。建保二年（一二一四）に参議に任じられ、治部卿・民部卿を歴任して寛喜四年（一二三二）に権中納言となった。天福元年（一二三三）に出家、法名は明静。九条家の家司として、九条兼実・良経に仕えたほか、西園寺公経の姉をめとり、その間に生まれた為家を公経の猶子としている。直情的性格が災いして、しばしば後鳥羽院の不興をかい、承久二年（一二二〇）には勅勘をうけて謹慎の身となったが、乱後は九条家・西園寺家の隆盛もあって、権中納言となり、歌壇に君臨することになる。

冷泉家時雨亭蔵の自筆本「明月記」五四巻の影印が冷泉家時雨亭叢書（朝日新聞社、二〇〇三）から刊行された。また東京大学史料編纂所には近世に書写された徳大寺家本五二冊が架蔵されており、『明月記　徳大寺家本』（ゆまに書房、二〇〇六）でその影印が出版されている。主な翻刻は国書刊行会の『明月記』三冊と冷泉家時雨亭叢書別巻の『翻刻明月記』がある。また『明月記　徳大寺家本』第八巻には「『明月記』原本および原本断簡一覧表」が付されている。このほか稲村榮一『訓注明月記』八巻（松江今井書店、二〇〇四）が刊行され、『修訂訓注明月記データベース』としてWeb版が出ている。

「本書」では冷泉家時雨亭叢書別巻二『翻刻明月記』（朝日新聞社、二〇一二〜）および『明月記』（国書刊行会、一九七〇）に拠ったが、冷泉家時雨亭叢書『明月記』や『明月記　徳大寺家本』の影印によって記事を補訂したところもある。

『葉黄記』は権中納言葉室定嗣の日記。書名は葉室と黄門（中納言の唐名）の各一字から成る。『定嗣卿記』『葉禅記』ともいう。葉室定嗣（一二〇八〜七二）は按察使中納言藤原光親の次男、母は参議藤原定経の女。初名は光嗣、ついで高嗣・定嗣と改める。父光親は後鳥羽院の執権をつとめるなど、上皇から深く信頼されていたが、承久の乱で幕府追討の宣旨を書いたため、幕府によって処刑された。定嗣は建保二年（一二一四）に叙爵、但馬守・美濃守をつとめたが、承久の乱の影響でその後、さしたる官職に就けなかった。寛喜二年（一二三〇）に中宮権大進に任じられ、その後は蔵人・右中弁・蔵人頭などを歴任。仁治三年（一二四二）には参議となり、さらに大蔵卿・左兵衛督・検非違使別当などをつとめた。後嵯峨天皇の信任があつく、天皇が譲位した後は上皇の院司・執権として活躍した。建長元年（一二四九）に権中納言に昇ったが、建長三年八月に出家。その後も院評定に出仕している。日記『葉黄記』は寛喜二年十一月から宝治三年（一二四九）三月まで伝存する。自筆本がなく、南北朝期の写本である伏見宮旧蔵本（宮内庁書陵部蔵）が最善本である。「本書」では史料纂集『葉黄記』（続群書類従完成会、二〇〇四）の翻刻に拠った。

次に第二部に移ろう。まず、**「一　真蹟史料」**には親鸞の真蹟書簡一一通と「いや女譲状」一点、それに参考として『善性本御消息集』から「蓮位書状案」「浄信書状案」を収載した。

このうち1 建長七年十月三日親鸞真筆書状「かさまの念仏者のうたかひとわれたる事」は大谷派本願寺の所蔵である。2 建長八年五月二十八日親鸞真筆書状「四月七日の御ふみ、五月廿六日たしかに」、3 十二月十五日親鸞真筆書状「このゑん仏はう、くたられ候」、4 十月十日慶信書状幷親鸞真筆返状「南無阿弥陀仏をとなえてのうへに」、5 閏十月二十九日親鸞真筆書状「閏十月一日の御文、たしかにみ候」、6 年月日闕親鸞真筆書状「如来の誓願を信する心のさたまる時と申は」、7 十月六日親鸞真筆書状「たつねおほせられて候摂取不捨の事」、8 十月二十一日親鸞真筆書状「たつねおほせられて候事、返々めてたう候」の七点は高田派専修寺の所蔵である。9 寛元元年十二月二十一日いや女譲状、10 三月二十八日親鸞真筆書状「いやおむなのこと」、11 十一月十一日親鸞真筆書状「ひたちの人〳〵の御中へ」、12 十一月十二日親鸞真筆書状「このいまこせんのは〻の」の四点は本派本願寺の所蔵である。「本書」ではいずれも『増補親鸞聖人真蹟集成』四（法藏館、二〇〇六）所収の影印に拠った。また、古写本との異同については、それぞれに注記した。「蓮位書状案」「浄信書状案」を収録する『善性本御消息集』については後述。

「二　古写消息」では、高田派専修寺蔵の古写消息五点を収載した。そのうち、4 親鸞法語「来迎ハ諸行往生ニアリ、自力ノ行者ナルカユヘニ」以外は、すべて顕智の書写にかかる。1 顕智筆五月五日親鸞書状案「御ふみくわしくうけ給候ぬ、さてはこの御ふしん」と2 顕智筆五月五日親鸞書状案「御ふみくわしくうけ給候ぬ、さてはこほうもんのこふしんに」の二点は、『高田本山の法義と歴史』（同朋舎出版、一九九一）所収の写真に拠った。3 顕智筆建長八年五月二十九日親鸞義絶状案「オホセラレタル事、クハシクキ〻テサフラウ」と5 正嘉二年十二月顕智聞書「獲字ハ、因位ノトキウルヲ獲トイフ、得字ハ」とは、『影印高田古典第三巻　顕智上人集』中（真宗高田派宗務院、二〇〇二）の影印に拠った。4 親鸞法語「来迎ハ諸行往生ニアリ、自力ノ行者ナルカユヘニ」は『高田学報』七九（一九九一）掲載の写真に拠った。

「三　**末燈鈔**」は従覚（慈俊、本願寺覚如の次男）が正慶二年（一三三三）に親鸞の消息・法語を編纂したもの。親鸞の消息集のなかでは成立が遅いが、広く流布し、後世に与えた影響が大きい。内題は「本願寺親鸞大師御己証并辺州所々御消息等類聚鈔」で、後に「末燈鈔」と呼ばれるようになった。浄福寺所蔵本の識語には次のようにある。

正慶第二歳癸酉卯月廿五日、鴨河之西鳳闕之畔、暫時旅所之間、敬終書功、写本者、撰取日来安置之三四本、聚得当時拝見之一二帖訖、而於年号前後不同、至日付錯乱参差、仍糺歳月日時之相違、守鉤索鏁鈴之次第、勘之編之、部類覃廿二通、筆跡限六八丁、短慮尚多所貽歟、有恐々々、有憚々々、抑斯御消息者、念仏成仏之咽喉也、専開諸門超勝之直路、愚癡愚迷之眼目也、非指余流難思之要津乎、弟子染彼仏意於心底、倍懼自力修行之嶮難焉、挿此聖応於掌中、特帰他力往生之威徳矣、悲喜相交、浸感涙最叵抑者也、爰又当黒谷祖師之御縁日、忽遂筆硯之漸写、迎当所聖人之御仏事、聊跋講讃之儀則、云祫云恰、不測不期、爾者両師定垂納受者、小質宜協知見歟而已、

時也同晦日、右毫粗述卑懐耳、

釈従覚

従覚は正慶二年四月二十五日、もともと手元に所持していた親鸞消息三、四通に、当時、披見した一、二帖の消息集を加え、年号日付の前後錯乱を正して、二二通の消息を四八丁に書写して本書を編んだという。さらに次の識語によれば、

今建武五歳戊寅夷則三日、於西山草扃、馳筆畢、先年書写安置之本、宿坊炎上之時、忽成灰燼之間、借渡二転之本、重奉書写之者也矣、

沙門慈俊四十四

とある。最初に編纂した末燈鈔が建武の内乱で焼亡したため、転写本をもとに、もう一度書写したという。「本書」では、末燈鈔二二点の消息・法語のうち、真蹟史料・古写消息と重ならない一六点を収録した。一通目から一三通目は滋賀県高島町の慈敬寺が所蔵している康永三年（一三四四）書写の乗専本に拠った。また、一四通目は室町時代中

期の写本である龍谷大学蔵本に拠り、一五通目から二二通目は大阪府門真市の願得寺が所蔵している康永三年書写の乗専本に拠った。前掲識語もふくめ、いずれも龍谷大学善本叢書一二『末燈鈔・御消息集』（同朋舎出版、一九九三）の影印をもとにした。

「四　親鸞聖人御消息集（広本）」の成立の経緯は不詳。愛知県の妙源寺が鎌倉時代末期の古写本断簡を所蔵。このほか室町時代中期の書写と考えられる永福寺本や、室町時代末期の写本である本派本願寺蔵本がある。これら広本から末燈鈔と共通する書簡を除いたものが略本であり、江戸時代初期に末燈鈔が盛行するなかで、登場したと考えられる。「本書」では、龍谷大学善本叢書一二『末燈鈔・御消息集』所収の京都永福寺蔵本の影印に拠った。

「五　御消息集（善性本）」は高田専修寺に収蔵されてきたもので、他の写本はない。表紙に「御消息集」、その左下に「釈善性」とあり、包紙に「御消息集一冊　飯沼善性房筆」とある。また、別の包紙に「表紙共参拾弐枚、墨付弐拾九枚、顕智様上包壱枚有之」とし、右下に張紙があり「御所持　顕智上人」と記されている。ここから下総飯沼の善性の編になると考えられている。「本書」では、龍谷大学善本叢書一二『末燈鈔・御消息集』所収の専修寺本の影印に拠った。

「六　親鸞聖人血脈文集」は、性信宛の書状が多く、性信系の横曾根門徒によって編纂されたと考えられる。3二月二十五日親鸞書状案「諸仏称名ノ願トマフシ」だけが慶西宛てであるが、性信と慶西の近しさが背景にあったと考えられる。富山の恵琳寺は室町時代末期の賢心書写本を蔵するが、これは末尾の6 正嘉元年十月十日親鸞書状案「信心ヲエタルヒトハ、カナラス正定聚」を欠く。三河佐々木の上宮寺は室町時代末期の書写と思われる『大祖聖人御文』を蔵しており、これが血脈文集の古写本である。上宮寺本は内容が比較的正確であるが、冒頭の1 建長七歳十月三日親鸞書状「かさまの念仏者の」を欠く。諸本を校訂したものが、梅原真隆『親鸞聖人血脈文集の研究』（親鸞聖人研究発行所、一九二三）である。「本書」では龍谷大学善本叢書一二『末燈鈔・御消息集』所収の上宮寺蔵本影印に拠った。

「恵信尼消息」は恵信尼が娘の覚信尼に送った書状一〇通。大正十年（一九二一）に鷲尾教導氏が本派本願寺の宝蔵から発見した。重要文化財。建長八年（一二五六）から文永五年（一二六八）にいたる消息で、親鸞のあゆみをうかがわせる貴重な史料群である。「本書」では、『墨美』二三七号「恵信尼特集」（墨美社、一九七四）の写真に拠った。

以上の解題で取りあげなかった史料については、以下に所収書名を記載しておく。

『改訂史籍集覧』（臨川書店、一九八四）の一八より『歴代皇紀』を、二四より「日野俊光記」を、『続改訂史籍集覧』一より『新抄』を抄録。

『会津坂下町史』Ⅲ（会津坂下町、一九七八）より『異本塔寺長帳』を抄録。

『鎌倉遺文』（東京堂出版、一九九五）からは「源空七箇条制誡」（山城二尊院文書）、「源空起請文」（漢語燈録）、「延暦寺大衆解」（牒状類集）、「熊谷蓮生（直実）夢記」（山城清凉寺文書）、「沙門弁阿（弁長）施入状」（筑後善導寺文書）、「僧真教飛行三鈷記」（高野山文書続宝簡集）、「尼覚信寄進状案」（山城本願寺文書）、「良忠附法状」（相模光明寺文書）、「他阿弥陀仏書状」（信濃金台寺所蔵文書）など多数を収載した。

『亀山天皇実録』（ゆまに書房、二〇〇九）より「亀山院崩御以下記」を収録。

『関東往還記』（細川涼一訳注、東洋文庫、平凡社、二〇一一）より弘長二年条を抄録。

『教行信証の研究』（重見一行著、法藏館、一九八一）から『教行信証』奥書を収録。

『玉桂寺阿弥陀如来立像胎内文書調査報告書』（玉桂寺阿弥陀如来立像胎内文書調査団編、滋賀県信楽町、一九八一）より「念仏結縁交名」を抄録。

『群書類従』（続群書類従完成会）の三輯から『皇帝紀抄』『五代帝王物語』を、二七輯から『野守鏡』を、二九輯から「伏見上皇御中陰記」を収載した。また『続群書類従』二九輯下から『仁和寺日次記』を抄録した。

高山寺資料叢書『明恵上人資料』第二（東京大学出版会、一九七八）からは『明恵上人夢記』を抄録。

『寺院法』（訳注日本史料、集英社、二〇一五）より「西大寺敷地四至内検断規式条々」を収載。

『浄土宗全書』（山喜房仏書林、一九七四）からは『浄土法門源流章』『摧邪輪』『念仏名義集』『末代念仏授手印』『浄土伝燈総系譜』『然阿上人伝』『選択密要決』『選択決疑抄見聞』などを掲載。

『昭和定本日蓮聖人遺文』（身延久遠寺、一九八二）からは、『念仏者令追放宣旨御教書集列五篇勘文状』のほか、「一代五時図」『浄土九品之事』「行敏御返事」「行敏訴状御会通」を収録。なお、『浄土九品之事』の一部記載は『平成新編日蓮大聖人御書』第五刷（日蓮正宗総本山大石寺、二〇一〇）をもとに補訂した。

『昭和新修法然上人全集』（平楽寺書店、一九七四）からは「大胡太郎実秀へつかはす御返事」「一期物語」「法然没後遺誡」『選択本願念仏集』などを掲載。

『真宗史料集成』（同朋舎出版、一九七四）の巻一は『歎異抄』「専修念仏張文日記」「三河念仏相承日記」『最須敬重絵詞』『改邪抄』など。巻四は『愚闇記』「沙門空性勧進状」「一流相承系図置文」（摂津光用寺）などを掲載。

新修日本絵巻物全集（角川書店）からは、『法然上人行状絵図』『善信聖人絵』のほか、『慕帰絵』『天狗草紙』を収録。

新訂増補国史大系（吉川弘文館）からは『吾妻鏡』『百錬抄』のほか、『尊卑分脈』を収載。

『新訂増補天台座主記』（渋谷慈鎧編、第一書房、一九七三）からは元久二年条を抄録。

『新編国歌大観』（角川書店、一九九二）より慈円『拾玉集』を抄録。

増補続史料大成『八坂神社記録』（臨川書店）から『祇園社記』続録三、『祇園執行日記』を抄録。

『大正新脩大蔵経』（大蔵出版）では、八二より「弁道話」を、図像部一二より『門葉記』を収載。

『大日本史料』（東京大学出版会）より『仲資王記』『康永四年山門申状』、『玄義分抄』奥書、『浄土真要鈔』奥書、『浄典目録』龍谷大学本などを収載。

『中世法制史料集』一（岩波書店、一九五五）から「鎌倉幕府追加法」を収載。

『定本時宗宗典』上（山喜房仏書林、一九七九）から「他阿真教道場制文」を収録。

『定本親鸞聖人全集』（法藏館）の巻一は『教行信証』奥書を、巻四は「親鸞夢記」を、巻六は『唯信鈔』奥書を収載。

日本古典文学大系（岩波書店）からは『愚管抄』のほか『沙石集』を、新日本古典文学大系（同）からは『徒然草』を収載。

日本思想大系（岩波書店）の一一『親鸞』は『教行信証』後序を、一五『鎌倉旧仏教』は「興福寺奏状案」を、一六『中世禅家の思想』は『興禅護国論』を、二二『中世政治社会思想下』からは「院御所落書」を、それぞれ収載した。

『日本大蔵経』（日本大蔵経編纂会編、一九一五）の法相宗章疏二より『護持正法章』を抄録。

『法然教団系譜選』（青史出版、二〇〇四）からは、『法水分流記』のほか、『浄土惣系図』「二尊院住持次第」を抄録。

法然上人絵伝集成（浄土宗）より、二『法然上人伝絵詞（妙定院本）』、三『拾遺古徳伝絵（常福寺本）』の記事を収載。

『法然上人伝全集』（井川定慶編、法然上人伝全集刊行会、一九六七）からは『知恩伝』を抄録。

龍谷大学善本叢書（同朋舎出版）からは三『存覚上人一期記・存覚上人袖日記』、一二『末燈鈔・御消息集』のほか、七『破邪顕正抄・顕名鈔』より『破邪顕正抄』を収載。

冷泉家時雨亭叢書（朝日新聞社）より『明月記』影印、別巻二『翻刻明月記』のほか、八二『冷泉家歌書紙背文書』の「栖空書状案」、別巻一『翻刻明月記紙背文書』より「某書状」を収載。

解説

平　雅行

専修念仏の弾圧と法然教団

一

近年、専修念仏の弾圧をめぐる研究が新たな展開をみせつつある。ここではそうした研究結果を踏まえて、少し詳しく建永の法難を中心に、法然教団への弾圧の経緯をたどっておきたい。

元久元年（一二〇四）冬、延暦寺大衆が専修念仏の禁止を決議して、天台座主真性に訴えた。延暦寺による弾圧の動きはこれ以前からもみえたが、法然の「誓詞」提出で収まっており（『鎌倉遺文』一四八八号、本書三二頁、以下、本書での頁数を記載）、天台座主のもとにまで訴えが届いたのはこれが最初と思われる。この時の訴状は残っていないが、一般に延暦寺大衆がものごとを朝廷に訴えるには、天台座主を経る必要がある。真性への訴えは、朝廷に専修念仏の弾圧を要請するため、座主の挙状を出すよう求めたものであろう。それに対し法然は、事態の沈静化をはかるべく同年十一月七日に七箇条制誡を定めた（二七頁）。諸宗や余行の人々との諍論や、諸仏菩薩への誹謗を禁じて、法然と一九〇名の弟子がそれに署名し、この誡めを遵守することを誓約している。それとは別に法然も天台座主に起請文を提出したし、九条兼実も座主宛に陳弁の消息を送付している。こうした対応もあって、座主真性は問題を朝廷に持ち込むことなく、延暦寺内部で話を収めた。

こうした穏当な収拾が可能となった背景には、九条兼実―慈円―真性のつながりがある。第一に、天台座主真性は慈円の弟子である。以仁王の子である真性は妙法院昌雲のもとに入室し、後に梶井の明雲・承仁の弟子となったものの、いずれにおいても門跡の継承者となることができなかった。建仁二年（一二〇二）七月、天台座主の候補に名が挙がったが、後ろ盾が十分でなかったため選から漏れている。そこで真性は同年末に慈円のもとに入室し、翌年八月には天台座主、九月には青蓮院門首に就いた。天台座主・青蓮院門首になったとはいうものの、真性は慈円の全面的な庇護下にあった。[1]

第二は、慈円・真性と九条兼実との関係である。九条兼実は法然の最大の保護者であるが、その同母弟が慈円である。慈円の門跡相承や天台座主就任は、いずれも兼実の奔走の賜物であった。しかもこの時期の慈円は、兼実に大きな負い目があった。良尋の離房である。青蓮院門跡は建久七年（一一九六）に慈円から、九条兼実息である良尋に譲られていた。ところが、建仁二年七月、慈円と良尋との師弟不和により、良尋が門首を辞して慈円のもとから出奔している。その責任をとって慈円は天台座主を辞任した。いわば真性は良尋の身代わりとして、天台座主・青蓮院門首の地位に就いたのである。慈円も真性も、九条兼実に大きな借りがあった。それだけに、九条兼実―慈円―真性は穏便な解決のため、周到に連携していたはずである。[2] 七箇条制誡・起請文や九条兼実の陳弁が座主真性に提出されたのは、問題解決を図る政治的演出であった。

こうして延暦寺での弾圧問題は無事に終息させることができたが、専修念仏への反発は、顕密仏教界全体に広がってゆく。元久二年冬、興福寺は専修念仏を批判する「八宗同心之訴訟」を提起した。興福寺奏状である（三六頁）。そこでは、「第一立₂新宗₁失」「第二図₂新像₁失」「第三軽₂釈尊₁失」「第四妨₂万善₁失」「第五背₂霊神₁失」「第六暗₂浄土₁失」「第七誤₂念仏₁失」「第八損₂釈衆₁失」「第九乱₂国土₁失」の九箇条の過失をあげて、専修念仏を批判している。

ところで近年、森新之介・坪井剛氏らによって興福寺奏状の史料批判が進展し、重要な事実が明らかとなった。[3] 私たちがいま目にしている興福寺奏状には、文書様式上の重大な欠陥があり本来の姿とは異なっている。現存の興福寺奏状は次のような構成である。

(A)興福寺僧綱大法師等誠惶誠恐謹言

(B)請レ被下殊蒙二　天裁一、永糺中改沙門源空所レ勧専修念仏宗義上状

(C)右、謹考二案内一、有二一沙門一、世号二法然一、立二念仏之宗一、勧二専修之行一、其詞雖レ似二古師一、其心多乖二本説一、粗勘二其過一、略有二九箇条一、(中略)望請　天裁、仰二七道諸国一、被レ糺二改沙門源空専修念仏之宗義一者、世尊付属之寄、弥和二法水於舜海之浪一、明王照臨之徳、永払二魔雲於堯山之風一矣、(D)誠惶誠恐謹言、

(E)副進

奏状一通

(F)右、件源空、偏二執一門一、都二滅八宗一、天魔所レ為、仏神可レ痛、(中略)望請　恩慈、早経二奏聞一、仰二七道諸国一、被下停二止一向専修条々過失一、兼又行中罪科於源空幷弟子等上者、永止二破法之邪執一、還知二念仏之真道一矣、(G)仍言上如レ件、

(H)元久二年十月　日

興福寺奏状は(A)書出、(B)事書、そして(C)本文が始まり、(D)書止文言で一旦文書が終わる。その後で(E)副進文書の記載があり、(F)本文が始まり、(G)書止で本文が終わって、(H)日付が記されている。一通の文書であるにもかかわらず、本文の書き始めが(C)「右、謹考二案内一」と(F)「右、件源空」のように二度繰り返されているし、書止文言も(D)「誠惶誠恐謹言」と(G)「仍言上如レ件」と二度繰り返されている。(E)「副進奏状一通」の位置取りも不自然である。副進文書を添付した訴状・申状は数多いが、このような形態のものは他に例をみない。こうした文書様式上の不自然さからすれば、(A)〜(D)と(E)〜(H)は本来別の文書であったと考え

られる。参考までに、後半部とよく似た様式の文書を掲げておこう。

(I)春日社司謹解　申請　近衛殿政所裁事

(J)請下蒙二殊　恩裁一、且被レ経二　奏聞一、且被レ申二下　院宣於武家一、被レ鎮二当社領摂津国垂水西御牧榎坂郷百姓助村悪行狼籍子細等

(K)副進

一通　雑掌解具書等

(L)右、社司等謹考二案内一、当庄者寿永年中善賢寺殿御代、御二寄附于当社一以来、為二重色無双之社領一、恒例臨時礼奠于レ今無二闕怠一、（中略）望請恩裁、早被二奏達一、被レ申二下院宣於武家一、被レ鎮二助村之悪行狼藉一、而為レ全二重色神供幷社領之所職等一、仍社司等謹以解矣、(M)

(N)嘉元三年十一月　日

（署名九名略）

これは嘉元三年（一三〇五）、藤氏長者に提出された大和春日社司解である（『鎌倉遺文』二二三九九号）。これと興福寺奏状の後半部とを比較すると、（E）（K）の副進文書の記載が対応する。そして本文（F）（L）が始まり、書止（G）（M）、そして日付（H）（N）が対応する。ということは、興福寺奏状の後半部の文書には、（I）書出と（J）事書部分が欠落していることになる。現存の興福寺奏状には途中で脱文があるのである。

そこで、坪井剛氏の提言にしたがい、興福寺奏状の前半部（A）～（D）を『興福寺奏状』、後半部（E）～（H）を『興福寺五師三綱等申状』と呼ぶことにする[4]（以下、『奏状』『申状』と略記することあり）。二通の文書のうち、『奏状』末尾の日付部分と、『申状』冒頭の書出と事書部分、あわせて数行分が書写過程で脱落したことになる。脱文が生じた経緯は不明であるが、書写過程での料紙の欠落などが考えられよう。これによって本来別の文書であった『奏状』と『申状』が接合される形で伝わったことになる。なお、興福寺奏状の現存写本は、すべて（D）書止と（E）副進

文書との間に欠落がある。[5] このことからして、この脱文はかなり古いものと考えられる。

ちなみに、(E)「副進　奏状一通」とは、『興福寺五師三綱等申状』の副進文書として『興福寺奏状』が添付されていたことを意味している。『申状』で「諸宗同心、欲レ及二天奏一」と述べていることからして、副進文書は「八宗同心之訴訟」たる『興福寺奏状』を指すと考えるのが穏当であろう。参考として掲げた春日社司解でも、現地から春日社に提出された「雑掌解」と「具書等」を一通に取りまとめて、副進文書として添付している。先行研究の中には、(E)「副進　奏状一通」を(F)以下の本文を指すと解するものも多いが、その理解は正しくない。

そこで『興福寺五師三綱等申状』の復元試案を示すと、次のようになる(破線箇所が復元部分)。

興福寺五師三綱等謹解　申請　殿下政所御裁事

請下蒙二殊　恩慈一、早被レ経二　奏聞一、且被レ停二止一向専修条々過失一、且被中行二罪科於源空幷弟子等上子細状

副進

奏状一通

右、件源空、偏執二一門一、都滅二八宗一、天魔所レ為、仏神可レ痛、仍諸宗同心、欲レ及二天奏一之処、源空既進二怠状一、不レ足二鬱陶一之由、依二院宣一有二御制一、衆徒驚歎、還増二其色一、就中叡山発レ使加二推問一之日、源空染レ筆書二起請一之後、彼弟子等告二道俗一云、上人之詞皆有二表裏一、不レ知二中心一、勿レ拘二外聞一云々、其後邪見之利口都無二改変一、今度怠状又以同然歟、奏事不実罪科弥重、縦有二上皇之叡旨一、争無二明臣之陳[諫]言一者、望請　恩慈、早経二奏聞一、仰二七道諸国一、被下停二止一向専修条々過失一、兼又行中罪科於源空幷弟子等上者、永止二破法之邪執一、還知二念仏之真道一矣、仍言上如レ件、

元久二年十月　日

(五師三綱等の連署)

以上を前提にして、弾圧の経緯を整理しておこう。まず傍線(a)では、顕密八宗が専修念仏を非難する「天奏」

を行おうとしたところ、機先を制して法然が「怠状」を提出したという。この「天奏」が『興福寺奏状』の提出を指す。つまり法然は、興福寺が「八宗同心」の根回しをしている間に、その動きを察知して、事前に「怠状」を朝廷に提出したのである。この「怠状」は伝存していないが、内容的には元久元年十一月七日の七箇条制誡に近いものだったろう。あるいは『興福寺奏状』九箇条の失に対する弁明を、あらかじめ盛り込んだ可能性もある。ただし、七箇条制誡は延暦寺に提出されたものであり、法然が朝廷に「怠状」を提出するのは、これが最初となる。この「怠状」提出をうけて後鳥羽院は、傍線（b）のように、「鬱陶」には及ばないと興福寺を牽制する院宣を発した。『奏状』の提出に手間取っている間に、興福寺は後手を踏むことになったのである。

興福寺はようやく元久二年十月に、『興福寺奏状』を添付した『興福寺五師三綱等申状』を提出した。傍線（e）「望請　恩慈、早経二奏聞一、仰二七道諸国一」とあるように、興福寺はここで「経二奏聞一」ることを求めている。一般に興福寺から朝廷への上申文書は必ず藤氏長者を介することになっていることからして、この『申状』は藤氏長者九条良経に対し、副進された『奏状』を朝廷に取り次ぐよう要請したものと考えてよい。

なお傍線（c）によれば、延暦寺が使者を派遣して法然を難詰した際、法然は「起請」を書いたという。元久元年十一月の話であろう。ところが傍線（d）によれば、「上人之詞皆有二表裏一、不レ知二中心一、勿レ拘二外聞一」とあるように、弟子たちは法然の発言には表裏があり、外聞に囚われてはならないと広言していたとのことだ。それゆえ、今回の「怠状」も真実とは思えず、奏事不実の咎（虚偽を奏上した罪）は非常に重いと非難している。法然の「怠状」提出を承けて「鬱陶」に足らずとの院宣が出されたが、それに対する反撃である。

こうして『興福寺五師三綱等申状』が九条良経に提出され、良経はそれに応えて『興福寺奏状』を朝廷に取り次いだ。しかし朝廷は、十二月二十九日に宣旨を下して、興福寺の訴えを退けたのである（この宣旨については後述）。

以上、興福寺奏状をめぐる経緯について説明してきた。ここで「八宗同心之訴訟」について検討しておこう。論者

の中には、『興福寺奏状』にみえる「八宗同心之訴訟」の語を文飾とする意見があるが、(6) 私は賛成できない。第一に、

『興福寺奏状』以外にも、「諸宗」が専修念仏の取り締まりを求めたと述べた史料は数多い。建永の法難について『皇帝紀抄』は「専修念仏子細、諸宗殊鬱申之故也」と述べ、慈円の「懺法院十五尊釈」は「諸宗訴二公家一、々々誡二悪人(専修念仏)一、雖レ然全無二対治之実一」といい（五二頁・五七頁、傍点は引用者、以下も同じ）、『興福寺五師三綱等申状』も傍線（a）で「諸宗同心」の「天奏」に触れている。しかも、建保五年（一二一七）延暦寺大衆解は専修念仏を「諸宗之魔障」と語り、建保七年官宣旨は「専修念仏」を「諸宗衰微之基」と断じ、貞応三年（一二二四）の延暦寺大衆解は「停二止一向専修一、興二隆八宗教行一」と専修念仏の禁止と八宗興行を求めている（八三頁・八五頁・九一頁）。嘉禄三年（一二二七）延暦寺政所下文案や延応二年（一二四〇）延暦寺大衆僉議は専修念仏を「諸宗之怨敵」「八宗仏法之怨敵也」と述べ、元徳二年（一三三〇）延暦寺政所集会も「一向専修群党」を「八宗之虫害」と非難した（九九頁・一三五頁・一五〇頁）。このように建永の法難で「諸宗」の訴えがあったとする史料の存在、およびその後においても、専修念仏を「諸宗」「八宗」の敵と非難した史料の存在からして、「八宗同心之訴訟」は事実とみるべきだろう。

第二に、「八宗同心之訴訟」の語は文飾として許される範囲を超えている。専修念仏への批判が興福寺単独のものか、それとも「八宗同心」なのかは、朝廷の判断に多大な影響を及ぼす重要事項である。しかも「八宗同心」が事実かどうかは、少し調査すれば容易に真偽が判明する。もしもそれが文飾なら、専修念仏側は当然それを突いて奏事不実の咎を申し立てるだろうし、虚偽であることが判明すれば、朝廷はそれを理由に訴えを却下し、二度と弾圧要請を採りあげることはないだろう。こういう中にあって、「八宗同心」の文言を文飾として書き加えたとすれば、興福寺僧綱や貞慶はよほどの政治音痴ということになる。そこまでのリスクを冒す必要があるとは思えない。そして実際、「八宗同心」の語はその後も何ら問題になっていない。文飾ではなかったからだ。

第三に、当時の顕密仏教界では御斎会や三講など、八宗の論匠が一堂に会する国家的法会はめずらしくない。そう

した折りに諸宗学匠が同意すれば、八宗の同心を容易に実現することができる。実際、嘉禄の法難では嘉禄三年（一二二七）七月の法勝寺八講の折に、延暦寺と南都との間で専修念仏の弾圧強化について協議しており、『明月記』はそれを「山門訴相二触諸宗一、悉令レ追二払念仏法師原一」と述べている（一〇一頁）。諸宗の同心はさほど困難なことではない。

第四に、『興福寺奏状』では法然の呼称が「沙門源空」「法然」「上人」と一定していない。奏状としては珍しいことだが、これは貞慶の草案を諸宗学侶の手によって添削した結果とみることもできる。「八宗同心之訴訟」の所以である。

第五に、『申状』の傍線（a）（b）によれば、「諸宗同心、欲レ及二天奏一之処、源空既進二怠状一、不レ足二欝陶一之由、依二院宣一有二御制一」とある。もしも『奏状』が「八宗同心之訴訟」でなかったのであれば、興福寺は後手を踏むことなく、『奏状』をすぐさま提出することができたはずである。「天奏」の決定からそれを実行に移すまでの間に、法然による「怠状」提出と院宣の宣下を許したのは、「八宗同心之訴訟」故に根回しに時間を要したためである。

以上からして、『興福寺奏状』が「八宗同心之訴訟」であったことは事実と考えるべきだろう。

二

次に、『興福寺五師三綱等申状』をめぐる二つの問題について、検討しておこう。第一は、「上人之詞皆有二表裏一、不レ知二中心一、勿レ拘二外聞一」という弟子の発言について、もう一つは『興福寺奏状』と『申状』との内容的齟齬の問題である。

まず、前者の弟子の発言から。法然の言葉には表裏があるとの発言をどのように捉えるべきかは、研究者の間でいまだ一致をみていない。これをほぼ実態と想定する研究もあれば、森新之介氏などのように弟子の暴言と解する論者もいる。(7) ただし、この問題を考える時、法然の消息「大胡太郎実秀へつかはす御返事」（二二頁）は重要であろう。大胡実秀が東国から、「念仏の合間に法華経を読んでもよいか」と質問したのに対し、法然は、そのような考えは「余ノ宗ノコヽロ」であり、それを「ヒガゴト」と決めつけると問題が起きるので善し悪しは定めがたい、と慎重な物言いをしている。ところがやがて、善導が勧めた行(ぎょう)を差し置いて、勧めていない行を修するのは問題だと述べ、結局、法華読誦と念仏との併修を「ムケ(無下)ニ、ケキタナク(穢)オホエ(覚)候ヘ」と断じた。法華読誦と念仏の併修は当時の浄土教では、もっともありふれた信仰形態であったが、そういう信心のあり方を汚いと非難したのである。これが法然の真意であった。とはいえ、余宗余行の人々との軋轢を恐れて、法然は手紙の最後に「御ヒロウ(披露)アルマシク候、御ラム(覧)シココロエ(心得)サセタマヒ(給)テノチ(後)ニハ、トクトク(疾)ヒキヤラ(引破)セタマ(給)フヘク候」と述べている。この消息を披露してはならず、読了後、すぐに破棄するよう指示した。この発言は異様である。つまり法然は、みずからの真意を一部の信者に漏らすことがあったが、諸宗との摩擦を恐れて、その真意を徹底して秘匿しようとしている。

そうした姿勢はこの手紙だけではない。そもそも法然は『選択本願念仏集』の公開を禁じている。外部に隠していただけではない。内部においても一握りの弟子にしか、閲覧を許していない。親鸞が『選択集』の閲覧・書写を許されたのは、入室して四年目のことである。親鸞はそのことを

渉リ年ヲ渉テ日ヲ、蒙フル其ノ教誨ヲ之人、雖モ千万ト、云ヒ親ト云ヒ疎ト、獲ル此ノ見写ヲ之徒モカラ、甚タ以テ難シ

と、述べている（『教行信証』後序、三六六頁）。『選択集』の書写を許可するにあたり、法然が臆病といえるほど慎重であったことが分かる。対外的な軋轢を配慮して法然は、真意の公開を憚ったばかりか、信者や弟子に対しても、誰にどこまで真意を漏らしてよいのか、その吟味と選別を慎重に行っていた。こうした事実は、「上人之詞皆有表裏」との弟子の発言が、虚偽ではないことを示唆している。

では、法然はなぜ、このような表裏の使い分けをしたのだろうか。振り返ってみると、法然は文治六年（一一九〇）、重源の要請に応えて東大寺で選択本願念仏説をおおらかに講じた。法然の著作のなかで、選択本願念仏説が初めて登場するのがこの講説である。つまり文治六年段階の法然は、顕密僧を前に選択本願念仏説を披瀝することに何のためらいも持っていなかった。ところが建久九年（一一九八）に著された『選択本願念仏集』を、法然は非公開とした。八年前の東大寺講説と『選択集』を比較すると、『選択集』の方が議論がより整理されているとはいえ、基本姿勢に大差はない。それにもかかわらず、東大寺で選択本願念仏説をおおらかに説いた法然が、八年後には一転して秘密主義に転じている。この変化をもたらしたものは一体何なのか。恐らくそれが建久五年の達磨宗の弾圧であろう。

詳細は不明ながら朝廷は建久五年、達磨宗の立宗を不当とする延暦寺の要請を容れて、大日能忍と栄西の達磨宗を禁止した（一五頁）。その結果、京都を追われた能忍門下は散りぢりになり、栄西も居場所を失って博多に赴き、その後、鎌倉に転じている。弾圧を契機に達磨宗が壊滅的打撃をうけてゆくありさまを、法然は目の当たりにした。達磨宗と同じ憂き目をみるわけにはゆかない。普通に布教を行えば、達磨宗の二の舞いとなるのは目に見えている。どのようにすれば、弾圧を回避しながら布教することができるのか。法然が直面した課題はきわめて困難なものであった。つまり達磨宗の弾圧とその壊滅という歴史的教訓が、法然に表裏の使い分けを余儀なくさせ、真意の開陳を慎重にさせたのである。達磨宗の弾圧事件が法然から素朴なおおらかさを奪い、複雑で屈折した言動を強いることになった。表裏の使い分けをしたとの弟子の発言を暴言と解している限り、私たちは法然が直面した苦悩を真に理解することができないであろう。森新之介氏の研究に代表されるように、表裏の使い分けを否定し、表側の発言だけを寄せ集めて法然像を構成しても、法然その人にたどり着くことは決してできないのである。

次に、もう一つの問題である『奏状』と『申状』との内容的齟齬について検討しよう。専修念仏は顕密仏教との間でさまざまな軋轢を引き起こしたが、その原因について当時二つの考え方があった。一つは、法然の思想に原因があるとする法然本源説である。もう一つは、法然には顕密仏教を誹謗する意図がなかったが、その教えを曲解した弟子たちが問題を引き起こしたという弟子暴走説である。[8] 貞慶起草の『興福寺奏状』は、「上人(法然)者智者也、自定無二誹謗法心一歟、但門弟之中、其実難レ知、至二愚人一者其悪不レ少、根本枝末恐皆同類也」と述べ、弟子暴走説にも配慮しながら、結局は弟子も法然も同じと断じている。それに対し『興福寺五師三綱等申状』は、「源空偏二執一門一、都二滅八宗一、天魔所レ為、仏神可レ痛」と、明確に法然本源説に立っている。求める処分についても、『奏状』は「宗義」の「糺改」という比較的穏やかな要請であるのに対し、『申状』は「一向専修条々過失」の停止と、法然および弟子たちの罪科を求めている。『申状』には、法然と弟子の処罰要求が付け加わった。このように、同じように専修念仏を非難しながら、『興福寺奏状』と『興福寺五師三綱等申状』とでは、その姿勢に硬軟の違いがある。

このギャップの主因は、法然たちの対応にあろう。『奏状』の根回しをしている間に、法然は「怠状」を提出し「鬱陶」に足らずとの院宣まで獲得した。『奏状』を作成している段階と、その完成をうけて『申状』を執筆した時期との間には、この一連の経緯が介在している。法然の「怠状」を「奏事不実」と考える興福寺は、態度を硬化させて、より強硬な要求を掲げるに至ったのである。[9]

しかし、ここで留意をしておかなければならないのは、『興福寺奏状』が「八宗同心之訴訟」であった事実である。つまり『奏状』は緩やかではあっても、専修念仏に対する顕密八宗の批判的意見を集約するところに、その目的があった。そして顕密八宗のなかには、弟子暴走説の考えをとる人々も相当多かったはずである。たとえば明恵は、建永の法難後においても、弟子暴走説にたって法然に篤い信頼を寄せていた。ところが法然の没後に刊行された『選択集』を読んで、明恵は愕然とする。「在家出家千万門流」が引き起こした「種種邪見」はすべて『選択集』に起因していることを悟ったからだ（『摧邪輪』、七七頁）。『選択集』が公開されていない元久二年段階では、情報不足もあって、明恵のように弟子暴走説をとる顕密僧も少なくなかったはずである。そうした中で、広汎な意見をとりまとめるには、弟子暴走説への配慮も必要であったし、要請内容も宗義「紕改」のレベルに止めるしか、なかった。弟子暴走説をとっていた明恵も、宗義「紕改」であれば賛成したはずである。

興福寺は、法然側の不誠実さを口実にして態度を硬化させた。興福寺は『奏状』の提出によって、専修念仏への批判勢力の広がりを朝廷に見せつけるとともに、それを添付した『申状』を提出することによって、法然とその弟子の断罪があたかも八宗全体の要請であるかのように、印象づけたのである。

三

次に『興福寺奏状』の内容について検討しよう。この『奏状』を理解するとき、留意すべきは、弾圧を求めた顕密八宗が単なる古代仏教ではないという事実である。第一に、古代の律令体制は一〇世紀に崩壊している。班田収授を行って租庸調を収取するしくみは、摂関時代には完全に瓦解した。そして荘園公領制をベースに年貢と公事を徴収する制度に変化したし、朝廷の宗教政策も大きく変わった。律令制下では私度を禁止し、仏教による天皇批判を禁じ、自由な民衆布教を認めないなど、仏教はさまざまな規制に縛られていた。それに対し今や朝廷は、宗派や寺院に大幅な活動の自由を与え、自己責任のもとで運営させるようになった。一〇世紀を境に、仏教をとりまく社会のありようは大きく変化している[10]。

第二は王法と仏法との関係である。『興福寺奏状』は「第九乱(二)国土(一)失」で、王法と仏法とは盛衰を共にする運命共同体だ、と述べている。これは中世成立期の院政時代に新たに登場した考えであって、古いものでは決してない[11]。国の平和を確保するには、仏法の保護が不可欠であるというこの政治思想は、転換期を生きる貴族たちの不安を捉えた。律令という中国的統治システムの動揺・破綻を前に、貴族たちは天竺文明（仏教）を援用して、時代の危機を乗り切ろうとした。そして中世王権は、仏法興隆を主導することによって王権の強化を図っている。こうして顕密仏教は国家との関係を再構築することに成功し、院政時代に最盛期を迎える。このように、王法と仏法を相依の関係で捉える政治思想は、中世社会の成立期に登場した。

第三は立宗勅許論である。興福寺奏状は「第一立二新宗一失」で、八宗のほかに新たな宗派を立てるには勅許が必要だ、と述べている。この主張も実は新しい。確かに顕密八宗は古代から存続していたし、年分度者や国講読師、公請や僧綱の配分をめぐって宗派間で争いもした。しかし立宗に勅許が必要だといった議論は、これまで話題になったことがない。かつて東大寺永観（一〇三三〜一一一一）が『往生拾因』で「念仏宗」を自称したが、何ら問題になっていない。新宗派が新たに公請や僧綱枠を割くよう申請したのであれば政治問題化するだろうが(12)、公請や僧綱配分と関わりのないところで何宗を名乗ろうと関心を引かなかった。

立宗勅許論が登場したのは、禅宗の流布がきっかけであろう。建久五年（一一九四）、延暦寺の訴えで達磨宗が禁じられるが、『百錬抄』同年七月五日条は「入唐上人栄西、在京上人能忍等、令レ建二立達磨宗一之由風聞、可レ被二停止一之旨、天台宗僧徒奏聞云々」と、達磨宗を立宗したとの噂が停止のきっかけになったという（一五頁）。実際、栄西は建久九年に著した『興禅護国論』で、「問曰、或人云、禅者諸宗通用法也、何建二立別宗一耶」「問曰、或人云、立宗希代事也、汝非二其人一、何欲レ成二於大事一耶」「問、何故強望二宣下一耶」「問曰、或人云、念仏三昧、雖レ無二勅許一流二行天下一、禅宗何必望レ勅耶」と立宗への批判的見解に何度も触れている。そのうえで栄西は「仏法皆付二属国王一、故必応レ依レ勅流通一也」と述べ、禅宗の護国機能を力説して勅許を得ようとした。一方、道元は「仏法ヲ国中ニ弘通スルコト、王勅ヲマツヘシ」との考えに言及しつつも、すでに天竺で許可を得ているので、改めての勅許は必要ないと断じた（「弁道話」、一六頁）。結論の違いはともかくとして、禅宗弾圧の主因に立宗勅許論があったのは間違いあるまい。このように、立宗勅許論は禅宗への嫌がらせのために鎌倉初期に登場した。古いものでは決してない。

ちなみに、この立宗勅許論は、一見すれば王権を尊重しているようにみえるが、実際はそうではない。たとえば康永四年（一三四五）、延暦寺は後光厳院による天竜寺供養への臨席に徹底して反対し、臨幸中止に追い込んでいる。中世王権は禅宗寺院の供養に出席することすら、意のままにならなかった。まして、新宗の勅許を顕密仏教が認めようはずがない。実際、中国・高麗とは異なり、日本においては僧正・僧都などの顕密僧の官位体系に禅僧を包摂することができていない。顕密仏教の抵抗が強かったためである。中世成立期における王権の顕密八宗保護が、その後の仏教政策を強く制約しており、現実にはそれ以降の治天による新宗勅許はありえなかった。『興福寺奏状』はそのことを十分に認識したうえで、勅許手続きの怠慢＝王権への侮辱として、達磨宗や専修念仏を責め立てたのである。

第四に『興福寺奏状』は、専修念仏への弾圧が「八宗同心之訴訟」であると述べている。もともと顕密八宗は組織としても、また思想的にもバラバラであった。彼らの共通点とは、朝廷の主催仏事で祈禱する特権と、朝廷から官位を付与される特権をもっていたことだけだ。実際、古代では法務が僧綱所を指揮しながら仏教行政を進めていたが、中世になると法務の権能が空洞化し、院が直接僧綱所を指揮するようになる。[13] つまり顕密八宗を統合したのは朝廷であって、顕密八宗は自分たちでまとまることすらできていない。ところが禅宗や専修念仏のような新たな思想潮流が登場したとき、彼らは初めて顕密八宗の思想的一体性を模索するようになる。[14]「八宗同心之訴訟」がその表れである。『興福寺奏状』はこの点でも新しい。このように『興福寺奏状』は、中世成立期の歴史的現実を踏まえたうえで主張を展開している。

なお、「興福寺僧綱大法師」名義の『興福寺奏状』を、貞慶が執筆したことについて付言すると、この時期の貞慶はすでに遁世していて興福寺の僧侶ではない。文筆に秀でていたこともあり、貞慶はこれまでも人々の依頼に応えて数多くの願文や勧進状を作成してきた。建久九年には和泉国司配流への協力を幕府に求める興福寺申状まで執筆している（『鎌倉遺文』一〇〇九号）。今回の『奏状』作成も、そうしたものの一つと考えるべきだろう。『興福寺奏状』に貞慶の考えが反映されていることは言うまでもないが、しかし貞慶はあくまで興福寺の依頼に応えて、草案をしたためただけである。[15]その役割は限定的なものであって、専修念仏の弾圧を貞慶が主導したかのように捉えるのは適切ではない。

四

ここで、もう一度、建永の法難にいたる経過説明に戻ろう。元久二年（一二〇五）十月、興福寺は『興福寺五師三綱等申状』を藤氏長者九条良経に提出し、副進された『興福寺奏状』を朝廷に取り次ぐよう要請した。九条良経はそれに応じたが、朝廷は十二月二十九日に宣旨を下して、興福寺の訴えを退けた。『法然上人行状絵図』巻三一によれば、その宣旨は次の通りである（四三頁）。

頃年源空上人、都鄙にあまねく念仏をすゝむ。道俗おほく教化におもむく。而今彼門弟の中に、邪執の輩、名を専修にかるをもちて、咎を破戒にかへりみす。是偏門弟の浅智よりおこりて、かへりて源空か本懐にそむく。偏執を禁遏の制に守といふとも、刑罰を誘諭の輩にくはふることなかれ。

この宣旨は『行状絵図』にしか見えず、また漢文であったものが書き下しになっているという難点があるが、この宣旨の信憑性は、『三長記』元久三年二月二十一日条で裏づけることができる。[16]さて、ここで注意すべきは、「是偏門弟の浅智よりおこりて、かへりて源空か本懐にそむく」とあるように、朝廷が明確に弟子暴走説に立脚している事実である。興福寺は法然本源説にたって法然と弟子の処罰を求めたが、朝廷は弟子暴走説の立場から、法然らの処罰を否定し、法然による門徒統制の強化を督励している。

この宣旨に不満な興福寺は五師三綱を派遣して、翌年二月、藤氏長者九条良経に、①十二月二十九日宣旨の改訂、

②法然・安楽・住蓮・幸西・行空等の罪科、③「念仏宗」「専修」の語の禁止を求め、それを朝廷に伝えるよう要請している（四五頁）。

この当時の興福寺の訴訟手順は、ⓐ藤氏長者への訴え、ⓑ朝廷への奏状提出、ⓒ三綱五師僧綱等による朝廷との折衝、ⓓなお裁許がなければ衆徒進発、となっている（『鎌倉遺文』一〇〇九号）。今回の問題に照らし合わせると、ⓐ興福寺は『興福寺五師三綱等申状』を藤氏長者に提出して、『興福寺奏状』の取り次ぎを求め、ⓑ藤氏長者はそれを承けて『興福寺奏状』を朝廷に提出した。その結果、朝廷は前年末に宣旨を下し、元久三年二月の交渉はその再議を求めたⓒ段階に当たる。興福寺は藤氏長者九条良経との直接交渉を要求したが、氏長者はそれを拒否。勧学院別当である三条長兼が話を聞き、それを藤氏長者、さらに後鳥羽院へと伝えている。

六月二十一日には後鳥羽院が松殿入道基房をはじめとする諸卿に、専修念仏への対応について在宅諮問した（『三長記』、四九頁）。公卿への在宅諮問制度は一一世紀末からみえ、これが院権力を支える政治的装置となっていた。諮問される人物は当初は現任公卿に限られていたが、後白河・後鳥羽院政期になると、前官や出家入道した公卿にも諮問するようになっている。[17]今回もその一例である。

ただしこの在宅諮問には、九条良経の急逝が関わっていよう。九条良経は九条兼実の息で、当時、摂政・太政大臣であり、藤氏長者であった。専修念仏への対処は後鳥羽院の主導で一貫していたが、後鳥羽と九条良経は専修念仏への穏便な措置という方針で一致していた。そのため、この問題への対応は、それを主導する後鳥羽院と、それを積極的に支える九条良経との協調によって進められてきた。ところが九条良経は三月七日に急逝し、それに代わって近衛家実が摂政・氏長者となる。近衛家実はこれまでの経緯に不案内であるとして、明確な賛意を示さなかったのであろう。そのため後鳥羽上皇は、専修念仏問題への対応方針を諸卿に相談することとした。その諮問内容は、次のようなものである（四九頁）。

専宗念仏事、源空上人門弟等、一向勧進之間、還二誹二謗諸宗一、於二余行一者、非二出離要一之由、遍称レ之、因レ茲仏法可レ及二衰微一之由、興福寺衆徒訴二申之一、仍可レ被二宣下一也、其趣如レ此以二仰詞案一令二廻見一也、若依二此宣下一、念仏又令二衰微一者、已罪業也、可レ被二計申一者、

ここから朝廷の立場がよくうかがえる。専修念仏の流布によって顕密仏教が衰退することは避けたいが、念仏もまた仏法なので、専修念仏の禁止によって念仏が衰微する事態も回避したいというのが、朝廷の立場であった。しかし朝廷が弟子暴走説に立脚していた以上、これ以上の処分は困難であり、結局、専修念仏に対する処分は見送られ、新たな宣下が出されることもなかった(18)。

ところで、この一連の経過のなかで、興福寺は強訴の動きを一切みせていない。それはなぜだろか。その答えは七年前の顛末にある。建久九年（一一九八）後鳥羽院最初の熊野詣のため和泉に院御所を新造することになり、その費用を捻出するため国司が和泉の荘園・公領に一国平均役を賦課した。それに対し興福寺は、これまで一国平均役を免除されてきた実績を楯に、寺領への賦課に激しく抵抗した。そこで和泉国司は、興福寺仕丁や春日神人を簀巻きにして陵轢し、春日社の榊まで焼いている。国司の乱暴な措置に怒った興福寺は、国司の流罪と目代の禁獄を求めた。榊の焼却は重大事犯であるため、朝廷は国司の解任と目代の禁獄を認めたが、興福寺は僧綱以下を摂政近衛基通邸に列参させて、国司の流罪をなお要求した。そしてそれを実現すべく、大衆による入洛強訴を計画している。

それに対し源頼朝は、衆徒が入洛強訴すればそれを反逆・朝敵とみなし、自分が先頭にたって断乎阻止すると通告し、実際に東国武士を多数京都に派遣した。怖じ気づいた衆徒は入洛を断念。僧綱らも「恐怖」のあまり南都に逃げ帰っている。その結果、興福寺は和泉国司の流罪を勝ち取ったものの、衆徒張本の配流という犠牲も払うことになった(19)。これが七年前の強訴の顛末である。僧綱たちの列参愁訴ですら、強訴とみなされ張本が流罪に処された。衆徒入洛ともなれば幕府と全面衝突することは必至である。しかも強訴を行えば、法然たちを流罪に処すことができたとし

ても、ほぼ同数の流罪者を興福寺から出すことを覚悟しなければならない。専修念仏は顕密仏教にとってゆゆしき問題ではあるが、興福寺だけの問題ではない。興福寺だけが多大の犠牲を払う強訴は、そもそも選択肢に入っていなかった。そして後鳥羽はそのことを見透かしていた。それゆえ、後鳥羽院は興福寺の弾圧要求に対し、ゼロ回答で終わったのである。

五

こうして弾圧問題は収束するかに思われたが、その時に「密通事件」が勃発する。建永元年（一二〇六）末の後鳥羽院の熊野詣の最中に、法然の弟子と院の女房との間で「密通事件」が起き、翌年それが発覚した。建永二年正月二十四日には、専修念仏を禁止する方針が定まり、二月九日までに専修念仏僧の逮捕・拷問が行われた。九条兼実は寛大な措置を要請したが、二月二十八日に「五箇条」の太政官符が下されている。法然・親鸞らが流罪、そして安楽・住蓮らが死罪となった。

ただし、誰が流罪や死罪になったかについては、なお異論があるため[20]、ここで改めて確認しておこう。『歎異抄』によれば、①法然が土佐、親鸞が越後、浄聞房が備後、禅光房澄西が伯耆、好覚房が伊豆、法本房行空が佐渡に流罪となった、②幸西と証空の二人も遠流と定まっていたが、慈円が申し預かって流罪を免れた、③死罪は善綽房西意・性願房・住蓮房・安楽房の四名、とのことである（五三頁）。また、西山深草義静見が永和四年（一三七八）に編纂した『法水分流記』は、②幸西の預かり記事を欠くものの、それ以外については『歎異抄』の内容と一致する（五五頁）。ただし、『愚管抄』では安楽・住蓮の死罪と、法然の流罪しか記していないし、『法然上人行状絵図』も同様である。そのため、『歎異抄』『法水分流記』の記事をどの程度信頼してよいのか、不確定な部分があった。その疑念を払拭させたのが、玉桂寺阿弥陀仏像胎内文書の発見である。一九七九年、滋賀県玉桂寺の阿弥陀如来像の胎内から、勢観房源智の願文と、膨大な数の念仏結縁交名が発見された。そのうちの「源頼朝等交名」には、源智の筆跡で「安楽房遵西、住蓮房、善綽房西意、聖願房（性）」と四人の名を連記している（五四頁）。源智は、『歎異抄』『法水分流記』が死罪とした四人の名を連続して記しており、彼ら四名の人物の共通性を意識している。この事実から伊藤唯真氏は、

源智は記憶の生々しいまま、交名に死罪の四人の名を記したのである。『歎異抄』に伝えられた死罪者の名がこの結縁交名によって裏づけられたことになる。

と述べた。[21] こうして『法水分流記』『歎異抄』の死罪四名説が確定した。つまり『愚管抄』『行状絵図』の記事以外にも、処刑された者がいたのである。これによって『愚管抄』『行状絵図』の史料的限界が浮き彫りになるとともに、法然・親鸞・行空ら六名が流罪になったとする『法水分流記』『歎異抄』の記事の信憑性がきわめて高くなった。六名の流罪は事実とみてよかろう。また、もともと興福寺が幸西の罪科を要求していたこと、そして元久三年二月段階で興福寺が処罰を求めた法然・安楽・住蓮・幸西・行空のうち、幸西以外はすべて流罪もしくは処刑されたことからすれば、幸西が流罪にならなかったのには、何らかの政治的駆け引きがあったはずである。しかも『法水分流記』は慈円の身柄預かりによって証空が奥州流罪を免れたと述べており、『歎異抄』の記事を裏づけている。その点からすれば、幸西が慈円の身柄預かりによって遠流を免れたとの『歎異抄』の記事も信頼してよいだろう。

次に弾圧の発端となった「密通事件」であるが、その実態は定かではない。『法然上人行状絵図』巻三三や『尊卑分脈』によれば、後鳥羽院の留守中に女房たちが発心出家したため、後鳥羽院が激怒したという（五一頁・五五頁）。出家は一般に性的関係の遮断を意味したため、無断で妻が出家すると夫から「義絶」「絶交」（離縁）された。しかし極端な例もある。吉備津神社の神官は、留守中に妻を出家させたとして一遍を殺そうとしたし、ある御家人も自分の了解なく妾を出家させたとして僧侶を暴行している（『一遍聖絵』第四、『吾妻鏡』建仁二年八月二十四日条）。「密通事件」

の実相は、おそらくこの類いのものであったろう。

留意すべきは、これまで後鳥羽院は後宮での密通に対し、厳しい処断を加えてこなかった事実である。後鳥羽の後宮では、これ以前にも密通が二件露顕している。承明門院在子は後鳥羽院との間で土御門天皇を産んだが、やがて養父の土御門通親と通ずるようになった（『愚管抄』）。また、後鳥羽との間に皇女をもうけていた女房が、童子得王と密通して両名とも宮中から追放されている（『明月記』元久元年六月九日条）。しかし、承明門院と通親には何の処罰もなく、承明門院母子への寵愛が薄れただけであるし、得王も半年後には赦免され復帰している。このように、後鳥羽院は後宮での密通に対し、これまで峻厳な処罰をしてこなかった。それを思えば四名の死刑は尋常ではない。

しかも、事件に関与した院女房への処罰も明らかではない。『皇帝紀抄』承元元年二月十八日条は「女人等又有二沙汰一」として、女房たちも処分されたとするが具体的なことは分からない（五二頁）。この事件に関与したことが確認できる唯一の女性が西御方である。『愚管抄』に「院ノ小御所ノ女房、仁和寺ノ御ムロ（道助入道親王）ノ御母マジリニ（西御方）、コレヲ信ジテ」とあって、彼女の関与が明記されている（五六頁）。西御方（坊門局）は坊門信清の娘であり、生没年は不詳だが、卿二位兼子の養女となって後鳥羽後宮に入り、仁和寺の道助入道親王（一一九六～一二四九）のほか、頼仁親王（一二〇一～六四）・嘉陽門院（一二〇〇～七三）をもうけた。将軍実朝の室は彼女の妹である。父の坊門信清は、「外戚之威」を振るうと評されたように（『玉葉』建久六年九月十一日条）、娘と後鳥羽とのつながりで出世した人物であるが、後鳥羽院の信頼は事件の前後で変化はない。承元四年（一二一〇）には頼仁が親王宣下を受け、道助はわずか十五歳で二品に叙されたし、その翌年には信清が内大臣に補されている。一〇代以上、大臣が出ていない家系であるにもかかわらず、外戚ということで、信清は内大臣に任じられた（『玉蘂』建暦元年九月二十五日条）。また、西御方は承久の乱後には後鳥羽院にしたがって隠岐まで随逐し、後鳥羽の死を看取ってから帰京している（一四二頁）。ちなみに、後鳥羽院は隠岐配流の際に出家したが、それに随行した西御方には出家させていない。このように西御方への後鳥羽の寵愛は非常に深く、彼女の父や子どもたちにも細やかな配慮をみせている。その点からすれば西御方への寵愛の深さが、処断の厳しさにつながったと考えられよう。

しかも後鳥羽院はこれまで法然にずいぶん配慮してきた。興福寺など顕密八宗の要請を聞き入れることなく、法然をかばってきた。にもかかわらず今回の事件によって、法然の弟子が「寄二事於念仏一、密二通貴賤并人妻、可レ然之人々女一」していたことが露顕した（『皇帝紀抄』、五二頁）。道心の念仏聖と考えて擁護してきたのに、実際には女人密懐のために念仏を利用していたというのである。裏切られたとの思いが怒りを増幅させ、通常の密通処分のレベルを超えた峻厳な措置になったのであろう。

ところで、死罪となったのは安楽・住蓮だけでなく、善綽房西意・性願房も処刑された。善綽・性願の二人については事蹟がよく分からない上、興福寺がそれまで処罰を要求をしていたリストにも彼らの名はない。にもかかわらず、安楽・住蓮とともに極刑に処されている。一方、『愚管抄』は安楽・住蓮が「密通事件」に直接関与して処刑されたと述べているが、さらに安楽らが「グ(具)シテ行向ドウレイタチ出キナンドシテ、夜ルサヘトヾメナドスル事出キタリケリ」と語っている（五六頁）。安楽・住蓮が仲間を引き連れて院女房のもとに参向したと明言していること、また彼らへの処罰の峻厳さからして、善綽・性願の二人も安楽・住蓮と同じく「密通事件」への関わりが原因で処刑されたと思われる。つまり建永の法難での死刑とは、「密通事件」の処断であった。

ところで、安楽・住蓮らの死罪について、上横手雅敬氏は、これが後鳥羽院の私刑であったと論じている。[22]その根拠は三つある。第一は当時の朝廷における死刑制度の実態である。保元の乱（一一五六年）で死罪が復活したが、その三年後に平治の乱が勃発したため、死罪復活が内乱の引き金となったという考えが朝廷に広まっており、実質的に死罪は実行不能の状態であった。そのため公的手続きを踏んで死罪に処すには高いハードルを越えなければならない。第二は、延暦寺も興福寺も、専修念仏の弾圧を求めたが、死罪を要求していた訳ではない。第三に処刑を実行した藤原秀能と二位法印尊長が、いずれも後鳥羽院の側近であった。

これらの論拠にさらに付け加えるなら、この後、死罪が先例として継承されなかった事実を挙げることができる。日本中世は慣習法の時代であり、先例が法であるような社会である。建永の法難後も朝廷は専修念仏を繰り返し弾圧したが、死罪が行われたことはその後一度もない。建永の法難で死罪が公的手続きを踏んで実施されたのであれば、それが先例となって、処刑が繰り返されたはずであるが、死罪は継承されていない。上横手氏の推測どおり、安楽らの処刑は公的手続きを経たものではなく、後鳥羽院による私的制裁であった。

『法然上人行状絵図』巻三三によれば、安楽・住蓮の処刑は建永二年二月九日とのことである。一方、『明月記』同年二月九日条によれば、「近日只一向専修之沙汰、被₂搦取₁被₂拷問₁云々」と専修僧の逮捕・拷問の記事がみえる（五一頁）。流罪人の決定はもう少し後のことであるので、ここで逮捕・拷問されているのは、安楽・住蓮ら死罪となった者たちと考えるべきだろう。その点でいうと、二月九日の私刑は十分にありうる。専修念仏に対する公的処分が下されたのは二月二十八日であるが、安楽ら四名は正式の手続きを踏むことなく、それ以前に処刑された。

六

次に、建永の法難における流罪について考えよう。ここで重要なのは、専修念仏禁止令の発布である。上横手氏は、建永の法難で専修念仏禁止令が発布された史料的根拠が曖昧であると先行研究を批判し、「後鳥羽は一貫して念仏を制止しなかった」と推測している[23]。しかし藤原経光が書き記した日録『民経記』自筆本の嘉禄三年（一二二七）七月二十五日条には、専修念仏の禁止と隆寛・幸西・空阿弥陀仏の遠流、そして余党の逮捕を命じた後堀河天皇宣旨が掲出されており、そこに「頃年以来、内不ᷓ守₂三宝之戒行₁、外不ᷓ顧₂数般之制符₁、建₂専修之一字₁、破₂自余之諸教₁」

と記されている（一〇三頁）。嘉禄三年七月時点で、専修念仏の禁止令を「数般之制符」と述べ、これまで何度も禁令が発布されたと語っている。上横手説ではここの説明がつかない。私見によれば、朝廷の専修念仏禁止令は建永二年（一二〇七）、建保七年（一二一九）、貞応三年（一二二四）、嘉禄三年、天福二年（一二三四）、延応二年（一二四〇）、徳治三年（一三〇八）と、鎌倉時代に七度出されている。[24]嘉禄三年の禁止令は四度目であり、これ以前に三度の禁止令が発布されているので「数般之制符」の表現に合致する。一方、上横手説の場合、後鳥羽院の失脚（一二二一年）から嘉禄三年までの弾圧は貞応三年の一度しかないため、嘉禄三年の宣旨に「数般之制符」の文言が入っていることが説明できない。この点で上横手説には無理がある。

しかも二回目の弾圧である建保七年の院宣は「不レ拘二厳禁一、猶企二専修念仏一」と非難していて、「専修念仏」がすでに「厳禁」となっていたことが分かるし、四度目の嘉禄三年宣旨・綸旨では「専修念仏事、停廃　宣下重畳」「代々之間、頻被レ降二厳旨一、殊所レ加二禁遏一也」と述べ、五度目の天福二年宣旨でも「不レ恐二処処之厳制一、恣建二念仏之別宗一」とあるように、専修念仏の禁止が頻繁に命じられてきたと語っている（八四頁・九八頁・一〇〇頁・一二八頁）。これまで想定されてきたように、建永の法難で専修念仏禁止令が発布されたと考えるべきだろう。

ちなみに、専修念仏の弾圧に関する史料は、『停止一向専修記』『金綱集』『念仏者令追放宣旨御教書集列五篇勘文状』に数多くみえる。これらの中には、取り扱いに注意を要するものも存在するが、全般的にその史料的価値は、これまでの研究によってほぼ承認されている。[25]

さて、建保七年閏二月八日の官宣旨によれば、「去建永二年春、以二厳制五箇条裁許官符一、施行先畢」とあり、建永の法難の際に、専修念仏を指弾した「五箇条」にわたる太政官符が下されている（八五頁）。残念ながらこの官符は伝存していないが、「五箇条」にもわたって、何が書いてあったのだろうか。

第一に考えられるのは、「念仏宗」「専修」の語の使用禁止である。興福寺は元久三年二月の朝廷との交渉で、「念仏宗々字、専修名号、可レ被二停止一之由、可レ被レ仰二下之一」と述べ、「念仏宗」「専修」の語を使わせないよう求めていた（『三長記』、四六頁）。そして、嘉禄三年七月十七日宣旨には「不レ顧二数般之制符一、建二専修之一字一」（『民経記』、一〇三頁）とあり、天福二年六月晦日宣旨に「不レ恐二処処之厳制一、恣建二念仏之別宗一」とあるように（一二八頁）、「専修」の語と「念仏宗」の別立が繰り返し禁止されてきた、と述べている。また、『皇帝紀抄』嘉禄三年七月六日条によれば、隆寛・幸西らの流罪について「立 二念仏別宗 一」てたことを罪状に挙げているし、十月十五日条には、延暦寺僧綱等が「専修・念仏宗停廃事」を朝廷に訴えている（一〇一頁・一〇八頁）。さらに正和元年（一三一二）には、京都の大谷影堂（本願寺の前身）に専修寺の額を掲げたところ、延暦寺から「一向専修者往古所二停廃一也、而今専修号不レ可レ然」との抗議があったため、止むなく専修寺の額を撤去している（『存覚一期記』、二一二頁）。以上の事実から、朝廷が「念仏宗」の立宗と「専修」の語の使用を禁じたのは明らかである。特に四度目と五度目の弾圧である嘉禄と天福の宣旨では、「数般之制符」「処処之厳制」によって、それらが禁じられてきたと述べており、その禁制の初発が建永の法難であったことをうかがわせる。建永の官符に「念仏宗」「専修」の語の使用禁止が掲げられていたのは確実であろう。

第二はそれと若干重なるが、先ほど述べた専修念仏の禁止令である。『法然上人伝記（九巻伝）』巻六上によれば、建永の法難で下された宣旨に、「顕密両宗焦二丹府一而歎息、南北衆徒捧二白疏一而欝訟、誠是可レ謂二天魔障遮之結構一、寧亦非二仏教弘通之怨讐一云々」とあったという（五二頁）。つまり朝廷は専修念仏を「天魔」の教えとし、仏法の敵であると断じている。とすれば、「厳制五箇条裁許官符」においても、専修念仏に対して同様の非難が加えられ、その禁止が命じられたはずである。そして事実、これ以後も専修念仏は繰り返し弾圧された。

第三に、法然や親鸞・行空らの流罪処分について記されていたろう。法然についていうと、その流罪は、監督責任を問われたという考えと、法然の思想そのものが問題にされたという二つの考えがある。しかし、専修念仏の禁止令が発布された事実や、「専修」「念仏宗」の語が使用禁止となったことは、法然の思想そのものが否定されたことを意味している。実際、『興福寺奏状』は「有二一沙門一、世号二法然一、立二念仏之宗一、勧二専修之行一」と語っており（三六頁）、法然の核心が念仏立宗と専修の勧めであると捉えている。建永の法難は法然思想に対する弾圧であった。朝廷はこれまで弟子暴走説に立脚して、法然に門徒統制の強化を求めてきたが、建永の法難での朝廷は、明らかに法然本源説に立場を変えている。法然の流罪は監督責任の問題ではない。興福寺がもともと、法然・安楽・住蓮・幸西・行空らの罪科と「念仏宗」「専修」の語の使用禁止を求めていたことを思えば、朝廷は興福寺の要求をほぼ丸呑みしたのである。(26)

このように朝廷は、「密通事件」を契機にして弟子暴走説から法然本源説に立場を変え、専修念仏禁止令を発して弾圧を加えた。つまり、弟子暴走説を採用していた段階では、朝廷は何の処分もしていない。その点からすれば、弟子暴走説は、弾圧回避のために法然教団が意図的に流布させた言説であった可能性も十分にある。法然の擬態変装と真意の隠匿、そして弟子暴走説の意図的流布は一体であったのではないか。

小括すれば、建永の法難における死罪は、「密通事件」の関与者に対する後鳥羽院の私刑であった。一方、法難における流罪は、興福寺の要求を聞き入れた朝廷による思想弾圧である。そして後者が正式の手続きにのっとって処断されたものであったため、その法的効力は少なくとも鎌倉時代末まで維持されたのである。

七

では、幸西が流罪を免れ、他方で親鸞が流罪となったのは、なぜなのか。ここで重要なのは、弾圧直前の二つの記事である。『明月記』によれば建永二年（一二〇七）二月十日、九条兼実は水無瀬の後鳥羽院のもとに家司の源兼時を派遣している（五一頁）。この使いが専修僧を引き連れていたこと、また藤原定家が「専非レ可レ被レ申事一歟、骨鯁之御本性、猶以如レ此」と兼実の行動を批判している事実からして、これが寛大な措置を要請したものであることは明らかだろう。一方、『教行信証』後序には、

然ニ諸寺ノ釈門、昏ニク教ニ兮不ㇾ知ニラ真仮ノ門戸一ヲ、洛都ノ儒林、迷ニフ行一ニ兮無ㇾシ弁ニコト邪正ノ道路一ヲ、斯ヲ以テ興福寺ノ学徒奏下達ス
太上天皇諱尊成 号後鳥羽院
今上諱為仁聖暦承元丁ノ卯ノ歳仲春上旬之候上ニ、 号土御門院
主上臣下背キ法ニ違シ義ニ成ㇾシ忿一ヲ結スフ怨一ヲ

とあり、興福寺が「承元丁ノ卯ノ歳仲春上旬之候ニ」後鳥羽院に「奏達」したという（五一頁）。承元丁卯歳仲春上旬とは、建永二年二月上旬を指す。前後の経緯をもう一度確認すると、「密通事件」が発覚し専修念仏を弾圧する基本方針が定まったのが、この年の正月二十四日であり、二月二十八日には五箇条の官符が下されて、法然・親鸞らの流罪が決している。つまり二月上旬とは、誰をどのように処罰するか、具体的な処分内容を検討していた時期であった（「密通事件」関係者は別）。その段階で、九条兼実と興福寺は後鳥羽院に対し、正反対の立場から働きかけを行ったのである。[27]

まず興福寺の「奏達」からいうと、「厳制五箇条裁許官符」につながる要求がこの時に提示されるとともに、流罪に処すべき人物の交名が提出されたと思われる。興福寺による流罪交名の提出については、少し説明が必要である。一般に鎌倉時代の朝廷では、被処罰者の特定を次の二つの方法で行う場合が多い。処罰すべき人物を、被処罰者が所属する組織の責任者が名指しする場合と、敵対組織が指名する場合である。たとえば建久五年（一一九四）醍醐寺桜会で興福寺と延暦寺が衝突した事件では、関白九条兼実が天台座主に「山門衆徒張本可レ被ニ注進一之由」を命じ、座主の報告にもとづいて延暦寺張本を召還している（『玉葉』建久五年七月十七日条）。弘安六年（一二八三）の日吉神輿

入洛事件では、亀山上皇が延暦寺の青蓮院・梶井・妙法院の三門首に張本の交名注進を命じ、三門跡がそれに応じている（『公衡公記』弘安六年七月三日条・二十二日条）。これらはいずれも、組織の責任者が、その配下のうち処罰すべき人物の名を朝廷に注進したケースである。

他方、敵対組織が名指しする事例も多い。建久二年の延暦寺と近江守護との紛争では、天台座主が「流人注文」を提出して佐々木定綱らの配流を要求したし（『玉葉』建久二年四月二十九日条）、仁治三年（一二四二）に金剛峯寺が伝法院を焼き討ちした事件でも、伝法院は金剛峯寺の「宿老等廿六人」の交名を注進して配流を求めた（『南海流浪記』〈『群書類従』一八―四六八頁〉）。

このように処罰すべき人物の交名は、被処罰者が属する組織の責任者、もしくは敵対組織が提出している。建永の法難に即していえば、流罪人を指名したリストを法然が提出するか、それとも興福寺が提出するか、である。しかし、法然がみずからを含めた流罪人交名を朝廷に提出したとは考えられないので、名前の挙がった八名は興福寺が指名したと考えてよい。事実、建永の法難にいたる過程でも、興福寺は法然・安楽・幸西・住蓮・行空の五名の処罰を求めていたし（『三長記』元久三年二月二十一日条、四五頁）、嘉禄の法難では延暦寺が隆寛・幸西・空阿弥陀仏の遠流を求めるとともに、京都から追却すべき余党四六人の名を記した「山門注文」を提出している（一〇一頁・一〇五頁）。

つまり、親鸞の流罪は興福寺が要求したのであり、その傍証となるのが後序に見える「奏達」である。興福寺は、建永二年（承元元年）二月上旬に専修念仏に対する厳正な処分を改めて訴え、流罪に処すべき人物の名を後鳥羽院に「奏達」した。親鸞がこの興福寺「奏達」を特筆しているのは、これが親鸞流罪の直接的な引き金となったためであろう。

流罪を要求された法然・親鸞・行空・浄聞房・禅光房澄西・好学房と幸西・証空についていうと、浄聞房・禅光房澄西・好学房の三名に関しては思想的特徴が不明なものの、親鸞・行空・幸西・証空の四名はいずれも信心の重視派である。一方、この当時、法然門下の中心であった信空や源智は、穏健派に属したため処罰されていない。興福寺は法然門下のうち、その思想や言動を見極めて交名に入れる人物を選別している。諸行往生や聖道得悟を否定する親鸞を、興福寺が流罪交名に入れたのは、ある意味、当然であろう。ただし親鸞は、『選択集』の書写を認められたのが元久二年（一二〇五）四月であったことからも分かるように、法然門下で頭角を現すのが比較的遅かった。親鸞の名が興福寺に知られるのが遅れたため、最終段階までその名が挙がることがなかったのである。

流罪となった法然・親鸞らは、度縁を没収され俗名を与えられて還俗させられた。法然は藤井元彦、親鸞には藤井善信の名が与えられた。藤原氏出身の親鸞に「藤井」の姓が与えられたのは、罪人が源平藤橘の貴姓を名乗るのを憚ったため、藤井（藤原）や原（源）・平群（平）・立花（橘）などの下級の姓を付与したことによる。(28)

では、寛大な処置を求めた九条兼実に対し、後鳥羽院はどう対処したのか。幸西・証空の流罪赦免とともに、考えてみよう。後鳥羽は兼実の要請に対し、それなりの配慮をみせた。第一に法然の流罪先が九条兼実の知行国である土佐国となった。かつて治承三年（一一七九）の平清盛のクーデターで関白松殿基房が鎮西に流罪となった時、それを行き過ぎと考えた藤原邦綱は平清盛を説得して、流罪先を自分の知行国である備前国に変更している（『山槐記』治承三年十一月十四日条）。また、建仁三年（一二〇三）、聖徳太子の墓をあばいて歯牙を盗もうとした僧二名が遠流となるが、彼らは東大寺大勧進重源の配下であったため、重源の申請によって、二人は重源の知行国に流された（『大日本史料』四―七―八四四頁）。それと同様に、後鳥羽院は法然を流罪に処すことは譲らなかったが、流罪先を兼実の知行国とすることによって、流罪中の法然の身柄管理権を九条兼実に委ねたのである。その結果、兼実は土佐国が遠すぎるということで、結局、法然を土佐に送ることなく、九条家領であった讃岐国子松庄に法然を安置した。自分の知行国への配流であったために、九条兼実は柔軟な措置を採ることができたのである。

第二に、証空と幸西の身柄を慈円が預かっている。とはいえ、慈円は専修念仏に好意をもっていない。『愚管抄』

は「魚鳥女犯ノ専修」に批判的であるし、「懺法院十五尊釈」でも慈円は、専修念仏の「魚食女犯之放逸」が「如来之照見」に背くと非難している（五六頁・五七頁）。慈円が自発的に身柄を預かったとは思えない。これは同母兄であった兼実の依頼と考えるべきだろう。この時期、慈円と後鳥羽院との関係はきわめて良好であった。九条兼実はそれを見越して、証空と幸西については、慈円による身柄預かりの形で流罪を免除するよう後鳥羽に要請し、それが認められたのであろう。

ただし、これはあくまで流罪の免除であって、処分の免除ではない。日本中世では朝廷や幕府は、囚人や流罪人の管理コストを嫌って、彼らを特定の組織や個人にその管理責任を押しつけている。囚人預け置き慣行である。[29] 囚人を預かったのは、ⓐ囚人の敵方、ⓑ第三者、ⓒ囚人の縁者の三パターンがある。もっとも厳しいのが、ⓐ囚人の敵方に預けるものである。平重衡が東大寺に引き渡され、衆徒によって私的に処刑されたように、これは実質的に死刑を意味した（死刑の黙認）。もっとも多いのが、ⓑ御家人や在庁官人など第三者による身柄預かりであり、一番処分が緩やかなのが、ⓒ囚人の縁者による身柄預かりである。法然の土佐配流は流罪とはいえ、ⓒ囚人の縁者（九条兼実）に身柄を預けたものであり、証空と幸西は在京のままⓒ囚人の縁者（慈円）に預けられた。処罰としては非常に緩やかなものであり、特に証空と幸西については実質的に処罰がないに等しいが、形のうえでは罪科処分であることに変わりがない。『親鸞聖人血脈文集』は法然らの赦免について「御弟子八人アヒ具シテ、ユルサレタリシ」と述べており（七三頁）、建暦元年（一二一一）に流罪の六名と証空・幸西、あわせて八名が一緒に赦されたとする。証空・幸西も罪科処分をうけたことを忘れてはならない。

法然・親鸞らは建暦元年十一月に赦免された。しかし、これは専修念仏禁止令の解除を意味していない。そこで最後に、鎌倉時代における専修念仏の弾圧について、総括的な検討を加えておこう。

第一に、建永の法難で発布された専修念仏禁止令は、少なくとも鎌倉時代末にいたるまで維持されていた。先にも述べたように、朝廷は建永の法難後も建保七年・貞応三年・嘉禄三年・天福二年・延応二年・徳治三年と弾圧を繰返している。また、鎌倉幕府は嘉禄の法難で朝廷からの要請をうけて、守護―地頭を動員して専修念仏の禁止に協力した。当初の幕府は朝廷の禁遏令に協力するという受け身の姿勢であったが、文暦二年（一二三五）七月には破戒の念仏者を鎌倉から追放するという法令を独自に制定している。その際、幕府は六波羅探題に次のように命じた（一二九頁）。

称二念仏者一着二黒衣一之輩、近年充二満都鄙一、横二行諸所一、動現二不当濫行一云々、尤可レ被二停廃一候、(a)於二関東一者、随レ被二仰付一、可レ致二沙汰一候、(b)此事　宣旨雖レ及二度々一、未レ被二対治一、(c)重遍可レ被二　宣下一之由、可レ被レ申二入一(定高)条中納言家一之状、依レ仰執達如レ件、

傍線（a）「於二関東一者、随レ被二仰付一、可レ致二沙汰一候」とあることからすれば、幕府の念仏者取り締まりが朝廷の命に従ったものであることが分かる。また傍線（b）「此事　宣旨雖レ及二度々一、未レ被二対治一」とあり、朝廷が度々宣旨を下して念仏者の取り締まりを命じたが、なおそれが根絶できていない、と述べている。このことからすれば、この法令が朝廷の専修念仏禁止令を承けたものであることは明らかであろう。[30] そして幕府は六波羅探題に、傍線（c）「重遍可レ被二　宣下一之由」、つまり専修念仏の取り締まり強化を朝廷に要請するよう命じている。そして、これ以降

はむしろ幕府が、専修念仏の禁止を主導するようになる。弘長元年（一二六一）にもその禁止が再確認されているし、嘉元元年（一三〇三）には諸国を横行する「一向衆」を禁じた（一六五頁・二〇三頁）。これを契機に時衆の他阿真教は相模国当麻（無量光寺）に定住するようになり、親鸞門徒は数百貫文の賄賂を渡して、幕府奉行人から、親鸞門徒は「一向衆」ではないとの安堵状を手に入れている（『存覚一期記』、二〇四頁）。幕府の禁令に相当な影響力のあったことがうかがえる。このように朝廷・幕府ともに、鎌倉時代をつうじて専修念仏禁止令を維持していた。

第二に、その弾圧は相当きびしい。張本と目された中核的僧侶が流罪になるのは当然としても、問題は「余党」である。建永の法難では「余党」の追却は確認できないが、嘉禄の法難では延暦寺が「念仏者余党」四六名の名を記した「山門注文」を提出し、検非違使がそれにしたがって逮捕・追却を実行している（『民経記』、一〇五頁）。同様の事態は建保七年（一二一九）にも確認でき、朝廷は「諸寺執務之人、五保監行之輩」に「専修念仏」の「糾断」を命じた（八五頁）。この「糾断」には、自主的退去の要請から強制退去の執行まで、幅があったと思われるが、それでもなお追却が困難な場合は、朝廷が直接「罪科」に処すと述べている。実際、このころ念仏者が多く止住していた清涼寺に対しては、専修念仏の追却を実行しなければ別当職を剝奪する、と脅している（八四頁）。また、繰り返し発布された鎌倉幕府法でも、専修念仏の信者は住宅破却・鎌倉追放と定められていた。つまり信徒レベルに対しても、朝廷や幕府は追放刑を科したのである。これは当時の刑罰体系のあり方からすれば、ほぼ殺人犯・強盗犯に匹敵する処罰である。事実、貞治六年（一三六七）に制定された西大寺敷地四至内検断規式条々では、「一向念仏衆」は殺人犯・強盗犯に準じ、住宅破却・財産没収と永久追放に処せられている（一六四頁）。仏法の敵であると朝廷から認定されたため、専修念仏の信徒も殺人犯並みの扱いをうけたのである。私たちはともすれば法然や親鸞の流罪に目を奪われがちであるが、専修念仏に対する禁圧は、信徒レベルにまで及ぶきびしい弾圧であった。

第三に、嘉禄の法難では『選択集』が禁書処分をうけている。『選択本願念仏集』は、法然が死没して間もない建暦二年（一二一二）に開板されたが、『選択集』をめぐる定照と隆寛との論争が発端となって嘉禄の法難が引き起こされた。そして延暦寺は『選択集』の焚書を朝廷に要請している。当時、朝廷の実権を握っていたのは西園寺公経である。公経は延暦寺に定照の著書『弾選択』の提出を命じているが、これは仏書の焼却という前代未聞の決定に踏み切るに際し、公経自身が『弾選択』などを読んで検討したことを物語っている。その結果、朝廷は『選択集』とその印板を押収し、延暦寺講堂に送付して焼却させた（一一〇頁）。建暦開板の『選択集』は現在一冊も伝わっていないが、この焚書の影響もあるはずである。日本の歴史において最初に発禁処分をうけたのが、法然の『選択本願念仏集』であった。また、嘉禄の法難では延暦寺によって法然の墓所が破却されたが、これまた実行後に朝廷がそれを追認する「裁許」を与えている（一〇九頁）。いずれも、朝廷が法然本源説に立脚していたこと、そして専修念仏の弾圧が思想弾圧・宗教弾圧であったことを、よく示している。

とはいえ、ここで留意しておかなければならないのは、これが小さな政府による弾圧であったことである。一〇世紀の王朝国家体制への転換に当たり、朝廷は国家機構を劇的に縮小させた。財政破綻のため六位から九位の官人俸禄が崩壊し[31]、役人の数が激減して国家機構が大きく縮小された。その結果、日本中世においては国家が存在したかどうかが学術論争となるぐらい、国家機構が極端に小さくなった。それゆえ、中世国家による弾圧は、幕藩体制下のキリシタン弾圧や、近代国家における共産党弾圧とは、まったく様相を異にしている。

第一は弾圧の象徴性である。元久元年（一二〇四）の七箇条制誡に署名したのは、法然をふくめ一九一名である。ところが建永の法難では処刑が四名、流罪が六名、慈円の身柄預かりが二名、計一二名が処罰されただけであって、法然とその門弟の一割にも満たない。近世や近代の弾圧なら、七箇条制誡の署名者全員を根こそぎ逮捕するだろうが、国家機構の小さな中世にあっては、そのような面倒なことは行わない。逮捕者が増えれば管理コストが増大するし、二〇〇名近くも逮捕すれば囚人管理システムそのものが破綻してしまう。そのため中核的人物を象徴的に処分する形をとった。

第二に、中世では地域権力の自立性が高い。朝廷や幕府が専修念仏の弾圧を命じたとしても、それに従うかどうかは領主の意向次第である。ある御家人（大庭景義）は、源頼朝から捕虜（河村義秀）の処刑を命じられたものの、処刑することなく自宅にかくまい、十年後に彼の口添えでその捕虜が頼朝に登用されている（『吾妻鏡』治承四年十月二十六日条、建久元年八月十六日条）。処刑を命じられても、実際に処刑するかどうかは御家人の判断次第であった。こういう事例は中世では珍しくない。朝廷や幕府の支配権はイエの内部にまで及んでおらず、中央権力の力は強くない。事実、嘉禄の法難では朝廷の要請で鎌倉幕府が弾圧に協力したが、他方では幕府の有力御家人毛利季光が隆寛をかくまっている。それゆえ、朝廷や幕府が弾圧を命じたとしても、実際の弾圧は地域的な偏差が非常に大きく、その実効性も高いとはいえない。

第三に、中世では民間組織が国家機構の脆弱さを補っていた。国家機構が小さいため、弾圧しようとしても動員できる役人の数が足りない。そこで延暦寺や興福寺など、さまざまな民間組織が自発的に弾圧に協力した。その結果、専修念仏はまるで顕密仏教によって弾圧されたかのような様相を呈するが、しかし彼らの弾圧には専修念仏禁止令というお墨付きがあった。延応二年（一二四〇）延暦寺は「京都往返之類、在家称名之所」を犬神人に処断させるとともに、諸国の末寺荘園に対して専修念仏の輩には「片時」の「寄宿」も認めないよう通告している（一三五頁）。また、存覚が執筆した『破邪顕正抄』（一三二四年成立）は、顕密僧の襲撃をうけて自宅を追われた「専修念仏の行人」が、「本宅に還住して念仏を勤行」できるよう、朝廷に懇願したものだが、これだけの仕打ちをうけながらも、襲撃者の処罰を求めていない（二三二頁）。「専修念仏の行人」のこうした立場の弱さは、建永の法難で発布された専修念仏禁止令に由来していたのである。

以上、建永の法難の経緯、および鎌倉時代における専修念仏弾圧の基本的な特徴について述べてきた。本書が今後の研究の一助となることを願うばかりである。

注

（1） 建暦三年（一二一三）無動寺と出雲鰐淵寺との本末関係を定めた無動寺検校坊政所下文（『鎌倉遺文』一九七五号）は、形式的には無動寺検校真性による発給ということになるが、実際は慈円が発したものである。また後鳥羽院の息・道覚入道親王が慈円のもとに入室しており、同年の建暦三年に慈円が道覚に青蓮院門跡の譲渡を約束したが、そこで「無動寺三昧院等検校、宮前大僧正仁暫雖宿申之、若不叶御意事候之時ハ、無動寺ハ豪円法印、三昧院ハ座主僧正、此両人可被宿補候也」と述べている。青蓮院門跡は、無動寺と楞厳三昧院の両検校職から成るが、慈円は、門跡を真性（「宮前大僧正」）に一時的に預けている（「宿申」）ものの、真性が道覚の意向にそぐわなければ、真性を改替して豪円と公円座主に預けるのがよい、と明言している。時の門首であった真性を無視して、慈円が道覚に青蓮院門跡の相承を約したのである。そして実際、間もなく真性は慈円との師弟関係を解消して青蓮院門首を辞した（『門葉記』巻一五二）。つまり青蓮院門首には、実権を保持した本主的門首と、一時的な管領権のみの遷替的門首との違いがあり、真性が青蓮院門首であった時期においても、門跡の実権は本主である慈円が掌握していた。これからも分かるように、元久元年、真性は青蓮院門首・天台座主であったが、実際は慈円の代理に過ぎなかった。なお、長谷川裕峰「出雲国鰐淵寺と青蓮院門跡の本末関係」（『仏教史学研究』五三―二、二〇一一）、拙稿「青蓮院の門跡相論と鎌倉幕府」（『延暦寺と中世社会』法藏館、二〇〇四）を参照されたい。

（2） こうした連携を背後で支えたのが、おそらく聖覚であったろう。聖覚は慈円の側近であり、九条兼実や後鳥羽院の信任があつかったし、法然とも近しかった。この時に提出された源空起請文を『漢語燈録』は「私云、執筆宰相法印聖覚也」と語っているが（三二二頁）、それが事実であった可能性は十分にある。後々にいたるまで、親鸞をはじめ法然門下は聖覚に高い信頼を寄せたが、その理由はおそらくこの時期の聖覚の尽力にあったろう。また後鳥羽院が当初、法然に好意的であったのも、側近の聖覚の進言が影響していたと思われる。拙稿「聖覚――エリート学僧の挫折――」（平雅行編『公武権力の変容と仏教界』清文堂出版、二〇一四）参照。

（3）森新之介『摂関院政期思想史研究』（思文閣出版、二〇一三）のほか、城福雅伸「『興福寺奏状』についての一考察」（『仏教学研究』四七、一九九一）、同「内容が改竄された『興福寺奏状』の異本について」（『印度学仏教学研究』四六―二、一九九八）、楠淳證「龍谷大学図書館禿氏文庫蔵『興福寺奏達状』について」（『典籍と史料』思文閣出版、二〇一一）、坪井剛「『建永の法難』事件再考」（『古代文化』六六―一、二〇一四）。興福寺奏状に文書様式上の欠陥があることを指摘したのは、森氏の大きな功績である。ただし残念なことに、森氏はそこから迷走することになる。その点については、拙稿「専修念仏の弾圧をめぐって――思想弾圧否定論の破綻――」（『仏教史学研究』五六―一、二〇一三）で森説に批判を加えた。参照されたい。

（4）坪井前掲注(3)論文。坪井論文は『興福寺奏状』と『興福寺五師三綱等申状』との関係など、いくつかの点で新知見をもたらして研究を確実に前進させた。本稿ではこの坪井論文をもとに、『興福寺五師三綱等申状』の呼称や、『奏状』『申状』が提出された経緯など、これまでの拙論の一部を修正した。なお、寺院からの奏状は一般に僧綱らの署判が不可欠であったことを考えると、原史料には『奏状』『申状』ともに、末尾にそれぞれ僧綱大法師等、五師三綱等個々人の署名が付されていたはずである。つまり正確にいうと、原史料には『奏状』末尾に日付と署名、『申状』冒頭に書き出しと事書、それに『申状』末尾に署名が付されていたはずであるが、書写過程でそれらが脱落したのである。ただし一般に奏状の書写に際して署名部分が省略されることが多いこと、また『申状』の署名部分が省略されていることからすれば、原文書に記されていた『奏状』『申状』双方の署名は、案文作成段階から削除されていた可能性が高い。つまり料紙が脱落して『奏状』『申状』を誤って接合させてしまった時点では、『奏状』『申状』ともに署名部分がすでに省略されていたと考えられる。議論が煩雑になるため、本文では署名部分についての言及は省略した。

（5）興福寺奏状には奏状系・奏達状系という二系統の写本がある。奏達状系写本については楠注(3)前掲論文を参照。なお、楠氏は興福寺奏達状を興福寺奏状の草稿本、もしくは別の奏状と推測しているが、「副進　奏状一通」の前の文章が欠落していることは奏状系写本と同断である。現存の奏状系・奏達状系写本はいずれも脱文が生じて以降の成立であり、楠氏の想定には賛成できない。

(6) 上横手雅敬「『建永の法難』について」(『鎌倉時代の権力と制度』思文閣出版、二〇〇八)。注(3)森前掲書も文飾説をとっている。なお、上横手論文は拙稿「建永の法難について」(『日本中世の社会と仏教』塙書房、一九九二)への批判であるため、『念仏者令追放宣旨御教書集列五篇勘文状』所載の弾圧関係史料の信憑性などを検討して、拙稿「建永の法難と『教行信証』後序」(『真宗教学研究』三一号、二〇一〇)で反批判を加えた。参照されたい。

(7) 注(3)森前掲書。

(8) 客観的にみて、弟子暴走説と法然本源説のいずれが正しいかと問われれば、法然本源説が正しいだろう。法然の教えに何の問題もなく、弟子たちが法然の真意を曲解して暴走したというのなら、法然は少なくとも弟子に対して『選択集』を公開して、彼らの誤解を解くべきであった。また、『選択集』を外部に公開すれば、法然の真意と暴走する弟子との乖離が明白となり、法然本源説という誤解を正すことができたはずだ。しかし法然は、建永の法難という最悪の事態を前にしても、『選択集』の公開に踏み切らなかった。そして実際、『選択集』を読んだ明恵は、これまで信じていた弟子暴走説を撤回し、法然本源説に転換している。法然が最後の最後まで、外部に対しても、内部に対しても、『選択集』を秘匿しつづけたのは、明恵と同様に、顕密仏教との軋轢の根本原因が選択本願念仏説そのものにあったことを、法然自身が自覚していたことを示唆している。

(9) 延暦寺への法然の対応からして、法然が「怠状」を提出して事態の沈静化を図ろうとすることは、興福寺は当初から予想していたはずである。それゆえ、「怠状」提出を機に態度を硬化させることは、興福寺にとっておそらく予定どおりの行動であったろう。

(10) 拙稿「中世宗教の成立と社会」(新体系日本史『宗教社会史』山川出版社、二〇一二)。

(11) 黒田俊雄「中世における顕密体制の展開」(『日本中世の国家と宗教』岩波書店、一九七五、四六二頁)。

(12) ただし、『興禅護国論』には「或人云、法橋上人位奝然入唐帰朝、欲建立三学宗、依諸宗訴被廃已畢」(日本思想大系『中世禅家の思想』一〇八頁)とあり、奝然が三学宗を立宗しようとしたが、諸宗の反対で実現できなかった、と述べている。ただし、この事実は他史料で確認することができない。また、たとえそれが事実であるにしても、一〇世紀末という時代状況からすれば、その実態は、年分度者・国講読師や公請枠の申請など、顕密八宗と同等の国家的庇護を三学宗に付与するように求めたのに対し、諸宗の反対で却下されたもの、と考えるべきである。公請や僧綱補任と関わりのない聖たちの立宗問題は、鎌倉時代になって初めて登場した。

(13) 阿部慎「中世僧綱所と寺院社会」(『日本史研究』五六三、二〇〇九)。

(14) 貞慶や良遍が伝統的な法相教学の枠を乗り越えて、法相宗の五姓各別説と天台宗の悉有仏性論との融合を図ったのも、こうした流れのなかで理解すべきだろう。

(15) 下間一頼「専修念仏弾圧と貞慶伝」(『真宗研究』五〇、二〇〇六)。

(16) 『三長記』元久三年二月二十一日条より、前年末の宣旨に、「源空上人」「起門弟之浅智、背源空之本懐」「漫莫加刑罰於誘諭之輩」の語が含まれていたことが確認できる。

(17) 美川圭『院政の研究』二二六頁(臨川書店、一九九六)。

(18) 前掲注(3)坪井論文は、近衛家実が氏長者に就任した後に新たな「宣旨」が下されたと想定しているが、その意見には賛成できない。第一に坪井説では、後鳥羽院の主導性の織り込みが不十分である。坪井氏は、建永元年五月までは専修念仏問題を「九条良経が主導的に処理してきた」とし、九条良経が死没してから後に朝廷の専修念仏に対する対応が変化したと想定している。しかし、それでは後鳥羽の存在がかすんでしまう。元久二年に「不足鬱陶」との院宣を出して後鳥羽が興福寺を牽制したように、専修念仏への対応はむしろ後鳥羽院が一貫して主導したと捉えるべきである。九条良経段階と近衛家実段階で異なったのは、後鳥羽を支える補佐役の変化に過ぎない。建久七年の政変で籠居していた九条良経を後鳥羽院が登用し、九条家を復活させたことを思えば(『愚管抄』巻六、川合康『源平の内乱と公家政権』吉川弘文館、二〇〇九、二三四頁）、九条良経が後鳥羽を差し置いて専修念仏への対応を主導したとは考えがたい。第二に、「宣旨」の発給は時間的経緯からしても不自然である。建永元年六月十九日の在宅諮問の後、後鳥羽院は宣下への動きをみせていない。新たな宣旨を出すなら、翌月の七月には発せられて当然だと思うが、そうはなっていない。しびれをきらした興福寺は、八月五日に三条長兼のところにまで押しかけて早期決着を要請し、長兼からバカにされて追い返されている。興福寺が手詰まりとなっていたことを示すエピソードである。坪井氏が八月五日以降の「宣旨」発給を想定するのであれば、在宅諮問から一ケ月半も放置していた後鳥羽院が、なぜ宣下に踏み切ったのか、その理由と、想定される宣下の時期の説明が必要となるだろう。ちなみに坪井氏は、『三長記』六月二十八日条で、三条長兼が専修念仏について院奏したことに関わって、「遂可被仰左右」と記していることから、三条長兼および公卿たちが「宣旨」発給を当然視していたと述べ、これを「宣旨」発給説の重要な根拠としている。しかし『三長記』同日条は、史料大成本も、田中穣氏旧蔵典籍古文書の鎌倉時代写本の三長記（国立歴史民俗博物館蔵）も、先の引用の冒頭は「遂」（ついに）ではなく、「逐」（おって）と記載している。先の引用文は、「ついに決定が下されるだろう」の意ではなく、弁内侍を介して三条長兼に伝えられた後鳥羽院の意向（「結論はのちに指示する」）と解すべきである。坪井氏が自説を維持されるのであれば、これらの論点を組み込んだ上での再論を求めたい。

(19) 『大日本史料』四—五—八七七・九三九頁、谷昇「興福寺・和泉国司紛争と後鳥羽上皇」（『立命館文学』六二四、二〇一二）、上横手雅敬「最後の頼朝書状」（『鎌倉時代政治史研究』吉川弘文館、一九九一）。

(20) 森注(3)前掲書で森氏は、法然以外の流罪を否定し、親鸞は自主的に越後に疎開したのであり、流罪になったのではない、と主張している。

(21) 『伊藤唯真著作集Ⅰ　聖仏教史の研究上』三二三頁（法藏館、一九九五）。

(22) 前掲注(6)上横手論文。

(23) 前掲注(6)上横手論文、およびそれへの拙稿の反論を参照。

(24) このうち、延応二年の禁止令は史料的根拠が若干弱い。『法然上人行状絵図』巻四二によれば、「順徳院の御宇建保、後堀川院の御宇貞応・嘉禄、四条院の御宇天福・延応、たひ〳〵一向専修停止の勅をくたさる」とあるうえ、延応二年五月十四日に延暦寺は祇園社・雲居寺をはじめ諸国末寺荘園にその禁断を命じていることからして（一三七頁）、延応二年にも朝廷が専修念仏の禁止令を発布したと判断した。

(25) 伊藤真徹『日本浄土教文化史研究』（隆文館、一九七五）、拙稿「嘉禄の法難と安居院聖覚」（『日本中世の社会と仏教』）、前掲注(6)拙稿、山上弘道「宗祖遺文『念仏者令追放宣旨御教書集列五篇勘文状』とその周辺」（『興風』二一、二〇〇九）。

(26) なお、安楽らの死罪は正式の手続きを踏んだものではないので、「厳制五箇条裁許官符」には死罪についての記載がなかったはずである。

(27) 拙稿「親鸞の配流と奏状」（『親鸞門流の世界』法藏館、二〇〇八）、同「建永の法難と九条兼実」（『中世文化と浄土真宗』思文閣出版、二〇一二）。

(28) 拙著『歴史のなかに見る親鸞』（法藏館、二〇一一）九六頁。

(29) 石川晶康「鎌倉幕府検断法における『預』について」（『国史学』九一号、一九七三）、海津一朗「中世社会における『囚人預置』慣行」（『日本史研究』二八八号、一九八六）、同「中世武家流刑の手続き文書」（『古文書研究』三七号、一九九三）。

(30) 諸国横行の一向衆を禁じた嘉元元年の鎌倉幕府の禁制を、存覚は「専修念仏停廃」と述べている（『存覚一期記』嘉元元年条）。

(31) 吉川真司「律令官人制の再編過程」（『律令官僚制の研究』塙書房、一九九八）。

【追記】

前掲注（3）拙稿で、法然や専修弾圧をめぐる森新之介氏の所説を批判したのに対し、森氏は「拙著『摂関院政期思想史研究』決疑十二箇条」（『論叢アジアの文化と思想』二二、二〇一三）を発表して反論されている。とはいえ、それを読む限り、拙論での批判を修正する必要はないであろう。森説については注（3）坪井剛論文でも批判しているため、ここではそれと重ならない範囲で、三点ほど感想を申し述べたい。

第一は、法然の教理史的思想史的位置づけについてである。一般に、浄土教理史における法然の思想的独創性を強調する学説は、法然と顕密仏教との思想対立を重視し、専修念仏の弾圧も思想弾圧であった、という議論に傾く。それに対し、思想弾圧であったことを否定し、法然と顕密仏教との思想的親和性を強調すると、今度は法然の思想的画期性がみえなくなってくる。つまり思想弾圧説をとるかどうかは、法然に思想的なオリジナリティーがあったと考えるか、それとも法然が善導教学の枠内に終始した凡庸な宗教者であったと捉えるか、という問題と直結している。私は、森説では法然と善導との思想的な違いが見えなくなると判断したため、①法然と善導との教理的な異同をどう捉え、善導とは異なる法然の思想的独創性がどこにあったと考えているのか、それを明示するよう森氏に求めた。また、②法然を母胎として、聖光房弁長とともに、親鸞・証空・幸西がなぜ誕生してくるのか、その説明も求めた。それに対し、森氏は①については回答せず、②についても、「『法然から親鸞・証空・幸西らがなぜ誕生したのか』とは平の問題関心であり、筆者の問題関心とは自ら異なる」と述べている。これは、森氏がみずからの法然論の致命的な弱点が、この二点であることを吐露したに等しい。法然の選択本願念仏説と善導の本願念仏説との教理的異同をどのように捉えるのか、また同じように法然を母胎としながら、聖光や親鸞・証空といった対照的な思想がなぜ誕生してくるのかを解き明かすことは、法然研究の出発点であり、また終着点でもあるはずだ。関心の相違で済ませてよい問題ではない。ともあれ、氏が今回この二つの質問に対して回答を回避した事実は、記憶に留めておいてよい。

第二は、法然の居所をめぐる森氏の応答についてである。森氏は、法然が化他（布教）を好まなかったと主張した。そこで私は、それなら法然が比叡山の黒谷別所から京都に居を移した理由をどう説明するのか、と問うた。自行にしか関心がなく、布教を好まない人物が、閑静な黒谷を捨てて猥雑な京都に移り住んだ理由がわからなくなる。それゆえ、その理由の説明を求めた。それに対し森氏は、法然が移り住んだ西山広谷は閑静なところであった、と反論している。

法然の居所を明示できる史料は多くないが、『明月記』建久五年（一一九四）十一月十七日条によると、藤原知資が「於二祇園法然房許一、出家」とあり（一七頁）、この時に法然が祇園近辺に居を占めていたことがわかる。これがおそらく吉水房であったろう。一次史料で法然の居所が判明するのは、これだけである。ちなみに法然伝によれば、法然は比叡山黒谷から一時的に西山広谷に移り、さらに吉水に移転したという（五頁）。ただし文治二年（一一八六）には法然が「登山」のついでに延暦寺の顕真と面談しており（『一期物語』、九頁）、広谷移転後も、叡山黒谷に居を置いていた可能性が十分にある。吉水移転の時期は不明であるが、治承五年（一一八一）閏二月に京都六条で黒谷聖人が藤原邦綱の出家戒師および臨終善知識をつとめており、この黒谷聖人が法然であった蓋然性が高い（六頁）。また、文治五年八月より法然は頻繁に九条兼実邸に出入りしている。恐らく法然は治承五年ごろから、また遅くとも文治五年には吉水房を拠点にしていたと考えられる。つまり法然は流罪までの二十年間近く、京都東山もしくは京都に居を構えて活動していた。しかも延暦寺は、「下二居於黒谷一之初、未レ有二博学之実一、移二棲於東山一之後、頻吐二誑惑之言一」と述べており（八六頁）、東山に移ってからの法然の言動を非難している。問題の焦点が吉水時代の法然にあることは明らかである。それゆえ私は、法然が布教を好まないのであれば、なぜわざわざ人々の訪れやすい京都東山に移り、二十年もの間そこに住みつづけたのか、その説明を求めたのである。

それに対し森氏は、洛西広谷の閑寂さを強調して私の疑問を退けた。叡山黒谷から西山広谷への移住は、閑寂の地から閑寂の地への移転であるため、化他を好まぬ法然像と矛盾しないというわけである。その説明は非常に明快であるが、その反面、肝心の吉水房については何のコメントもない。閑寂の地は無数に存在する。叡山黒谷や西山広谷の居住に支障が生じたのであれば、別の閑寂の地に移ればよい。にも関わらず、法然は京都東山の吉水を選んでそこに移り住んだ。私はその理由を尋ねたが、この点について森氏は何の説明もしていない。吉水房に言及して自説を危うくさせるぐらいなら、その事実に触れないまま、みせかけの明快さを優先する道を氏は選んだのだ。この選択によって森新之介氏が何を犠牲にし、何を喪ったかは、言わずとも明らかであろう。

第三は、史料批判の怠慢についてである。森氏の思想弾圧否定論は、親鸞が流罪となった事実の否定を重要な根拠としているが、それはまた「自分が流罪者の一人である」と親鸞が明言した『教行信証』後序の史料的価値を否定するものでもある。後序の否定は勇み足であることが明らかなため、私は深追いすることをやめ、森氏の修正・撤回を待つことにした。ところが予想に反し、森氏は今回の反論でも自説に固執し、これまでと同様に、『念仏無間地獄鈔』を根拠にして『教行信証』後序の史料的価値を否定している。しかしその説明は曖昧で、とても論証といえるようなものではない。

そもそも『教行信証』の書誌学的検討は重見一行『教行信証の研究』(法藏館、一九八一)で飛躍的に深化し、『教行信証』坂東本は本文だけでなく、その訓点まで含めて親鸞の真筆であることが確定している。ところが森氏は、坂東本を「親鸞親筆の忠実な模写」(著書三〇七頁)と語るなど、『教行信証』に関する氏の書誌的理解は一〇〇年前の水準に留まったままである。しかも森氏は『念仏無間地獄鈔』を「最も信憑すべき史料」と語っているが、これは本当に史料批判を行ったうえでの結論なのか、はなはだ疑問である。たとえば『念仏無間地獄鈔』は次のように述べている(『昭和定本日蓮聖人遺文』三九頁)。

加之、南都[a]・山門・三井より度々奏聞を経て、法然が選択[b]の邪義、亡国の基たるの旨訴へ申すに依つて、人王八十三代土御門院の御宇承元元年二月上旬に、専修念仏之張本安楽・住蓮等捕縛、忽被レ刎レ頭畢、法然房源空沈二遠流之重科一畢、其時[c]摂政左大臣家実と申は近衛殿の御事也、此事、皇代記に見たり、誰レ疑レ之、まず第一に、本書所引の「皇代記」によれば、傍線（a）にあるように、専修念仏の弾圧は「南都・山門・三井」の「度々奏聞」が原因であったという。園城寺の奏聞は他の史料では確認できないが、もしもこの記事が正しければ、『興福寺奏状』が「八宗同心之訴訟」であったことを裏づける有力な根拠になるだろう。ところが森氏はなぜか、園城寺の奏聞に触れようとはしないし、「八宗同心」を文飾としそれが実態でなかったと述べている。森氏はなぜ園城寺の奏聞に触れないのか。第二に、本史料では傍線（b）のように、諸宗が「選択の邪義、亡国の基たるの旨」を訴えたことが認められて専修念仏が弾圧された、と述べている。専修念仏の弾圧が思想弾圧であったことを明言しているが、森氏は当該記事になぜか関心をよせず、むしろ思想弾圧であったことを否定している。『念仏無間地獄鈔』を「最も信憑すべき史料」と語る森氏が、これらの記事をなぜ採用しなかったのか、その理由を説明されたい。

第三に、傍線（c）には「其時摂政左大臣家実」とある。しかし、近衛家実は前年十二月八日に摂政から関白に転じているうえ、建永二年（承元元年）正月には左大臣を辞している（『公卿補任』）。近衛家実の肩書きはいずれも「其時」のものではない。

第四に、先に掲げた引用史料の直前で、『念仏無間地獄鈔』は隆真法橋のことを、「山門探題の棟梁なり、弾選択上下を造って法然房が邪義を責む」と記している。しかし、『弾選択』は定照の著であって隆真のものではないし、一帖であって上下巻ではない。しかも『探題次第』（『続群書類従』四上）によれば隆真は「山門探題」に任じられていない。また彼を「探題の棟梁」と語るが、これが何を指すのか不審である。これに近い役職に三講の證義があるが、隆真が證義に登用された事実もない（『弾選択』・隆真については注（25）拙稿を参照）。少し調べるだけで、『念仏無間地獄鈔』の記事内容が間違いだらけであることが容易に判明する。森氏がこれを、「最も信憑すべき史料」と判断された根拠を提示されたい。

さらに重要な問題が残っている。森氏は「日蓮「念仏無間地獄鈔」（建長七年［一二五五］成立）」と述べるが、本書は果たして日蓮の著であるのか。本稿の注（25）にあげた山上弘道論文によれば、本書には真蹟や古写本はなく、天正十一年（一五八三）に編纂された『三宝寺録外御書目録』は、これを「謀抄歟」とし偽撰だろうと指摘している（『昭和定本日蓮聖人遺文』二七八八頁）。そして山上氏は、『弾選択』の著者の誤認や引用文の混乱などを根拠に、これを疑義濃厚な遺文と結論した。山上氏の見解にさらに付け加えるなら、日蓮が叡山遊学時代に師事した俊範は探題・證義を歴任した人物である。『念仏無間地獄鈔』が日蓮の著であれば、隆真を「山門探題」や「探題の棟梁」と誤ろうはずがない。天台顕教に占める探題や證義の重要性を思えば、『念仏無間地獄鈔』は一二三〇年代・四〇年代の延暦寺における天台顕教の実態に無知な人物の手になるものであるはずだ。日蓮のものとは思えない。

その判断が正しければ、森氏は誤謬だらけの偽撰史料をもとに、親鸞自筆の『教行信証』後序の信憑性を否定したことになる。しかも森氏は、親鸞流罪以外の問題でも『念仏無間地獄鈔』を援用しており、これは森説を支える基幹史料に他ならない。そうである以上、山上論文を批判してこれが日蓮の著であることを確定し、『念仏無間地獄鈔』の信憑性の高さを改めて検証することは、森氏にとって喫緊の課題であるはずだ。残念なことに、森氏はみずからの著書で山上論文を引用しておきながら（三〇八頁）、氏の偽撰説を無視した。そして史料批判を怠ったまま、『念仏無間地獄鈔』を「最も信憑すべき史料」と繰り返すばかりだ。これは研究者の振る舞いとして、私の理解を超える。持論の開陳は、山上説を否定する作業を済ませたうえで、思う存分なさればよい。親鸞流罪否定論を現在の実証水準で改めて提出することは、誰のためでもない、森氏みずからに対する学問的責任であるはずだ。

大系真宗史料

文書記録編1 親鸞と吉水教団

二〇一五年三月三〇日 初版第一刷発行

編 者 真宗史料刊行会

本巻担当 平 雅行

発行者 西村明高

発行所 株式会社 法藏館

京都市下京区正面通烏丸東入

郵便番号 六〇〇-八一五三

電話 〇七五-三四三-〇〇三〇(編集)

〇七五-三四三-五六五六(営業)

装 幀 山崎 登

印刷・中村印刷株式会社 製本・新日本製本株式会社

ISBN978-4-8318-5060-7 C3321